Gestão em educação

G393　Gestão em educação : estratégias, qualidade e recursos / Margaret Preedy ... [et al.]. ; tradução Gisele Klein. – Porto Alegre : Artmed, 2006.
310 p. ; 25 cm.

ISBN 978-85-363-0649-0

1. Administração escolar. I. Preedy, Margaret. II. Klein, Gisele.

CDU 371.1

Catalogação na publicação: Júlia Angst Coelho – CRB 10/1712

Gestão em educação
Estratégia, qualidade e recursos

Margaret Preedy
Ron Glatter
Rosalind Levačić
e colaboradores

Tradução:
Gisele Klein

Consultoria, supervisão e revisão técnica desta edição:
Sonia Simões Colombo
Psicóloga. Especialista em Administração de Empresas
Diretora da Humus Consultoria Educacional

Reimpressão 2008

2006

Obra originalmente publicada sob o título
Educational management: strategy quality, and resources

© Compilation, original and editorial material, The Open University
ISBN 0-335-19797-3

Capa
Gustavo Macri

Preparação do original
Joseane de Souza

Leitura final
Edna Calil

Supervisão editorial
Mônica Ballejo Canto

Projeto e editoração
Armazém Digital Editoração Eletrônica – Roberto Vieira

Reservados todos os direitos de publicação, em língua portuguesa, à
ARTMED® EDITORA S.A.
Av. Jerônimo de Ornelas, 670 - Santana
90040-340 Porto Alegre RS
Fone (51) 3027-7000 Fax (51) 3027-7070

É proibida a duplicação ou reprodução deste volume, no todo ou em parte, sob quaisquer formas ou por quaisquer meios (eletrônico, mecânico, gravação, fotocópia, distribuição na Web e outros), sem permissão expressa da Editora.

SÃO PAULO
Av. Angélica, 1091 - Higienópolis
01227-100 São Paulo SP
Fone (11) 3665-1100 Fax (11) 3667-1333

SAC 0800 703-3444

IMPRESSO NO BRASIL
PRINTED IN BRAZIL
Impresso sob demanda na Meta Brasil a pedido de Grupo A Educação.

Agradecimentos

Agradecemos especialmente a Sindy York por seu inestimável apoio como secretária.

Os capítulos listados abaixo originaram-se nas seguintes fontes, a cujos editores agradecemos.

2   Cuttance, P. (1994) "Monitoring Educational Quality Through PIs for School Practice", *School effectiveness and school improvement*, 5(2): 101-26 com a gentil permissão de Swets & Zeitlinger Publishers.
3   Riley, K. (1994) "Quality and equality: competing or complementary objectives", Capítulo 1 em Riley, K. *Quality and equality*, London, Cassell PLC.
4   The Further Education Development Agency (FEDA) por conceder permissão para reprodução de material de *Continuous improvement and quality standards*, Further Education Unit (1994).
5   Aspinwall, K. et al. (1992) "Using success criteria", Capítulo 7 em Aspinwall et al., *Managing evaluation in education*, London, Routledge.
6   Hopkins, D. et al. (1994) "Making sense of change", Capítulo 3 em Hopkins et al., *School improvement in an era of change*, London, Cassell PLC.
7   West, N. (1995) "A framework for curriculum development, policy implementation and monitoring quality", Capítulo 3 em N. West, *Middle management in the primary school*, London, David Fulton Publishers.
8   Dean, J. (1993) "Organising learning", Capítulo 6 em *Managing the secondary school*, London, Routledge.
9   Holland, P. e Hamerton, P. (1994) "Balancing school and individual approaches" in P. Gray, et al. (eds) *Challenging behaviour in schools*, London, Routledge.
10 Reimpresso com permissão do autor. Coles, M. (1993) "Curriculum evaluation as review and development", versão revisada do Capítulo 7 em C. Day, et al., *Leadership and curriculum in the primary school*, London, Paul Chapman Publishing Limited.
11 Este material é uma versão revisada do Capítulo 3, "The locally managed schools as an open system", de Rosalind Levăcić, que foi publicado originalmente em *Local management of schools*, Buckingham, Open University Press 1995.
12 Glover, D. *Resourcing education: linking educational objectives and budgeting*, baseado em pesquisa atual (artigo comissionado).
13 Knight, B. (1993) "Budget analysis and construction", Capítulo 7 em B. Knight, *Financial management for schools*, Oxford, Heinemann.
14 Sutton, M. (1994) "Allocating budgets for curriculum support", artigo comissionado

baseado em "Sharing the purse strings", que foi publicado anteriormente em *Managing schools today*, 4(7): 14-16, publicado por The Questions Publishig Company, 27 Frederick Street, Birmingham B1 3HH.
15 Carr, J. G. (1994) "Unit costing in colleges", publicado originalmente com o título de "Effective Financial Management in FE and HE", *ACCA technical bulletin* Nº 29, reproduzido sob a permissão de Certified Accountants Educational Trust.
16 Bailey, A. e Johnson, G. (1992) "How strategies develop in organisations", Capítulo 8 em Faulkner and Johnson (eds) *The challenge of strategic management*, London, Kogan Page Ltd.
17 National Audit Office (1994) *Value for money at grant-mantained schools: a review of performance*, HMSO. Os direitos autorais parlamentares reproduzidos sob a permissão do Inspetor da HMSO.
18 Drodge, S. e Cooper, N. "Strategy and management in the further education sector" (artigo comissionado).
19 Weindling, D. "Strategic planning in schools: some practical techniques" (artigo comissionado).
20 Reimpresso sob a permissão do autor. MacGilchrist, B. et al. (1995) "The impact of development planning in primary schools", dos Capítulos 14 e 15 em B. MacGilchrist et al., *Planning matters*, London, Paul Chapman Publishing Ltd.
21 Este extrato faz parte de *Leading projects: a manager's pocket guide*, por T. Young, publicado pela Industrial Society, London e reproduzido sob permissão.
22 Bagley, C., Woods, P. e Glatter, R. (1995) "Scanning the market: schools strategies for discovering parental perspectives", *Educational management and administration*, 24(2): 125-38.
23 James, C. e Phillips, P. (1995) "The practice of educational marketing in schools", *Educational management and administration*, 23(2).
24 Goldring, E. (1995) "Educational Leadership: schools, environments and boundary spanning" (artigo comissionado).

Sumário

1. Introdução: o gerenciamento de qualidade, de recursos e de estratégias 9
   Margaret Preedy, Ron Glatter e Rosalind Levačič

PRIMEIRA PARTE
O desenvolvimento da qualidade

2. O monitoramento da qualidade educacional 21
   Peter Cuttance

3. Qualidade e igualdade: objetivos competidores ou complementares? 33
   Kathryn A. Riley

4. Melhorias contínuas e padrões de qualidade 43
   Unidade de Educação Adicional

5. A utilização de critérios de sucesso 57
   Kath Aspinwall, Tim Simkins, John F. Wilkinson e M. John Mcauley

6. Fazendo a mudança ter sentido 71
   David Hopkins, Mel Ainscow e Mel West

7. Uma estrutura para o desenvolvimento curricular, a implementação
   de políticas e o monitoramento da qualidade 85
   Neville West

8. A organização da aprendizagem 97
   Joan Dean

9. Equilibrando os enfoques escolar e individual no comportamento dos alunos 107
   Penny Holland e Phil Hamerton

10. Avaliação curricular como revisão e desenvolvimento: o papel do líder
    curricular na criação de uma comunidade investigativa 117
    Martin Coles

SEGUNDA PARTE
Gestão de recursos

11. A gestão de instituições educacionais: um enfoque de sistemas abertos 131
Rosalind Levačič

12. A captação de recursos em educação: a ligação entre a previsão orçamentária e os objetivos educacionais 141
Derek Glover

13. Análise e construção orçamentária 153
Brian Knight

14. Alocação orçamentária para apoio curricular 165
Mark Sutton

15. A estimativa de custos unitários nas faculdades 177
J. G. Carr

TERCEIRA PARTE
Gestão estratégica

16. Como as estratégias se desenvolvem nas organizações 189
Andy Bailey e Gerry Johnson

17. Relacionando o planejamento estratégico ao processo orçamentário 201
Agência Nacional de Auditoria (National Audit Office)

18. Estratégia e gestão no setor de educação adicional 211
Stephen Drodge e Neville Cooper

19. Planejamento estratégico nas escolas: algumas técnicas práticas 223
Dick Weindling

20. O impacto do planejamento do desenvolvimento em escolas de ensino fundamental 239
Barbara MacGilchrist, Peter Mortimore, Jane Savage e Charles Beresford

21. Liderança de projetos 251
Trevor L. Young

22. Pesquisa de mercado: estratégias das escolas para saber o que os pais desejam 261
Carl Bagley, Philip Woods e Ron Glatter

23. A prática do *marketing* educacional nas escolas 273
Chris James e Peter Phillips

24. Liderança educacional: escolas, ambientes e ampliação dos limites 291
Ellen B. Goldring

Índice 301

1

Introdução: o gerenciamento de qualidade, de recursos e de estratégias

MARGARET PREEDY, RON GLATTER e ROSALIND LEVAČIĆ

Este livro aborda três tarefas centrais inter-relacionadas do gestor educacional: o desenvolvimento e a manutenção da qualidade em processos e resultados, a maneira de utilizar os recursos efetivamente e o estabelecimento de uma visão geral estratégica e de um direcionamento para a instituição. Ao examinar esses temas, pretende-se auxiliar os gestores educacionais a melhorar sua própria prática, encorajando-os a uma reflexão crítica sobre os processos gerenciais e sobre o modo como as estruturas conceituais e as evidências de pesquisas podem contribuir para um desempenho profissional eficiente em escolas e faculdades.

Por tradição, muitos gestores educacionais são um tanto céticos quanto à "teoria" segundo a qual o gerenciamento é uma atividade essencialmente prática. Contudo, todas as decisões e ações gerenciais são baseadas em suposições e expectativas dos participantes, sejam elas implícitas ou explícitas, sobre eventos e comportamentos organizacionais. Este livro baseia-se na premissa de que há uma relação interativa entre teoria e prática (ver Fullan, 1991). Um exame de nossos conhecimentos e perspectivas acompanhado de uma exploração de pontos de vista alternativos pode nos auxiliar a observar o contexto organizacional de maneiras novas, fornecendo uma base para mudanças na prática. De maneira semelhante, experimentar novas formas de ação pode nos conduzir ao questionamento sobre nossos conhecimentos e perspectivas atuais.

Esta obra é baseada também na crença de que desenvolver e compreender a prática de gestão na educação atual é importante para *todos* os educadores, estejam eles ocupando ou não cargos específicos de gerência. Como mostram evidências de pesquisas (ver, por exemplo, Louis e Miles, 1990; Nias et al., 1992), o conhecimento compartilhado entre todo o pessoal sobre os propósitos das organizações educacionais e sobre as maneiras de colaboração no trabalho direcionadas a esses propósitos é de grande importância na gestão de um contexto de aprendizagem e de ensino eficazes.

Este livro tem um teor bastante prático, concentrando-se em estruturas, idéias e enfoques que os educadores podem experimentar e desenvolver em suas próprias escolas e faculdades. Agrupa materiais em uma série de perspectivas e enfoques – visões gerais teóricas, aplicações de estruturas conceituais à prática gerencial, evidências de pesquisas e exemplos de casos. Alguns capítulos têm um enfoque genérico, outros baseiam-se em setores educacionais específicos – ensino fundamental, ensino médio e educação adicional*. É importante para professores, assim como para gestores, transcender limites setoriais do pensamento. Há muito a ser aprendido por meio da reflexão sobre nossas perspectivas à luz de *insights* obtidos a partir de outros setores.

As seções seguintes deste capítulo apresentam algumas das principais questões envolvendo qualidade, recursos e estratégias gerenciais e fornece uma breve visão geral dos capítulos posteriores.

QUALIDADE

Esforços direcionados à melhoria da qualidade em educação não são novidade, mas têm recebido cada vez mais atenção nos últimos anos. As pressões externas têm um papel importante, principalmente estes três fatores (ver Stuart, 1994):

1. Questões educacionais – preocupação com o desempenho de escolas e faculdades demonstrada por governos, inspetores e público em geral.
2. Questões políticas – preocupação em reduzir os gastos públicos em proporção ao PIB, e as demandas educacionais em relação a outras prioridades de gastos públicos.
3. Argumentos econômicos – preocupação quanto às ligações entre gastos com educação e sucesso econômico, especialmente em comparação a nações competidoras.

Mudanças legislativas no Reino Unido e em outros lugares trouxeram uma maior autonomia às escolas, além da solicitação de que estas tenham maior responsabilidade pela qualidade de suas decisões relacionadas à provisão e despesas. Entre as exigências, está uma reserva de fundos em relação ao número de alunos, um currículo nacional determinado e uma organização na avaliação, a publicação de dados sobre desempenho em testes e exames e taxas de presença e um ciclo de inspeções externas regulares, nas quais as instituições são avaliadas por meio de critérios explícitos e detalhados.

Esse contexto gera uma série de questões para escolas e faculdades que buscam melhorar sua qualidade de ensino – questões quanto à natureza, propósito, foco, conteúdo e controle de tentativas de melhorar a qualidade. Essas questões surgem porque não há uma receita simples para a qualidade de ensino que possa ser aplicada a todos os contextos e a todas as épocas. Se tal receita existisse, a melhoria da qualidade seria uma questão relativamente simples: combinar os ingredientes prescritos e esperar pelos resultados. Contudo, avaliar a qualidade é uma tarefa complicada e de apreço. Há muitos fatores que interagem e contribuem para a qualidade na educação: "os alunos e seus históricos, o pessoal e suas habilidades [instituições], a estrutura e os costumes, os currículos e as expectativas sociais" (Organização para a Cooperação e o Desenvolvimento Econômico – OECD, 1989).

O significado de qualidade em educação é contestado (ver, por exemplo, Doherty, 1994), mas quase não há dúvidas de que a melhoria na qualidade deve concentrar-se na aprendizagem, no ensino e na criação de uma estrutura na qual essas atividades possam ser realizadas com o máximo de eficiência. Como o principal propósito das escolas e das faculdades é permitir que os alunos aprendam, as necessidades do aluno devem ser sua principal preocupação. Desenvolver a qualidade do currículo é, portanto, uma tarefa primordial. Os capítulos posteriores deste livro examinam os principais elementos do ciclo da gestão curricular – revisão, planejamento, implementação e avaliação – e as questões complexas envolvidas na mudança curricular, que inclui todos os estágios do ciclo de gestão.

Porém, a concentração na qualidade da aprendizagem levanta questões sobre a definição e a prioridade das necessidades múlti-

---
*N. de T. Educação adicional no Reino Unido e na Austrália é para jovens, geralmente de 16 a 18 anos, que concluíram o ensino médio e ainda não estão na universidade. Tradicionalmente, as escolas de educação adicional são mais para instrução vocacional. Aqui no Brasil, os jovens, após a conclusão do ensino médio, podem optar pela educação profissional técnica de nível médio.

plas dos alunos, individualmente. Por exemplo: o desenvolvimento acadêmico, social, espiritual e moral, a preparação para a vida profissional, para a cidadania e para a paternidade. De forma semelhante, as escolas e, principalmente, as faculdades têm objetivos múltiplos que, com freqüência, competem entre si para diferentes grupos de alunos. Com recursos finitos, é difícil para as instituições melhorarem a qualidade do aprovisionamento de forma eqüitativa a todos os grupos; por exemplo, mesmo dentro de um grupo relativamente homogêneo, o objetivo do professor poderá ser a capacitação do maior número possível de alunos para terem notas satisfatórias e passarem nos exames do curso. Isso pode indicar que a atenção é focalizada em alunos limítrofes, que podem ser aprovados ou reprovados, reservando-se um tratamento menos igualitário para aqueles cuja expectativa de sucesso existe e que poderiam (com ajuda extra) obter uma distinção ou nota máxima.

Também existem questões referentes a qual definição de qualidade deve valer, dependendo de quem a elaborou. As escolas e as faculdades possuem várias partes interessadas – estudantes, pais, funcionários, entidades mantenedoras, autoridades locais e centrais –, cada uma delas com definições e ênfases diferentes sobre a qualidade. Dessa forma, alguns pais podem, por exemplo, se preocupar muito com os resultados de exames, os funcionários com as habilidades relacionadas a seu trabalho, as entidades mantenedoras com a lucratividade e com a proporção entre pessoal e número de alunos, pelo menos em parte. De maneira semelhante, aqueles que tomam a decisão, em diferentes níveis do sistema educacional e da instituição, provavelmente terão diversas preocupações quanto à qualidade, que não serão necessariamente compatíveis entre si. O gerenciamento da qualidade, portanto, requer uma mediação entre várias pautas sobre qualidade.

Outra preocupação importante dos gestores institucionais e dos professores é o equilíbrio da tensão entre as exigências de responsabilidade final externa para demonstrar ou *provar* a qualidade e o trabalho de desenvolvimento interno que tem por finalidade aumentar ou *melhorar* a qualidade. Podemos fazer aqui uma distinção útil entre controle da qualidade e garantia da qualidade. O controle da qualidade preocupa-se em verificar resultados após a ocorrência do processo educacional, a fim de identificar problemas e fraquezas. A inspeção externa, os exames públicos, os testes e exames internos e as revisões departamentais anuais servem como exemplos de controle da qualidade. Por outro lado, a garantia da qualidade preocupa-se em "avançar", em vez de obter um *feedback*; ou seja, preocupa-se com o processo e os sistemas de criação, a fim de prever e evitar problemas em potencial. Exemplo: fazer o planejamento de um programa de curso, incluindo seus objetivos, conteúdo, pessoal, recursos, métodos de ensino e resultados esperados, a fim de garantir, na medida do possível, que todos os alunos atinjam os objetivos do curso; ou seja, fazer uma combinação entre intenções, processos e resultados.

Têm-se discutido que os mecanismos de controle da qualidade externa contribuem pouco para os propósitos de melhoria interna e que as instituições educacionais, portanto, precisam desenvolver seus próprios enfoques de gerenciamento da qualidade, direcionando-os para um desenvolvimento contínuo, orientado por valores e julgamentos profissionais e por responsabilidade profissional final (ver Nixon, 1995). "Se as escolas desejam maximizar o controle sobre seu trabalho, elas precisam estabelecer suas próprias pautas quanto à qualidade, antes que outros o façam (Freeeman, 1994, p.23)." Está claro que tanto o controle como a garantia da qualidade são importantes e necessários a um gerenciamento efetivo. Tal enfoque envolve uma Autoridade Educacional Local (AEL) – parceria para desenvolvimento da qualidade escola/faculdade –, com três finalidades principais:

a) apoiar o desenvolvimento das instituições e da AEL como comunidades estudantis;
b) melhorar o ensino e a aprendizagem;

c) permitir que as instituições e a AEL respondam de forma pró-ativa a exigências de responsabilidade final (ver Ribbins e Burridge, 1994).

Uma vez que o gerenciamento da qualidade preocupa-se com o desenvolvimento contínuo, os indicadores e critérios de desempenho para julgar o sucesso precisam ser adaptados com o passar do tempo, à medida que os primeiros objetivos são atingidos. Isso faz surgir perguntas sobre a criação e a utilização de indicadores e de critérios de sucesso. É relativamente fácil criar e utilizar indicadores quantitativos, como percentual de presença às aulas, e ajustar nossos alvos e expectativas à medida que o desempenho melhora (ou piora). Porém, isso é muito mais difícil com indicadores qualitativos "mais delicados", como a satisfação do aluno com a escola e o relacionamento entre os funcionários e os alunos. Além disso, devido à "tecnologia difusa" de aprendizagem e ensino (Cohen e March, 1983), há problemas na definição e na medição dos resultados a serem procurados em termos de melhoria no desempenho dos alunos, principalmente em áreas mais expressivas como o desenvolvimento social e moral. Realmente, o impacto da instituição sobre essas áreas do desenvolvimento do aluno pode não ficar evidente até que ele tenha se tornado adulto, e existem, ainda, muitos outros fatores intervenientes, como a influência da família e dos pares.

Por todas essas razões, há uma tendência a que os indicadores quantitativos de desempenho de fácil medição dominem nosso pensamento, apesar de existirem evidências na literatura referente à eficiência da escola e às melhorias (ver, por exemplo, NCE, 1996), sobre a importância dos aspectos qualitativos da vida escolar (como o compartilhamento de valores e culturas, o relacionamento positivo entre o setor de pessoal da escola e os alunos) em escolas de sucesso.

Arranjos institucionais eficazes para o monitoramento, a manutenção e a melhoria da qualidade requerem a alocação de recursos humanos, materiais e financeiros. Isso nos conduz ao segundo tema principal.

RECURSOS

Enfocaremos agora os recursos materiais e financeiros. A gestão de recursos humanos é abordada em duas obras de referência (Kydd et al., 1997; Crawford et al., 1997).

O tema que permeia esta seção é a relação do gerenciamento das finanças e dos recursos para obtenção da qualidade educacional. Um enfoque específico é a necessidade de unir a previsão orçamentária ao alcance dos objetivos educacionais de escolas e faculdades. Essa ligação é problemática por causa da natureza dos resultados educacionais: eles são de difícil mensuração e, com freqüência, intangíveis. Eles também são contestados. Além disso, a educação não é como um processo de produção industrial em que os insumos estão claramente relacionados aos resultados por meio de uma tecnologia explícita e bem-compreendida. Em contraposição, o conhecimento sobre a relação entre a quantidade e a qualidade do tempo de ensino, a utilização de materiais, o tamanho das turmas de alunos e outros insumos, por um lado, e a quantidade de aprendizado alcançado pelos alunos, por outro, é muito mais incerto.

A natureza problemática das relações entre a quantidade e o padrão de utilização de recursos e os processos de planejamento e gerenciamento dos recursos, por um lado, e a eficácia educacional, por outro lado, tornou-se mais proeminente nos últimos anos. As evidências de relatórios de inspeção (ver, por exemplo, HMCI, 1995) apontaram várias deficiências no gerenciamento financeiro, particularmente falhas no direcionamento dos gastos para áreas prioritárias, na avaliação do lucro com decisões de provisão de recursos, na estimativa dos custos de planos alternativos e um supercuidado em levar adiante proporções bastante significativas do orçamento, sem razões claras. Esses problemas pareciam indicar uma falta de integração entre o gerenciamento dos recursos e o currículo.

É importante que as políticas de recursos para escolas e faculdades sejam dirigidas pelos objetivos globais da instituição e pelos planos de currículo em vez de, como é o caso certas vezes, ocorrer o contrário, quando as considerações sobre recursos ditam prioridades educacionais. Portanto, é necessário ser pró-ativo no gerenciamento de recursos, usando a previsão orçamentária como um instrumento de planejamento, voltado a resultados futuros, em vez de se ter um enfoque incremental baseado na reprodução de padrões históricos de alocação. Isso implica um enfoque racional no gerenciamento de recursos, no qual o estabelecimento do orçamento seja informado explicitamente pelos objetivos educacionais. Por sua vez, isso requer que a previsão orçamentária anual seja conduzida em um período maior de tempo de gerenciamento estratégico e em uma estrutura mais ampla de planejamento do desenvolvimento institucional. Dessa forma, o gerenciamento de recursos apresenta uma vinculação de vital importância entre estratégia e qualidade.

O enfoque racional é amplamente conhecido como um aspecto essencial da gestão de instituições educacionais eficientes e tem recebido ênfase cada vez maior de agências, como a de normas em educação do Reino Unido (Office for Standards in Education – Ofsted) e a de financiamento estudantil. Mas deve-se ter em mente que a perspectiva racional é muito mais forte como modelo normativo do que como descrição de prática real. Diferentes perspectivas sobre organizações, que são representadas em Harris e colaboradores (1996), podem apresentar uma descrição mais realista da prática real de gerenciamento de recursos em instituições educacionais. Entre elas, destaca-se a perspectiva micropolítica, pois os recursos são um instrumento-chave do poder. Dessa forma, qualquer competição entre diferentes grupos de interesse dentro de uma escola ou faculdade provavelmente enfocará reivindicações rivais por recursos financeiros ou outros. De uma perspectiva micropolítica, não existe uma série determinada de objetivos organizacionais a serem abordados pelo gerenciamento. As decisões sobre alocação de recursos que emergem no final resultam de conflitos, negociação e acordo entre diversos grupos. O gerenciamento de recursos é, então, a arte de equilibrar interesses e de manter um grau de harmonia. Outra perspectiva relevante é a ambigüidade, que se manifesta principalmente em instituições educacionais pela ausência de uma tecnologia clara relacionando insumos de recursos a resultados educacionais. A ambigüidade reflete-se na ausência de vinculação entre o orçamento, por um lado, e os objetivos educacionais e resultados, por outro.

Os gestores educacionais precisam decidir até que ponto desejam adaptar-se a um enfoque racional do gerenciamento de recursos em seus contextos organizacionais particulares. A cultura da organização influenciará a questão de qual enfoque particular no gerenciamento de recursos pode ser eficaz e qual poderá ser modificado a fim de melhorar as práticas de gerenciamento de recursos e de estratégias.

ESTRATÉGIAS

O planejamento estratégico é um processo-chave no gerenciamento, que engloba valores e objetivos institucionais e fornece a estrutura para o desenvolvimento da qualidade de provisão e da destinação dos recursos. Até o início dos anos de 1990, o planejamento estratégico, tanto para escolas como para educação adicional na Inglaterra e no País de Gales, foi conduzido em grande parte no nível de autoridades locais do sistema educacional. Porém, a devolução dos maiores poderes de tomada de decisão e de alocação de recursos para escolas e a incorporação de faculdades trouxeram a necessidade de um planejamento estratégico ser feito por parte das instituições.

Isso envolve o direcionamento de médio e longo prazo da organização para o mapeamento do futuro de forma integrada, levando em consideração as tendências esperadas e os desenvolvimentos ocorridos tanto no ambiente como internamente. Cada instituição "deve interpretar o ambiente em que opera e definir seu próprio papel dentro desse ambiente. Será necessário ter uma visão clara de como deseja desenvolver-se e dos meios de assegurar esse desenvolvimento" (FEU, 1994, p.5). O planejamento estratégico fornece a base para a explicação de decisões em ações de forma próativa em vez de reativa.

No contexto político e econômico atual, no qual são necessários níveis cada vez maiores de eficiência e efetividade e ligações próximas entre financiamento e qualidade da provisão, o gerenciamento estratégico é importante para a responsabilidade final externa, assim como para o desenvolvimento institucional. O planejamento estratégico faz surgir muitos dos mesmos dilemas discutidos anteriormente em relação ao gerenciamento da qualidade, principalmente indo ao encontro das expectativas variadas e, com freqüência, competidoras de diferentes grupos de clientes e partes envolvidas e gerenciando as tensões entre exigências externas e prioridades internas. Os capítulos deste livro contribuem para que se leve adiante o debate sobre algumas das principais questões no gerenciamento estratégico. Três delas serão mencionadas brevemente aqui.

Em primeiro lugar, como acontece com o gerenciamento da qualidade e dos recursos, grande parte da literatura existente sobre estratégias de organizações educacionais segue uma postura amplamente racionalista. Isso significa presumir-se que os objetivos estejam claros e combinados entre as partes, que o processo de planejamento siga etapas sistemáticas e lógicas e que as informações obtidas quanto a alternativas de políticas possíveis sejam completas, permitindo uma escolha lógica pela melhor opção, com a qual todos os membros da organização estejam comprometidos. Porém, as organizações são, muitas vezes, "não-racionais" (ver Patterson et al., 1986): os objetivos e os meios para atingi-los não estão claros nem combinados, raramente estão disponíveis os dados adequados necessários para uma tomada de decisão lógica e as opções podem ser determinadas tanto pelos interesses setoriais como pelos objetivos da instituição como um todo. Dentro desse contexto, o planejamento estratégico preocupa-se com a negociação de consenso e também com o estabelecimento de rumos futuros.

Isso nos conduz ao segundo fator: a cultura organizacional. A menos que haja um alto grau de comprometimento conjunto do grupo com a missão e os valores centrais subjacentes ao plano estratégico, sua implementação não obterá sucesso. O planejamento estratégico deve ser incorporado à cultura da organização para que todo o pessoal trabalhe junto em direção a objetivos comuns.

O envolvimento na formulação do plano e da missão associada pode ajudar na construção de um quadro de pessoal sólido e de sua identificação. Nesse caso, o processo de planejamento estratégico pode ser tão importante quanto o produto. Porém, conforme mencionado anteriormente, a noção de objetivos compartilhados é problemática; existem também questões sobre a natureza e a extensão da consulta, a participação dos empregados no processo de planejamento e se o planejamento deve começar com um "grande projeto" que envolva toda a organização (com detalhes fornecidos posteriormente) ou com planos individuais formulados por subunidades, os quais serão então reunidos e resumidos para formar o plano geral.

Um terceiro fator importante a ser observado aqui é a rápida mudança e a incerteza no ambiente escolar/universitário, tornando muito difícil de se preverem futuras tendências e exigências externas. As instituições educacionais precisam ser capazes de examinar o ambiente cuidadosamente, de obter informações de mercado precisas e de responder rapidamente, a fim de sobreviverem dentro de um clima competitivo. Dado esse contexto ambíguo e de rápidas mudanças, o planejamento estratégico é ainda mais difícil e urgente e, conforme sugerido, pode precisar ser flexível ou "evolucionário" em sua forma (ver Louis e Miles, 1990; Wallace e McMahon, 1994). Isso significa que regularmente deve haver uma modificação e uma adaptação de planos e expectativas em resposta a circunstâncias e oportunidades de mudança.

VISÃO GERAL DOS CAPÍTULOS

Analisaremos agora os próximos capítulos deste livro em relação aos três temas principais mencionados anteriormente.

Os Capítulos 2 a 5 tratam de vários aspectos sobre a qualidade em educação. Cuttance (Capítulo 2) examina um sistema de gerenciamento da qualidade utilizado em um Estado australiano, o qual apresenta algumas mensagens úteis para outros contextos. O enfoque destina-se a preencher os propósitos de responsabilidade final e de melhorias. O uso de indicadores de desempenho bastante sofisticados, a supervisão escolar constante e os programas de monitoramento fornecem *feedback* contínuo sobre diversas áreas de desempenho em todo o sistema escolar. Os dados fornecem informações para a tomada de decisões no nível de sistema e, ao mesmo tempo, fornecem *feedback* às escolas, a fim de contribuir com seu desenvolvimento interno.

Riley (Capítulo 3) aborda a questão problemática de como podemos fornecer e melhorar a qualidade de forma igualitária para diferentes grupos de clientes. Ao explorar a tensão entre qualidade e igualdade, a autora argumenta que os responsáveis pelas decisões em autoridades locais e em instituições devem assegurar que suas noções de qualidade envolvam a idéia de oportunidades iguais; uma visão limitada da qualidade como serviço padrão para todos não é adequada para preencher as necessidades de grupos desfavorecidos.

O Capítulo 4 "Unidade de educação adicional" apresenta orientação prática sobre a melhoria contínua da qualidade e, ao mesmo tempo, reconhece alguns dos problemas envolvidos, inclusive que é improvável o sucesso na melhoria da qualidade sem haver uma cultura institucional de apoio. Porém, como relatado no capítulo, uma mudança cultural é demorada e problemática (ver Fullan, 1991).

O Capítulo 5, de Aspinwall e colaboradores, muda o enfoque, saindo dos aspectos amplos do gerenciamento da qualidade em instituições e voltando-se para a questão mais específica sobre a criação e o uso de indicadores de desempenho e de critérios de sucesso. Discutindo a necessidade tanto de critérios quantitativos como qualitativos, os autores exploram questões e problemas de criação e ressaltam que, para ter algum valor com fins de desenvolvimento, as informações sobre desempenho devem ser dirigidas à resolução de problemas e à ação.

Os próximos capítulos partem de questões gerais sobre o gerenciamento da qualidade para o gerenciamento curricular, iniciando com uma visão geral da mudança curricular. Em uma pesquisa muito abrangente, Hopkins e colaboradores (Capítulo 6) identificam várias questões-chave que surgem do gerenciamento da literatura sobre a mudança e sua relevância para o gerenciamento curricular em particular. Destacam a natureza complexa e demorada das mudanças curriculares e a necessidade da concentração em perspectivas múltiplas para que se compreenda o processo de inovação. West (Capítulo 7) relata algumas das dificuldades no gerenciamento de mudanças iniciadas fora da escola. Ao examinar os processos de planejamento, a implementação e o monitoramento da mudança curricular, o autor argumenta sobre a necessidade de ser preenchida a lacuna da implementação entre a construção de políticas curriculares e o que realmente acontece na sala de aula. West sugere que o planejamento deve incluir a especificação detalhada e precisa do que desejamos ver, em termos do currículo, em ação, à medida que este é experienciado pelos alunos.

Os Capítulos 8 e 9 refletem sobre o contexto organizacional para o gerenciamento curricular. Dean (Capítulo 8) afirma que, para promover um aprendizado eficiente, precisamos olhar com novos olhos os arranjos administrativos freqüentemente desprezados, como o uso de espaço e de equipamentos, a distribuição de pessoal e também as estratégias de oportunidades igualitárias. O Capítulo 9, de Holland e

Hamerton, sugere que a tensão entre a satisfação de necessidades individuais e do grupo, dentro do serviço pastoral da escola, pode ser abordada por meio de um equilíbrio cuidadoso dos recursos no nível global da escola.

Finalmente, Coles (Capítulo 10) aborda as questões envolvendo a avaliação curricular. O autor afirma que, para ser eficaz, esse processo deve ser realizado como uma investigação colaborativa baseada em um compromisso constante com a melhoria da prática em sala de aula assumido por todo o quadro de pessoal.

A segunda parte inicia com uma visão ampla do gerenciamento de finanças e de recursos, estabelecendo uma ligação com o funcionamento global da instituição educacional. No Capítulo 11, Levačić usa o modelo dos sistemas abertos para expor as ligações entre o insumo de finanças e de recursos, o que depende da interação da instituição com o ambiente externo, e os produtos e resultados. A complexidade dos processos intervenientes que ligam insumos de finanças e de recursos a produtos e resultados educacionais explica por que é relativamente fácil para o gerenciamento orçamentário desvincular-se das atividades e dos objetivos educacionais. Porém, o enfoque racional do gerenciamento de recursos requer uma forte vinculação entre planos orçamentários e objetivos educacionais, o qual é expresso em um plano de desenvolvimento institucional. No Capítulo 12, Glover reflete sobre os processos incluídos em um enfoque racional do gerenciamento de recursos, usando evidências das inspeções do Ofsted e da pesquisa qualitativa realizada em escolas. Ênfase especial é dada à visão de que o enfoque racional é importante para o gerenciamento estratégico, relacionando-o consistentemente ao Plano de Desenvolvimento Institucional*, o qual, por sua vez, está fortemente ligado à previsão orçamentária. O autor afirma que o enfoque racional pode funcionar com eficiência apenas em instituições nas quais os indivíduos e as subunidades possuem uma compreensão clara e acordada de suas próprias contribuições aos planos de estratégias e de desenvolvimento, e nas quais ambos os planos e as decisões orçamentárias necessários para realizá-los são revisados regularmente.

Tendo estabelecido a previsão orçamentária dentro de um contexto amplo da organização e de seu gerenciamento estratégico, a seção enfoca então o planejamento orçamentário. Knight (Capítulo 13) examina três aspectos principais do processo de previsão orçamentária e vários enfoques quanto à preparação orçamentária, que variam segundo o seu grau de racionalidade. Knight salienta a importância de esclarecer o propósito do orçamento e de identificar uma estratégia e um formato adequados. Os dois últimos capítulos da segunda parte colocam em foco a alocação de recursos dentro da instituição. Sutton (Capítulo 14) reflete sobre os enfoques da descentralização e centralização nas escolas, no que tange à alocação e ao gerenciamento de orçamentos de subunidades, especialmente o financiamento para apoio curricular. A escolha do melhor enfoque para um determinado contexto depende da avaliação de implicações quanto à eficiência e à eficácia, levando-se em conta o tamanho da escola, as competências de seus gestores de nível médio, bem como a cultura e a liderança. Ampliando esse tema dentro do contexto de faculdades de educação adicional, o Capítulo 15, de Carr, examina a técnica de custos por unidade e o potencial de enfoques baseados em atividades. Este é particularmente relevante aos programas de custeio educacional e ao gerenciamento de custos por centros.

Como terceiro tema principal, a terceira parte inicia com vários artigos que exploram as complexidades do planejamento estratégico. Bailey e Johnson (Capítulo 16) identificam seis grandes perspectivas ou explicações alternativas para o desenvolvimento estratégico nas or-

---

*N. de R.T. No Brasil: PDI – Plano de Desenvolvimento Institucional. O MEC estabelece que o PDI deve ser apresentado pela instituição, no momento em que for solicitar, por intermédio do sistema SAPIENS, o credenciamento de IES, ou o recredenciamento periódico da IES, ou a autorização de cursos superiores de graduação tecnológicos, seqüenciais, ou o credenciamento de instituição para a oferta de ensino a distância ou autorização de cursos fora de sede para as universidades.

ganizações. Os autores afirmam que, para haver uma formulação estratégica efetiva, os gestores precisam entender o processo assim como seus colegas o vêem, os quais podem interpretá-lo de várias formas. As seis diferentes perspectivas não são mutuamente excludentes. Geralmente, é necessário recorrer a quase todas elas para que se chegue a uma explicação adequada sobre a complexidade da tomada de decisões estratégica nas organizações. Utilizando uma perspectiva contrastante e amplamente racionalista, Agência Nacional de Auditoria (National Audit Office) no Capítulo 17, apresenta um enfoque sistemático ao planejamento estratégico, inclusive derivando o orçamento do plano, fornecendo uma outra visão sobre algumas das questões abordadas nos capítulos da segunda parte.

Recorrendo a um estudo de pequena escala feito por três faculdades, Drodge e Cooper (Capítulo 18) identificam diferenças distintas de estilo no gerenciamento do planejamento estratégico, ligadas a diferentes culturas organizacionais, com contrastes quanto à extensão em que as responsabilidades e a tomada de decisão foram distribuídas entre os colegas. O Capítulo 19, de Weindling, explora algumas técnicas práticas e úteis para o planejamento estratégico, salientando a necessidade de incorporar uma dimensão estratégica ao plano de desenvolvimento escolar, como forma de gerenciar mudanças múltiplas.

Baseado em um estudo empírico sobre o planejamento do desenvolvimento em escolas de ensino fundamental, MacGilchrist e colaboradores (Capítulo 20) identificam quatro tipos diferentes de planos. Os planos efetivos foram aqueles que criaram vínculos claros entre a aprendizagem dos alunos, o desenvolvimento dos professores e as melhorias na escola toda, ou seja, um enfoque escolar completo. Os autores descobriram que a formulação de planos de desenvolvimento escolar é mais complexa do que demonstram muitas das orientações disponíveis. O Capítulo 21, de Young, muda o enfoque de planejamento de toda a instituição para a exploração de temas e questões semelhantes com relação a equipes de projetos, identificando as principais tarefas e componentes dos processos no gerenciamento efetivo de projetos e na interação com as partes interessadas.

Os capítulos finais deste livro examinam vários aspectos do gerenciamento de limites e da vinculação ambiental, elementos primordiais de uma análise estratégica. Bagley e colaboradores (Capítulo 22) exploram a extensão em que as escolas examinam e interpretam as perspectivas e as expectativas dos pais, realizando um estudo de pesquisa em grande escala sobre a inter-relação entre escolha parental e tomada de decisão e receptividade escolar. James e Phillips, no Capítulo 23, discutem os resultados de uma investigação para avaliar a extensão em que os princípios de *marketing* são usados por escolas primárias e secundárias, tanto públicas como privadas. Os autores encontraram uma falta geral de estratégias de *marketing* coerentes e um enfoque fragmentado nesta atividade na maioria das escolas pesquisadas.

Para concluir o Capítulo 24 explora o papel da liderança na extensão dos limites. Goldring afirma que os líderes institucionais precisam ter uma posição ativa para assegurar que as escolas/faculdades mantenham um equilíbrio em seus ambientes. Isto exige um equilíbrio da tensão entre a necessidade de autonomia da organização e a resistência desta a demandas excessivas e, ao mesmo tempo, exige a manutenção de vínculos e a certeza do apoio externo contínuo.

REFERÊNCIAS

Cohen, M. and March, J. (1983) Leadership and ambiguity, in O. Boyd-Barrett, T. Bush, J. Goodey, I. McNay and M. Preedy (eds) *Approaches to Post-School Management.* London: Harper and Row.

Crawford, M., Kydd, L. and Riches, c. (eds) (1996) *Leadership and Teams in Educational Management.* Buckingham: Open University Press.

Doherty, G. D. (ed.) (1994) *Developing Quality Systems in Education.* London: Routledge. Freeman, R. (1994) Quality assurance in secondary education, *Quality Assurance in Education*, 2 (1): 21-5.

Fullan, M. (1991) *The New Meaning of Educational Change*. London: Cassell.

Further Education Unit/Staff College (1994) *Strategic Planning Handbook*. London: FEU. Harris, A., Bennett, N. and Preedy, M. (eds) (1996) *Organizational Effectiveness and Improvement in Education*. Buckingham: Open University Press.

HMCI (1995) *Standards and Quality in Education 1993-1994*, Annual Report of Her Majesty's Chief Inspector of Schools. London: HMSO.

Kydd, L., Crawford, M. and Riches, C. (eds) (1996) *Professional Development for Educational Management*. Buckingham: Open University Press.

Louis, K. and Miles, M. B. (1990) *Improving the Urban High School*. New York: Teachers College Press.

National Commission on Education (1996) *Success Against the Odds: Effective schools in disadvantaged areas*. London: Routledge.

Nias, J., Southworth, G. and Campbell, P. (1992) *Whole School Curriculum Development in the Primary School*. London: Palmer Press.

Nixon, J. (1995) Managing the school curriculum for the new millennium, in J. Bell and B. Harrison (eds) *Vision and Values in Managing Education*. London: David Fulton Publishers.

Patterson, J., Purkey, S. and Parker, J. (1986) *Productive School Systems for a Non-rational World*. Alexandria, VA: Association for Supervision and Curriculum Development.

Ribbins, P. and Burridge, E. (1994) Promoting improvement in schools, in P. Ribbins and E. Burridge (eds) *Improving Education: Promoting quality in schools*. London: Cassell.

Stuart, N. (1994) Quality in education, in P. Ribbins and E. Burridge (eds) *op. cit.*

Wallace, M. and McMahon, A. (1994) *Planning for Change in Turbulent Times*. London: Cassell.

PRIMEIRA PARTE
O DESENVOLVIMENTO DA QUALIDADE

2

O monitoramento da qualidade educacional[1]

PETER CUTTANCE

INTRODUÇÃO

É importante distinguir entre gerenciamento da qualidade e controle da qualidade. Sistemas centralizados tendem a depender do controle da qualidade como sendo o meio principal de garantia da qualidade. O controle da qualidade em tais sistemas pode ser caracterizado como:

- Direcionado a insumos – conforme exemplificado pelo enfoque dos controles administrativos sobre os insumos ao sistema. A maioria das exigências de preenchimento de formulários nos sistemas burocráticos é projetada para ir ao encontro do propósito de controle sobre insumos.
- Direcionado a inspeções – ou seja, inspeção dos produtos para excluir ou designar novamente práticas e itens que não satisfazem o serviço predefinido ou os padrões dos produtos.

Os sistemas de controle da qualidade

A maioria dos sistemas educativos exerce algum controle sobre a qualidade de seu produto. Normalmente, ele toma a forma de *inspeção* dos produtos do sistema. A inspeção em sistemas educativos tem surgido nas seguintes formas: a testagem do desempenho do aluno em todo o sistema, ou o uso de inspetores profissionais para avaliar o padrão do trabalho do aluno [...].

Em princípio, os sistemas clássicos de inspeção não são projetados para *garantir* que sejam obtidos resultados em qualidade, mas para controlar e certificar a qualidade do que é produzido para consumo público. Eles determinam quais "mercadorias" são defeituosas e necessitam, portanto, de reparos. Na educação, esses "reparos" são um dos aspectos de processos como a retenção de alunos até que tenham atingido um certo padrão e a não-certificação formal de alguns deles. Em termos de controle da qualidade, alunos não-certificados, ou seja, aqueles que se formam sem obter nenhuma certificação formal, comparam-se, dentro do sistema educacional, a mercadorias com defeito produzidas por um fabricante e vendidas como "de segunda" qualidade. O fabricante não coloca seu rótulo mais graduado (qualidade) em tais mercadorias. A existência de linhas de produtos sem rótulos (freqüentemente chamados de "especiais") dos fabricantes geralmente é um sintoma de mau gerenciamento da qualidade.

Os sistemas de gerenciamento da qualidade

A alternativa para uma confiança total direcionada apenas a controles de insumos e sistemas de inspeção é concentrar-se em sistemas de gerenciamento da qualidade. Esses tentam *garantir* a qualidade pela introdução de processos adequados ao gerenciamento e ao monitoramento das operações. Ou seja, tentam integrar o processo de trabalho aos mecanismos necessários à garantia da qualidade em cada etapa do processo. Os componentes básicos dos enfoques de gerenciamento da qualidade são os planos indicando resultados e estratégias claras de como devem ser atingidos os sistemas de supervisão e os procedimentos de auditoria.

Para ser eficientes, tais enfoques devem estar integrados às práticas de trabalho diárias. O próprio sistema da qualidade também exige um mecanismo de garantia da qualidade de nível mais abrangente. A garantia sistêmica da qualidade baseia-se na auditoria e na supervisão das unidades operacionais para garantir que essas possuam sistemas de gerenciamento da qualidade eficientes, além do monitoramento direto da qualidade de resultados. No nível escolar, isso requer a introdução e a manutenção de sistemas para monitoramento contínuo da eficácia de estratégias e práticas – uma função primordial dos *planos de ação*.

Os sistemas de monitoramento devem ser planejados para fornecer avaliações freqüentes sobre o progresso, de modo que a ação necessária para corrigir qualquer efeito indesejável possa ser realizada ao primeiro sinal de que as coisas não estão funcionando do modo desejado. É mais importante que o sistema de monitoramento seja simples e as observações sejam feitas com freqüência do que as respostas serem sempre acertadas.

Apesar de a qualidade dos próprios resultados poder ser monitorada continuamente, o sistema é chamado de sistema de gerenciamento da qualidade, porque objetiva garantir produtos de qualidade por meio do monitoramento dos processos implementados, de tal modo que esses acarretem resultados intermediários pretendidos em todos os aspectos da operação do sistema.

A garantia da qualidade em sistemas distribuídos

Os sistemas distribuídos exigem a utilização de processos de garantia da qualidade, pois não podem recorrer aos mecanismos de controle da qualidade fornecidos por sistemas administrativos centralizados. Porém, a falta de tais sistemas de controle não é considerada uma desvantagem, pois a ênfase que colocam em insumos agora é considerada inadequada e contraproducente. As perspectivas de gerenciamento, na atualidade, enfatizam de forma quase universal a necessidade de não se concentrar em insumos, mas sim em *produtos* e *resultados*.

Um gerenciamento efetivo requer uma declaração de resultados bem planejada, estruturas de responsabilidade claras e sistemas de garantia da qualidade para avaliar o progresso ao buscar esses resultados. Produtos que não estejam claros e definidos não possibilitam uma delegação clara de responsabilidade. Os indivíduos e os grupos somente podem ser responsabilizados por terem de atingir resultados se estes foram bem definidos. Na ausência de objetivos claros, a responsabilidade final torna-se vaga e não-obrigatória. Os sistemas burocráticos centralizados voltam ao processo de verificação do cumprimento de instruções administrativas, em vez de avaliarem o grau de sucesso dos resultados educacionais obtidos. Um sistema centralizado necessariamente opera por regras, procedimentos estabelecidos e estatutos, a fim de reduzir o número de decisões problemáticas que as autoridades precisam tomar. No caso do sistema educacional, essas regras são de maior e menor escala e vão contra a receptividade global do sistema.

Freqüentemente, tais regras não são apenas inadequadas e inflexíveis: elas também criam uma multiplicidade de formulários administrativos e de arranjos burocráticos que demandam tempo para sua confecção, sua atualização, sua compreensão e seu cumprimento (ou para ser evitados). Tal abordagem demanda muito esforço, em todos os níveis, para formular e quebrar regras em vez de estabelecer objetivos e parâmetros direcionados a realizações e então partir para conquistá-los.

Os processos de auditoria e de supervisão são fundamentais para a obtenção de produtos de alta qualidade nos sistemas distribuídos. A auditoria serve essencialmente para fins de responsabilidade final, mas também fornece informações sobre quais tipos específicos de indicadores sistêmicos de desempenho podem ser criados. A supervisão é importante durante todas as etapas do processo de obtenção de uma educação de alta qualidade para os alunos; na verdade, ela é – pelo monitoramento contínuo do local de trabalho feito pelas pessoas no trabalho – um componente básico do gerenciamento de produtos de qualidade.

Existe uma falsa crença de alguns apoiadores dos sistemas distribuídos de que tais sistemas se justificam apenas com base em resultados e produtos, suprimindo, assim, a necessidade de supervisão contínua. Essa crença presume que os clientes farão um julgamento da qualidade do serviço prestado e, como conseqüência, ajustarão sua demanda por esse serviço. Mesmo sendo essa perspectiva formulada com base em uma teoria idônea sobre a demanda do consumidor, ela é um pouco menos relevante para a produção de um serviço de qualidade no setor público.

Três argumentos podem ser utilizados para evidenciar a necessidade das funções de auditoria e supervisão em um sistema educacional estadual distribuído. Primeiramente, a responsabilidade final do parlamento requer não apenas uma prestação de serviços útil aos clientes, mas eficiência e valorização do dinheiro pago pelo serviço – a educação do Estado é, essencialmente, um oligopólio em termos de mercados; portanto, as mudanças na demanda dos clientes não refletem a eficiência de maneira exata. Além disso, a natureza primordialmente "livre" da educação do Estado para o cliente significa que qualquer avaliação baseada simplesmente na demanda do consumidor serve apenas como um guia deficiente da qualidade, pois um serviço "livre" não apresenta oportunidades para se avaliar a elasticidade da sua demanda.

Em segundo lugar, os sistemas de responsabilidade final conduzidos pelos clientes não fornecem um *feedback* direto sobre a razão de um serviço estar sendo prestado com qualidade ou não – ou seja, as informações sobre demanda não contêm dados sobre as características da qualidade às quais os clientes estão respondendo. Isso se aplica também a mercados irrestritos. Na verdade, os produtores de mercadorias e serviços em mercados competitivos acham mais importante – e não menos – a realização de inspeções substanciais do fornecimento de produtos e serviços.

Em terceiro lugar, o gerenciamento da qualidade – em contraposição à inspeção – requer uma supervisão contínua de todos os aspectos do desenvolvimento, da produção e do fornecimento. Um sistema eficiente de avaliação da qualidade não se baseia em uma inspeção apenas no final do processo de produção, como o principal meio de indicar se um serviço está abaixo do padrão – algo que, incidentalmente, o gerenciamento não tem interesse em produzir; o gerenciamento não pode basear-se em um declínio da demanda, pois os clientes recorrem a outros fornecedores para mostrar que esse serviço é de qualidade inferior.

Responsabilidade final ou desenvolvimento: um ou dois patrões?

Existe uma dualidade nos conceitos de responsabilidade final e de desenvolvimento aplicáveis aos sistemas educacionais. A responsabilidade final refere-se a *provar* a qualidade, e o desenvolvimento refere-se a *melhorar* a qualidade. É claro que os sistemas baseados em controle de insumos e aqueles que possuem um enfoque específico em produtos abordam a questão da responsabilidade final diretamente, embora de perspectivas bastante diferentes. Porém, eles dão pouca atenção à contribuição que os processos de responsabilidade final podem dar às necessidades de desenvolvimento de uma organização. A vantagem de se adotar uma perspectiva de gerenciamento da qualidade é reunir os processos de responsabilidade final e de desenvolvimento em uma estrutura unificada. Apesar de ser importante, por razões operacionais, manter uma distinção entre responsabilidade final e produtos do desenvolvimento, é fundamental considerar a responsabilidade final e o desenvolvimento como complementares para a eficácia global de uma organização. Os sistemas de responsabilidade final precisam ser estabelecidos de modo a maximizar sua contribuição ao desenvolvimento da organização.

O planejamento estratégico para o desenvolvimento escolar

Um dos principais processos a reunir a responsabilidade final e o desenvolvimento é o planejamento estratégico. Nos últimos anos, todos os sistemas educacionais estaduais australianos desenvolveram planos estratégicos para a implementação de políticas e de programas. Tais planos sistêmicos foram acrescidos de planos de desenvolvimento e gerenciamento para cada uma das unidades operacionais do sistema.

As escolas também estabeleceram planos para seu próprio desenvolvimento, conhecidos como planos de desenvolvimento escolar. Estes planos são uma declaração dos principais programas e atividades que a escola deseja mudar ou melhorar (objetivos); de como essas melhorias devem ser alcançadas (estratégias); de qual será o seu impacto (resultados); tudo com o intuito de melhorar os resultados de aprendizagem para os alunos. Um plano de desenvolvimento escolar é apenas um dos aspectos de um processo total de planejamento escolar. Ele descreve as áreas escolares prioritárias para o desenvolvimento, mas não inclui as atividades contínuas de manutenção da escola. Os objetivos, conforme identificados nesse plano, partem de duas fontes: dos programas e das políticas que o governo definiu para serem implementados nas escolas e das aspirações particulares das escolas e de suas comunidades. Os planos de ação são desenvolvidos pelas escolas para perseguir os objetivos estabelecidos nos planos de desenvolvimento escolar. Os processos pelos quais os planos de desenvolvimento escolar identificam seus objetivos e implementam-nos são cruciais para seu sucesso. Os próprios objetivos e o processo de implementação devem se concentrar tão diretamente quanto possível na melhora de resultados educacionais para os alunos.

O plano estratégico-sistêmico, juntamente com os planos de desenvolvimento escolar, geralmente se destinam a três anos, e cada um é levado adiante após uma supervisão anual de seu progresso.

Indicadores de desempenho em educação

[...]

O enfoque do gerenciamento da qualidade nos itens anteriores deste capítulo está baseado na perspectiva de que, dentro de qualquer parte do sistema educacional, uma unidade operacional ou um trabalhador individual é, simultaneamente, um cliente dos serviços prestados em apoio a eles, a partir de outras partes do sistema, e um produtor de serviços ou produtos para outras partes do sistema. Portanto, em qualquer ponto, a estrutura da operação de uma unidade ou de um indivíduo pode ser considerada como o desempenho no contexto das exigências dos clientes.

Os indicadores de desempenho em educação foram propostos com a finalidade de lidar com uma série de questões. As principais atribuições sugeridas para eles incluem:

- avaliar o impacto das reformas educacionais;

- informar os criadores de políticas sobre as práticas mais eficientes para a melhoria da educação;
- explicar as causas de condições e mudanças;
- informar a tomada de decisões e o gerenciamento;
- estimular e concentrar esforços;
- garantir a responsabilidade final;
- definir objetivos educacionais;
- monitorar padrões e tendências;
- prever mudanças futuras.

Cada um dos usos dos indicadores de desempenho em educação é discutido com mais detalhes por Cuttance (1989). Oakes (1986) sugere que há cinco tipos de informações que os indicadores podem fornecer em nível operacional. São eles:

- informações sobre desempenho em relação ao alcance de metas e objetivos;
- informações sobre as características mais importantes do sistema para atingir metas e objetivos específicos;
- informações sobre políticas relevantes;
- informações direcionadas a problemas;
- informações sobre as características *centrais* do sistema.

O Quadro 2.1 relaciona estes cinco tipos de informações com os nove propósitos estabelecidos anteriormente para os indicadores de desempenho em educação. Os cinco tipos

Quadro 2.1
Finalidades dos indicadores de desempenho em educação e os tipos de informações que eles devem fornecer

Finalidade do indicador de desempenho	Tipo de informação necessária				
	Avaliação			Monitoramento	
	Atingimento de metas e objetivos	Características responsáveis pelo desempenho	Informação relevante a políticas	Informação direcionada a problema	Informação sobre características centrais do sistema
Avaliação do impacto das reformas	x	x	x		
Avaliação da prática mais eficiente	x	x	x	x	
Explicação das causas e condições	x	x	x	x	x
Tomada de decisão e gerenciamento	x	x	x	x	x
Estímulo e concentração de esforços	x	x	x	x	x
Garantia de responsabilidade final	x		x		x
Definição de objetivos		x	x		x
Monitoramento de padrões e de tendências			x	x	x
Previsão de mudanças futuras			x	x	x

de informações podem ser subdivididos naqueles que são derivados de *avaliações* do sistema e naqueles derivados do *monitoramento* de rotina do sistema. A categoria de "informações relevantes a políticas" aplica-se a informações tanto das fontes de avaliação como de monitoramento. Além disso, uma determinada quantidade de "informações direcionadas a problemas" será disponibilizada pelos componentes diagnósticos e formativos das atividades de avaliação formal, mas sua fonte principal serão as atividades de monitoramento do sistema. De acordo com o Quadro 2.1, fica claro que alguns dos propósitos estabelecidos para os indicadores em educação recorrem mais marcadamente a atividades de monitoramento e outros a atividades de avaliação. Assim, um indicador de desempenho que incluísse todos os nove propósitos necessitaria reunir mais informações tanto de avaliações formais como informais e de monitoramento de rotina do sistema.

As finalidades dos indicadores de desempenho descritas acima são classificadas segundo as funções mais gerais da garantia de qualidade, de desenvolvimento e de responsabilidade final nos sistemas educacionais discutidos previamente neste capítulo.

INFORMAÇÕES ESTRATÉGICAS PARA AUXILIAR NA MELHORIA DOS SISTEMAS ESCOLARES

Cooley (1983) discute as informações necessárias para a melhoria dos sistemas educacionais. [...] O modelo "racional" de tomada de decisão postula que os sistemas tomam decisões e agem de acordo com elas em resposta a dados e estruturas para uma ação deliberativa. Os modelos baseados na ação, como aqueles incorporados a estratégias de mudança envolvendo um nível significativo de participação de terceiras partes, postulam que o ambiente "político" da organização é um fator determinante tanto na formação dos dados como na orientação à ação.

A qualidade da literatura sobre gerenciamento, por outro lado, enfatiza uma melhoria gradual ou contínua em vez de uma mudança estrutural ou em grande escala. As abordagens sobre gerenciamento da qualidade e mudança estrutural significativa podem ser criticadas por falharem no reconhecimento da necessidade tanto de uma melhoria contínua quanto de uma mudança estrutural significativa nas organizações complexas (Cuttance, 1993). Tanto a melhoria contínua como a mudança estrutural requerem um monitoramento contínuo de sistemas para a avaliação do progresso realizado em direção aos resultados almejados.

Cooley (1983) apresenta uma discussão sobre os principais fatores de um monitoramento bem-sucedido dos sistemas escolares. Ele argumenta que há duas características primárias em tais sistemas para um monitoramento contínuo do progresso:

- uma orientação ao cliente;
- e um enfoque de sistemas para a melhoria de programas.

Orientação ao cliente

Uma orientação ao cliente torna-se necessária para haver influência dos dados disponibilizados pelo sistema de monitoramento sobre as perspectivas das alternativas que os tomadores de decisão levam a uma situação. Sem um posicionamento claro e combinado de quem são os clientes (pois pode haver mais de um tipo de cliente), as informações adquiridas por meio do sistema de monitoramento terão pouca relevância para as decisões dirigidas à melhoria dos resultados do sistema. O valor das informações em relação aos resultados para os clientes não é o de que os dados determinem prioridades para a resolução de questões sobre políticas, mas que permitam que tais questões sejam discutidas de maneira mais produtiva (Cooley, 1983). Uma orientação ao cliente, no sistema de monitoramento, requer que o próprio sistema permita a interação com os clientes durante o processo de coleta de dados.

[...]

Um enfoque de sistemas para melhorias

O enfoque de sistemas que Cooley (1983) descreve concentra-se no uso contínuo de indicadores para monitorar o desempenho e adaptar a prática às exigências da situação. Isso contrasta com a alternativa de utilizar avaliações gerais periódicas para avaliar o sucesso de programas distintos. O enfoque da avaliação geral dos programas fornece uma visão estática sobre o desempenho de um programa. Porém, os programas são dinâmicos e sofrem impacto contínuo de outros ainda existentes, de novos programas e das perturbações e influências gerais do ambiente do sistema. Além do mais, as avaliações dos programas exigem bastante tempo para serem concluídas, e não é incomum saber que aqueles que decidem tiveram que agir antes de as informações sobre a avaliação terem sido disponibilizadas.

Isso não significa que não exista uma função para as avaliações gerais dos programas, ao avaliar o desempenho de sistemas escolares, mas que seu papel não deve ser visto como aquele que pode fornecer informações responsivas de natureza dinâmica, necessárias à tomada de decisões sobre gerenciamento. As avaliações gerais de programas visam a apresentar informações esporádicas, mas exatas, enquanto que a necessidade daqueles que decidem é de informações freqüentes, mesmo que um pouco menos exatas para cada ocasião. O poder dos dados fornecidos por um sistema de monitoramento é demonstrado a partir de sua contribuição da compreensão contextual para o conhecimento operativo de quem toma decisões e para as informações corroborativas que sinalizam situações em que o desempenho não tenha sido o esperado, em setores específicos do sistema ou com o passar do tempo. Tais informações sobre monitoramento permitem que quem decide aja de acordo, em resposta às informações de que as coisas não estão ocorrendo da maneira esperada. O acúmulo de informações de tais sistemas de monitoramento fornece a base para a determinação das áreas em que um sistema precisa concentrar sua atenção para a melhoria global de seu desempenho.

Os sistemas de monitoramento também podem indicar a distribuição do desempenho, em todo o sistema escolar, em relação a um indicador em particular. Isso apóia inferências de nível mais abrangente, apontando se o sistema está funcionando de maneira uniforme ou se há questões de desempenho que requerem atenção em pontos específicos do sistema. Por exemplo, em um sistema escolar, poderá haver questões particulares sobre desempenho no ensino médio que não existem no ensino fundamental. A adaptabilidade de estratégias de ensino aos estilos de aprendizagem dos alunos é uma das questões relevantes para os sistemas escolares australianos.

Se o monitoramento contínuo acusar que existem informações de que o desempenho está deteriorando-se ou de que não está atendendo às expectativas, depois de ter sido tomadas medidas corretivas concentradas, haverá a necessidade de estabelecer-se uma compreensão mais abrangente da natureza do problema. Isso terá um papel importante, fundamental, para a avaliação do programa. A contribuição das avaliações do programa para o desempenho do sistema consiste menos em informações gerais e mais em uma análise formativa e diagnóstica das questões responsáveis pelo desempenho. É claro que uma avaliação geral do desempenho de um programa é necessária antes de qualquer análise das questões que impedem a realização dos objetivos de o programa poder ser realizado. Contudo, isso é, em si, de pequena utilidade no gerenciamento do desempenho de um sistema escolar. Os que decidem requerem uma análise das respostas potenciais que podem resultar em problemas de desempenho específicos. A solução não deve estar relacionada inteiramente ao programa sob avaliação, pois o gerenciamento também requer uma avaliação do provável impacto de qualquer resposta sobre outros programas.

O resultado de um sistema de monitoramento efetivo, portanto, serve como guia para a determinação de prioridades e o fornecimento de dados que informem a ação adequada, que pode ser uma ação corretiva concentrada. Com o passar do tempo, um sistema de monitoramento também deve informar sobre o modo como o sistema escolar está respondendo a mudanças em seu ambiente externo. Essas informações devem ir além dos limites, a fim de funcionar como um "radar sobre o horizonte".

O MONITORAMENTO DA EFICIÊNCIA DA PRÁTICA E DO FUNCIONAMENTO ESCOLAR

As demais seções deste capítulo referem-se a um sistema que foi implantado dentro do sistema escolar estadual australiano para o monitoramento da prática e do funcionamento das escolas. O principal propósito do sistema de monitoramento foi relatar o desempenho, em relação a determinadas práticas, em todo o sistema, a fim de monitorar a eficiência de programas e de políticas para atingir os resultados estratégicos planejados. Supervisões contínuas da prática foram conduzidas em quatro domínios: ensino e aprendizagem, organização e gerenciamento, costumes e cultura e oportunidades iguais e justiça social. Cada domínio abordava de cinco a oito áreas da atividade escolar. Três a cinco aspectos de desempenho foram criados para descrever cada uma das áreas de atividade supervisionada. No total, cerca de 100 perfis de desempenho foram apresentados dentro dos quatro domínios da prática. Em geral, apenas um dos quatro domínios da prática foi supervisionado em cada escola.

Os relatórios de monitoramento foram criados por equipes de professores, dentro das escolas, por diretores e por superintendentes. Ao redigirem os relatórios sobre a prática em cada um dos aspectos a serem supervisionados, essas equipes utilizaram a literatura de pesquisa na área relevante, as diretrizes departamentais e as relações de políticas relevantes a tal aspecto, além de sua própria experiência como educadores nas escolas. Os relatórios de monitoramento foram então testados em várias supervisões e revisados antes de ser incorporados ao processo regular de supervisão de desenvolvimento nas escolas. [...]

A coleta das informações em supervisões escolares preocupa-se com o contexto – discute-se principalmente se é apropriado ou não esperar que uma determinada prática ocorra na situação sob observação.

Os dados de monitoramento serão avaliados também em relação à aprendizagem dos alunos. O propósito de tal avaliação será revisar a importância relativa de diferentes práticas para o desenvolvimento educacional e o progresso discentes.

As informações obtidas a partir do programa de monitoramento serão usadas para diagnosticar as fraquezas do desempenho sistêmico e monitorar tendências no sistema escolar como um todo. Além disso, ele dá informações somativas sobre o padrão da prática existente no sistema. Essas informações fornecem insumos importantes para a formulação de políticas, a tomada de decisões estratégicas e a alocação de recursos.

As informações do programa de monitoramento também serão ligadas aos programas e às políticas departamentais. Uma matriz bidimensional, com programas e políticas por um lado e indicadores de prática por outro, estabelece a ligação entre aspectos individuais da prática efetiva e de programas e políticas específicos. Dessa forma, o programa de monitoramento contribui com uma base contínua para o monitoramento da eficiência de programas e políticas individuais. Porém, o alcance de práticas monitoradas é maior do que o conjunto de programas e políticas sistêmicas; ou seja, vários aspectos da prática que não são abordados especificamente por programas ou políticas também são monitorados.

Os relatórios de monitoramento podem ser preparados para uso em outros contextos do sistema. Particularmente, algumas escolas demonstraram interesse em usá-los como um dispositivo de triagem interno, em suas próprias práticas de desenvolvimento e de planejamento, e outras demonstraram interesse em usá-los no treinamento de pessoal e nas sessões de desenvolvimento.

A SUPERVISÃO DO DESEMPENHO DA PRÁTICA E DO FUNCIONAMENTO ESCOLAR

A cada supervisão escolar, um domínio da prática é monitorado. As informações são coletadas junto ao pessoal e a uma amostragem de pais e alunos, e são realizadas principalmente por meio de entrevistas e discussões. Além disso, documentos relevantes podem ser examinados. Todavia, a observação direta também ocupa uma parte importante na coleta de informações. A equipe supervisora realiza a observação do ambiente geral da escola, da recreação dos alunos e das áreas de estudo, das salas de aula, das salas de professores, etc. Dependendo do domínio da prática sendo monitorado em determinada escola, pode haver também discussões com indivíduos específicos, como aqueles responsáveis pela gestão financeira da escola, aqueles com responsabilidades-chave no desenvolvimento e implementação curricular, etc. Os tipos de documentos que podem ser examinados como parte do exercício de coleta de informações incluem: jornais escolares, livretos de informações para pais e pessoal, planos de aula dos professores, históricos e boletins de alunos, atas de reuniões escolares, etc.

Os domínios de gerenciamento e organização, costumes, cultura, oportunidades iguais e justiça social usam a escola como a unidade de relatório. Um relatório sobre o domínio do ensino e da aprendizagem baseia-se na sala de aula como a unidade de observação. Este último domínio envolve, consideravelmente, mais observação em sala de aula do que os outros três domínios. [...] Ocorre uma discussão com o professor, individualmente, antes do período de observação e outra após o período de observação. O propósito da observação é reunir informações sobre a prática normal em escolas, sem a necessidade de uma preparação especial dos professores. Ela também não está ligada a nenhum processo de avaliação do professor; portanto, não é dado *feedback* sobre sua eficiência geral, apesar de o membro da equipe de supervisão poder discutir alguns aspectos da prática, observados durante a sessão, com o professor, se ele assim o desejar.

Como o programa de monitoramento tem o propósito específico de melhorar a qualidade da prática e o funcionamento das escolas, o registro das informações baseia-se em relatórios de categorias relacionadas à extensão da implementação da prática dentro da situação observada. Três decisões devem ser tomadas pelo observador sobre cada aspecto supervisionado. A primeira é verificar se existem ou não dados suficientes para fazer uma avaliação da eficácia da prática associada a determinado aspecto. A segunda é observar se a prática naquele aspecto é vista como efetiva ou não-efetiva, conforme descrito na declaração indicadora da prática. A terceira decisão requer uma distinção entre os níveis de eficiência (ou ineficiência): o supervisor avalia se a prática observada é considerada efetiva em nível ótimo (NO) ou em nível satisfatório (NS). Da mesma forma, a prática vista como ineficiente é classificada considerando-se se foi reconhecido (pelo professor ou pela escola) um aspecto do funcionamento que requer desenvolvimento e para o qual existe planejamento para melhorias (NCP), ou se esse aspecto ainda não foi reconhecido como necessitado de melhorias (NN).

Um relatório anual do programa de monitoramento é publicado para cada um dos quatro domínios da prática. Esses relatórios não identificam escolas ou professores individualmente, somente destacam aspectos da prática que foram reconhecidos como particularmente eficientes e fazem recomendações sobre onde se considera que o desempenho necessita de maior desenvolvimento nas escolas, ou onde a prática parece necessitar de maior desenvolvimento em escolas que atendem determinadas seções da população estudantil. Essas recomendações podem levar a supervisões mais detalhadas de certas políticas ou programas responsáveis pelo apoio às áreas da prática que mais necessitam de melhorias. Tais supervisões adicionais podem avaliar um determinado programa ou política, ou um grupo deles, ou concentrar-se em aspectos particulares do funcionamento e da prática nas escolas. A análise auxilia na utilização efetiva de recursos sistêmicos para melhorias em áreas-chave e, assim, auxilia as escolas em sua função de fornecer educação de alta qualidade aos alunos.

RESULTADOS EM UM SISTEMA ESCOLAR ESTADUAL

Os dados de monitoramento apresentados aqui são referentes a 128 escolas supervisionadas em 1990 [...]. A avaliação global das supervisões indicou que 42% das escolas observadas estavam em estágio avançado, em termos de planejamento do desenvolvimento, e puderam efetivamente gerenciar e sustentar seu próprio desenvolvimento. Trinta por cento puderam estabelecer as estruturas e os processos necessários para o desenvolvimento sustentável com assistência e apoio normais proporcionados por programas da área e do sistema. Dezessete por cento estavam necessitando de apoio na fase inicial e na continuidade, a fim de estabelecer as estruturas e os processos necessários a um desenvolvimento sustentável. Durante um período, 12% das escolas precisavam de apoio substancial, a fim de estabelecer as estruturas e os processos para um desenvolvimento sustentável. Uma liderança significativa e um desenvolvimento e uma mudança organizacional provavelmente seriam necessários para estabelecer a base de um desenvolvimento efetivo nesse último grupo de escolas.

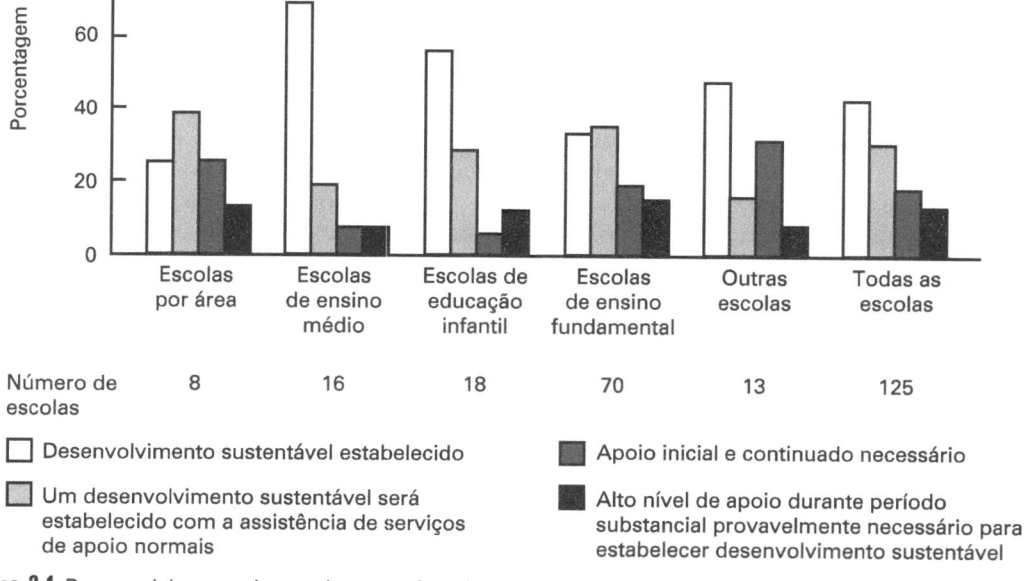

Figura 2.1 Desenvolvimento de escolas por nível de escolarização. Por causa do número pequeno de escolas supervisionadas em alguns níveis escolares, deve-se ter cuidado ao interpretar as diferenças nessas avaliações. As estimativas devem ser tomadas como indicadores da gama de variações entre diferentes tipos de escolas. Essas são estatísticas agregadas por grupo, não indicando uma avaliação pertinente a escolas específicas de cada grupo.

Resumo

Apresentamos aqui um resumo dos dados obtidos nas supervisões realizadas em 128 escolas em 1990. Aplica-se a dois domínios de prática e funcionamento (ensino e aprendizagem, gerenciamento e organização). [...]

O programa de monitoramento descobriu que as práticas foram efetivas na grande maioria dos aspectos do funcionamento em sala de aula, sendo que, em proporção considerável, foram muito efetivas. Os resultados indicaram que os procedimentos para o monitoramento e a supervisão sistemática do currículo necessitariam de desenvolvimento adicional em pelo menos 50% das salas de aula. Há algumas evidências sugerindo que as práticas que efetivamente apoiaram o desenvolvimento de estratégias de aprendizagem nos alunos foram menos claras do que aquelas que apoiaram seu desenvolvimento social. Nos resultados, houve também indicação de que seria necessária mais atenção, em algumas salas de aula, quanto ao uso de uma maior variedade de recursos e enfoques de aprendizagem para reconhecer e apoiar as diferenças entre os alunos.

[...]

O desempenho do gerenciamento no uso de recursos, que vai além do ambiente escolar direto e dos prédios e instalações, foi altamente eficiente na maioria das escolas. Os aspectos do gerenciamento relacionados ao quadro de pessoal e aos alunos foram realizados de forma eficiente em mais da metade das escolas. Alguns aspectos específicos do gerenciamento geral – particularmente aqueles relacionados à tomada de decisão, treinamento e aprimoramento de pessoal e à supervisão e apoio ao pessoal – necessitam maior aprimoramento em mais da metade das escolas. Os aspectos da gestão relacionados ao planejamento escolar, particularmente à determinação de contexto para o planejamento educacional e os processos de supervisão interna para o desenvolvimento escolar também requerem maior aprimoramento em mais da metade das escolas. As áreas que necessitam de um fortalecimento mais abrangente, em todo o sistema, foram as relacionadas ao gerenciamento curricular: a supervisão e a relevância curricular e a avaliação do programa.

DISCUSSÃO

O sistema de monitoramento da prática e do funcionamento estabelecido havia sido desenvolvido como um componente da estrutura mais ampla de supervisão e desenvolvimento.

A avaliação das informações dos domínios de ensino/aprendizagem e de gerenciamento/organização indicaram que a eficiência da prática e do funcionamento no último domínio necessitava de mais desenvolvimento do que no anterior. As informações disponibilizadas pelos indicadores de desempenho para ambos os domínios apontaram que foram encontrados pontos fortes nos aspectos não-curriculares da escolarização e que era necessária uma atenção futura ao desenvolvimento de escolas direcionada a questões curriculares, principalmente: o planejamento, a manutenção, o desenvolvimento e a supervisão do currículo e dos programas dentro das escolas; a organização e as estratégias para o uso efetivo, dentro das escolas, de recursos para cumprir o currículo, inclusive o treinamento e o desenvolvimento de pessoal; e o gerenciamento e a supervisão do desenvolvimento nas escolas.

O programa de monitoramento é realizado como parte de um programa de supervisão escolar que tenha fornecido assistência direta a escolas para a avaliação do seu desempenho e das áreas de desenvolvimento adicional. Dessa forma, o programa de monitoramento é realizado dentro de um contexto não-ameaçador e fornece informações diretamente relevantes à tomada de decisões e à alocação de recursos no nível do sistema. Ele fornece *feedback* contínuo em vários aspectos do desempenho e do funcionamento de todo o sistema. Além disso, ele proporciona a oportunidade de se pesquisar continuamente o impacto de uma ampla série de práticas nas escolas quanto à melhoria dos resultados estudantis. Essas análises de pesquisa fornecem *feedback* às equipes que trabalham com as escolas apresentando informações relacionadas ao contexto, sobre o que funciona em diferentes situações. Apesar de, no Estado em que essa análise estava baseada, o programa não ter causado impacto sobre as prioridades no nível do sistema, há evidências de que em outro Estado tais programas podem ter um impacto poderoso tanto na tomada de decisões estratégicas como na alocação de recursos.

Os tipos de indicadores empregados neste programa são muito mais complexos do que os indicadores globais simples, os quais são, com freqüência, o enfoque de indicadores de desempenho em educação. A profundidade das informações fornecidas por esses indicadores apresenta exatamente o tipo de informação que o gerenciamento sênior em sistemas escolares requer. Haverá informações suficientes para tornar óbvia a necessidade de se iniciar uma investigação *ad hoc* sempre que um indicador sugerir que um programa ou uma política não está tendo o impacto pretendido, mas que não é tão problemático nem tem um custo operacional tão alto a ponto de se tornar impraticável.

NOTA

1. Este material foi resumido, tendo sido publicado originalmente com o título de "Monitoramento da qualidade educacional por meio de indicadores de desempenho para a prática escolar".

REFERÊNCIAS

Cooley, W. W. (1983) Improving the performance of an education system, *Educational Researcher*, 12: 4-12.

Cuttance P. F. (1989) *Performance Indicators for Schooling*, report prepared for the Scottish Education Department. Edinburgh: Scottish Education Department.

Cuttance P. F. (1993) Quality assurance and quality management: complementary but different functions, *Evaluation*, 218-23.

Oakes, J. (1986) *Education Indicators: A Guide for Policy Makers*. New Jersey: Centre for Policy Studies in Education, Rutgers University.

3

Qualidade e igualdade: objetivos competidores ou complementares?

KATHRYN A. RILEY

A qualidade e a igualdade são interconectadas – características inseparáveis de qualquer bom serviço educacional. A promoção da qualidade e da igualdade requer uma conscientização sobre os obstáculos que os indivíduos têm de enfrentar para atingir seu potencial e as barreiras que obstruem relações harmoniosas entre grupos e indivíduos. A resolução de tais questões de igualdade é um caminho para a qualidade.

A questão da igualdade que se impõe aos alunos e professores precisa ser visualizada de forma conjunta. A experiência educacional diferencial oferecida a meninos e meninas, a alunos brancos e negros, está conectada àquela oferecida aos professores – mulheres e homens, brancos e negros. A igualdade na sala de aula não pode ser separada da igualdade na sala dos professores. É uma pauta, uma experiência compartilhada.

Ao procurar o desenvolvimento de uma estratégia que incorpore tanto a qualidade como a igualdade, certamente surgirão tensões e dilemas para os provedores e receptores dos serviços educacionais, pois as decisões sobre a natureza dos serviços, quem os recebe e como eles são prestados não são neutras. Elas dependem de julgamentos de valor feitos por pessoas envolvidas em educação: professores, governantes, administradores e construtores de políticas. Cada um desses grupos apresenta graus variados de liberdade de ação para influenciar os processos e os resultados educacionais. As decisões que tomam – ou deixam de tomar – terão impactos diferentes sobre alunos e funcionários. Este capítulo explora o contexto do debate sobre qualidade e igualdade e o alcance de influência que os grupos-chave têm tanto sobre os processos como sobre os resultados educacionais.

A BUSCA DA QUALIDADE

Desde a década passada, a qualidade tem sido a palavra da moda: *serviços de qualidade*, uma *experiência educacional de qualidade*, *gestão total da qualidade*. A qualidade entrou para o vocabulário dos profissionais de educação, dos políticos e de grande quantidade de indivíduos, grupos e organizações interessados nos serviços educacionais.

Mas, apesar de a qualidade em educação ter se tornado aparentemente um objetivo nacional, as definições são elusivas ou talvez até ilusórias. Um grande relatório da OECD (Organization for Economic Co-operation and Development – Organização de Cooperação para Desenvolvimento Econômico), sobre as escolas e a qualidade, não concordou em dar apenas uma definição de qualidade em educação e sugeriu que precisamos é de uma compreensão mais clara de como o contexto – currículo, organização escolar, recursos e instalações, avaliação de alunos, professores e sistemas – pode contribuir para a qualidade (OECD, 1989). Bem como ocorre com qualquer conceito de valor, as definições para qualidade mudam com o passar do tempo e variam para indivíduos e grupos diferentes. As tentativas de melhoria da qualidade fazem surgir perguntas sobre os objetivos da sociedade, os propósitos da escolarização e a natureza da participação.

Muito do pensamento atual sobre o conceito de qualidade originou-se no setor de manufatura. As preocupações quanto à qualidade e às normas surgiram do declínio, ocorrido no final do século XIX e no início do século XX, no número de trabalhadores qualificados e nas conseqüentes dificuldades causadas pela produção em massa. O controle da qualidade foi introduzido nos anos de 1920, em uma tentativa de aumentar a porcentagem de produtos manufaturados sem defeitos. Após a Segunda Guerra Mundial, houve uma mudança de ênfase do controle da qualidade para a garantia da qualidade – uma atividade que se concentrou no planejamento pré-produção, tentando desenvolver processos e procedimentos que minimizassem a produção defeituosa.

A "revolução da qualidade" ocorreu no Japão, na década de 1950, auxiliada por personagens originais como Deming e Duran (Macdonald e Piggott, 1990). Deming enfatizou a garantia da qualidade e a importância de criar uma cultura da qualidade. Ele argumentou que até os anos de 1950 as definições de qualidade na manufatura tendiam a se basear no que os peritos achavam que os clientes desejavam, em vez de se basearem em informações sobre o que os clientes realmente desejavam.

O aumento do consumismo, principalmente nos Estados Unidos, deu voz ao consumidor. A qualidade tornou-se um assunto de todos. Os clientes passaram a tomar decisões sobre ela, pois podiam fazer a escolha de conter seu poder de compra. Esse enfoque foi mantido durante os anos de 1980, e até nos anos de 1990, por teóricos como Peters e Waterman (1982), os quais diziam que ficar "mais próximo ao consumidor" é um atributo fundamental de uma empresa bem-sucedida.

A QUALIDADE NOS SETORES PÚBLICO E PRIVADO

As noções de qualidade na manufatura e em outros setores privados começaram a permear o setor público no Reino Unido, em nível nacional, com a eleição do governo conservador em 1979, e [...] estiveram ligadas à criação de medidas para avaliar o desempenho de organizações do setor público. Muitas autoridades locais responderam ao impulso à qualidade, desenvolvendo um novo enfoque em serviços e clientes, encontrando novas maneiras de avaliar a qualidade e o impacto de seus serviços.

Porém, existem dificuldades na transferência de modelos de qualidade do setor privado para o setor público. Para começar, a linguagem comum, cada vez mais usada tanto no setor público como no privado, mascara algumas diferenças fundamentais. O termo "cliente", por exemplo, é usado atualmente para compradores e usuários de serviços, como os de educação.

Mas o "cliente" de educação se parece muito pouco com o comprador de supermercado. O poder de compra do consumidor de educação é limitado. Apenas uma minoria tem o poder financeiro de sair do serviço de educação pública, e o exercício desse poder não irá pressionar os gerentes a melhorar o serviço; na verdade, se as pessoas que têm condições de dispensar o serviço o fizerem, a pressão pelos recursos do setor público em educação cairá, pois perderá o envolvimento dos pais mais ricos, poderosos e articulados. Todos os pais, como "clientes" do serviço de educação, supostamente têm o direito de escolher uma escola, mas não necessariamente a possibilidade de exercer essa escolha. Existem, realmente, cada vez mais evidências de que são as escolas que estão escolhendo os pais e os alunos. Além disso, o cliente de educação *precisa* comprar; já o cliente de supermercado pode simplesmente sair da loja sem comprar.

O serviço educacional tornou-se imbuído da linguagem e dos conceitos de qualidade. Muitas autoridades locais em educação têm lutado para criar os mecanismos e os processos de inspeção como uma maneira essencial de validar a qualidade e de fornecer meios aos envolvidos com a educação (professores titulares e governantes).

> O princípio fundamental é que os professores e os governantes devem ter uma visão sobre a qualidade. O papel dos inspetores é validar essa visão. É essencial que as escolas tenham uma avaliação objetiva da qualidade... Para que isso ocorra, são necessários procedimentos e competência.
>
> (Riley, 1992a, p.14)

Outras autoridades em educação formaram equipes de garantia da qualidade ou descreveram suas atividades usando termos de *marketing* ou de negócios: "controle da qualidade", "gerenciamento de uma franquia". [...]

Porém, [...] em vista da legislação recente, as autoridades terão de criar enfoques muito diferentes quanto à qualidade. Há a necessidade de integrar questões de igualdade para qualquer estrutura nova – as lições mais abrangentes de trabalho de igualdades raramente foram incorporadas a objetivos de qualidade mais amplos –, além da clareza sobre as diferenças da qualidade nos setores público e privado.

Skelcher (1992) declara que as diferenças que existem na maneira como a qualidade é abordada pelos setores público e privado têm origem em suas características estruturais. Existem diferenças na *responsabilidade final* (as autoridades locais têm um alcance mais abrangente e público das estruturas de responsabilidade final do que o setor privado); na *escolha* (as autoridades locais trabalham para permitir que os cidadãos locais façam escolhas: uma escolha nas empresas privadas está ligada a questões de mercado); e no *propósito* (as autoridades locais têm uma série de propósitos: a prestação de serviços, a regulação, a facilitação de necessidades locais; os propósitos comerciais não são exclusivamente, mas amplamente direcionados ao lucro). Todas essas diferenças, resumidas na Quadro 3.1, comandam a maneira pela qual os dois tipos de empresa lidam com seus clientes.

Apesar dessas diferenças, os setores privado e público são unidos na necessidade de acertar, tanto com os clientes como com o pessoal. Porém, Skelcher declara que, no passado, as autoridades locais não eram suficientemente direcionadas ao cliente nem tinham um foco claro o bastante na qualidade. Uma estratégia para a qualidade requer um conjunto de informações mais claras sobre uso do ser-

Quadro 3.1

Comparação entre o setor de governo local e o setor privado

	Governo local	Privado
Responsabilidade final	Extensiva	Limitada
	Aberta	Fechada
Escolha	Base de valor ampla	Base de valor limitada
	Processo político	Processo gerencial
	Cliente também cidadão	Cliente com influência limitada
Propósito	Múltiplos	Limitados

Fonte: Skelcher (1992)

viço, o melhor acesso aos serviços, o desenvolvimento de indicadores de desempenho baseados no cliente e as mudanças na cultura organizacional, de modo que as diferenças profissionais não criem barreiras para a prestação dos serviços.

Por meio das iniciativas de atendimento ao cliente (a identificação de quem são os clientes e o que eles desejam e o exame sobre o impacto de serviços em determinados grupos), as autoridades locais tentaram concentrar-se mais claramente na qualidade. A melhoria da qualidade requer que as autoridades reconheçam as necessidades, o histórico e as experiências dos indivíduos, e também que os serviços sejam de valor apenas se forem julgados como tal pelos receptores [...].

A CRIAÇÃO DE UMA PONTE ENTRE QUALIDADE E IGUALDADE

As estratégias de qualidade somente podem atender com sucesso às necessidades dos clientes se se importarem com as diversas visões e perspectivas de uma série de grupos. A qualidade não é um conceito universal; o que representa qualidade para um usuário pode não representar para outro. "A especificação da qualidade do serviço sempre envolverá o modo como os usuários experienciam e avaliam um serviço e a compreensão das circunstâncias em que irão utilizá-lo (Stewart e Walsh, 1990, p.4)."

Ao avaliar o impacto dos serviços sobre determinados grupos, as iniciativas de atendimento ao cliente começaram a debater-se com as ligações entre qualidade e igualdade. Stewart e Walsh (1990) sugerem que três elementos essenciais contribuem para a estrutura da qualidade:

- O fato de o serviço principal servir ao propósito a que foi designado.
- O ambiente físico em que o serviço é prestado.
- A relação entre aqueles que prestam e aqueles que recebem o serviço.

Essa estrutura é útil para examinar a inter-relação entre qualidade e igualdade. A pergunta principal em serviços é: "O serviço atende às expectativas daqueles para quem ele é prestado?"; ela não pode ser respondida sem se saber quem são os clientes: seu sexo, seu histórico étnico e sua idade. Da mesma forma, as condições físicas e sociais do fornecimento devem ser vistas dentro do contexto de acessibilidade física e de encorajamento ou não dos clientes a aceitar o serviço. Finalmente, a qualidade da relação de serviço depende daqueles que estão prestando o serviço entenderem as necessidades dos que estão recebendo o serviço. As perguntas propostas na Figura 3.1 aplicam-se não apenas a autoridades locais, mas também a escolas e instituições.

A integração de questões de igualdade em iniciativas na qualidade é problemática. Tensões e dilemas podem ser criados por prioridades competidoras quanto à satisfação do consumidor, ao uso efetivo de recursos e à satisfação do pessoal.

A avaliação de que a satisfação do consumidor foi atingida destaca a tensão entre o julgamento da qualidade, em termos de níveis gerais de satisfação, e a observação da qualidade da perspectiva de grupos desfavorecidos. Os níveis de satisfação podem variar entre aqueles que experienciaram melhoria direcionada e os outros grupos.

O objetivo de atingir um uso mais efetivo de recursos deve ser visto dentro do contexto de recursos reduzidos para autoridades locais, faculdades e escolas. Ao buscar "valor pelo dinheiro", há uma tensão entre investir recursos em atividades que irão beneficiar a comunidade como um todo e investir recursos naqueles que fornecem maior benefício a grupos desfavorecidos; por exemplo, um clube de recreação infantil pode ser uma facilidade em geral, mas limitada, quanto ao seu tempo, para os pais de determinada localidade, enquanto que um dia de creche servirá melhor às necessidades de mães ou pais sozinhos que precisam procurar emprego.

Ao introduzir iniciativas de atendimento ao cliente como parte de sua estratégia princi-

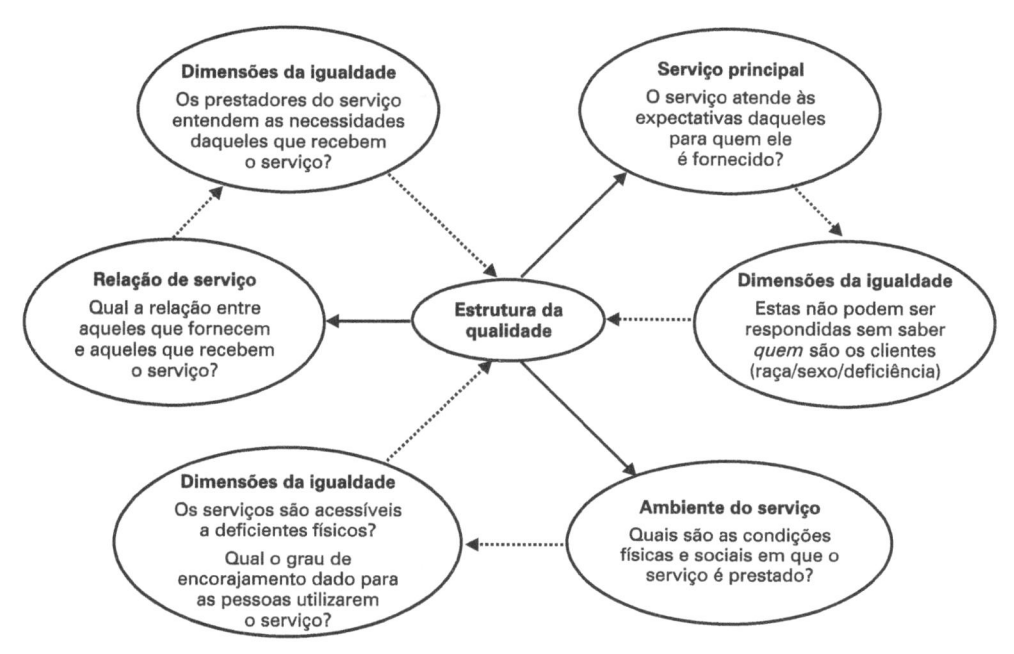

Figura 3.1 Qualidade e igualdade: uma rede inter-relacionada.

Dimensões da igualdade
Os prestadores do serviço entendem as necessidades daqueles que recebem o serviço?

Serviço principal
O serviço atende às expectativas daqueles para quem ele é fornecido?

Relação de serviço
Qual a relação entre aqueles que fornecem e aqueles que recebem o serviço?

Estrutura da qualidade

Dimensões da igualdade
Estas não podem ser respondidas sem saber *quem* são os clientes (raça/sexo/deficiência)

Dimensões da igualdade
Os serviços são acessíveis a deficientes físicos? Qual o grau de encorajamento dado para as pessoas utilizarem o serviço?

Ambiente do serviço
Quais são as condições físicas e sociais em que o serviço é prestado?

---

pal para melhorar a qualidade, muitas autoridades locais também desenvolveram pacotes de treinamento para o pessoal, objetivando aumentar a autonomia e a satisfação no trabalho. Mas as autoridades locais têm orçamentos limitados para o treinamento de pessoal e precisam tomar decisões sobre o equilíbrio dos recursos: o desenvolvimento geral do pessoal em contraposição a oportunidades de aperfeiçoamento direcionadas a grupos desfavorecidos que têm acesso limitado a treinamento. Uma ênfase no desenvolvimento de ação positiva trará vantagens a certos grupos (mulheres, negros, minorias étnicas e pessoas com deficiências) às custas do grupo dominante (homens brancos) (essas questões estão resumidas no Quadro 3.2.). As escolas e as faculdades também precisarão atentar para questões semelhantes ao alocarem recursos de treinamento.

Ao resolver essas tensões, as autoridades locais, escolas e faculdades terão que fazer julgamentos de valor baseados em suas avaliações sobre prioridades competidoras; ao fazê-lo, estarão exercendo sua liberdade de escolha.

A PROCURA DA IGUALDADE: A ARTE DO POSSÍVEL

O debate sobre igualdade tem recebido menos atenção do governo nacional, nos últimos tempos, do que o debate sobre qualidade e tem sido, com freqüência, discrepante, fragmentado e marginalizado em nível local. [...]

É axiomático que a qualidade em educação seja um objetivo do governo. A procura da qualidade é a razão de ser de um governo: a base de seu mandato. A procura da igualdade, porém, é uma atividade muito mais arbitrária, a qual reflete tanto os valores do governo nacional como os propósitos de outros construtores de políticas e profissionais do sistema. Como as interpretações da qualidade são imbuídas de valor, não é surpreendente que os governos nacionais tenham variado signifi-

Quadro 3.2
Qualidade e igualdade: tensões e dilemas

Objetivo	Qualidade	Igualdade
Satisfação do consumidor	Nível geral de satisfação do consumidor	As atividades podem se concentrar nas necessidades de grupos específicos
	A qualidade para um grupo de usuários pode não ser a mesma para todos os usuários	
Uso efetivo de recursos	Ênfase em "valor pelo dinheiro" para a comunidade como um todo	Ênfase em grupos desfavorecidos
	Recursos limitados podem significar que os serviços precisam ser direcionados àqueles que apresentam maior necessidade	
Satisfação do pessoal	Ênfase em "atendimento ao cliente" pode aumentar a autonomia do pessoal e a satisfação geral no emprego	As atividades direcionadas à correção de desigualdades passadas
	Ênfase no treinamento de ação positiva pode parecer uma vantagem para certos grupos, às custas do grupo dominante (homens brancos)	

cativamente quanto à extensão de seu apoio à igualdade como um objetivo nacional. [...]

No Reino Unido, as determinações para políticas de igualdade foram feitas em legislação por meio de:

- A Disabled Persons Employment Act (Lei do Emprego de Pessoas Portadoras de Deficiência), de 1944, a qual exige que as organizações com mais de 20 pessoas empreguem pelo menos 3% de pessoas deficientes registradas (a menos que possuam uma isenção desse dever).
- A Sex Discrimination Act (Lei de Discriminação Sexual), de 1975, e a Race Relations Act (Lei de Relações Raciais), de 1976, que tratam da discriminação direta e indireta no emprego e nos serviços: a última também impõe um dever às autoridades locais de promoverem a igualdade de oportunidades.
- A Equal Pay Act (Lei do Pagamento Igualitário), de 1983, que exige que homens e mulheres realizando o mesmo tipo de trabalho, ou trabalho de valor igual, recebam a mesma remuneração.

Mas o governo britânico dos últimos anos raramente intervém na procura de objetivos igualitários. Uma notável exceção ocorreu na Irlanda do Norte, onde o governo usou uma política fortemente intervencionista de cumprimento de contratos para influenciar as práticas trabalhistas em relação à afiliação religiosa. O governo britânico, relutantemente, também concordou em incorporar o conceito de pagamento igual por trabalho de igual valor na legislação do Reino Unido – por meio da Equal Pay Act (Lei de Pagamento Igualitário) –, em resposta à jurisdição dos tribunais europeus. Contudo, em termos gerais, a procura de objetivos igualitários no Reino Unido tem sido amplamente realizada por meio de atividades arbitrárias de indivíduos e organizações.

Portanto, a liberdade de ação é um conceito que precisa ser explorado. Pode-se defini-la de várias maneiras: limitadamente, de que modo os agentes-chave, em casos excepcionais, partem de regras que se espera que devam seguir, [...] ou, de forma mais ampla, de que modo um "funcionário público tem liberdade de ação dentro dos limites efetivos de 'seus' poderes para fazer uma escolha entre possíveis cursos de ação, ou inação". (Davis, 1969, citado por Lidstrom, 1991)

De acordo com Lidstrom, nessa definição mais ampla de liberdade de ação, as organizações, ou os agentes dentro de tais organizações, possuem um certo alcance de escolha, que é exercido dentro de limites efetivos. Ao exercerem sua liberdade de ação, os agentes levam em consideração o seu próprio conhecimento, seu julgamento, sua avaliação, suas crenças e seus valores.

[...]

Manley-Casimir (1991) declara que um exame da liberdade de ação deveria ser um enfoque de estudo crítico para aqueles envolvidos em administração da educação. Segundo ele, tanto a educação como a sua administração são atividades normativas baseadas em valores. A tomada de decisões feita por agentes-chave do sistema não pode ser dividida em racional e intuitiva. O exercício do julgamento é a parte central de um exercício de tomada de decisão.

[...]

Para entender o significado de liberdade de ação em administração, Manley-Casimir sugeriu que conceitos como poder, justiça e responsabilidade sejam esclarecidos, e que é necessário explorar o trabalho empírico e teórico sobre a tomada de decisão administrativa de várias disciplinas.

A questão da liberdade de ação administrativa engajou estudiosos de teoria política, de administração pública, de teoria organizacional, de psicologia cognitiva, de sociologia, de criminologia e de direito. Os teóricos políticos preocuparam-se com o poder arbitrário; os criminologistas, com a presença da liberdade de ação no sistema judiciário; os teóricos da administração, com o exercício da liberdade de ação no dia-a-dia. A partir dessas preocupações, surgiram duas questões centrais, ambas críticas à nossa compreensão da administração em educação: como garantir que existam defesas para evitar abuso de poder e como lidar com os problemas de preconceito no julgamento.

[...]

A liberdade de ação está envolvida nos julgamentos e atividades de educadores em todos os níveis do sistema: desde os professores, em sala de aula, até as autoridades educacionais. [...] As autoridades educacionais e os membros eleitos ainda têm oportunidade, mesmo dentro do contexto atual de mudanças nos poderes e nas responsabilidades educacionais, de exercer sua liberdade de ação de maneira a refletir os valores e os propósitos de sua organização.

Um estudo do exercício da liberdade de ação por autoridades educacionais locais comparou como AELs muito diferentes escolheram operar sua liberdade de ação (Riley, 1992b). Uma AEL usou sua liberdade de ação para maximizar a redistribuição de recursos na busca de metas igualitárias. [...] Uma segunda autoridade exerceu sua liberdade de ação de forma muito diferente, desenvolvendo suas atividades de planejamento de negócios de forma a maximizar forças de mercado. [...]

[...] No Reino Unido, a *procura* de oportunidades iguais é uma atividade amplamente arbitrária, apesar de estar dentro de uma estrutura obrigatória que proíbe certos aspectos de discriminação. Dentro dessa estrutura nacional fraca, a chave para a igualdade de oportunidades está nos principais agentes do serviço educacional – profissionais, construtores de políticas e governantes (a maneira pela qual os "consumidores" de educação irão atuar nessa estrutura ainda não está clara). Esses agentes-chave podem usar sua liberdade de ação para buscar igualdade, ou não. Os conceitos e os julgamentos de valor também informam diferentes maneiras de entender a igualdade.

IGUALDADE: UM CONCEITO CONTESTÁVEL

Durante os últimos anos, várias organizações grandes, tanto do setor público como do privado, impulsionadas por variadas circunstâncias e pressões, tentaram implementar programas de igualdade. Em autoridades locais, os programas de igualdade cobriram políticas de emprego do conselho, e a prestação de serviços concentrou-se muito em questões de raça, sexo e deficiência. Algumas autoridades também incluíram orientação sexual, turma e/ou idade como aspectos adicionais de suas políticas.

[...] A maximização de recursos e a justiça social foram os dois argumentos principais usados na Grã-Bretanha e em outros locais para persuadir as organizações a enfrentar a desigualdade. As discussões sobre justiça social prevaleceram na década de 1970 e, em grau menor, na década de 1980. Em várias áreas urbanas, grupos de pais negros colaboraram colocando questões sobre discriminação racial (por exemplo, as taxas desproporcionais de suspensões ou expulsões de alunos negros) na pauta política. Várias autoridades urbanas também foram influenciadas, na década de 1980, pela eleição de uma nova espécie de conselheiros, comprometidos com questões de igualdade e determinados a ver mudanças significativas na maneira como as decisões da autoridade local eram feitas e como os recursos eram alocados (Riley, 1992b).

O impulso para o desenvolvimento de programas de igualdade, em serviços educacionais de autoridade local, foi influenciado pelas evidências de discriminação contínua experienciada por grupos desfavorecidos:

- Discriminação velada contínua nas escolas.
- As preocupações dos pais com a escolarização de crianças negras ajudou a colocar as questões referentes à raça na pauta da educação.
- Muitos dos alunos negros continuaram a ter baixo desempenho em exames.
- As alunas ainda tinham acesso desigual à educação superior.
- As trabalhadoras em serviços educacionais tinham oportunidades de emprego desiguais.
- As mulheres da força de trabalho ainda eram segregadas em ocupações de baixa remuneração.
- A disparidade entre os salários de homens e mulheres era mais alta no Reino Unido do que em quase todos os outros países da Comunidade Européia.

Em um clima econômico dos mais difíceis que ocorreu no final da década de 1980 e início da de 1990, havia mais favorecimento de discussões sobre a maximização dos recursos sociais [...] do que sobre justiça social. As discussões de oportunidades iguais quanto à maximização de recursos dentro do serviço educacional concentraram-se em garantir que os parcos recursos educacionais fossem usados efetivamente. As estratégias de igualdade em educação enfatizaram a necessidade de desenvolver o potencial de todos os alunos, de manter o pessoal qualificado na organização e aumentar sua eficiência e atrair pessoal-chave para áreas com carência. Mas o conceito de oportunidades iguais é ambíguo e contestado, baseado em diferentes valores e suposições. As tentativas de introduzir políticas de igualdade freqüentemente levaram a confusão, mal-entendidos e conflitos (Riley, 1990).

As estratégias de oportunidades iguais foram propostas de forma ampla, dentro de uma das duas interpretações de igualdade: *igualdade de oportunidades* e *igualdade de resultados*. Cada um desses enfoques baseia-se em suposições diferentes sobre a natureza da desigualdade, a ação necessária para combatê-la e as metas. A interpretação liberal de igualdade, ou seja, a igualdade de oportunidades, preocupou-se em garantir que as regras do jogo (para emprego ou acesso a cursos ou exames) fossem estabelecidas com justiça. A suposição foi a de que os controles administrativos rigorosos e os sistemas formalizados poderiam assegurar que houvesse jogo limpo e que fossem criadas circunstâncias nas quais grupos previamente desfavorecidos poderiam competir, em condições de igualdade, com outros grupos de alunos ou funcionários.

A noção mais radical de igualdade, a igualdade de resultados, preocupava-se em ampliar o acesso (a cursos ou a empregos) por meio de ações destinadas a reparar desigualdades do passado. Foi uma estratégia essencialmente intervencionista, objetivando redistribuir recursos e oportunidades a grupos desfavorecidos. Seu sucesso ou fracasso foi medido, em termos de resultados, pelo grau de acesso ao poder e aos recursos alcançado pelos grupos desfavorecidos.

Sugeriu-se que ambos os enfoques são vulneráveis à acusação de que prometem mais do que podem produzir, mas que os elementos de ambos são necessários para desenvolvimentos futuros [...]. Seja como for, é óbvio que o contexto da tentativa de resolver a desigualdade mudou dramaticamente nos últimos anos. Os gastos do setor público foram reduzidos gradualmente. Os gastos totais com educação em nível nacional, por exemplo, declinaram em proporção ao PIB [...]. Mudanças legislativas e financeiras, em educação e em outras áreas do governo local, fizeram o poder passar do governo local ao governo central, e do governo local às escolas e às instituições. O poder de influência sobre as questões de igualdade está cada vez mais nas mãos de novas partes interessadas em educação [...].

QUALIDADE E IGUALDADE

A qualidade e a igualdade, como já comentado, não são conceitos idênticos, apesar de estarem inter-relacionados. *A qualidade refere-se a níveis e padrões; a igualdade refere-se a poder e recursos.* Existe uma tensão entre os dois baseada em valores e em ideologia. Pelo exercício de sua liberdade de ação – baseada em valores e em julgamentos –, agentes-chave do sistema podem influenciar os resultados em qualidade e igualdade, favorecendo diferentes grupos do sistema (ver Figura 3.2).

A pergunta *Qualidade para quem?* destaca a tensão entre qualidade e igualdade e pode gerar respostas radicalmente diferentes. Em um tempo de restrições financeiras nos gastos públicos com educação, a questão da qualidade para quem se torna ainda mais importante.

- O objetivo da qualidade é melhorar ainda mais os padrões dos que obtêm os melhores resultados a fim de atingir imperativos econômicos limitados?
- É aumentar os padrões dos que obtêm os piores resultados e elevar o Reino Unido na escala da liga econômica?
- É aumentar os padrões e as oportunidades de determinados grupos de crianças – meninas, minorias negras e étnicas, crianças com deficiências?

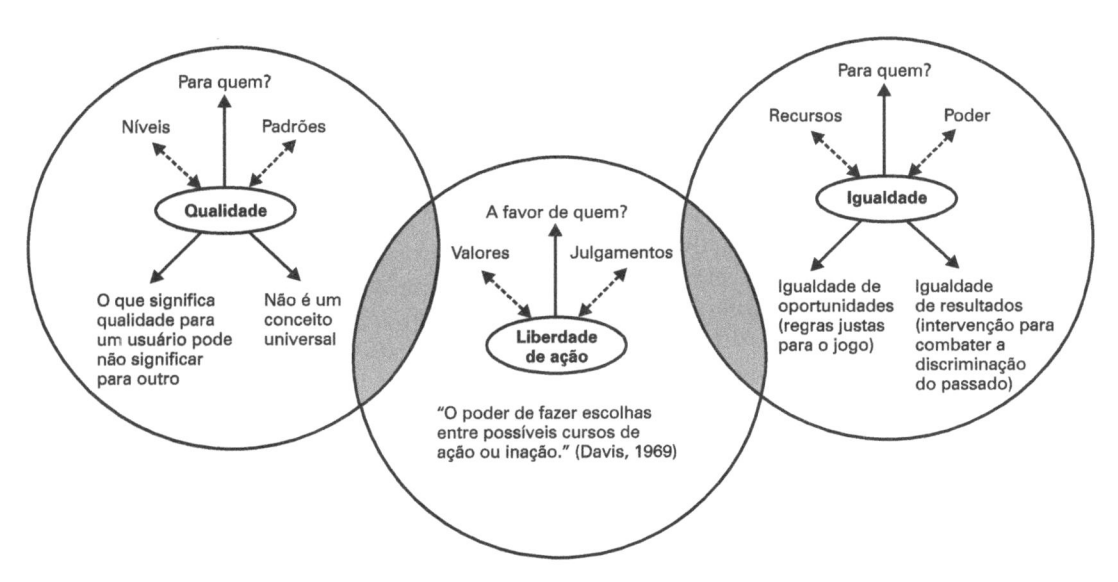

Figura 3.2 A qualidade, a igualdade e o exercício da liberdade de ação.

- Fundamentalmente, a qualidade está baseada em suposições sobre padrões universais ou nos direitos de determinados grupos?

A noção de qualidade também deve abranger um conceito de oportunidades iguais, que se concentre não apenas em resultados, mas em processos – como os alunos experienciam e participam do sistema educacional. O fundamental dessa discussão é a assertiva de que a organização e a prestação de serviços educacionais são mais do que a criação de um produto de consumo.

As definições de qualidade em educação precisam incluir considerações sobre padrões, mas também precisam atentar para:

- Quem está usando o serviço?
- Qual o alcance e a diversidade de necessidades?

Se os provedores de serviços educacionais são levados a presumir que sua meta é atingir um serviço único e padronizado para todos os alunos, então poderemos ver a criação de um serviço educacional que não seja apropriado apenas para poucos. Um serviço padrão pode concentrar-se limitadamente nas necessidades da classe média, dos homens brancos capacitados, ignorando, assim, a maioria dos alunos: mulheres, negros e minorias étnicas e pessoas com deficiências. A organização e a prestação de serviços educacionais precisam prestar atenção especial à diversidade e às diferentes necessidades: reconhecer a individualidade dos alunos e daqueles que prestam serviços educacionais. Um enfoque na qualidade e na igualdade, engajando aqueles que estão envolvidos com a educação como usuários e como produtores, permite que esse processo complexo tome forma.

> Para todos os grupos da sociedade, o acesso à influência e ao controle sobre a educação, seus conteúdos e métodos é uma dimensão tão importante da igualdade com outros grupos como qualquer medida quantitativa de realização educacional. Se a participação igualitária de diferentes grupos na educação tem algum significado como medida de igualdade em termos educacionais, a pré-condição para isto será a participação igualitária dos grupos na decisão sobre o que deve ser educação.
>
> (Eide, 1978)

REFERÊNCIAS

Arnot, M. (1986) Sex discrimination and educational change, *Module 4: Race, Gender and Education Policy-making* (Open University Course E333). Milton Keynes: Open University.

Davis, K. C. (1969) *Discretionary Justice.* Baton Rouge, USA: Louisiana State University Press. Eide, K. (1978) Some key problems of equality in education. Paper for IIEP/Inter-agency seminar on educational development, 27-30 November.

Lidstrom, A. (1991) Discretion: an art of the possible, research report 1991, 5. Department of Political Science: University of Umea, Sweden.

Manley-Casimir, M. (1991) Taking the road not taken: reframing education administration for another day in P. Ribbins, R. Clatter, T. Simkins and L. Watson (eds) *Developing Education Leaders.* Harlow: Longman/BEMAS.

OECD (1989) *Schools and Quality: an international report.* Paris: OECD.

Peters, T. and Waterman, R. (1982) *In Search of Excellence.* New York: Harper and Row.

Riley, K. (1990) Equality for women – the role of local authorities, *Local Government Studies,* Jan-Feb., pp. 49-68.

Riley, K. (1992a) *Education Indicators and the Search for Quality.* Luton: Local Government Management Board.

Riley, K. (1992b) The changing framework and purposes of education authorities, *Research Papers in Education, Policy and Practice,* 7 (1): 3-25.

Skelcher, C. (1992) Improving the quality of local public services, *Service Industries Journal,* 12 (4): 463-77.

Stewart, J. and Walsh, K. (1990) *In Search of Quality.* Luton: Local Government Management Board.

4

Melhorias contínuas e padrões de qualidade[1]

UNIDADE DE EDUCAÇÃO ADICIONAL

INTRODUÇÃO

A melhoria contínua da qualidade é um assunto sobre o qual se tem escrito e discutido muito atualmente. É uma característica de vários enfoques da qualidade comumente adotados por faculdades. A orientação prática que segue destina-se a auxiliar as faculdades a melhorar a qualidade dos serviços prestados ao:

- estabelecer a melhoria contínua da qualidade dentro da missão e da cultura da corporação;
- identificar as áreas prioritárias para melhoria de serviços dentro do processo de planejamento estratégico;
- estabelecer conselhos de qualidade e Grupos de Iniciativas de Qualidade (GsIQ);
- utilizar padrões, medidas e metas para melhoria da qualidade.

Destina-se a:

- gestores seniores de faculdades e aqueles com responsabilidade pela

---

Glossário

Neste capítulo, a seguinte terminologia é usada:

Características desejadas: são as características de qualquer serviço identificadas pelos clientes e reconhecidas como importante pela faculdade; por exemplo, a velocidade de retorno do trabalho selecionado é um fator desejável.

Padrão da qualidade: o nível de desempenho que pode ser esperado de qualquer característica do serviço; por exemplo, todo o trabalho selecionado deve ser retornado dentro de cinco dias úteis depois de ser designado.

Medidas: as maneiras pelas quais o desempenho real é monitorado quanto aos padrões de qualidade; por exemplo, tanto um registro de tarefas como uma pesquisa estudantil poderiam medir se o padrão de qualidade relacionado ao retorno do trabalho selecionado foi alcançado.

Meta de melhoria: uma melhoria especificada, combinada, que deve ser atingida em um determinado período; por exemplo, todo o trabalho selecionado a ser retornado dentro de quatro dias úteis ou um aumento da satisfação acerca do retorno de trabalho selecionado de 85 a 90%.

gestão da qualidade no nível de faculdade;
- pessoal com responsabilidade pela melhoria de serviços específicos dentro da faculdade;
- gestores de desenvolvimento de pessoas com responsabilidade por programas para auxiliar o pessoal a desenvolver habilidades que contribuam para a melhoria contínua da qualidade e para torná-los efetivos membros de GsIQ.

O CONTEXTO

O principal desafio para as corporações que oferecem educação adicional (EA – Further Education) é aumentar a participação e melhorar os resultados. Elas devem fazer isso e, ao mesmo tempo, manter e melhorar a qualidade e tornar mais eficiente o uso dos recursos disponíveis.

O planejamento estratégico e operacional adquiriu ainda maior significância, pois a incorporação e as faculdades já passaram pelo processo de apresentar planos para os Conselhos de Financiamento da Educação Adicional (FEFCs).

Para atender os requisitos dos conselhos de financiamento para o planejamento estratégico, as faculdades devem ter:

- uma missão;
- uma análise das necessidades;
- um plano estratégico de três anos;
- um plano operacional.

Isso significa que elas devem ter:

Análise das necessidades
- Descoberto, por pesquisa de mercado, o que as pessoas desejam e necessitam da faculdade.
- Considerado a provisão atual.
- Identificado lacunas entre as necessidades e o que é fornecido.

Visão
- Decidido sobre o tipo de organização que desejam e os valores que a fundamentam.

Missão
- Expressado sua visão publicamente em uma declaração de missão, apresentando o propósito ou o ramo de negócios central da faculdade, os serviços que ela oferece, seus valores e suas metas.

Elas também devem ter preparado um plano estratégico para permitir que se orientem de acordo com sua visão e um plano operacional, mais detalhado, mostrando o que pretendem fazer nos 12 meses seguintes.

A maioria das faculdades, agora, reconhece que a melhoria contínua da qualidade é essencial para sua sobrevivência e prosperidade. Com freqüência, isso se reflete nas declarações de missão e nos planos estratégicos e operacionais. Uma filosofia de gestão com a qual muitas pessoas na EA estão familiarizadas e sentem-se confortáveis é a Gestão de Qualidade Total (GQT). Sua essência é formada pela melhoria contínua da qualidade e baseia-se em:

- criação de um clima no qual todos compartilhem a responsabilidade pelas melhorias contínuas da qualidade;
- um enfoque no cliente;
- gestão por fatos/dados (em vez de basear-se na história, ou em suposição);
- gestão baseada em pessoas.

> O cliente externo principal da EA é o aluno; patrocinadores, como os empregadores e os pais, são considerados clientes secundários. Assim como há clientes externos, contudo, também há clientes internos dentro de uma faculdade. Assim, o pessoal que fornece programas são clientes internos do processo de admissão centralizado.

UMA CULTURA DAS MELHORIAS

Enquanto muitas faculdades têm inserido a melhoria contínua da qualidade em sua missão e em seus planos estratégicos, a criação de tal cultura compartilhada é um empreendimento mais complexo e de maior duração, assim como em outras áreas (por exemplo, de oportunidades iguais) é mais fácil redigir documentos de intenção do que garantir a prática que eles envolvem.

A experiência de faculdades que têm seguido essa rota sugere fortemente que uma mudança cultural significativa é necessária, pois deixa-se de ver a qualidade como uma vaga "coisa boa", da qual todos falam, para vê-la como uma meta de melhoria contínua, para a instituição, que envolve a todos –, pessoal de apoio, membros da corporação, diretor, professores e gestores atendendo às necessidades, aos requisitos e às expectativas combinadas dos alunos e de seus patrocinadores (os clientes), que podem ser medidos pelo uso de padrões de qualidade.

Em outras palavras, uma definição muito mais robusta e rigorosa da qualidade se faz necessária. O significado e a dificuldade de alcançar tal mudança de atitudes, valores e comportamento não devem ser subestimados. Muitos observadores sugerem que sem essa mudança cultural é improvável o sucesso da tentativa de atingir a melhoria da qualidade, podendo até tornar-se contraproducente.

A mudança cultural dentro de uma organização requer:

- mudança (de atitudes e de comportamento) para iniciar desde o topo;
- gestores seniores para liderarem como exemplos e serem vistos como genuínos em seu empenho para melhorar a qualidade;
- pessoas que se comuniquem e ouçam os pontos de vista dos outros respeitosamente – sejam de quem forem;
- pessoas abertas a elogios e a críticas;
- pessoas encorajadas a identificar dificuldades/barreiras e sugerir soluções, ou seja, ver as críticas como uma oportunidade para melhorar, em vez de reagir defensivamente.

Quando essas qualidades e habilidades estão presentes, os valores compartilhados tornam-se realidade e as pessoas são encorajadas a compartilhar a responsabilidade por se esforçarem pelas melhorias. Assim, a mudança cultural deve ser vista como uma meta de longo prazo.

UMA ESTRATÉGIA DA QUALIDADE

Ao identificar a melhoria contínua da qualidade como parte da missão e iniciar a mudança cultural, a próxima etapa para as faculdades é planejar como direcionar-se a ela. Tal estratégia da qualidade geralmente inclui:

- treinamento de gestores seniores nos princípios e na prática da gestão da qualidade, o que, mais tarde, pode ser transmitido a outros membros do quadro de pessoal. É crucial que exista um comprometimento genuíno dos gestores seniores, na prática, para a melhoria da qualidade, se o sucesso é a meta;
- estabelecimento de uma infra-estrutura da qualidade, em particular de uma sociedade ou de sociedades, com responsabilidade de promover a qualidade em toda a faculdade.

Infra-estrutura da qualidade

Muitas faculdades formam assembléias ou conselhos. Suas deliberações servem, com freqüência, para:

- apoiar a missão da faculdade, estabelecendo uma política da qualidade;

- desenvolver estratégias de implementação para garantir que a política seja posta em prática;
- estabelecer mecanismos pelos quais as iniciativas específicas para as melhorias sejam selecionadas e coordenadas;
- garantir que iniciativas para as melhorias sejam separadas de "apenas negócios";
- organizar e facilitar o estabelecimento de GsIQ ou equipes e alocar recursos humanos e financeiros para eles;
- garantir que as melhorias sejam medidas, registradas e relatadas adequadamente;
- garantir que os resultados e os padrões sejam usados e tornados públicos adequadamente;
- estabelecer mecanismos pelos quais os sucessos possam ser reconhecidos e comunicados em toda a organização;
- ajudar para que seja incorporada uma cultura para melhoria contínua da qualidade em toda a faculdade e garantir que o interesse seja mantido.

Os membros das assembléias da qualidade são guardiães e usuários de todas as informações e dados sobre a qualidade e gerenciam coletivamente a operação da estratégia da qualidade.

Se tal sociedade não for estabelecida, essas responsabilidades são da EGS. Enquanto esta tem a vantagem de garantir comprometimento sênior a ela, sua principal desvantagem é ter a probabilidade de ser vista como uma prerrogativa da EGS apenas, em vez de algo que todos compartilham.

Portanto, a afiliação é importante. Está claro que os gestores seniores devem afiliar-se:

- para demonstrar comprometimento público com a melhoria da qualidade;
- porque no final eles são responsáveis pela qualidade do serviço;
- porque apenas eles podem gerenciar a alocação de recursos para as atividades de melhorias.

Além disso, a afiliação precisa existir em vários níveis, funções e estruturas da faculdade. Também pode incluir os membros de conselhos corporativos, de sindicato de estudantes, os empregadores ou os pais. Enquanto alguns papéis podem ser alocados, principalmente a proteção de informações computadorizadas sobre a gestão da qualidade, os membros do conselho geralmente são vistos como um grupo de trabalho, cada pessoa liderando iniciativas específicas da qualidade. Alguns membros podem receber treinamento, como facilitadores externos, para treinar, orientar e apoiar o estabelecimento de GsIQ para abordar questões específicas da qualidade.

Uma vez estabelecido o conselho da qualidade, é provável que ele receba algumas áreas prioritárias de ação da EGS. Elas deverão ser identificadas de várias maneiras; por exemplo, por meio de:

- análise de necessidades;
- revisão curricular e resultados da avaliação;
- pesquisas sobre clientes em potencial;
- *feedback* do pessoal e dos alunos;
- *feedback* de agências externas, por exemplo, inspetores do FEFC (Further Educacional Funding Council), examinadores, moderadores.

Haverá necessidade de se fazer julgamentos sobre em que áreas trabalhar primeiro; isso dependerá da missão da faculdade e das pressões externas. Porém, é importante que o número atendido, ao mesmo tempo, não ultrapasse a capacidade suportável, e que tarefas de pequeno porte que apresentam uma maior chance de sucesso sejam atendidas antes de outras mais complexas.

[...] Tem crescido a conscientização sobre a importância central da qualidade dos serviços aos alunos. O Funding Learning (FEFC, 1992), com a proposta de que o financiamento deve seguir atividades associadas à introdução, à realização do programa e à finalização e à metodologia de financiamento que as seguiu, resultou em uma importância ainda maior sendo atribuída a tais serviços. Entre eles podem estar:

Serviços da faculdade

Antes ou na introdução
- Informações sobre acesso à faculdade
- Serviços de consultoria
- Aconselhamento e orientação
- Avaliação diagnóstica
- Matrícula

Durante o programa
- Avaliação/Acreditação de Aprendizado Anterior (AAA)
- Integração
- Apoio ao aluno – por exemplo, orientação, aconselhamento, acomodações, instalações para cuidados infantis, transporte, acesso físico
- Apoio à aprendizagem – por exemplo, planejamento da ação, habilidades de estudo, instalações para oficinas e biblioteca, experiência de trabalho, apoio à aprendizagem para grupos específicos, como pessoas com dificuldades de aprendizagem ou falantes de uma segunda língua

Na transição/finalização
- Orientação vocacional
- Assessoria para ingresso na Educação Superior
- Habilidades em entrevistas

Todos esses são exemplos dos tipos de serviços que podem ser melhorados pelo uso de padrões de qualidade.

Da mesma forma, aspectos mais tradicionais do acesso à faculdade também podem beneficiar-se desse enfoque. Muitas faculdades já possuem sistemas de revisão e avaliação anual do currículo. Algumas desenvolveram-nos mais e incluíram a determinação de padrões de qualidade, por exemplo, em relação a:

- oferecimento de tutorial;
- retorno de trabalhos corrigidos;
- variedade de estratégias de ensino e aprendizagem empregadas;
- igualdade de oportunidades.

Para facilitar a compreensão, o termo "serviço" será usado para referir-se a qualquer um dos aspectos de apresentação recém-mencionados.

Após decidir os serviços a serem enfocados, o conselho da qualidade precisa determinar uma série de GsIQ, sendo que cada um será encarregado da tarefa de analisar um serviço específico e de melhorá-lo.

GRUPOS DE INICIATIVA DA QUALIDADE (GsIQ)

Os GsIQ são grupos de curto prazo estabelecidos para melhorar um serviço específico. Eles não são responsáveis pela manutenção constante da qualidade.

Porém, onde o enfoque da melhoria for o ensino e a aprendizagem, em vez de serviços interfaculdades, a equipe permanente do programa/curso pode ser um grupo mais apropriado para iniciar e gerenciar as melhorias. Muitas faculdades têm atualmente sistemas de revisão e avaliação curricular interfaculdades e características de qualidade que se aplicam a todas as faculdades [...], os quais fornecem às equipes dos programas uma estrutura comum das faculdades dentro da qual elas determinam seus próprios padrões e metas de qualidade. Tais equipes são chamadas, freqüentemente, de equipes de melhoria curricular.

Os membros do grupo devem ser escolhidos com base em sua habilidade de analisar o serviço em questão e de trazer melhorias. Eles devem, portanto, incluir representantes de:

- todos os setores da faculdade que contribuem para o serviço ou prestam serviços a ela;
- uma série de níveis de tempo de experiência dentro da faculdade;

- clientes internos e, se possível, externos do serviço.

A facilitação de um desses grupos é uma tarefa que requer habilidade. Os facilitadores precisam ter conhecimento sobre gestão de processos grupais e sobre várias técnicas específicas, como a elaboração de fluxogramas e a análise de causas primeiras [...]. Se nenhum membro do grupo possuir tais habilidades, pode ser necessário indicar alguém de fora do grupo e/ou oferecer treinamento. Um líder de grupo mais convencional também será necessário para convocar e presidir as reuniões.

Na primeira reunião, o grupo deverá:

- estabelecer acordo sobre a afiliação (inclusive algum conhecimento especializado que possa ser necessário) e os papéis;
- estabelecer acordo sobre a tarefa;
- estabelecer acordo sobre a programação da reunião para realizar a tarefa;
- esclarecer o nível de tomada de decisão do grupo;
- estabelecer acordo sobre os procedimentos de comunicação com o conselho/EGS da qualidade e o nível de utilização de recursos que é dado ao grupo para a realização da tarefa;
- lembrar da missão e dos valores da faculdade.

Tarefas

As tarefas, em relação a determinado serviço, podem ser descritas brevemente como:

- identificar as lacunas entre a prática atual e a necessária;
- estabelecer padrões;
- analisar as dificuldades;
- sugerir melhorias;
- testar e implementar as melhorias e medir sua eficiência;
- relatar ao conselho/EGS da qualidade.

Isso envolverá as seis etapas descritas a seguir.

DETALHAMENTO DE DIRETRIZES PARA OS GsIQ

Primeira etapa: Identificando a prática atual

Geralmente, as pessoas pensam saber o que é a prática atual. Porém, outros podem "saber" coisas bastante diferentes sobre a mesma série de atividades. Portanto, é importante chegar a uma definição que seja comum a todos os membros.

Inevitavelmente, as pessoas também terão seus pontos de vista sobre o que está errado com o serviço, mas a ênfase, nessa etapa, deverá, tanto quanto possível, ser dada à descrição da prática atual, em vez de uma prática ideal.

Isso pode ser realizado por meio de:

- definição do serviço e da concordância sobre os aspectos deste que devem ser incluídos;

Por exemplo, os aspectos envolvidos no fornecimento de um serviço aos alunos que desejam mudar de curso pode incluir:

- aconselhamento e assistência de um tutor;
- assistência de orientador vocacional;
- aconselhamento pessoal;
- informações sobre outros programas/cursos disponíveis;
- aconselhamento e assistência prestados pelo quadro de pessoal sobre novas áreas de matérias/programas;
- arranjos administrativos.

- confecção de um fluxograma dos processos envolvidos no presente [...];
- testagem da exatidão ao "atravessar" os processos como se fosse um estu-

dante e modificação do fluxograma, se este não refletir a experiência;
- identificação dos clientes internos e externos;

> Por exemplo, alunos (de tempo integral) de 16 anos e alunos adultos (de meio período) são clientes primários externos do processo de admissão. Os empregadores e os pais podem ser clientes secundários externos e o pessoal da faculdade que recebe os alunos será cliente interno do mesmo processo.

- identificação e agrupamento dos clientes de acordo com as partes do processo que estes utilizam;

> Por exemplo, os alunos, os pais e o pessoal irão "utilizar" diferentes aspectos do processo de admissão e acessá-lo em diferentes momentos.

- identificação dos fornecedores internos e externos do processo.

Isso é importante porque a qualidade de qualquer serviço será parcialmente determinada pela qualidade dos serviços prestados a ele. O fluxograma irá possibilitar a introdução de insumos ao processo e, assim, a identificação dos fornecedores.

Segunda etapa:
Identificando o que é necessário

Quando um GsIQ é estabelecido para melhorar um serviço específico, com freqüência existe uma visão dentro da EGS sobre o que está errado no serviço. Além disso, os membros individuais do GsIQ também podem ter pontos de vista (freqüentemente diferentes) acerca do que precisa ser melhorado. Apesar disso, é importante compreender o que os clientes, tanto internos como externos, desejam do serviço, o que eles pensam do serviço no presente e quais suas prioridades para introduzir melhorias.

Portanto, o grupo necessita:

- estabelecer um acordo quanto a uma amostragem de clientes, internos e externos, para entrevistar;

> Por exemplo, se o serviço em questão é o fornecimento de informações sobre cursos disponíveis na faculdade, os clientes podem ser possíveis alunos, empregadores e pais (externos), pessoas que prestam orientação e recepcionistas (internos). Também pode ser importante registrar uma amostragem de pontos de vista em diferentes locais.

- formular uma programação de questionário ou entrevista que levantará as seguintes informações: o que os clientes desejam do serviço; o que eles pensam sobre ele atualmente (pontos positivos e negativos); o que eles gostariam de mudar;
- entrevistar confidencialmente um pequeno número de cada tipo de cliente para formular uma indicação sobre suas solicitações relacionadas ao serviço;

> Podem existir outros requisitos para o serviço. Por exemplo, pode haver um requisito interno ou externo da faculdade para coletar dados para um monitoramento étnico como parte do processo de admissão. Isso pode não ser identificado pelos clientes, mas deve ser adicionado à lista de requisitos. Da mesma forma, alguns requisitos podem surgir a partir da missão da faculdade.

- pesquisar sobre melhores práticas em outros lugares. Este é um processo conhecido como *benchmarking*;

> O *benchmarking* envolve o exame da prática de outras pessoas para verificar como elas a realizam. Pode envolver visitas e análise um pouco detalhada de:
>
> - outras partes da faculdade envolvidas em processos semelhantes ao serviço em questão;
> - mesmo processo e serviço em outras faculdades;
> - um processo semelhante fora da educação.
>
> Um *benchmarking* efetivo pode fazer a diferença entre uma pequena mudança incremental e uma melhoria de maior escala. O pensamento lateral ou criativo pode permitir que as faculdades aprendam lições valiosas da melhor prática em uma ampla variedade de cenários.

- usar todas essas informações para planejar uma pesquisa bidimensional;

> Esta deve listar os requisitos identificados para o serviço e pedir que os entrevistados avaliem seu grau de desempenho atual na faculdade e apontem sua importância [...].

- solicitar que uma amostragem significativa de clientes responda à pesquisa;
- resumir as conclusões. Uma maneira útil de fazê-lo está na Figura 4.1;
- estabelecer um acordo e listar todos os requisitos e as características do serviço desejado, com base em: características identificadas pelos clientes; objetivos do serviço e todos os requisitos que a faculdade e as sociedades externas têm quanto a ele; possibilidade de atingi-los.

> Por exemplo, as características desejadas a seguir podem ser combinadas para o sistema tutorial em uma faculdade:
>
> - Reuniões particulares regulares com o tutor.
> - Reuniões emergenciais extras, quando necessário.
> - Apoio aos alunos e ao seu desenvolvimento.
> - Envolvimento de planejamento de ação e registro de resultados.
>
> É provável que as três primeiras características sejam identificadas pelos alunos. A última, porém, pode ser um requisito que a faculdade tem do sistema tutorial, baseado em seu plano estratégico. Outras podem ser requisitadas por sociedades externas.

Terceira etapa: Determinando padrões

Os padrões expressam o nível de desempenho que pode ser esperado de qualquer serviço. Eles geralmente derivam-se das características e do nível de exigência identificados pelos clientes e por outros. Uma vez estabelecidos, o desempenho institucional pode ser medido por eles.

Dentro de um clima de melhorias contínuas, os padrões não devem ser vistos como estáticos, mas devem tornar-se mais rigorosos com o passar do tempo.

Portanto, os GsIQ devem:

- determinar padrões para as características combinadas desejadas;

> Na situação acima, por exemplo, os tutoriais individuais regulares foram identificados; foi estabelecido acordo de que eles são uma característica desejada pelo sistema tutorial. O padrão estabelecido para isso pode ser um tutorial individual de 30 minutos a cada duas semanas. Porém, pode-se pensar que isso só será possível para alunos de tempo integral, e que para alunos de meio período o padrão deve ser um tutorial individual de 15 minutos a cada quatro semanas. Assim, a característica é comum, mas os padrões podem diferir conforme o grupo de clientes.

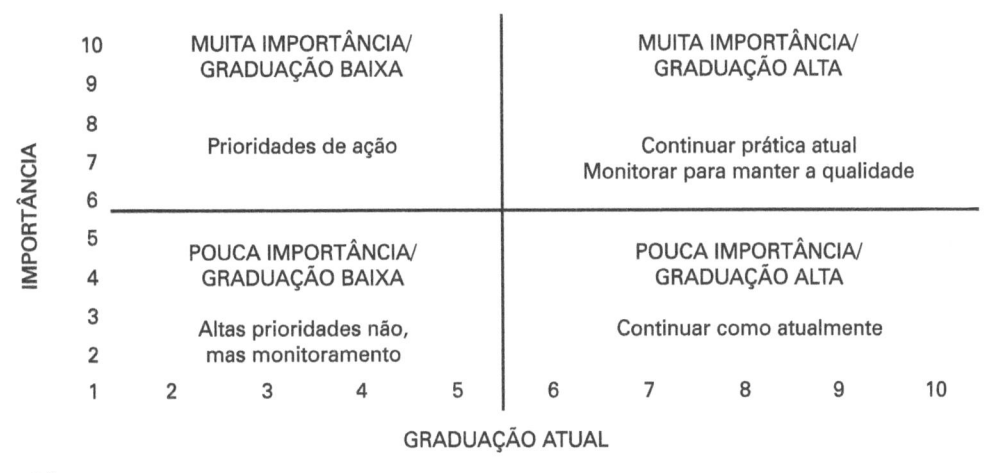

```
                                            GRADUAÇÃO ATUAL
         10  MUITA IMPORTÂNCIA/         |  MUITA IMPORTÂNCIA/
          9  GRADUAÇÃO BAIXA            |  GRADUAÇÃO ALTA
          8
          7  Prioridades de ação        |  Continuar prática atual
                                        |  Monitorar para manter a qualidade
IMPORTÂNCIA
          6  ─────────────────────────────────────────────────────
          5  POUCA IMPORTÂNCIA/         |  POUCA IMPORTÂNCIA/
          4  GRADUAÇÃO BAIXA            |  GRADUAÇÃO ALTA
          3
          2  Altas prioridades não,     |  Continuar como atualmente
             mas monitoramento
          1   2    3    4    5  |  6    7    8    9   10
```

Figura 4.1 Resumo da pesquisa.

Os padrões devem ser realistas e expressos da forma mais clara possível. Isso se deve ao fato de que a próxima tarefa precisa estabelecer acordo sobre medidas para cada padrão.

Essas medidas são os meios pelos quais o desempenho atual é monitorado e verificado segundo os padrões estabelecidos. Elas podem incluir dados numéricos ou perceptuais.

> padrões [...]. É importante que as características desejadas combinadas sejam o ponto de partida; senão existe o perigo de os padrões serem escolhidos por serem fáceis de medir. Por outro lado, a necessidade de medir o desempenho por padrões não adiciona disciplina à determinação de padrões claros.

> É relativamente fácil, por exemplo, encontrar uma medida para monitorar a freqüência e a duração dos tutoriais. Os registros tutoriais seriam uma medida possível; outra pode ser uma pesquisa com os alunos. Porém, uma característica desejada do sistema foi a de que os tutoriais devem ser "para apoio".
> Apesar de sua natureza subjetiva, isso é considerado tão importante que é expresso como um padrão de qualidade como, por exemplo, a apresentação de um ambiente de apoio em que os alunos podem refletir seu progresso. Isso é claramente mais difícil de medir. Contudo, uma pesquisa de satisfação com os alunos pode pedir que eles avaliem o apoio de seus tutoriais em uma escala de 1 a 4, na qual 1 significa excelente e 4 significa inferior ou ruim (ver Quadro 4.1).
> Portanto, os padrões devem refletir as características desejadas combinadas e as medidas devem monitorar o desempenho real conforme os

Quarta etapa:
Remodelando o processo

As informações, obtidas no fluxograma, descrevendo o serviço (Primeira etapa), as características desejadas combinadas do serviço, a pesquisa resumida que dá prioridades à ação (Segunda etapa) e os padrões (Terceira etapa), devem ser utilizados para informar o processo de remodelagem. O grupo precisará:

- usar a pesquisa resumida para identificar características de muita importância e baixa graduação. Essas darão prioridades à ação, apesar de que elas devem ser moderadas pela habilidade da faculdade em tentar resolvê-las;
- usar o fluxograma, se necessário, para identificar onde a dificuldade ocorre;

Quadro 4.1

SERVIÇO: TUTORIAIS	Excelente			Inferior ou ruim
Características	1	2	3	4
1. de apoio				
2.				

- expressar a dificuldade simplesmente, por exemplo, uma demora muito grande entre x e y;
- realizar uma análise de causa básica [...], para cada problema identificado, até que as "raízes" do problema sejam aparentes; às vezes, essas raízes estarão dentro do próprio serviço. Em outras ocasiões, contudo, elas podem ter sua fonte em fornecedores internos ou externos do serviço;
- investigar maneiras de melhorar o serviço para superar problemas e torná-lo mais próximo do desejado. Será importante considerar: a simplificação do processo; os novos instrumentos/equipamentos; a conscientização/treinamento do pessoal; a melhoria da comunicação; o custo de melhorias sugeridas;
- discutir melhorias potenciais com os clientes e/ou fornecedores;
- decidir quais melhorias serão testadas em primeiro lugar e como elas serão testadas;
- remodelar o processo.

Quinta etapa: Implementando o novo processo

A introdução da mudança institucional raramente é fácil. Na verdade, ela é, ao contrário, fácil demais para as pessoas desconfiarem da mudança; para preferir o *status quo* que elas conhecem e com o qual se sentem confortáveis.

Cada GsIQ deveria incluir, em sua afiliação, representantes de contribuidores de um serviço e seus clientes e fornecedores. Além disso, o trabalho do grupo deve ser mais amplamente conhecido dentro da faculdade. É crucial que todos os envolvidos em prestar o novo serviço saibam claramente por que ele foi remodelado, como ele é agora e o que eles esperam fazer diferente.

Os prestadores de serviço, especialmente, precisam saber o porquê de ser pedido a eles que façam as coisas de forma diferente e ter a concordância que buscam.

Existe uma questão para os GsIQ sobre a autoridade. É importante que o GsIQ tenha, e seja visto como tendo, a autoridade de sugerir mudanças em práticas bem arraigadas. Por isso é importante, quando algum GsIQ é formado, que os níveis de tomada de decisão sejam claros e que a relação do GsIQ com o conselho da qualidade e/ou EGS seja exposta. Por exemplo, as mudanças sugeridas poderão ser submetidas ao conselho de qualidade ou à EGS para aprovação final.

Se a cultura de melhorias contínuas foi estabelecida com sucesso em uma faculdade, o trabalho do GsIQ foi aceito e é transparente e as pessoas foram incluídas e consultadas, no processo de mudança, tais questões serão minimizadas. Apesar disso, os membros do GsIQ devem estar conscientes das sensibilidades pessoais quando a mudança for introduzida e devem tomar cuidado para comunicar as mudanças propostas a todos os envolvidos, de maneira útil.

Pode não ser possível testar um novo processo antes de sua completa implementação. No entanto, sempre que possível, os GsIQ devem comandar o processo remodelado. Por exemplo, pode ser possível comandar um novo processo de matrícula em alguns programas flexíveis intercalados ou cursos curtos antes da implementação total no novo ano acadêmico. Deveria ser possível então:

- utilizar as medidas (Quarta etapa) para ver o grau de sucesso do processo-piloto em relação aos padrões estabelecidos;
- identificar qualquer dificuldade contínua;
- modificar o processo para superar qualquer problema identificado, referindo-se a etapas anteriores, conforme necessário (Terceira etapa);
- modificar os padrões à luz da experiência-piloto, se apropriado;
- comunicar o processo modificado a todos os participantes;
- implementar totalmente o novo serviço.

Sexta etapa:
Avaliando o sucesso

Após a implementação total do novo serviço, o GsIQ precisará usar as medidas para observar se o novo serviço segue os padrões.

Geralmente isso é feito por meio de uma pesquisa com os alunos, mas, às vezes, outras medidas são utilizadas [...]. Tais pesquisas devem relacionar-se apenas àquelas características desejadas e consideradas importantes e devem ser planejadas para ser fáceis de concluir e analisar.

Uma vez que os resultados tenham sido cotejados e analisados eles deverão:

- modificar os padrões, se necessário;

> Por exemplo, se em uma pesquisa (com alunos) descobrir-se que apenas 30% deles responderam que haviam recebido um tutorial quinzenal regular de 30 minutos, então o padrão seria, por certo, ambicioso demais em sua primeira instância.

- recomendar metas para melhorias;

> Se 82% dos alunos, por exemplo, ficaram satisfeitos com o apoio recebido em seus tutoriais (marcando um ou dois), a meta pode ser estabelecida como 90% de satisfação dentro de um ano.

- reportar-se ao conselho da qualidade, descrevendo as mudanças, as características, os padrões, as medidas desejadas, a extensão em que os padrões foram atingidos e as recomendações para futuras metas de melhorias.

APÓS A INICIATIVA DA QUALIDADE

Uma vez que o GsIQ tenha reportado-se ao conselho da qualidade, sua tarefa estará completa. Geralmente, a responsabilidade pela manutenção e pelas melhorias adicionais da qualidade é devolvida às pessoas envolvidas na realização do novo processo.

Qualquer que seja a decisão, o conselho da qualidade precisará:

- adotar os padrões formalmente;
- decidir se, onde e de que forma eles devem ser publicados, por exemplo, na licença da faculdade ou nos relatórios anuais;
- decidir sobre metas de melhorias;
- comunicar as realizações e decisões aos "proprietários" do novo serviço e aos membros do GsIQ;
- conseguir que a pesquisa seja aplicada a intervalos determinados e que o progresso seja monitorado.

De forma mais geral, será preciso:

- levar em consideração se o conselho da qualidade ou a EGS pode fazer as coisas de forma diferente a fim de melhorar a eficiência dos GsIQ;
- revisar o trabalho do GsIQ e aprender com essa experiência.

A longo prazo e à medida que os candidatos óbvios para receber melhorias forem atendidos pelos GsIQ, o conselho da qualidade terá de decidir quais áreas devem ser as próximas atendidas. As pesquisas com os clientes podem ajudar a estabelecer isso. [...] As decisões finais, porém, precisarão ser levadas à consulta junto à EGS no contexto dos planos estratégicos da faculdade e de qualquer iniciativa nacional relevante.

CONCLUSÕES

Este capítulo:

- apontou os padrões de qualidade dentro da estrutura filosófica de melhoria contínua da qualidade;
- mostrou como o planejamento estratégico para a qualidade tem suas raízes nos valores da faculdade;
- ilustrou o tipo de cultura e infra-estrutura necessário à operacionalização das prioridades estratégicas da qualidade;
- forneceu orientação detalhada a grupos encarregados das melhorias de um serviço específico, com particular referência às maneiras pelas quais os padrões podem ser atingidos e melhorados ao longo do tempo.

Assim que os padrões tenham sido estabelecidos e as medidas desenvolvidas para monitorar sua concretização, os resultados podem ser utilizados de muitas maneiras. Este capítulo focalizou a sua contribuição à melhoria contínua da qualidade, mas ele pode ser usados especificamente para o gerenciamento interno e os propósitos de promoção externa.

Os resultados obtidos podem, por exemplo, ser utilizados na gestão interna da qualidade para:

- fornecer evidências de padrões da qualidade atingidos;
- reconhecer e comemorar as melhorias alcançadas;
- informar sobre planejamento para o trabalho de melhorias; por exemplo, identificando as áreas que necessitam de trabalho adicional;
- fornecer informações de base, sobre quais metas de melhorias podem ser estabelecidas;
- alocar orçamentos internos para iniciativas de melhorias;
- demonstrar o comprometimento dos gestores seniores na continuidade das melhorias na qualidade.

E na promoção externa para:

- apoiar a apresentação de novos programas/cursos às sociedades credenciadoras;
- fornecer prova verificável de avaliação interna da qualidade, por exemplo, das FEFCs;
- promover, tornar público e fazer *marketing* dos serviços prestados pela faculdade; por exemplo, na licença da faculdade ou nos materiais promocionais;
- demonstrar o comprometimento da faculdade com a melhoria contínua da qualidade, junto aos clientes e à sociedade, de financiamento e de credenciamento.

Dessa forma, a "gestão por fatos ou dados", por meio do uso de padrões de qualidade dos serviços, pode capacitar uma faculdade a gerenciar seus próprios serviços com mais eficiência e pode comunicar sua oferta a possíveis financiadores e alunos, de forma mais exata. Além do mais, os dados permitem que as faculdades forneçam evidências de que a oferta será atendida. À medida que as faculdades buscam melhorar as taxas de participação, retenção e realização, no que um ambiente local pode tornar-se cada vez mais competitivo, é provável que isso tenha um significado cada vez maior na influência sobre a escolha do aluno por uma instituição.

AGRADECIMENTO

Este capítulo é o resultado de um trabalho anterior sobre os padrões de serviços preparado por Angela Cross-Durrant, antes de deixar a Unidade. Atualmente, ela é membro da Inspetoria do FEFC.

NOTA

1. Este material foi condensado.

REFERÊNCIA

FEFC (1992) *Funding Learning*. London: FEFC.

5
A utilização de critérios de sucesso[1]

KATH ASPINWALL, TIM SIMKINS,
JOHN F. WILKINSON e M. JOHN MCAULEY

[...] Termos como critérios de sucesso, indicadores de desempenho e determinação de metas têm estado em evidência no mundo da educação atualmente. Esse tipo de linguagem, tradicionalmente associada à cultura do comércio e da indústria, é vista com desconfiança por muitos educadores. Aqueles que têm essa visão argumentam que esse tipo de linguagem implica uma ênfase da responsabilidade final formal, uma visão centrada no produto da tarefa em questão e uma preocupação com resultados mensuráveis, enquanto que as organizações educacionais lidam não com um produto, mas com o processo complexo de educar e desenvolver pessoas, o qual não pode ser representado de uma maneira relativamente simples.

Muitas pessoas vêem esse aparente choque cultural como irreconciliável; porém, tal visão freqüentemente representa mais uma rejeição da linguagem usada do que um desejo de ser sem critérios e irresponsável. Os bons profissionais estão invariavelmente procurando por evidências de sucesso e indicadores de seu nível de desempenho. Em termos simples, eles constantemente se perguntam "como estamos?", e essa pergunta, por sua vez, implica uma necessidade de clareza sobre o que estamos tentando alcançar e sobre como saberemos se o alcançamos. Isso pode levar à formulação e ao uso de "indicadores de desempenho" quantitativos um tanto rígidos. Isso, com freqüência, será inadequado, e enfoques mais brandos serão necessários. Qualquer que seja o método particular adotado, porém, este precisará estar baseado em um enfoque sistemático. [...]

A FORMULAÇÃO E A UTILIZAÇÃO DE CRITÉRIOS E INDICADORES DE SUCESSO

Todas as avaliações são, de alguma forma, comparativas. Seja de forma explícita ou implícita, as informações obtidas, por meio de processos de monitoramento contínuos ou por meio de certas investigações específicas, incorporarão idéias sobre os padrões ou critérios pelos quais tal desempenho deve ser julgado e sobre os tipos de informações que representam evidências de sucesso ou não ao serem atingidos esses padrões. Esse é o mundo dos indicadores de desempenho. Eles podem ser especificados de uma maneira "branda" ou subjetiva, ou podem estar incorporados em medidas aparentemente "mais rígidas" e mais objetivas. Hopkins e Leask apresentam a seguinte definição de um indicador de desempenho:

Um indicador de desempenho é uma declaração pela qual a realização em uma área ou atividade pode ser avaliada; eles também são úteis para estabelecer metas e esclarecer objetivos. Para alguns indicadores de desempenho, uma declaração breve é suficiente; para outros, a declaração deve ser mais específica e referir-se a processos suplementares que dariam uma medida da profundidade, da qualidade e/ou do comprometimento em determinada área. Segundo a nossa visão, há lugar tanto para indicadores quantitativos quanto qualitativos. (Hopkins e Leask, 1989, p. 6-7)

O desenvolvimento e a utilização de critérios e de indicadores de sucesso não é uma tarefa técnica necessariamente complexa, apesar de existirem muitos exemplos de medições de desempenho na educação que requerem grande quantidade de conhecimento de especialistas para sua aplicação e sua interpretação. [...]

Contudo, para os critérios de sucesso proporcionarem o máximo benefício, eles precisam ser formulados e usados de uma maneira sistemática, levando em consideração as armadilhas que podem surgir. Um enfoque sistemático pode ser melhor desenvolvido quando se tenta resolver várias questões relacionadas a um programa ou atividade.

Primeira pergunta: o que se está tentando atingir?

Essa é a pergunta principal, a qual demandará muita ponderação e discussão. Ela precisa ser abordada dentro do contexto dos propósitos específicos para os quais a avaliação está sendo realizada. Assim, por exemplo, haverá mais diferença nos critérios se a preocupação central for o monitoramento da implementação de um projeto ao longo do tempo, do que se formos avaliar o impacto de uma mudança no método de ensino para a aprendizagem dos alunos. [...] Dois exemplos de enfoques para a identificação de áreas de desempenho são apresentados nos Quadros 5.1 e 5.2. Um refere-se ao setor escolar e outro à educação adicional.

Veremos que os dois enfoques diferem substancialmente quanto a suas ênfases. O que

Quadro 5.1
Critérios de sucesso escolar da Universidade de Sheffield

1 *Progresso acadêmico*
  Qual proporção de alunos na escola obteve níveis de progresso acadêmico acima da média durante o período de tempo em questão?
2 *Satisfação do aluno*
  Qual proporção de alunos na escola está satisfeita com a educação que está recebendo?
3 *Relações aluno-professor*
  Qual proporção de alunos na escola mantém relações boas ou "vitais" com um ou mais professores?

Fonte: Gray e Jesson (1990).

Quadro 5.2
Critérios de sucesso do Estudo de Eficiência Conjunta para educação profissionalizante

1. A *relação entre pessoal-aluno* baseia-se nos números equivalentes de alunos de período integral e pessoal acadêmico.
2. *Custo não referente a professor* por aluno matriculado.
3. *Custo por aluno de período integral* matriculado em um curso.
4. *Taxas de conclusão* referentes a alunos matriculados em cursos, e custo por aluno de período integral que conclui um curso.
5. *Taxas de qualificações-alvo* obtidas por alunos matriculados em um curso, e custo por aluno de período integral qualificado.
6. *Taxas de emprego ou progressão* à educação profissionalizante ou superior de alunos concluindo cursos adequados.

Fonte: DES (1987) O Estudo de Eficiência Conjunta.

é proposto para as escolas explicitamente identifica três áreas de desempenho e define uma pergunta focalizada para cada uma. Em contraposição, o Estudo de Eficiência Conjunta vai diretamente à especificação de seis áreas de desempenho, apesar de serem baseadas em duas áreas de desempenho centrais, a "eficiência" e a "efetividade". O estudo define a eficiência como a relação de insumos com produtos, e a efetividade como a extensão em que os objetivos estão sendo alcançados. Assim, os critérios 1 a 4 relacionam-se amplamente com a área de eficiência, e os critérios 5 e 6, à efetividade.

Existem outras diferenças. Os critérios escolares não fazem referência à utilização ou ao custo de recursos, enquanto que três dos critérios de educação adicional (EA), com sua preocupação quanto à eficiência, o fazem. Em contrapartida, dois dos critérios escolares preocupam-se com o processo, enquanto que nenhum dos critérios da EA o faz. E, enquanto os critérios de EA são todos relativamente fáceis de definir e quantificar, dois dos critérios escolares são bastante difíceis de representar de outra maneira que não seja a qualitativa.

Não se deve permitir que essas diferenças, apesar de importantes, desviem-se do ponto principal, ou seja, de que todos os critérios de sucesso devem basear-se em uma análise de quais sejam as dimensões-chave de realização. Somente quando isso é feito torna-se seguro proceder a uma consideração dos indicadores de sucesso mais específicos.

Segunda pergunta: quais seriam os indicadores de sucesso adequados?

Após identificarmos nossa área de interesse, precisamos identificar um ou mais fenômenos sobre quais informações podem ser obtidas e quais nos auxiliarão a responder a pergunta escolhida: o que indicaria sucesso nessa área particular? [...]

Um exemplo de como as amplas áreas de desempenho podem ser traduzidas em indicadores de sucesso mais específicos é o "Perfil de Qualidade da Aprendizagem e do Ensino" (PQAE), desenvolvido pelo HMI (HM Inspectorate of Education) escocês em relação à educação adicional (Ministério da Educação Escocês, 1990). Isso traduz cinco áreas – relevância, acesso, receptividade, adequação e padrões – em 17 "declarações da qualidade" (DQ) (ver Quadro 5.3).

É importante o desenvolvimento de uma estrutura sistemática para se pensar sobre desempenho, de modo que todas as áreas principais de desempenho sejam definidas e que indicadores de desempenho adequados sejam desenvolvidos para cada uma. Isso pode ser feito de várias maneiras, dependendo do programa ou da atividade sob consideração. O PQAE é apenas um enfoque. Outra classificação que é advogada com freqüência é a de "insumo", "processo" e "resultado". Cada uma dessas dimensões focaliza um aspecto diferente da provisão. O *insumo* refere-se à escala e à propriedade dos recursos destinados a um programa e inclui considerações como gastos, custos e adequação das habilidades dos professores. O *processo* refere-se principalmente à qualidade das interações e às experiências realizadas por aqueles envolvidos no programa. Pode incluir, por exemplo, o nível de aprendizagem ativa realizado pelos alunos ou a extensão dos métodos de ensino usados em um curso de educação adicional. Por fim, o *resultado* preocupa-se com os resultados do programa – a aprendizagem obtida, o ingresso na educação adicional ou no trabalho, e assim por diante. Em cada uma dessas áreas, é possível se pensar em indicadores de sucesso que sejam tanto quantitativos como qualitativos. Cada uma dessas três áreas pode ser desenvolvida de várias maneiras, dependendo dos objetivos e das prioridades do programa que se está considerando. Tal enfoque pode ser usado em diversos níveis, desde a atividade ou o programa individual até a instituição toda. [...]

A definição de áreas de desempenho e a derivação de indicadores para cada área podem ser melhor consideradas como um processo reiterado. A identificação sistemática de áreas de desempenho pode fornecer uma estrutura para indicadores derivados apropria-

Quadro 5.3
Perfil de Qualidade da Aprendizagem e do Ensino (PQAE)

	Relevância
DQ1	Existe um portfólio planejado de programas, o qual é amplamente consistente com as necessidades identificadas dos clientes.
DQ2	O conteúdo geral de cada programa individual está de acordo com suas metas e propósitos.
DQ3	O conteúdo do programa é exato e atualizado em seu tratamento da prática de emprego e de nova tecnologia.
	Acesso
DQ4	Os clientes potenciais recebem informações claras, exatas e abrangentes sobre os programas que estão sendo oferecidos e têm a oportunidade de esclarecer seus objetivos, a fim de que os alunos matriculem-se em um programa adequado.
DQ5	O aprendizado anterior dos alunos, seja ele certificado ou por experiência, é levado em consideração de forma adequada.
DQ6	As restrições circunstanciais de acesso, como aquelas que surgem da disponibilidade e da localização dos cursos, são minimizadas.
	Receptividade
DQ7	Os programas ou as modificações inovadoras de programas existentes para funcionários e para usuários da comunidade são fornecidos com um mínimo de tempo de intervalo.
DQ8	Existe uma ligação e uma colaboração com os empregadores e os usuários da comunidade no oferecimento de programas.
DQ9	Os alunos têm acesso a fontes de informação, aconselhamento e apoio que os auxilia a atender às suas necessidades de aprendizagem, a lidar com as dificuldades e a progredir de forma satisfatória dentro de um programa.
DQ10	Os programas são negociáveis e os componentes são selecionados para atender às necessidades individuais.
DQ11	Os alunos conseguem progredir conforme seu próprio ritmo.
DQ12	Os clientes têm a oportunidade de avaliar a oferta.
	Adequação (dos enfoques de aprendizagem e de ensino)
DQ13	Existe um clima intencional e de concordância e um interesse pelo progresso individual do aluno.
DQ14	Os recursos e o ambiente de aprendizagem são bem planejados e organizados em relação à conquista de resultados de aprendizagem.
DQ15	Os métodos de ensino e de aprendizagem são adequados aos resultados da aprendizagem, enfatizam a atividade e a responsabilidade dos alunos e são variados.
	Padrões
DQ16	Os enfoques de avaliação cobrem todos os resultados de aprendizagem e critérios de desempenho e são aplicados ao trabalho de todos os alunos.
DQ17	Os padrões, conforme estabelecidos nos descritores, são aplicados corretamente e moderados sistematicamente.

Observação: a terminologia tende a variar em diferentes tipos de educação oferecida. Ao ler essas declarações de qualidade, deve-se considerar que o "programa" inclui "cursos", e que os "resultados da aprendizagem" incluem "resultados" e "objetivos de aprendizagem", e assim por diante.

Fonte: Ministério da Educação Escocês (1990).

dos a cada uma (por exemplo, usando o PQAE ou o modelo de insumo/processo/resultado); por outro lado, a geração de um grande número de indicadores pode levar à melhoria das áreas de desempenho ou à identificação de novas áreas. [...]

Terceira questão: como os dados devem ser obtidos e processados?

Geralmente, existem muitas maneiras de obter e processar dados sobre um determinado fenômeno. Isso pode envolver a mensuração de coisas. Vejamos, por exemplo, as conquistas acadêmicas. Uma medida possível é o desempenho em exames, talvez no GCSE (General Certificate of Secundary Education – Certificado Geral da Educação no Nível Médio), ou os resultados em testes. É suficiente medir o número de aprovações, ou aprovações em determinado nível, ou deve-se aplicar pesos diferentes a diferentes notas de aprovação? Se a última opção for a escolhida, quais devem ser os pesos? Como medida de eficiência da utilização do pessoal, também o SSR (Staff Student Ratio – significa número de alunos por tutor e por necessidade de cada um. Alunos "especiais" têm menor número de tutores e maior número de horas dedicadas a eles.) pode ser medido de diversas maneiras; por exemplo, em diferentes épocas do ano, ou avaliando alunos de meio período de formas específicas. Onde existem tais escolhas, diferentes medidas provavelmente mostrarão diferentes padrões de desempenho.

Para escolher uma maneira adequada de obter e processar dados, talvez precisemos aperfeiçoar nossos critérios de sucesso. Exemplificando, o "sucesso" é permitir que uma grande proporção de alunos menos capacitados consigam ser aprovados no GCSE, ou o "sucesso" seria maximizar o número de alunos que obtêm aprovação com as notas A e B? A primeira opção seria melhor avaliada por meio de uma medição simples do total de aprovações; a última precisaria que os resultados fossem medidos favorecendo muito mais as notas mais altas. Um departamento que tem um bom desempenho em um critério pode não ter o mesmo em outro, e vice-versa.

Porém, as estatísticas sobre resultados de exames, a utilização do pessoal e qualquer outra coisa não são o único tipo de dados que podem ser coletados como indicadores de sucesso. Em seu trabalho sobre o Perfil de Qualidade da Aprendizagem e do Ensino, o HMI (HM Inspectorate of Eduaction) sugere 10 instrumentos de avaliação (IA) que combinam uma variedade de entrevistas, questionários e programações de registros (Ministério da Educação Escocês, 1990, p.20). Eles são:

IA 1	Pesquisa com usuários (questionário postal)
IA 2A	Pesquisa com alunos: orientação (questionário)
IA 2B	Pesquisa com alunos: aprendizagem e ensino (questionário)
IA 2C	Pesquisa com alunos (entrevista)
IA 3A	Pesquisa com pessoal: orientação (questionário)
IA 3B	Pesquisa com pessoal: aprendizagem, ensino e avaliação (questionário)
IA 4	Análise do programa (cronograma de registros para análise de documentação e resultados de entrevistas por uma equipe de avaliadores)
IA 5	Análise dos módulos (cronograma de registros para análise de módulos "expandidos" e resultados de discussão por avaliadores)
IA 6	Análise do trabalho dos alunos (cronograma de registros para análise dos trabalhos por avaliadores)
IA 7	Análise do ensino (cronograma de registros para análise de resultados procedentes de observação da aprendizagem e do ensino em salas de aula, oficinas, etc. por avaliadores).

Esses instrumentos de avaliação são então relacionados às 17 declarações da qualidade, conforme mostrado no Quadro 5.4. As evidências de instrumentos como esses são tão válidas quanto estatísticas mais tradicionais – na verdade, podem ser mais válidas para certos fins. Todavia, os dados de tais fontes ainda precisarão ser agregados de forma adequada a fim de produzir informações que possam ser utilizadas. [...]

Quarta pergunta: com que os resultados podem ser comparados de forma válida?

Ainda que os critérios de sucesso tenham sido bem-formulados e os dados tenham sido bem-obtidos e processados, as informações sobre o desempenho em relação a um determinado desenvolvimento em determinado ponto no tempo são de pouco valor por si sós para res-

Quadro 5.4
As declarações da qualidade abordadas por instrumento de avaliação

		Instrumento de avaliação									
Declaração da qualidade (abreviada)		1	2A	2B	2C	3A	3B	4	5	6	7
	Relevância										
DQ1	Portfólio relevante de programas	✓		✓				✓			
DQ2	Conteúdo adequado do programa	✓		✓	✓		✓	✓	✓	✓	✓
DQ3	Conteúdo exato, atualizado	✓		✓			✓		✓	✓	✓
	Acesso										
DQ4	Orientação pré-ingresso adequada	✓	✓			✓					
DQ5	Reconhecimento de aprendizado anterior				✓	✓		✓			
DQ6	Restrição circunstancial sobre acesso minimizado	✓		✓	✓	✓		✓			
	Receptividade										
DQ7	Programas inovadores fornecidos com rapidez	✓						✓			
DQ8	Colaboração com empregadores ao fornecer programa	✓		✓	✓			✓			
DQ9	Orientação contínua adequada		✓			✓					
DQ10	Renegociação do programa		✓			✓		✓			
DQ11	Aprendizagem auto-espaçada		✓			✓			✓		
DQ12	Avaliação por clientes		✓			✓			✓	✓	
	Adequação dos métodos de ensino e aprendizagem										
DQ13	Propósito e concordância; preocupação com conquistas individuais			✓	✓		✓		✓		✓
DQ14	Ambiente de aprendizagem e recursos adequados			✓	✓		✓		✓		✓
DQ15	Métodos de ensino e aprendizagem adequados			✓	✓		✓		✓		✓
	Padrões										
DQ16	Enfoques de avaliação abrangentes							✓		✓	✓
DQ17	Aplicação correta de padrões; moderação							✓	✓	✓	✓

Fonte: Ministério de Educação Escocês (1990).

ponder à pergunta "como estamos?". Ela precisa ser colocada em uma perspectiva comparativa. As declarações "vamos bem" ou "podia estar melhor" implicam a existência de algum padrão pelo qual o desempenho está sendo julgado.

É comum usarmos três tipos principais de padrões para fazer julgamentos sobre realizações:

- *Comparativo:* como estamos em comparação a desenvolvimentos semelhantes em outras partes?
- *Progresso:* como estamos em comparação a como estávamos antes?
- *Meta:* como estamos em comparação a um padrão ou uma meta(s) especí-

fico(s) que nós mesmos estabelecemos, ou que outros estabeleceram para nós?

Cada um desses enfoques tem seus atrativos. A comparação com programas semelhantes, em outros lugares, garante um enfoque voltado para o exterior, na avaliação, e protege contra o bairrismo. A ênfase em nosso próprio progresso demonstra a importância do desenvolvimento e tem o potencial de ser extremamente motivadora. O desenvolvimento e a utilização de metas específicas encorajam o desenvolvimento de ligações claras entre os planos e a avaliação de desempenho. Talvez a melhor orientação seja usar uma combinação dos três enfoques, em uma tentativa de conseguir o melhor de cada um deles.

Quinta pergunta: quais as outras informações necessárias para contextualizar os resultados?

A disponibilidade de informações que podem ser usadas para fins comparativos, mesmo sendo essencial, pode não ser suficiente para permitir que se atinjam conclusões adequadas a partir dos dados da avaliação. A pergunta ainda permanece: "a comparação é válida?" ou "estão comparando-se duas coisas iguais?" Pode haver muitas razões para que uma comparação com desenvolvimentos semelhantes em outros lugares não seja válida. As diferenças ao examinar o desempenho, por exemplo, freqüentemente refletem as diferenças na habilidade do aluno, em vez da qualidade do ensino; ou talvez uma SSR relativamente baixa reflita a necessidade de ensino em proporção maior do que a média de alunos com necessidades especiais em pequenos grupos. Nosso próprio progresso, ao longo do tempo, pode ter sido afetado por deficiências do pessoal ou por alteração no perfil dos alunos. E as metas que estabelecemos, ou que foram estabelecidas, podem ter baseado-se em expectativas bastante irreais, derivadas da experiência de circunstâncias muito diferentes.

É essencial que a avaliação de desempenho leve em consideração tais qualificações. Contudo, também é importante que elas sejam usadas de maneira sensata. Com bastante freqüência, discute-se em educação que as realizações não podem ser avaliadas, porque cada situação é única. É interessante que esse argumento seja usado com mais freqüência para desculpar um desempenho aparentemente baixo do que para explicar um bom desempenho. Onde existem questões sobre comparações, é possível aplicarem-se várias estratégias:

- Usar técnicas estatísticas para que se tente levar em consideração as fontes da diferença. Por exemplo, pode ser possível levar em conta diferenças na habilidade dos alunos ao comparar resultados de exames.
- Procurar outros fatores comparativos. Por exemplo, procurar escolas, faculdades ou departamentos cujas características sejam mais próximas das suas. Ou direcionar-se para um progresso autodeterminado ou um modelo-alvo, em vez de um modelo comparativo, imposto de fora.
- Procurar uma variedade maior de informações que capture diferentes aspectos de realizações.

A discussão e o desenvolvimento desses tipos de enfoque não apenas aumentam a probabilidade de tirar-se conclusões válidas como também aumentam, em um sentido mais geral, nossa compreensão sobre o problema da avaliação do "sucesso".

Sexta pergunta: que conclusões podem ser tiradas legitimamente?

Podemos começar agora a reunir os elementos do desenvolvimento e a utilização de indicadores de sucesso. Os elementos são:

- a identificação de *áreas de desempenho*, com uma ou mais perguntas de enfoque para cada uma;

- a identificação de vários *critérios de sucesso* para cada área;
- a determinação dos *tipos de dados* que precisam ser coletados e analisados para apresentar evidências em relação aos critérios escolhidos;
- a determinação da base sobre a qual o nível de desempenho deve ser julgado (a base para *comparação*);
- a consideração de quaisquer *circunstâncias particulares* que possam precisar ser levadas em consideração na interpretação do desempenho.

O Quadro 5.5 mostra o processo de análise para duas áreas de interesse muito diferentes. [...]

Quando a análise chega a esse ponto, as conclusões devem estar surgindo. Porém, nessa etapa, é valido revisar o processo realizado até o momento:

- As áreas corretas de desempenho foram identificadas?
- Os critérios que representam adequadamente essas áreas foram identificados?
- Os dados foram coletados e processados de maneira adequada para avaliar as conquistas por meio desses critérios?
- As comparações foram realizadas de maneira adequada?
- As circunstâncias particulares que podem limitar a validade das comparações foram levadas em consideração?

Pode ser útil a elaboração de uma lista dos pontos fortes e fracos do processo em relação a cada uma dessas questões, por meio dos quais os critérios de sucesso foram definidos e em relação aos quais foram coletadas evidências. Ao fazer isso, é desejável considerar-se até que ponto as informações obtidas mostram-se satisfatórias em vários testes de qualidade básicos:

- É *relevante* à pergunta ou às perguntas em foco? É muito fácil coletar informações na base da conveniência ou do custo, em vez de fazê-lo em relação a perguntas claramente definidas. Existe também o perigo de coletar muito mais informações do que o necessário para formar julgamentos sobre a área de desempenho em questão. Portanto, é essencial que os padrões mais rigorosos de relevância sejam aplicados.

Quadro 5.5
Desenvolvimento e utilização de critérios de sucesso

	Exemplo A (Escola de ensino fundamental)	Exemplo B (Educação adicional)
Área de desempenho	Aprendizagem centrada no aluno	Eficiência de utilização do pessoal
Critério de sucesso	Cooperação aluno-aluno	Proporção pessoal-aluno
Coleta de dados	1 Programação da observação 2 Entrevista com professor	Monitoramento anual Dados da pesquisa
Comparativo(s)	Progresso ao longo do tempo	1 Meta do DfEE 2 Outras faculdades semelhantes
Fatores contextuais	Tamanho das turmas aumentou	O trabalho da faculdade é tendencioso em favor dos assuntos intensivos do pessoal

Com recursos escassos, não é aceitável coletar informações apenas porque parecem "interessantes".
- É uma resposta *adequada* a essas perguntas, no sentido de que reflete toda a gama ou complexidade da questão, ou apresenta uma visão limitada? Nós já indicamos o perigo de omitir áreas de desempenho importantes da análise. Isso é mais provável de ocorrer quando apenas uma parte estiver envolvida na discussão. Por exemplo, os professores podem dar uma prioridade bastante baixa à avaliação da eficiência de um programa no qual eles estão envolvidos; por sua parte, os administradores podem não estar sempre preocupados com a qualidade educacional, desde que as somas de recursos pareçam corretas.
- É válido, no sentido de que representa, de forma adequada, o que supostamente deve representar? Talvez a maior crítica, e a mais comum, sobre o enfoque dos indicadores de desempenho para a coleta de evidências com fins de avaliação é que as medidas quantificáveis tendem a expulsar as dimensões menos quantificáveis de desempenho, e que a essência da qualidade educacional não pode ser capturada por tais medidas, seja de forma absoluta ou sozinha. Um dos problemas é que as medidas quantificadas e padronizadas são muito mais fáceis de tratar de forma comparativa, e a comparação externa é uma dimensão importante da responsabilidade final em educação.
- É *confiável?* Conclusões semelhantes seriam tiradas se as informações fossem obtidas por outros, ou por algum outro método? Essa é uma área traiçoeira. Novamente, os indicadores quantitativos são, com freqüência, mais confiáveis do que os mais qualitativos, às custas de sua validade.

Quando a confiabilidade for o problema, há vantagem em utilizar mais de um tipo ou fonte de dados em relação a um critério particular: isso é conhecido como "triangulação". [...]

Sétima pergunta: por qual ação optar?

Existem quatro maneiras pelas quais as informações podem ser administradas. Em resumo, elas são: utilizar as informações *simbolicamente*, ou em forma de um *cartão de marcar jogos*, ou em *forma de direcionamento de atenção*, ou para *resolução de problemas*. As informações que surgem dos processos de monitoramento e avaliação, inclusive aquelas relacionadas a critérios de sucesso, podem servir a qualquer um desses quatro propósitos. Freqüentemente é tentador concentrar-se na coleta e no fornecimento de informações simbólicas, marcadas em cartões, especialmente quando isso é suficiente para garantir uma vida tranqüila. Porém, tal enfoque não é consistente com os tipos de valores apresentados anteriormente e será de pouco valor para encorajar e facilitar os processos de desenvolvimento; até a função de responsabilidade final será bastante restrita. As informações sobre desempenho, para ter valor, devem direcionar a atenção, sendo que isso deve ser suplementado por processos que garantam um enfoque de resolução de problemas para as áreas de interesse identificadas. Essa filosofia, contudo, não é confortável. Ela desafia e pode ameaçar. É essencial, portanto, considerar cuidadosamente as implicações comportamentais do gerenciamento de informações.

INFORMAÇÕES E COMPORTAMENTO

Uma característica importante do gerenciamento de informações é que ele afeta o comportamento. Com freqüência, seus efeitos são dirigidos – quando, por exemplo, um enfoque de ensino é alterado em resposta a um *feedback* negativo dado pelos alunos. No entanto, freqüentemente, os métodos utilizados para coletar e disseminar informações têm conseqüências comportamentais que são exatamente o oposto do esperado. Portanto, é essencial que os responsáveis pelo desenvolvimento e pelo uso de indicadores de sucesso preocupem-se não apenas com a adequação *técnica* de suas informações – em termos de relevância, validade, confiabilidade e assim por diante –, mas também com a adequação *comportamental* dos métodos que estão sendo utilizados para gerenciar o processo de avaliação. Perguntas sobre percepção, expectativa e motivação são tão importantes como aquelas do projeto de pesquisa.

Os indivíduos vêem os processos de gerenciamento de informações, inclusive o monitoramento e a avaliação, em termos de seu impacto sobre si mesmos e seu trabalho. Eles tentam interpretar os propósitos daqueles que gerenciam o processo e visualizar as prováveis conseqüências desses processos para sua posição na organização. Eles podem aceitar a visão "oficial" dessas coisas, ou podem desenvolver suas próprias compreensões alternativas com base em suas experiências prévias ou em suas percepções de como o processo de monitoramento e avaliação está ocorrendo. Para o gerenciamento da avaliação, portanto, é importante que o estilo adotado esteja em conformidade com a filosofia escolhida. Freqüentemente, esse não é o caso, e então várias conseqüências comportamentais podem ocorrer. Isso pode ser ilustrado pelos tipos de respostas que surgem em relação aos indicadores de sucesso, cujo uso e formulação foram injudiciosos (Lawler e Rhode, 1976, Cap. 6). Algumas respostas são legítimas, apesar de não serem do interesse da organização nem dirigidas por aqueles que formulam o processo de avaliação. Por exemplo:

- Os indivíduos podem responder de forma *rigidamente burocrática*, mudando seu comportamento de forma não-crítica, em resposta ao tipo de desempenho implicado pelo indicador. O medo, freqüentemente citado, de "ensinar para passar nos testes" é um bom exemplo disto.
- Eles podem adotar um *comportamento estratégico* destinado a fazê-los parecer bem em termos do indicador. Isso pode envolver gastar o que for possível, até o final do ano financeiro, em qualquer coisa que esteja disponível, quando "gastar conforme o orçamento" for um indicador de sucesso e os fundos não puderem ser transferidos para outro período. Ou isso pode significar limitar o ingresso a exames aos alunos mais capacitados, a fim de garantir um bom índice de aprovação.

Outras respostas normalmente são consideradas ilegítimas, mas ainda podem ser adotadas por aqueles que sentem que seus interesses estão ameaçados:

- *Reportar dados inválidos* que apresentam o desempenho de um indivíduo ou grupo de modo favorável. Um exemplo disso pode ser o registro de presença para alunos ausentes em aulas, quando a presença for usada como indicador de sucesso.
- Tentar *subverter* todo o processo de coleta de informações, ridicularizando-o, sobrecarregando-o, e assim por diante.

Tais respostas surgem porque as informações freqüentemente são usadas em situações em que os conflitos de interesse existem, e as pessoas estão conscientes do impacto potencial de informações sobre decisões-chave. Essas questões podem ser resolvidas, em parte, ao se garantir que os indicadores não serão facilmente manipulados de tais maneiras – a questão do projeto. Isso nem sempre é possível, especialmente quando, como ocorre com freqüência em educação, o fator que está sendo avaliado é complexo. Além disso, sempre existe o perigo de implantar-se um círculo vicioso, com respostas "inaceitáveis", fazendo surgir restrições mais duras, que levam, por sua vez, a novos métodos de evadir o sistema que está sendo inventado. A maioria desses exemplos relaciona-se ao uso de indicadores de sucesso apenas para fins de responsabilidade final. Onde a dimensão do desenvolvimento domina, os perigos são menores, mas ainda não podem ser ignorados. As pessoas podem ter visões diferentes sobre o que engloba um desenvolvimento desejável. Nessas circunstâncias, é necessário pensar sobre a dimensão comportamental e técnica do gerenciamento de informações.

O GERENCIAMENTO DE INDICADORES DE SUCESSO

Para os indicadores de sucesso serem utilizados de forma efetiva, várias questões precisam ser cuidadosamente estudadas antes de o processo de formulação deles começar.

Mantenha-os simples e claros

Os indicadores de sucesso podem ser desenvolvidos em vários níveis e de várias maneiras. No nível da organização, é possível fazer listas muito longas, como a lista dos indicadores de desempenho escolar promulgada pelo DES (Department of Education and Science) (DES, 1989), ou os indicadores projetados pelo Ministério do Emprego para avaliação da TVEI (Technical and Vocational Education Initiative) (Ministério do Emprego, 1991). Porém, o consenso geral é o de que tais listas têm utilização limitada, exceto como estímulo ao pensamento criativo. A meta deve ser desenvolver um número relativamente pequeno de indicadores que capturem as dimensões-chave para o sucesso do programa ou da atividade que está sendo monitorada ou avaliada.

O argumento da simplicidade não deve ser usado como desculpa para um reducionismo injustificável. Por exemplo, as notas das provas não-ajustadas não "falam por si mesmas", e o sucesso em uma prova raramente será aceitável como a única dimensão de desempenho que precisa ser medida. O ponto que levantamos aqui é o da obtenção de um enfoque realista, e não de uma supersimplificação inadequada.

Estabeleça-os depois de discutir

Os melhores indicadores de sucesso são aqueles desenvolvidos por ou em parceria com pessoas que trabalham na área, na qual o desempenho deve ser avaliado, ou que têm interesse por ela. Tal processo garante que os indicadores tenham credibilidade e autoridade; isso, por sua vez, reduz a probabilidade de que as conseqüências indesejáveis apresentadas anteriormente ocorram. Os indicadores de sucesso desenvolvidos dessa maneira irão:

- ser construídos com base nos objetivos educacionais do programa que deve ser avaliado, apesar de que eles também podem levar em consideração requisitos determinados externamente;
- levar em consideração as circunstâncias locais, apesar de que eles também levarão em conta uma boa prática, em casos semelhantes, a fim de garantir que as expectativas não sejam muito baixas (ou altas) e irrealistas.

Em outras palavras, os critérios de sucesso devem considerar, totalmente, o que um programa está tentando fazer e as circunstâncias em que isso está sendo feito, mas eles também devem visualizar o desempenho dentro do contexto mais amplo das expectativas dos outros e da experiência do que está sendo conseguido em outros locais. Os responsáveis pelo funcionamento do programa são partes interessadas importantes, mas raramente são as únicas.

Garanta abertura

É importante que todas as partes legitimamente envolvidas compartilhem da compreensão sobre os tipos de informações que estão sendo coletadas e as finalidades de seu uso. Esse nem sempre é o caso. Existe uma necessidade de esclarecimento sobre:

- quais critérios devem ser utilizados;
- por que eles foram escolhidos;
- que informações devem ser coletadas em relação a eles;
- como os resultados do processo serão utilizados.

As informações sobre esses tópicos devem ser comunicadas de forma apropriada ao público específico. Isso nem sempre é fácil, especialmente se os indicadores envolverem muitos cálculos ou análise técnica. Todavia, isso deveria ser sempre possível, havendo uma ponderação adequada.

Use os indicadores para fins desenvolvimentistas

A força propulsora para o desenvolvimento de indicadores de sucesso é, geralmente, a responsabilidade final. Nossos gestores, ou nossos provedores de recursos, geralmente estabelecem o ritmo ou dão o tom quando os indicadores estão sendo formulados. Mesmo quando tomamos a iniciativa, isso ocorre porque desejamos pré-esvaziar a questão antes que outros determinem a nossa agenda. Porém, é altamente desejável que os indicadores sejam vistos de uma perspectiva desenvolvimentista, não importando quem toma a iniciativa nem qual a motivação primeira de seu desenvolvimento. O uso e a interpretação inteligentes das informações sobre desempenho podem ser uma influência poderosa para a mudança e o desenvolvimento.

Portanto, é importante que o uso de indicadores de sucesso seja visto como uma parte integrante do *processo* de monitoramento e avaliação, e não simplesmente como uma atividade paralela necessária à satisfação de requisitos externos.

Mantenha-os sob revisão

Os indicadores de sucesso podem ser usados para monitorar e/ou como parte de uma revisão ou investigação aprofundada. Em qualquer um dos casos, mas principalmente para o monitoramento, provavelmente será apropriado usar os mesmos indicadores por um período de tempo, talvez por alguns anos. Isso traz vantagens. Uma sucessão consistente de informações possibilita que o progresso seja demonstrado graficamente de maneira útil. Por outro lado, sempre existe o perigo de que as mesmas informações continuem a ser coletadas rotineiramente, apesar do fato de os objetivos terem sido modificados ou de os fatores externos terem mudado, de modo a tornar insignificante qualquer comparação de desempenho. Portanto, é importante que os indicadores de sucesso sejam revisados regularmente.

[...]

CONCLUSÃO

[...] Alguns leitores deste capítulo terão suas preocupações reforçadas quanto aos perigos de adotar enfoques de avaliação em educação que sejam muito práticos e que impliquem sérios riscos de má-utilização. Conforme disse a Sra. Angela Rumbold, então Ministra de Estado, ao apresentar a lista do DES sobre os indicadores de desempenho das escolas em 1989:

> Aqueles dentre nós que advogam o uso de indicadores de desempenho em educação devem sempre afixar uma 'advertência governamental sobre saúde'. Considerados isoladamente, eles estarão abertos à má-interpretação e ao mau uso e podem prejudicar a saúde de uma escola. (DES, 1989)

Partilhamos essas preocupações. A opinião de que todos os indicadores devem apresentar uma "advertência sobre saúde" é válida, e tentamos indicar neste capítulo os tipos de questões que tal advertência pode enfocar. Porém, também acreditamos que, em um mundo onde são crescentes as pressões legítimas por responsabilidade final em educação, é importante que os educadores sejam tão claros quanto possível sobre o que estão tentando alcançar e as maneiras pelas quais desejam demonstrar sucesso. Contudo, essa clareza não é somente valiosa ao ser relatada – ela também fornece a base para uma coleta de informações que realmente possa contribuir para um desenvolvimento bem-sucedido.

NOTA

1. Este material foi condensado.

REFERÊNCIAS

DES (Department of Education and Science) (1987) *Managing Colleges Efficiently*. London: HMSO.

DES (Department of Education and Science) (1989) Performance Indicators: an aide-memoire from the DES, *Education,* 8 December: 514-15.

Department of Employment (1991) *Guidance on TVEI Performance Indicators*. London: HMSO.

Gray, J. and lesson, J. (1990) The negotiation and construction of performance indicators: some principles, proposals and problems, *Evaluation and Research in Education,* 4 (2): 93-108.

Hopkins, D. and Leask, M. (1989) Performance indicators and school development, *School Organisation,* 9 (1): 3-20.

Lawler, E. E. and Rhode, J. G. (1976) *Information and Control in Organisations*. Pacific Palisades, CA: Goodyear.

Scottish Education Department (1990) *Measuring Up: performance indicators in further education*. London: HMSO.

6

Fazendo a mudança ter sentido[1]

DAVID HOPKINS, MEL AINSCOW e MEL WEST

ALGUMAS MANEIRAS DE PENSAR SOBRE MUDANÇAS

O conhecimento expande-se com tamanha velocidade que precisamos encontrar alguma maneira de classificá-lo e reduzi-lo a proporções gerenciáveis. Também precisamos conceber o conhecimento de tal maneira que ele faça sentido e conduza à ação. Essa é a razão por que as pessoas freqüentemente pensam em termos de *modelos*, fornecendo estruturas úteis à ação. Também existe uma maneira mais aprofundada de ver o conhecimento em termos de *valores* ou *suposições* subjacentes. Nesta seção exploraremos ainda mais essas duas maneiras de pensar a mudança.

Existem quase tantas concepções sobre o processo de mudança quanto escritores sobre o assunto, mas, apesar disso, existem algumas áreas de amplo entendimento. A unidade de Hoyle, da Open University (1976), "Estratégias para a mudança curricular", por exemplo, apresenta uma revisão útil das diferentes interpretações e facetas do termo "mudança" e uma introdução a vários modelos de mudança, a partir de uma perspectiva do Reino Unido.

Nossa breve revisão serve para dar um "gostinho" da área. Bennis e colaboradores (1969) foram os primeiros a descrever sistematicamente as estratégias fundamentais de mudança. Eles identificaram três grandes grupos, que dizem abarcar a série de enfoques de mudança:

- *coercitivo do poder*, que se refere a um enfoque direto, legalístico e autoritário, no qual o fluxo da comunicação é de uma via, partindo do iniciador até o praticante;
- *reeducativos normativos*, que são estratégias que se direcionam às atitudes, normas e opiniões de um grupo de praticantes – o modo de enfoque geralmente sendo feito por intermédio de trabalho grupal, com ênfase na comunicação interpessoal de duas vias;
- *racional-empírico*, que se refere a um enfoque baseado na habilidade, que tem como objetivo a razão ou o intelecto do praticante. O meio utilizado geralmente é o livro, as palestras ou a propaganda, e a comunicação acontece amplamente em uma via.

Em seu livro *O planejamento da mudança*, Bennis e colaboradores (1969) apresentam uma análise racional detalhada para cada enfoque, com exemplos de estratégias usadas em cada um desses itens. A finalidade de descrever essas três estratégias ou modelos não é meramente taxonômica, mas deseja permitir que as pessoas, uma vez diagnosticada a situação, selecionem a estratégia de mudança mais adequada para tal mudança ou cenário em particular.

Portanto, o enfoque de Bennis e colaboradores é ordenar a base de conhecimento a fim de dar aos pesquisadores e praticantes um maior controle sobre todo o processo. Outro modelo interessante e com a mesma função foi desenvolvido por Ray Bolam juntamente com seus colegas, em Bristol, durante a metade da década de 1970, enquanto trabalhavam em uma sucessão de projetos de pesquisa educacional aplicada. A estrutura conceitual de Bolam para inovação apresenta uma maneira de organizar grande parte do trabalho realizado anteriormente, uma maneira de pensar o processo de mudança e uma indicação de como proceder. Distingue-se entre quatro fatores principais: o agente de mudança, a inovação, o sistema do usuário e o processo de inovação ao longo do tempo. Esses quatro fatores são apresentados, na Figura 6.1, como uma estrutura conceitual bidimensional. A estrutura de Bolam, que merece muita atenção, destaca a natureza interativa do processo de inovação, o que é vitalmente importante em qualquer apreciação madura do modo como ocorre a mudança.

Descobrimos, também, que a distinção entre os modelos "adotivos" e "adaptativos" de mudança é útil para a categorização da literatura (Hopkins, 1984). O enfoque *adotivo* à mudança tende a não levar em consideração as variáveis existentes dentro do ambiente escolar individual. Essas estratégias preocupam-se com um enfoque vertical da mudança: eles supõem que a mudança seja linear e motivada por uma figura de autoridade. Esses modelos freqüentemente estão baseados na suposição (correta) de que, geralmente, a pressão externa forneça a motivação para a mudança. [...] O mais conhecido desses enfoques é, provavelmente, o modelo de pesquisa, desenvolvimento e disseminação (PD&D) da mudança educacional. Como dissemos, esse é um modelo vertical ou, mais exatamente, um modelo de centro-periferia de mudança, que foi desenvolvido para auxiliar na implementação da inovação curricular centralizada, na metade da década de 1960 e posteriormente. As idéias subjacentes ao modelo são bem conhecidas, mas a descrição mais sofisticada desse foi dada por Guba e Clark (1965). Sua classificação pode ser vista no Quadro 6.1.

Esse modelo, ou variações dele, segue uma lógica quase irresistível. Representa a estratégia utilizada por agências de desenvolvimento curricular mais centralizadas, e também por construtores de políticas, na implementa-

Primeira dimensão: os três sistemas principais

		Sistema 1	Sistema 2	Sistema 3
	Tempo 1: antes – a etapa antecedente	O agente de mudança	A inovação	O usuário
Segunda dimensão: o processo de inovação ao longo do tempo	Tempo 2: durante – a etapa interativa	O agente de mudança ↔	A inovação	↔ O usuário
	Tempo 3: depois – a etapa conseqüente	O agente de mudança	A inovação	O usuário

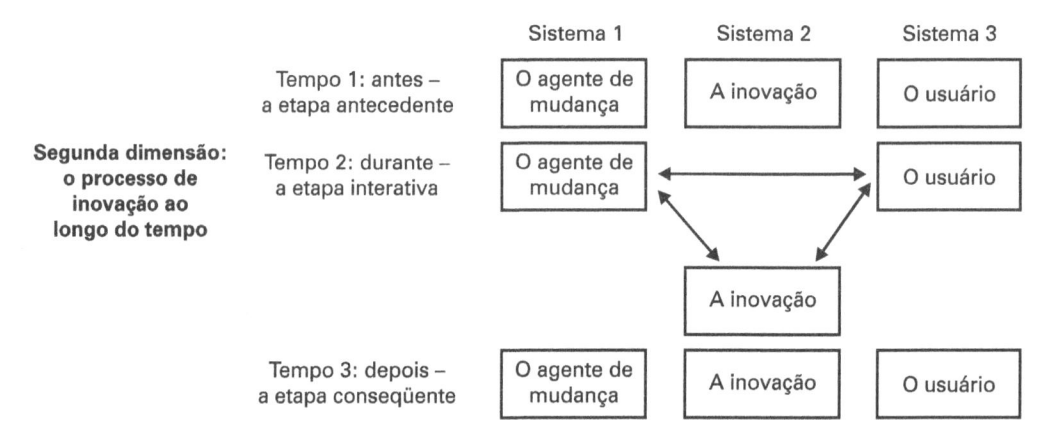

Figura 6.1 Uma estrutura conceitual para o estudo da inovação (Bolam, 1975, p. 274-275).

Quadro 6.1
Modelo de PD&D de Guba e Clark (1965)

Método	Finalidade
Pesquisa	Avançar o conhecimento
Invenção	Inovar
Projeto	Sistematizar os componentes da inovação
Disseminação	Informar
Demonstração	Estabelecer convicção
Teste	Testar
Instalação	Operacionalizar
Institucionalização	Estabelecer como componente integral do sistema

Fonte: Citado por Hoyle (1976, p.40).

ção de seus "produtos" ou políticas. É reconhecível como um "tipo ideal" de enfoque, usado no Reino Unido, por exemplo, pelo Conselho das Escolas, no final das décadas de 1960 e de 1970, e, mais recentemente, pelo Conselho Curricular Nacional (NCC). Ironicamente, [...] esse enfoque de mudança educacional não obteve muito sucesso. Apesar desse fato ser agora amplamente reconhecido por pesquisadores e praticantes, ele ainda é o enfoque preferido de construtores de políticas e de políticos – uma situação que provavelmente não mudará em um futuro próximo.

Existem outros enfoques da mudança educacional que são mais sensíveis à situação da escola individual e do contexto local. Eles apreciam o meio ambiente em que intervêm e demonstram uma preocupação em desenvolver a capacidade de mudança dentro da situação escolar, em vez da adoção *per se* do enfoque específico. Eles foram descritos como modelos *adaptativos* de mudança (Lippitt et al., 1978). É interessante que até mesmo Guba e Clark (1975) tenham abandonado publicamente sua defesa do enfoque de PD&D e, 10 anos mais tarde, propuseram uma conceitualização mais adaptativa e cultural da mudança.

Se nos concentrarmos na mudança curricular neste momento, veremos um modelo bem-desenvolvido que ilustra o enfoque adaptativo, apresentado pela articulação de Malcolm Skilbeck (1984) do desenvolvimento curricular baseado na escola. Skilbeck apresenta um modelo de cinco etapas para isso: análise situacional; formulação de metas; construção de programa; interpretação e implementação; monitoramento, avaliação de *feedback* e reconstrução. Apesar de haver uma ordem lógica dessas etapas, podem haver razões para intervir primeiro em qualquer uma delas. Skilbeck também admite que, apesar do apelo técnico desse modelo, os professores, na realidade, não procedem de forma tão linear. Sua visão é que o modelo deve encorajar grupos de professores envolvidos no desenvolvimento curricular, levando em consideração diferentes aspectos do processo, para vê-lo como um todo orgânico, e para trabalhar de uma maneira moderadamente sistemática.

O desenvolvimento curricular baseado na escola é um conceito atraente. Porém, a descrição de Skilbeck (1984) tem um apelo histórico, especialmente para aqueles que estão enredados nos desafios de currículos e na sobrecarga de inovações impostos a partir do centro. Certamente, o modelo, assim como está, precisa de modificações para encaixar-se nas circunstâncias atuais. Porém, o que é interessante sobre [...] um currículo nacional é que, ironicamente, ele coloca mais pressão para as escolas desenvolverem sua própria versão de um currículo como resposta e para a elaboração de critérios nacionais altamente específicos. [...] As escolas bem-sucedidas estão, cada vez mais desenvolvendo seus próprios currículos para que reflitam sobre suas próprias aspirações e sobre as necessidades de seus próprios alunos dentro do contexto de critérios nacionais. É aí que um modelo adaptativo de mudança curricular como o de Skilbeck pode ser de muito auxílio.

A distinção entre os modelos adotivo e adaptativo de mudança é, claramente, simplista demais. Na melhor das hipóteses, eles devem ser vistos como "tipos ideais" e estar abertos à modificação. Respostas maduras a prescrições desse tipo foram apresentadas por Ronald Havelock (1975) e Gene Hall e Susan Loucks (1977).

O modelo de ligação de Havelock (1975) engloba os modelos adotivo e adaptativo de mudança, apesar de ser em um nível estrutural, e fornece um enfoque mais realista da autonomia escolar em épocas de mudança centralizada. O autor vislumbra um processo de ligação que faça a mediação entre as agências de PD&D e a escola. No Reino Unido, os melhores exemplos dessas organizações unidas seriam os centros de professores ou as agências curriculares da AEL (LEA – Local Education Authority). Atualmente, tal suporte externo, no Reino Unido, é um hiato. Contudo, isso [...] não é razão para subestimar a importância dessa função de facilitar o processo de mudança nas escolas.

O instrumento dos níveis de utilização (LOU) e o modelo de adoção baseado em interesses (CBAM) foram originalmente desenvolvidos por Hall e Loucks (1977, 1978) como um meio de avaliar o nível de implementação de uma mudança, no currículo ou na prática de ensino, e de avaliar as preocupações dos professores à medida que atravessam o processo de inovação. Esses enfoques foram tecnicamente válidos e extremamente úteis como ferramentas de avaliação. Com relação a isso, eles encontram-se na categoria de "adoção", pois tinham uma finalidade específica e instrumental. Em trabalhos posteriores (p. ex., de Loucks-Horsley e Hergert, 1985; Hall e Hord, 1987), esses enfoques foram usados com grande sucesso, de forma mais adaptativa, em programas de desenvolvimento baseados em escolas. Esse é um bom exemplo de enfoque bem pensado e confiável para o desenvolvimento escolar.

Ao lado das descrições de enfoques específicos, o que estamos começando a ver nessas classificações de estratégias de mudança não são apenas maneiras de fazer a mudança acontecer, mas valores sobre os quais a mudança deve ser realizada. Pontos de vista sobre a complexidade da mudança são imbuídos de valor. A visão mundial das pessoas comprometidas com a mudança por adoção, por exemplo, é, provavelmente, muito diferente daquela das pessoas comprometidas com um enfoque adaptativo. Para destacar esse ponto, fornecemos exemplos das posições de valor subjacentes à implementação curricular, que foram contrastadas graficamente por Ted Aoki (1984). Ele resume dois enfoques polarizados da implementação: a implementação como ação instrumental, em comparação à ação prática (Quadro 6.2). O que Aoki demonstra tão vividamente ali é a importância dos valores das pessoas ou da sua visão de mundo para determinar seu enfoque quanto à mudança ou inovação educacional. Vemos claramente, neste exemplo, algumas das razões pelas quais um enfoque instrumental da mudança não tem sido sempre tremendamente bem-sucedido. Esses, é claro, são os mesmos valores que estão por trás dos enfoques de adoção da mudança que acabamos de descrever [...]. Todavia, existem outras estruturas semelhantes, mas mais acessíveis para o esclarecimentos de valores subjacentes a nossos enfoques da mudança, como veremos na seção seguinte.

TRÊS PERSPECTIVAS SOBRE MUDANÇA PLANEJADA

Algumas décadas atrás, Ernest House (1979) escreveu um artigo "de ponta" sobre inovação curricular. A estrutura organizadora que ele usou continha três perspectivas sobre mudança educacional: a tecnológica, a política e a cultural.

A perspectiva tecnológica é melhor ilustrada pelo modelo de PD&D e tem todas as

Quadro 6.2
Duas visões contrastantes sobre a implementação curricular

Como ação instrumental	Como ação prática
Com o pesquisador como centro, implica o seguinte:	Com o professor como centro, implica o seguinte:
Fazer a implementação curricular é instalar o currículo X.	Dentro dessa estrutura, fazer a implementação curricular é adquirir um conhecimento aprofundado do currículo X e transformá-lo, com base na adequação à situação.
O interesse do professor está em introduzir o currículo X em sala de aula ou na escola de forma fiel e eficiente.	O interesse do implementador está na transformação do currículo dentro da situação, com base em suposições e condições subjacentes manifestas que tornam possível a transformação.
A visão implícita do currículo é de uma *commodity** a ser concedida pelos professores e consumida pelos alunos.	A visão implícita do currículo X é a de que este é um objeto a ser interpretado, sobre o qual se fará reflexão crítica, em uma transformação contínua do currículo e da pessoa (*self*).
A visão implícita do bom professor é de alguém que instale o currículo X de forma eficiente e fiel.	A visão implícita do professor é igual a de um ator que atua com e sobre o currículo X, à medida que ele/ela reflita sobre suas suposições subjacentes à ação.
Explicar a "implementação" dentro dessa estrutura é proporcionar uma relação de causa e efeito.	Dentro dessa estrutura, explicar a implementação é rastreá-la até os aspectos subjacentes, sem reflexão, os quais, após serem manifestos, implicam ação transformadora.
A subjetividade do implementador é irrelevante, pois a implementação do currículo X é vista como um processo objetivo.	A atividade central do implementador é a reflexão sobre sua ação baseada na subjetividade com e sobre o currículo X.
A relação subjacente implícita entre teoria e prática é aquela em que implementar significa colocar em prática o currículo como plano (ou seja, aplicar uma elaboração ideal a uma situação prática).	A forma implícita da relação entre teoria e prática é que elas estão em uma relação dialética. Implementar dentro dessa estrutura é refletir criticamente sobre a relação entre currículo como plano e currículo em utilização.
O enfoque típico dos estudos de implementação é feito por meio de exame do grau de fidelidade do currículo instalado, comparado com o currículo *master*.	Avaliar a implementação dentro dessa estrutura é examinar a qualidade da atividade de descobrir suposições, interesses, valores, motivos, perspectivas, metáforas originais e implicações subjacentes para a ação melhorar a condição humana.

Fonte: Adaptado de Aoki (1984, p. 112-113 e 116-117).

características do enfoque de adoção em relação à mudança, o qual já descrevemos. Ela foi e continua a ser usada por aquelas pessoas preocupadas com os enfoques centralizados do currículo e da mudança educacional, como já descrevemos. Em muitos países, apesar de

---
*N. de R.T. *Commodity* é um produto semelhante ao fornecido por outras instituições de ensino.

aparentes movimentações em direção à descentralização, o modo de funcionamento dominante foi, como vimos, tecnológico.

A perspectiva presume uma visão racional do mundo. Porém, como assinalam Jerry Patterson e colaboradores (1986) no título de seu livro *Sistemas escolares produtivos para um mundo não-racional*, as coisas nem sempre são assim. Isso não significa que as escolas sejam irracionais ou que não têm sentido, mas que são organizações complexas operando em um ambiente desordenado. Apesar de vivermos em um mundo não-racional, a maior parte das políticas educacionais presumem uma lógica racional: se A acontecer, então B será sua conseqüência. Quando a lógica do "se então" não funciona, é comum recorrer a expressões como "se ao menos". Se ao menos C não tivesse acontecido, B não teria ocorrido. O problema com o pensamento "se então" e "se ao menos" tem duas partes:

1. ele raras vezes espelha a realidade;
2. ele encoraja os indivíduos a externalizar a culpa e não a agir por si mesmos.

Seja como for, o enfoque tecnológico continua sendo a perspectiva dominante; ao tentar fingir o contrário, caímos na armadilha do "se ao menos". O enfoque, como já dissemos, é lógico e faz sentido; nosso enfoque para a melhoria escolar seria irreal, a menos que ele também adotasse essa perspectiva.

A perspectiva política enfatiza que a mudança educacional, inevitavelmente, envolve conflito. A mudança, por sua própria natureza, envolve certos indivíduos e grupos fazendo coisas novas que inevitavelmente perturbam o *status quo*. O que para alguns significa melhoria, para outros pode parecer, pelo menos inicialmente, na melhor das hipóteses, irrelevante e, em alguns casos, tolo. Em muitas escolas, é relativamente fácil prever as reações de certos grupos e indivíduos. Com freqüência, a gestão escolar tentará diferentes estratégias para conseguir que vários grupos e indivíduos significativos apóiem suas propostas. [...]

Os aspectos micropolíticos da mudança educacional receberam muita atenção [...] de comentaristas britânicos. Sociólogos educacionais como Eric Hoyle (1986), Stephen Ball (1987), Andy Hargreaves (1986) e Peter Woods (1986) ilustraram, em uma série de livros e artigos, os aspectos do fenômeno. Estudos nessa área introduziram vários conceitos muito úteis. O estudo de Rand, da metade da década de 1970, sobre a mudança educacional nos EUA [...], introduziu a noção de "adaptação mútua", na qual a implementação de iniciativas nacionais bem-sucedidas caracterizava-se pela mudança tanto da escola como da inovação por meio de um processo de adaptação mútua. Um conceito semelhante, o de "negociação curricular", foi introduzido por Barry Macdonald e Rob Walker (1976) em seu estudo sobre a inovação curricular na Inglaterra. Eles sustentaram que os conflitos de valores básicos estão camuflados por uma retórica comum, à qual todos estão associados. Seu contexto é o de conselho das escolas e projetos curriculares centralizados semelhantes. Aqui, a distância entre a intenção do projeto e a prática em sala de aula é a conseqüência de trocas de significado, que são negociadas entre desenvolvedores e professores por um lado, e desenvolvedores e críticos acadêmicos por outro. Seu argumento é o de que com os acadêmicos eles negociam uma versão ideal do projeto e com os professores uma versão enfraquecida que é "factível" na prática. Apesar da situação atualmente ser outra (ninguém se preocupa mais com o que os acadêmicos pensam), as trocas micropolíticas sobrevivem, em qualquer que seja o contexto.

A perspectiva *cultural*, pelo menos em estudos sobre mudança educacional, está preocupada com o cenário social no qual a inovação intervém. Ela demonstra um comprometimento com a realidade diária, com as normas culturais que são perturbadas quando a inovação ameaça; é a antítese dos modelos adotivos que vimos anteriormente, e compartilha muitos dos valores do enfoque adaptativo que descrevemos no mesmo momento. Também referimo-nos aqui a Sarason (1982), que trata o problema da mudança como sendo essencialmente cultural.

Há uma forte tradição de pesquisa no Reino Unido, com estudos aprofundados que trazem algum esclarecimento sobre o impacto da cultura nas escolas e nas salas de aula. Muitos desses estudos têm uma perspectiva sociológica e a maioria envolve enfoques etnográficos de investigação. Alguns desses estudos auxiliam-nos a compreender a maneira pela qual as estruturas influenciam a cultura [...] dentro de uma escola (p. ex., Woods, 1979; Ball, 1981), enquanto outros focalizam as subculturas de grupos específicos de alunos (por exemplo, Hargreaves, 1967; Willis, 1977). Grande parte dessa literatura é rica em relatos que revelam as complexidades da vida escolar, inclusive as maneiras pelas quais a cultura de uma organização causa impacto em professores, como indivíduos, e a maneira pela qual eles realizam suas tarefas.

[...]

Nós temos [...] excelentes exemplos de trabalhos britânicos dentro dessa tradição "cultural". O trabalho de Jean Rudduck (1991), que, mais do que qualquer outra pessoa, seguiu a tradição de Lawrence Stenhouse, exemplificou um comprometimento de apreciar a cultura como um fenômeno social. Stenhouse (citado em House, 1979, p.8) definiu a cultura como "um complexo de entendimentos compartilhados que servem como um meio pelo qual mentes humanas interagem". Rudduck (1991) amplia essa definição por meio de uma série de projetos de pesquisa que abarcam a perspectiva "cultural", inclusive aquela dos alunos. Nias, Southworth e Yeomans (1989) imprimiram, em sua pesquisa de longa duração sobre escolas de ensino fundamental, muitas características a essa perspectiva (p. ex. Nias et al., 1989). Nias (1989, p.143), além de reclamar que o termo "cultura" é aplicado com "uma obstinada falta de precisão" em escolas, sustenta, com base no seu trabalho e no de seus colegas, que a cultura de uma escola não existe independentemente daqueles que dela participam. O fenômeno cultural [...] merece muito mais atenção.

Essas várias perspectivas, além de serem uma maneira útil de organizar a literatura de pesquisa, parecem também ter um grau de aplicabilidade universal. No Quadro 6.3, resumimos as três perspectivas e as comparamos com algumas das outras interpretações de mudanças revisadas neste capítulo. Cada uma das perspectivas oferece uma visão única do processo de mudança. O ponto importante é que nenhuma perspectiva isolada possui o monopólio da verdade. É por intermédio de uma visão holística das três que podemos captar a realidade de todos os envolvidos no processo de mudança.

Um exemplo notável desse ponto de vista é apresentado nas conclusões de um [...] estudo sobre inovação curricular e mudança. Baseado em dois estudos qualitativos de inovação envolvendo 17 escolas, Corbett e Rossman (1989, p.187-188) concluíram que uma mudança bem-sucedida requer a utilização simultânea de perspectivas múltiplas. Cada escola contém partes suscetíveis a cada uma dessas perspectivas. O foco em todas as três "aumenta o número de implementadores potenciais envolvidos".

A questão que estamos tentando enfatizar é que cada uma dessas perspectivas nos pro-

Quadro 6.3
Uma comparação de perspectivas sobre mudança e inovação

Perspectiva	House	Bennis e colaboradores	Bolam
Tecnológica	Inovação	Racional-empírica	Inovação
Política	Inovação contextualizada	Coercitiva do poder	Agente de mudança
Cultural	Contexto	Reeducativa-normativa	Usuário

porciona uma valiosa lente através da qual podemos visualizar o processo de mudança; cada uma é importante por si só. Examinando-se um problema específico, em determinado ponto no tempo, pode-se enfatizar uma visão às custas de outra; mas, a longo prazo, todas são igualmente valiosas. Para continuar insistindo na questão, [...] essas três perspectivas combinam-se na seção seguinte para prover mais *insights* sobre o processo de mudança.

O PROCESSO DE MUDANÇA E MELHORIA NAS ESCOLAS

[...] Existem outras três questões da literatura sobre mudança planejada que são cruciais para nossa formulação de estratégias de melhorias nas escolas. Elas perpassam as três perspectivas discutidas na seção anterior, sendo que cada questão contém elementos das outras. Essas três questões relacionam-se ao desenrolar do processo de mudança ao longo do tempo, à importância dos resultados dos alunos e ao significado que os indivíduos dão ao processo de mudança.

A primeira é a maneira pela qual o processo de mudança *se desenrola*. Conforme Miles (1986) e Fullan (1991) demonstram, o processo de mudança não é linear, mas consiste em uma série de três etapas que se confundem. Apesar dessas fases freqüentemente coexistirem na prática, existem algumas vantagens em descrevê-las em separado, principalmente em termos do que acontece durante seu desempenho, e de que comportamentos determinam o sucesso dentro de cada etapa. Em geral, o processo consiste em três fases sobrepostas: início, implementação e institucionalização (Figura 6.2)

Apesar da implementação ter recebido mais atenção historicamente, é provável que isso tenha sido mais desvantajoso ao processo como um todo. Enfatizar o início e a implementação em vez da institucionalização leva a uma visão de curto prazo da inovação [...]. Conseqüentemente, é provável que seja mais útil pensar nas três fases como uma série de círculos sobrepostos, como na Figura 6.2, em vez de uma linha reta.

A fase de *início* consiste em decidir envolver-se na inovação e em desenvolver um comprometimento pelo processo. As atividades-chave da fase de início são a decisão de iniciar a inovação e a revisão do estado atual da escola, que influenciará no real início da mudança – [...] São questões como a existência de informações e o acesso a elas, as pressões de dentro e de fora da escola, a disponibilidade de recursos e o apoio de consultoria, e a qualidade das condições internas e da organização da escola. Fullan (1991, p. 50) descreve-as em detalhes e enfatiza que não é simplesmente a existência desses fatores, mas suas combinações, que são importantes.

Miles (1986) fez uma análise das várias etapas de melhorias nas escolas: aqui está um

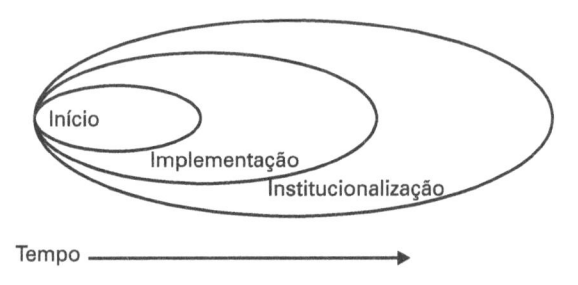

Figura 6.2 As três fases sobrepostas do processo de mudança (Miles et al., 1987).

resumo de sua lista de fatores responsáveis por um início bem-sucedido:

- Uma inovação ligada à *agenda local* e à *necessidade local* declarada.
- Um enfoque claro e *bem-estruturado* para a mudança.
- Um *defensor* ou perito ativo que entenda a inovação e a apóie.
- Um *início ativo* para começar a inovação (vertical estaria bem, sob certas condições).
- Uma inovação de *boa qualidade*.

A *implementação*, como dissemos, é a fase do processo que recebeu mais atenção. É a fase da tentativa de uso da inovação. [...] Os fatores que influenciam a implementação incluem as características da mudança, as condições internas da escola e a pressão e o apoio vindos de fora. [...] É durante essa fase que as habilidades e o entendimento são adquiridos, atinge-se algum grau de sucesso e a responsabilidade é delegada a grupos de trabalho de professores. Geralmente, é útil considerar a implementação como sendo de dois tipos: pré-implementação e implementação. Muitas inovações naufragam na etapa de pré-implementação, pois não foi gerado apoio inicial suficiente.

As atividades-chave que ocorrem durante a implementação são a realização de planos de ação, o desenvolvimento e a manutenção do comprometimento, a verificação do progresso e a superação de problemas. Os fatores-chave do sucesso nessa etapa, de acordo com Miles (1986), são:

- Responsabilidade clara pela orquestração/coordenação (diretor, coordenador, consultor externo).
- Controle compartilhado da implementação (vertical nem sempre é o melhor); bom trabalho e relações entre hierarquias; empoderamento tanto dos indivíduos como da escola.
- Combinação entre pressão e insistência para "fazer a coisa certa" e apoio.

- Desenvolvimento adequado e sustentado do pessoal e apoio de treinamento em serviço (um coordenador externo ou interno, ou uma combinação que desenvolva capacitação pessoal e organizacional).
- Recompensas para professores logo no início do processo (capacitação, distribuição de poderes entre colegas, necessidades atendidas, ajuda em sala de aula, redução da carga, cobertura do fornecimento, recursos de despesas).

A *institucionalização* é a fase em que a inovação e a mudança deixam de ser consideradas algo novo e tornam-se parte da maneira usual de fazer as coisas na escola. Ainda recentemente, supunha-se que isso acontecia automaticamente, apesar de existirem evidências de que as inovações associadas a muitas iniciativas centralizadas tendem a dissipar-se após a onda inicial de entusiasmo, após um ator-chave sair, ou após cessar o financiamento. A mudança da implementação para a institucionalização, porém, freqüentemente envolve a transformação de um projeto-piloto em uma iniciativa da escola toda, e sem a vantagem do financiamento disponível anteriormente. É um novo tipo de mudança. Nesses casos, existe a tendência de o pessoal fazer amplo uso da mudança, com seu impacto sendo visto na prática em sala de aula. Neste momento, o processo todo não é visto como incomum. [...] De acordo com Miles (1986), as atividades-chave nessa etapa são:

- Ênfase em *embutir* a mudança nas estruturas escolares, na sua organização e nos seus recursos.
- A eliminação de *práticas competidoras ou contraditórias*.
- *Ligações* fortes e intencionais *com outros esforços de mudança*, com o currículo e com o ensino em sala de aula.
- *Amplo uso* no âmbito escolar e local.
- *Banco* adequado de *facilitadores locais* – professores conselheiros para treinamento de habilidades.

O insucesso de muitos esforços de progresso da mudança para além do começo da implementação explica-se, parcialmente, pela falta de conscientização, por parte dos envolvidos, de que as atividades mencionadas são necessárias. Eles também não compreendem que cada uma dessas fases tem características diferentes que requerem estratégias diferentes, se o sucesso for a meta a ser atingida.

A segunda questão relacionada é a importância do *processo* que conduz a *resultados*. A lógica do enfoque é a seguinte: damos início a alguma meta educacional que leva a uma forma de inovação. O impacto e os resultados da inovação dependem da natureza das decisões no início (tanto dentro como fora da escola), dos fatores que afetam a implementação, da estratégia de implementação e do nível que a institucionalização atinge; todos são incorporados e dependem da cultura da escola. O ponto importante é que todo esse esforço deve ter algum impacto na aprendizagem do aluno. Infelizmente, muitos esforços para melhorias escolares negligenciaram esse "resultado final" ao colocar pouca ênfase no "final da cadeia".

Apesar da evidente verdade contida neste ponto, infelizmente, ele tem sido negligenciado de forma implícita em muitos esforços por mudanças educacionais. Michael Hubberman (1992, p.11) resume muito bem a questão:

> Precisamos nos concentrar em estudos que possam realmente demonstrar a relação causal entre adoção/implementação/capacitação técnica aumentada/arranjos institucionais revisados e impactos mensuráveis sobre os alunos de acordo com o "impulso" da inovação. Sem essa cadeia causal, não teremos nenhuma "tecnologia social" da inovação nem seremos capazes de falar seriamente em "melhoria na escola". E, ao não considerarmos o impacto sobre os alunos, teremos cedido a um pensamento mágico, como anteriormente: essa adoção significou implementação... essa implementação significou institucionalização... essa capacitação aumentada do professor significa melhores resultados ou desenvolvimento dos alunos.

> ... Se as mudanças em práticas organizacionais e instrucionais não forem seguidas até o nível de seus efeitos sobre os alunos, teremos que admitir mais abertamente que estamos investindo essencialmente em desenvolvimento do pessoal em vez de investirmos na melhoria das capacidades dos alunos.

[...]

A terceira questão relaciona-se ao significado que os indivíduos dão ao seu envolvimento no processo de mudança. Essa perspectiva precisa sustentar todas as concepções racionais e políticas de mudança revisadas neste capítulo. Fullan (1991, p.32) lembra-nos que a mudança verdadeira, "seja ela desejada ou não, representa uma séria experiência pessoal e coletiva, caracterizada pela ambivalência e pela incerteza" para o indivíduo envolvido. Se o resultado desse engajamento é a capacitação e a satisfação, então tal julgamento somente poderá ser feito com uma percepção tardia do que deveria ter sido feito. Não existe uma certeza de que o significado será alcançado à medida que passamos pelo processo.

[...] As condições internas existentes dentro da escola trarão maior ou menor probabilidade de sucesso ou de fracasso. A razão por que precisamos de cenários organizacionais nas escolas que apóiem os professores e os alunos no processo de mudança é que a experiência da mudança é ameaçadora e desconcertante para os indivíduos. Essas configurações devem ser organizadas em torno da conscientização de que a mudança é um processo no qual os indivíduos alteram sua maneira de pensar e de agir. Existem várias implicações que se originam disso (Fullan, 1985, p.396):

- A mudança acontece ao longo do tempo.
- A mudança inicialmente envolve ansiedade e incerteza.
- O apoio técnico e o psicológico são cruciais.

- O aprendizado de novas habilidades é incremental e desenvolvimentista.
- As condições organizacionais dentro e em relação à escola fazem com que seja mais ou menos provável a ocorrência de melhorias nela.
- A mudança bem-sucedida envolve pressão e apoio dentro de um cenário colaborativo.

RECADOS

Ao finalizar este capítulo, que englobou muitos temas diferentes e atravessou os limites entre as estratégias racionais e o significado subjetivo da mudança, precisamos de um resumo que una essas perspectivas dicotômicas. Os seguintes "recados sobre mudanças" tentam capturar um pouco da ambivalência, das ironias, dos paradoxos e da incerteza do progresso conseguido em tempos difíceis. Vistos conjuntamente, fornecem uma base para a criação de uma "conformação mental" sobre a mudança (ver Fullan, 1991, p.105-7). Individualmente, essas sugestões ajudam pouco: mesmo quando tomadas em conjunto, elas não nos dizem como proceder, mas sugerem uma maneira de pensar a mudança [...]. Como um todo, essas suposições ajudam-nos a pensar de forma criativa, pró-ativa e realista sobre a mudança e apresentam-nos a base essencial para agir.

- *As mudanças ocorrem ao longo do tempo.* Saiba que uma mudança efetiva é demorada. Prazos irrealistas ou indefinidos deixam de reconhecer que a implementação ocorre de forma desenvolvimentista. A persistência é um atributo crítico da mudança bem-sucedida. É útil visualizar a mudança como uma viagem que tem a situação atual como ponto de partida, mas nenhum destino claro. Dito isso, existem ainda algumas etapas previsíveis ao longo do caminho; e habilidades e enfoques diferentes são necessários para garantir o sucesso em diferentes momentos.
- *Adote perspectivas múltiplas.* Como perspectivas diferentes sobre a mudança geralmente entram em conflito, elas fornecem formas complementares de entendimento e caminhos para a ação. Os enfoques técnicos, por exemplo, são úteis para o planejamento, mas as visões micropolíticas dão um entendimento mais aprofundado.
- *Desconfie do processo de mudança.* Nenhum conhecimento de pesquisa tornará totalmente claro o que deve ser feito. Mas aqueles que não pensam em mudança ou tentam contextualizá-la não fazem isso muito bem. Os professores conhecem muito sobre a mudança nos alunos, mas raramente esse entendimento é traduzido para uma aprendizagem de adultos ou de organização. Os *insights* sobre mudança que todos os professores têm são um recurso não-utilizado.
- *Antecipe resistência.* Conflitos e desacordos não são apenas inevitáveis, mas são fundamentais para uma mudança planejada ser bem-sucedida. Os modelos racionais de mudança subestimam a resistência ou tratam-na como um problema. A resistência é normal; a colaboração tem a ver com fazer uso de conflitos.
- *Invista em professores e escolas.* Toda mudança bem-sucedida requer uma resposta individual. Freqüentemente, a experiência de mudança é ameaçadora e desconcertante para os indivíduos, razão por que precisamos de cenários organizacionais nas escolas que apóiem os professores e os alunos no processo de mudança. Esses cenários precisam, primeiramente, ser organizados para a conscientização de que a

mudança é um processo em que os indivíduos alteram suas formas de pensar e agir. Os professores e os alunos não são os mesmos, precisamos levar em consideração essas diferenças.

NOTA

1. Este material foi condensado.

REFERÊNCIAS

Aoki, T. (1984) Towards a reconceptualisation of curriculum implementation, in D. Hopkins and M. Wideen (eds) *Alternative Perspectives on School Improvement*. London: Falmer Press.

Ball, S. J. (1987) *The Micro-politics of the School*. London: Methuen.

Ball, S. J. (1981) *Beachside Comprehensive*. Cambridge: Cambridge University Press.

Bennis, W. E., Benne, K. and Chin, R. (1969) *The Planning of Change*. London: Holt, Rinehart & Winston.

Bolam, R. (1975) The management of educational change: towards a conceptual framework, in A. Harris, M. Lawn and W. Prescott (eds) *Curriculum Innovation*. London: Croom Helm.

Corbett, H. D. and Rossman, G. (1989) Three paths to implementing change, *Curriculum Inquiry*, 19 (2): 163-90.

Fullan, M. (1985) Change processes and strategies at the local level, *The Elementary School Journal*, 85 (3): 391-421.

Fullan, M. (1991) *The New Meaning of Educational Change*. London: Cassell.

Guba, E. and Clark, D. (1965) Examination of political change roles in education, *Strategies for Educational Group Newsletter*, 2 October .

Guba, E. and Clark, D. (1975) The configurational perspective, *Educational Researcher*, 4 (4): 6-9.

Hall, G. and Hord, S. (1987) *Change in Schools*. New York: State University of New York Press.

Hall, G. and Loucks, S. (1977) A developmental model for determining whether the treatment is actually implemented, *American Educational Research Journal*, 14: 236-70.

Hall, G. and Loucks, S. (1978) Teachers' concerns as a basis for facilitating and pesonalising staff development, *Teachers College Record*, 80 (1): 36-53.

Hargreaves, A. (1986) *Two Cultures of Schooling*. London: Falmer Press.

Hargreaves, D. H. (1967) *Social Relations in a Secondary School*. London: Routledge & Kegan Paul.

Havelock, R. (1975) The utilisation of educational change and development, in A. Harris, M. Lawn and W. Prescott (eds) *Curriculum Innovation*. London: Croom Helm.

Hopkins, D. (1984) Change and the organisational character of teacher education, *Studies in Higher Education*, 9 (1): 37-45.

House, E. (1979) Technology and craft: a ten year perspective on innovation, *Journal of Curriculum Studies*, 11 (1): 1-15.

Hoyle, E. (1976) Strategies of Curriculum Change, Unit 23 Open University Course: Curriculum Design and Development. Milton Keynes: Open University Press.

Hoyle, E. (1986) *The Politics of School Management*. London: Hodder & Stoughton.

Huberman, M. (1992) Critical introduction, in M. Fullan, *Successful School Improvement*. Buckingham: Open University Press.

Lippitt, R., Hooyman, G., Sashkin, M. and Kaplan, J. (1978) *Resource Book for Planned Change*. Ann Arbor: Human Resource Development Association.

Loucks-Horsley, S. and Hergert, L. (1985) *An Action Guide to School Improvement*. Alexandria, VA: ASCD/The Network.

Macdonald, B. and Walker, R. (1976) *Changing the Curriculum*. London: Open Books.

Miles, M. (1986) 'Research findings on the stages of school improvement', mimeo. Center for Policy Research, New York.

Miles, M., Ekholm, M. and Vandenberghe, R. (eds) (1987) *Lasting School Improvement: Exploring the Process of Institutionalization*. Leuven, Belgium: ACCO.

Nias, J. (1989) Refining the cultural perspective, *Cambridge Journal of Education*, 19 (2): 143-6.

Nias, J., Southworth, G. and Yeomans, R. (1989) *Staff Relationships in the Primary School*. London: Cassell.

Patterson, J., Purkey, S. and Parker, J. (1986) *Productive School Systems for a Non-rational World.* Alexandria, VA: ASCD.

Rudduck, J. (1991) *Innovation and Change.* Milton Keynes: Open University Press.

Sarason, S. (1982) *The Culture of the School and the Problem of Change,* 2nd edn. Boston: Allyn & Bacon.

Skilbeck, M. (1984) *School Based Curriculum Development.* London: Harper & Row.

Willis, P. (1977) *Learning to Labour.* London: Saxon House.

Woods, P. (1979) *The Divided School.* London: Routledge & Kegan Paul.

Woods. P. (1986) *Inside Schools.* London: Routledee & Kegan Paul.

7

Uma estrutura para o desenvolvimento curricular, a implementação de políticas e o monitoramento da qualidade

NEVILLE WEST

O propósito deste capítulo é apresentar uma estrutura abrangente derivada do trabalho com diretores, diretores assistentes e coordenadores (da escola fundamental), todos desejando explorar maneiras construtivas, gerenciáveis e factíveis de responder às necessidades da Education Reform Act (ERA – Lei da Reforma Educacional). O propósito da estrutura é tornar os processos de desenvolvimento curricular, de implementação e de monitoramento mais gerenciáveis. Constitui-se de nove componentes, cada um deles sendo abordado nas seções seguintes.

[...]

A estrutura completa, constituída de nove componentes, é apresentada na Figura 7.1 como uma estrutura conceitual para auxiliar as escolas a efetuar o negócio prático, mas complexo e desafiador, de melhorar a qualidade de ensino e de aprendizagem. Baseia-se em alguns princípios de gestão simples, mas eficientes:

- Sempre que possível, não aja antes que esteja conceitualmente claro o que você está tentando fazer.
- Mantenha as coisas do modo mais simples possível.
- No que for possível, faça com que uma tarefa seja responsável pela realização de mais de uma coisa.
- Dê poder aos outros.
- Mantenha a documentação orientada para a ação e evite escrever ensaios.
- Certifique-se de que todos entendam o modo como as ações dos indivíduos e o trabalho de grupos relacionam-se com o todo (por isso o valor de uma estrutura abrangente).
- Certifique-se de que a aprendizagem dentro do grupo de pessoal seja pelo menos igual ou maior do que as mudanças que você está tentando estabelecer.

PRIMEIRO COMPONENTE: UMA POLÍTICA GENÉRICA PARA O ENSINO E A APRENDIZAGEM

O primeiro componente da estrutura é uma política para o ensino e a aprendizagem. Definiu-se política como "um curso ou método

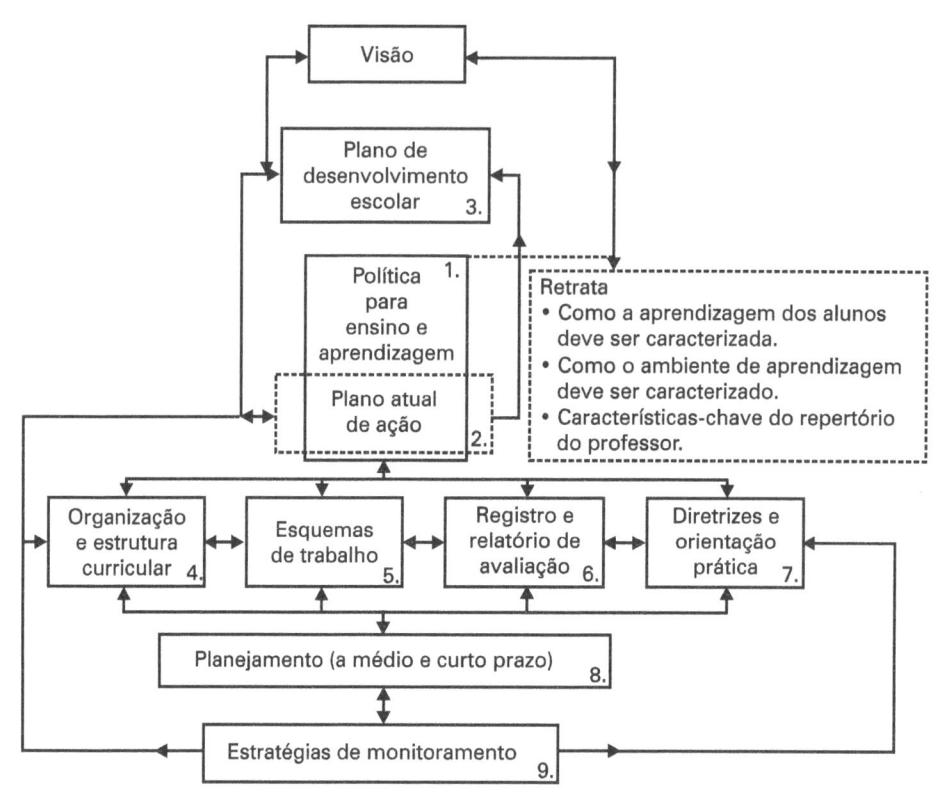

Figura 7.1 Implementação de políticas e monitoramento da qualidade.

de ação *selecionado* (por uma instituição, um grupo ou um indivíduo) dentre alternativas e à luz de *determinadas condições* para orientar e determinar *decisões* atuais e futuras" (dicionário Webster). Existem três palavras-chave nesta definição. Primeiro, a palavra *selecionado*, sugerindo que alternativas foram levadas em consideração e que a política terá menor probabilidade de ser considerada arbitrária. As políticas são únicas em certas situações e, portanto, esperaríamos que as políticas de uma escola refletissem esse contexto particular e essas *condições dadas*. A palavra *decisão* lembra-nos que o principal propósito de uma política é dar poder aos outros. Essa definição é mais útil, pois não intercambia palavras que são, às vezes, consideradas sinônimos de política, como "diretriz" ou "estrutura". Isso não é uma minúcia semântica; dentro da estrutura descrita aqui, significados específicos são atribuídos a termos como "esquema de trabalho", "diretriz" e "política".

Os gestores de nível médio estarão trabalhando dentro do contexto de uma ampla gama de políticas; é útil, portanto, fazer uma distinção entre duas categorias de políticas: as políticas *genéricas* e as políticas *específicas*. As políticas genéricas concentram-se em uma área complexa de interesse e, em conseqüência, são passíveis de diferentes interpretações. Os valores centrais que sustentam as políticas podem ser contestados. Alguns exemplos de políticas genéricas no contexto escolar seriam as políticas para ensino e aprendizagem, oportunidades iguais, desenvolvimento do pessoal, ou necessidades especiais. O comportamento e os princípios desejáveis podem ser apresentados, mas, na implementação de políticas genéricas, o pessoal é chamado a exercer julgamento profissional. Para utilizar uma analogia com o teatro, a situação compara-se àquela em que o pessoal compartilha um *script*, esperando-se que cada um represente seu papel de forma criativa, mas dentro dos termos das intenções do dramaturgo. O fato de que as políticas genéricas são suscetíveis a uma interpretação individual torna o monitoramento um fator essencial da implementação. Esse ponto será mais desenvolvido à medida que a estrutura for explicada.

A segunda categoria de políticas, as *específicas*, inclui as políticas que se concentram em áreas de interesse muito menos complexas e que são muito mais acessíveis à codificação ou à conversão ao protocolo. Essas políticas ligam os procedimentos a um resultado combinado e pretendido (alguns exemplos de políticas específicas em escolas seriam as políticas relacionadas ao uniforme escolar, às visitas escolares ou ao gerenciamento de finanças e recursos). Como os administradores escolares estarão envolvidos no processo de formulação de políticas, é preferível, em uma situação na qual eles podem não estar familiarizados com essa formulação, trabalhar primeiramente em áreas de políticas específicas em vez de esperar que eles aprendam pela experiência em uma área contestada de políticas genéricas, como ensino e aprendizagem.

As políticas representam as intenções ou os "deveres" da instituição e, nessa dimensão, refletem o tipo de lugar que a escola almeja obter. Elas representam respostas a perguntas como "onde estamos agora?" ou "onde desejamos chegar?". Algumas escolas responderam à segunda pergunta formulando uma visão apoiada por políticas congruentes com esta. Outras escolas realizaram uma análise estratégica de tendências e necessidades e formularam suas políticas à luz de tal análise. Starrat (1990) reconhece essa distinção: "Outros educadores são melhores como engenheiros do que como oradores. Eles indicam políticas, estruturas e programas em sua escola como se incorporassem a visão da escola. Para eles, são os arranjos de gestão que canalizam a energia e a atenção para os valores e significados localizados no centro de uma visão de escola". Nos termos da estrutura apresentada aqui, uma política para o ensino e a aprendizagem encontra-se no cerne de uma escola e é central para tudo o que acontece. A formulação dessa política genérica é o maior investimento que uma escola pode fazer em nome dos alunos aos quais o pessoal deseja servir.

Na publicação anterior à ERA – O Currículo de 5 a 16 (DES, 1985) –, o HMI (HM Inspectorate of Education) identificou cinco características do currículo que obtiveram ampla aceitação dentro das escolas. As características são as seguintes:

- *Amplitude*: significa que o currículo deve pôr os alunos em contato com as nove áreas de aprendizagem e experiência... (o currículo nacional apresentou-as em termos de disciplinas, mas o princípio continua verdadeiro). Para atingir esse objetivo, o HMI indicou que os professores "devem ser capazes de recorrer ao apoio de outros professores que, assim como têm responsabilidades por suas próprias turmas, agem como consultores em determinadas disciplinas ou áreas do currículo. Isso é particularmente eficiente quando tais consultores auxiliam outros professores a identificar objetivos, a planejar o ensino e a aprendizagem e a avaliá-los" (§ 109).
- *Equilíbrio*: entre as várias áreas de aprendizagem e de experiência, os enfoques de ensino e aprendizagem e as formas de organização em sala de aula.
- *Relevância*: "no sentido de que ele seja visto pelos alunos como algo que está satisfazendo suas necessidades atuais e prospectivas... e de que tudo aquilo que os alunos aprendem deve ser prático e, portanto, relevante, de forma a capacitá-los a ter ainda mais sucesso com isso ou usá-lo para seus próprios fins na vida diária" (§ 116 e 118).

- *Diferenciação*: "reconhecer as diferenças de capacidades e outras características das crianças, até mesmo da mesma idade...Para ser efetivo, o currículo deve reconhecer as diferenças" (§ 121, citando HMSO, 1980).
- *Progressão e continuidade*: para que as experiências de aprendizagem levem cumulativamente a resultados de aprendizagem, de modo a "garantir um avanço ordenado em suas capacidades durante um período de tempo... cada elemento sucessivo fazendo as demandas apropriadas e conduzindo a um melhor desempenho" (§ 121).

A pergunta que essas características geram é a grande pergunta a que todas as escolas devem responder, por meio do diálogo com coordenadores e outros membros da equipe de pessoal, ou seja:

Qual grau de variação na prática de sala de aula é admissível para tais critérios continuarem significativos?

Uma resposta construtiva a essa pergunta encontra-se em uma política para a escola toda quanto ao ensino e à aprendizagem. A situação, no contexto do currículo nacional, pode ser resumida nos termos da Figura 7.2.

Muitas escolas adotaram políticas diferenciadas para cada disciplina no currículo nacional. A Figura 7.2 propõe uma política *única* para o ensino e a aprendizagem que sustente o trabalho em *todas* as disciplinas. Essa estratégia evita a repetição e simplifica o processo de formulação de políticas. Em vez de gestores de nível médio individualmente realizarem o mesmo processo (quem precisa de nove políticas genéricas?), temos a possibilidade de resolver o problema por intermédio de um grupo de tarefas formado pelos coordenadores do currículo/gestores de disciplina e liderado pelo diretor.

A análise racional dessa proposta não está baseada na conveniência organizacional, e sim na visão de que as maneiras pelas quais os alunos adquirem suas séries de entendimentos, nas diferentes áreas do currículo, apresentam mais semelhanças do que diferenças. À medida que participam da aprendizagem, os alunos engajam-se no trabalho investigativo, na resolução de problemas, na formulação de hipóteses, na experimentação, na testagem, na exploração, na comunicação, e assim por diante; eles adquirem novos conceitos e expandem as estruturas conceituais existentes, praticando novas habilidades e engajando-se no trabalho por meio de uma combinação de atividades individuais e grupais. As diferenças entre as disciplinas encontram-se na natureza das evidências citadas nas diferentes disciplinas e nos testes de veracidade aplicados durante a aprendizagem. O processo de aprendizagem

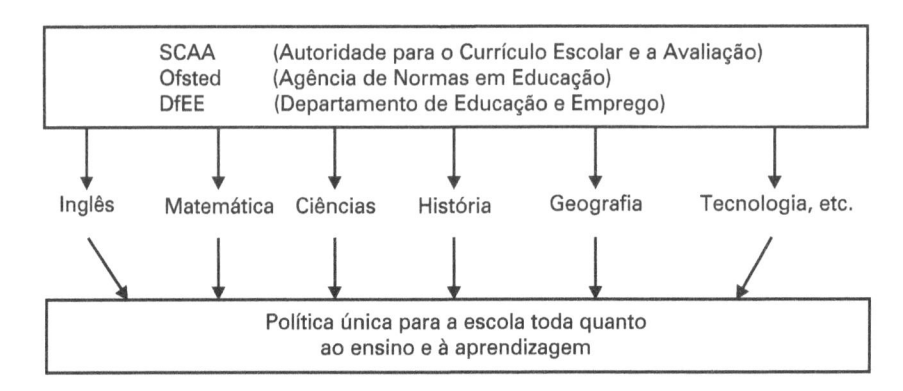

Figura 7.2 Uma política única, e não uma para cada disciplina.

citado anteriormente é comum a ciências, história, matemática, teatro, geografia, arte e assim por diante, mas a natureza das evidências é diferente em cada caso. Os testes de veracidade que são aplicados em matemática são concernentes a essa disciplina e diferentes daqueles que seriam aplicados em, digamos, história ou música. Essa distinção foi bastante discutida pelo filósofo educacional Paul Hirst (1974), e muitos diriam que a estrutura do currículo nacional baseia-se amplamente em sua análise da natureza do conhecimento.

A política de ensino e aprendizagem fornece a resposta à pergunta: "O que desejamos *testemunhar* em sala de aula?". Uma pergunta que imediatamente evoca imagens claras da prática e ajuda-nos em nosso afastamento de princípios generalizados e declarações amplas da filosofia que o quadro de pessoal pode advogar, apesar de sua prática continuar a mesma. A política torna-se o ponto de referência central para a orientação de trabalho, cuidadosamente seqüenciado, realizado por gestores de nível médio. A política é formada por três *elementos*, cada um deles fornecendo uma resposta à pergunta específica:

- *O que deve caracterizar as experiências de aprendizagem oferecidas aos alunos?* Ou seja, em que desejamos que os alunos se engajem no processo de aprendizagem? O que devemos *testemunhar* se nos engajamos na observação sistemática durante um período de tempo considerável? É claro que nem todo processo ficaria evidente a cada lição.
- *O que deve caracterizar o ambiente de aprendizagem?* Ou seja, o que devemos esperar ver no ambiente físico em termos de gestão dos recursos de ensino e aprendizagem, do leiaute e do uso do espaço, da organização em sala de aula e das regras em que se baseia o processo de aprendizagem? O que o cenário de aprendizagem nos diz sobre as relações entre alunos e entre aluno e professor?

- *Quais devem ser as características principais do repertório do professor para obter as experiências de aprendizagem de alta qualidade descritas nos dois primeiros elementos acima?*

Formulando uma política de ensino e aprendizagem

Quando os coordenadores engajam-se na formulação de políticas individuais para suas disciplinas, a tarefa freqüentemente realiza-se em relativo isolamento, com algumas consultas feitas a outros membros do pessoal. Esse enfoque apresenta vários problemas. Os documentos de políticas escritos isoladamente "podem tornar-se uma fonte de mistificação e um símbolo do distanciamento e da irrealidade da escola e de seus propósitos. A política não inclui apenas a antiga arte inglesa de escrever ensaios" (Bailey, 1986). O mais importante é que a política produzida em isolamento nega oportunidades de outros aprenderem. Uma política de ensino e aprendizagem é melhor enfocada por um grupo de tarefas consistindo de três a cinco coordenadores-chave de etapas e/ou do currículo, com o professor líder agindo como diretor. Cada membro do quadro de pessoal estará envolvido no processo, em momentos diferentes, e terá propósitos específicos em mente. Todo o pessoal terá oportunidade de fazer comentários e de adicionar projetos ao longo do caminho. Os governantes serão consultados e mantidos informados.

O trabalho realizado por um grupo de trabalho de políticas pode ser delineado conforme segue. Primeiro, o grupo deve analisar a prática existente e reunir as características da aprendizagem na escola atualmente, a maneira como os ambientes de aprendizagem dividem-se e a série de estratégias em uso pelo pessoal para promover a aprendizagem. A tarefa constitui-se em uma análise descritiva e não em uma avaliação.

Segundo, à luz da análise descritiva, o grupo deve identificar o que deve ser *testemunhado* em relação aos três elementos da política e, ao fazê-lo, dialogar com o pessoal. Provavelmente, isso significará ir além da prática atual e adicionar características não-essenciais a fim de alcançar uma alta qualidade de aprovisionamento. O grupo pode desejar convidar pessoas de fora que possuam conhecimento e experiência relevantes para ajudá-los nessa etapa, onde apropriadamente eles podem achar útil uma consulta aos relatórios de inspeção da AEL ou do Ofsted (Office for Standards in Education) e àqueles publicados em escolas semelhantes. Qualquer fonte relevante deve ser explorada. O critério para inclusão na política é a existência da possibilidade de o ponto em questão resultar, a longo prazo, em benefícios ao ensino e à aprendizagem dentro da escola, e não se um determinado ponto será aceitável por todos ou considerado muito difícil. O iconoclasmo e a capacidade de pensar de forma divergente devem ser encorajados dentro do grupo.

Em terceiro lugar, após identificar o conteúdo de cada um dos três elementos, o grupo deve então formular projetos de cada elemento e fazê-los circular para que recebam comentários de todo o pessoal envolvido no ensino e dos governantes. Os interesses atuais devem ser compartilhados com os governantes durante o processo, e não no final do mesmo. Os propósitos da política e seu papel em relação à implementação do currículo nacional devem ser explicados; serão bem-vindas observações a partir de uma perspectiva leiga. Quando as consultas tiverem sido concluídas, deve circular um primeiro projeto para comentários entre o pessoal e, de forma semelhante, entre o corpo governamental. Uma versão final deve ser aprovada formalmente pelo grupo de ensino e pelo corpo governamental.

[...]

As definições de ensino e o conceito de repertório do professor

O terceiro elemento em uma política de ensino e aprendizagem é o do repertório do professor. Ele foi desenvolvido pela primeira vez, por seu autor, em 1986 e tem sido aplicado em vários contextos desde então (West, 1992a e 1992b). Concluiu-se que esse termo é muito mais produtivo do que "estilo" de ensino, o qual se associa a dicotomias simplistas, como formal-informal, tradicional-progressivo, centrado no professor-centrado no aluno, e outras desse tipo. [...] O repertório é [...] definido como a série de habilidades, dispositivos, métodos, estratégias, conhecimento e compreensões que possibilita a um professor tomar decisões efetivas ao promover a aprendizagem em todas suas áreas curriculares de ensino.

A palavra repertório provou ser um termo de referência útil no contexto do monitoramento, pois possibilita-nos partir da suposição de que ninguém possui um "repertório perfeito", e no qual prescinde-se da idéia de um estilo de ensino preferido. Ele reconhece que a aprendizagem é promovida por meio de várias habilidades e sensibilidades, como a explanação lúcida, as habilidades de questionamento mais avançadas, a manutenção de uma dinâmica de sala de aula efetiva, a habilidade de engajar os alunos em formas efetivas de aprendizagem colaborativa, e assim por diante. Neste que é o terceiro elemento de uma política de ensino e aprendizagem, as características associadas à promoção de uma aprendizagem de alta qualidade são identificadas. Essas características, assim como aquelas relacionadas à aprendizagem dos alunos ou ao ambiente de aprendizagem, podem ser usadas como foco de um programa de ação.

[...]

Estruturando o documento da política

O documento final pode ser estruturado conforme segue:

- uma breve descrição das origens da política;
- uma declaração das metas da política e das necessidades que esta procura satisfazer;

- os três elementos da política, cada um sendo desenvolvido separadamente, e as várias características apresentadas na forma de marcadores;
- os recursos a serem devotados à implementação da política;
- revisão e avaliação, descrevendo quando e como ela será realizada;
- apêndices que podem ser anexados ao documento, descrevendo:
  a) o programa de ação atual e
  b) detalhes sobre o pessoal que deve ter um papel significativo no processo de implementação/monitoramento.

SEGUNDO COMPONENTE: O PROGRAMA DE AÇÃO

O programa de ação é a segunda característica da estrutura apresentada na Figura 7.1 e é a estratégia utilizada para facilitar a implementação e o monitoramento da política. A formulação de políticas consome bastante energia; às vezes, presume-se que, uma vez o pessoal estando totalmente comprometido com o processo, ele irá, *ipso facto*, ser o dono da política. Essa suposição confunde a afirmação com um processo mais importante, o de propriedade, sendo que este somente pode ser dado como fato após a política ter sido implementada.

Uma das funções principais de um gestor de disciplinas [...] é a de "orientação, documentação e apoio ao pessoal". Um dos elementos é o da implementação da política. Não é razoável admitir que gestores de nível médio possam, individualmente, exercer esse papel em todas as nove áreas do currículo ao mesmo tempo. Mesmo que cada coordenador trabalhe muito e se engaje nesse processo no nível individual, o resultado poderá ser um esforço atomizado, deixando o pessoal cansado e não causando impacto no nível da escola como um todo. Uma gestão efetiva implica trabalho com e por intermédio de outros, a fim de maximizar o impacto para que se proporcione mais benefícios a *todos* os alunos, e refere-se a possibilitar que as coisas aconteçam, dando poder aos colegas e ajudando a estabelecer as condições necessárias. [...] Pode ser bastante louvável a existência de uma organização mista de grupos de tarefas para o trabalho desenvolvimentista e de papéis individualizados para a manutenção.

A implementação de políticas e o monitoramento da qualidade são tarefas de desenvolvimento. Uma política para o ensino e a aprendizagem é uma política genérica e, como tal, está sujeita a muitas interpretações. Tal política apresentará aspectos de ensino e aprendizagem que atualmente podem não fazer parte da prática normal no nível escolar global. A política representa o *mapa público* de intenções no que se refere à prática. A política aparecerá em salas de aula onde ela reflete a *imagem pública* dessa política, conforme percebida por cada professor. Algumas dessas imagens irão refletir a prática inventiva que nenhum dos formuladores de políticas terá vislumbrado no início. O propósito do comprometimento dos coordenadores com o processo de monitoramento, como sendo parte de um programa de ação no nível escolar global, não é *provar*, mas sim *melhorar*. Uma maneira de fazê-lo é encorajar a inventividade e a criatividade sempre que forem testemunhadas ou, como recentemente disse um HMI com propensão a misturar suas metáforas, "se alguma vez você vir uma faísca de criatividade, regue-a!".

O ensino e a aprendizagem são processos complexos; seria tolo pensar que, apenas porque esboçamos uma política, será fácil para os funcionários adotarem seu conteúdo. A finalidade do programa de ação é facilitar a implementação, tomando *um* segmento da política e tornando-o o foco no nível escolar global durante um período de tempo realista, como meio período letivo. Durante esse tempo, todo o pessoal irá delegar as tarefas conjuntas de implementação e monitoramento a um *grupo de coordenadores*. [...]

TERCEIRO COMPONENTE: O PLANO DE DESENVOLVIMENTO ESCOLAR

Na Figura 7.1, é realizado uma ligação entre a política de ensino e aprendizagem, o programa de ação e o plano de desenvolvimento escolar. Implementar a política e o monitoramento de qualidade na escola é da mais alta prioridade. Portanto, os programas de ação devem estar no cerne do plano de desenvolvimento escolar.

QUARTO COMPONENTE: ESTRUTURA E ORGANIZAÇÃO CURRICULARES

A política de ensino e aprendizagem retrata o que devemos testemunhar à medida que observamos os processos de ensino e aprendizagem. Tais processos acontecem dentro de uma estrutura curricular. O documento sobre estrutura e organização curriculares representa a resposta da escola ao Currículo Nacional e deve deixar claro:

- a quantidade de tempo a ser devotado às diferentes disciplinas ou combinações de disciplinas. Isso somente pode ser feito ao se realizar uma análise cuidadosa da utilização atual do tempo no dia, na semana, no semestre e no ano escolar, questionando os resultados e decidindo sobre o melhor uso do tempo. [...] Ao tomar decisões sobre alocação de tempo, deve-se dar a devida atenção ao tempo necessário aos requisitos de matrícula, culto coletivo e períodos de almoço e recreio e também ao tempo devotado durante um ano a eventos especiais, visitas escolares e avaliações das etapas-chave;
- como as diferentes disciplinas que compõem o currículo devem ser organizadas, e as formas que devem tomar nos diferentes grupos anuais. Indicará quais disciplinas devem englobar trabalho intercurricular, como trabalho por tópico, projeto ou tema, e quais devem ser ensinadas como entidades separadas. Refletirá sobre o equilíbrio dentro do currículo. A orientação da SCAA – "Planejando o currículo nas etapas-chave 1 e 2" (1995) – refere-se a "unidades de trabalho" que se encaixam em duas categorias amplas: "contínua" e "bloqueada", ambas recorrendo, em primeiro lugar, ao trabalho de uma única disciplina ou de um único aspecto do currículo. "Trabalho contínuo" significa "uma seqüência planejada de aulas ou atividades selecionadas de uma única área do currículo". "Trabalho bloqueado" pode ser ensinado durante um certo tempo, não ultrapassando um período letivo. Deve concentrar-se em um corpo distinto e coeso de conhecimento, compreensão e habilidades. Tal trabalho pode ser ensinado separadamente ou estar ligado a unidades em outras disciplinas ou em outros aspectos do currículo;
- como as decisões relativas à estrutura curricular foram combinadas e a extensão em que o conhecimento e os recursos das disciplinas dos professores foram memorizadas.

A conscientização sobre as regras básicas relacionadas à estrutura e à organização curriculares auxiliará muito os coordenadores responsáveis por compor o esquema de trabalho em sua área curricular específica em consulta com os seus colegas. As alocações de tempo serão *alocações indicativas*, em primeiro lugar, e podem necessitar de revisão à luz do monitoramento e da avaliação subseqüentes. O quarto componente da estrutura deve ter o efeito de salvaguardar o currículo autorizado de todos os alunos e auxiliar os coordenadores a tomar decisões acerca de esquemas de trabalho. Os esquemas de trabalho que não se encaixarem na estrutura curricular combinada são receitas de frustração.

QUINTO COMPONENTE: ESQUEMAS DE TRABALHO

Os esquemas de trabalho são representados pelo quinto componente da estrutura e são o resultado de discussões sobre o que deve ser ensinado, considerando-se as decisões tomadas sobre a estrutura e a organização curricular. Cada esquema deve refletir o fato de que os alunos [...] devem adquirir uma capacidade progressiva e uma compreensão sobre sistemas de informações. Os esquemas de trabalho não equivalem a uma política e apresentam a resposta a uma pergunta diferente. Eles também respondem à pergunta básica proposta por professores com especialidades particulares que são obrigados a lecionar em nove áreas disciplinares, ou seja, "o que eu leciono, para a idade e a etapa dos alunos, em que seqüência, com que grau de escolha?". Precisamos de apenas uma política para o ensino e a aprendizagem, mas realmente precisamos de nove esquemas de trabalho. A tarefa então é transpor os perfis das disciplinas do currículo nacional e a orientação estatutária e não-estatutária para uma forma que seja adequada à escola em questão e que combine com a utilização do tempo descrita na estrutura curricular (quarto componente).

[...] Para cada grupo anual, os esquemas de trabalho devem:

- descrever o conteúdo a ser ensinado;
- organizar o conteúdo em termos de "trabalho contínuo", "trabalho bloqueado" e unidades de trabalho gerenciáveis e coerentes;
- identificar as ligações entre os diferentes aspectos do currículo: as unidades podem ser interligadas quando contêm conhecimento, compreensão e habilidades comuns ou complementares, ou quando as habilidades adquiridas em uma disciplina são aplicadas ou consolidadas em um contexto diferente, ou, ainda, quando o trabalho em uma unidade fornece um estímulo para o trabalho em outra;
- indicar o tempo imaginário a ser devotado ao ensino e à avaliação do trabalho;
- seqüenciar o trabalho em três períodos letivos;
- indicar claramente quando o pessoal tem permissão de escolher entre opções combinadas.

SEXTO COMPONENTE: AVALIAÇÃO, REGISTRO E RELATÓRIO

O sexto componente consiste em uma política global da escola para a avaliação, o registro e o relatório do progresso dos alunos. Muitas escolas têm coordenadores de avaliação enquanto em outras isso pode ser um dos aspectos do papel do coordenador de uma etapa-chave. Os coordenadores de currículo precisam de bons canais de comunicação com o coordenador de avaliação, a fim de que este possa produzir um documento de política efetiva que indique como a avaliação será realizada nas várias áreas do currículo. É preferível ter um documento separado relacionado à avaliação a incluir a avaliação nos vários esquemas de trabalho ou de política para ensino e aprendizagem. A política de avaliação deve auxiliar os professores quando eles se comprometem a um planejamento detalhado e deve esclarecer como os objetivos de aprendizagem devem ser identificados, quando e de que maneira o progresso dos alunos será avaliado e como as informações obtidas pela avaliação devem ser utilizadas para auxiliar o pessoal a adequar o trabalho às necessidades de aprendizagem dos alunos e como devem ser comunicadas aos pais e às outras partes interessadas.

SÉTIMO COMPONENTE: DIRETRIZES

As diretrizes não são políticas nem esquemas. Sua função é servir a ambos de uma maneira específica. As diretrizes respondem à questão "como?"; se, por exemplo, um professor possui conhecimento limitado sobre ciências e é obrigado a apresentar aos alunos o conceito de massa, ele ou ela pode procurar a ajuda do coordenador de ciências. É provável que o coordenador responda a tais solicitações informalmente, explicando o que for necessário, citando recursos úteis e assim por diante. Quando houver recorrência da questão, a resposta do coordenador deverá ser para montar uma oficina na escola sobre o assunto. Mas nem sempre é possível abordar todas as solicitações individualmente, ou por meio de uma oficina para o pessoal. As diretrizes escritas preenchem essa lacuna e pretendem ser um meio de fornecer uma primeira resposta a perguntas que foram levantadas. No decorrer do tempo, um arquivo dessa orientação escrita é formado – arquivo este que pode ser de grande auxílio aos novos membros do quadro de pessoal. Outros exemplos de diretrizes podem ser aqueles relacionados a: trabalho de grupos colaborativos e sua organização; organização de uma noite efetiva para consultas; projeto de tarefas de aprendizagem; demonstração do trabalho dos alunos; e papel dos assistentes em sala de aula. A inclusão de tais detalhes em um documento de política dificultaria seu controle. As diretrizes são semelhantes ao tipo de informação que os montanhistas podem reunir ao planejar um determinado aspecto de sua rota de travessia.

OITAVO COMPONENTE: PLANEJAMENTO DE MÉDIO E CURTO PRAZO

O planejamento de médio prazo freqüentemente é realizado dentro de equipes de grupos anuais apoiados por gestores de disciplinas ou coordenadores de etapas-chave. A unidade de planejamento geralmente é de meio período letivo. Muitas escolas reservam um tempo sem contatos para esse tipo de planejamento. Os esquemas de trabalho são transpostos para planos detalhados, nos quais amplos objetivos de aprendizagem são definidos; os recursos são identificados e alocados; é feito uma confirmação sobre a maneira pela qual o currículo deve ser organizado, em termos de estruturas combinadas de diferentes tipos de trabalho e de interligações; e os pontos de avaliação são combinados. Em termos da estrutura geral, o papel do planejamento de médio e curto prazo é absolutamente crucial, pois é neste ponto que o pessoal memoriza o enfoque combinado para a implementação e o monitoramento de políticas. A política para ensino e aprendizagem tem a mesma importância dos esquemas de trabalho. Portanto, o planejamento deve esclarecer os pontos que constituem os aspectos desenvolvimentistas da equipe de grupo anual. Se, por exemplo, tivesse sido acordado que o enfoque para monitoramento durante a unidade da metade do período letivo era para ser a aprendizagem colaborativa, o esperado seria que cada equipe de grupo anual fornecesse detalhes específicos desse aspecto ao formular seus planos. No momento da formulação dos planos de curto prazo (semanais), cada membro do pessoal deveria descrever como pretendia engajar seus alunos no trabalho de grupo colaborativo, e quais aspectos deste eles estavam procurando estender como uma contribuição ao programa de ação corrente (segundo componente da estrutura, apresentado na Figura 7.1).

Os planejamentos de médio e curto prazo devem ser mantidos proporcionais. A maioria das escolas usa alguma forma de estrutura de planejamento que fornece um meio resumido de comunicar o trabalho atual para cada grupo anual. O que está sendo proposto aqui é um equilíbrio entre estruturas resumidas e informações mais detalhadas em relação ao enfoque de monitoramento combinado para a metade do período letivo em questão. [...]

NONO COMPONENTE: ESTRATÉGIAS DE MONITORAMENTO

Este é o componente final da estrutura e descreve as estratégias de monitoramento que serão adotadas na escola para a implementação da política de ensino e aprendizagem e para o monitoramento da qualidade. [...]

O monitoramento responde à pergunta "nós fazemos o que dizemos fazer?" e preocupa-se em rastrear a prática da política e melhorá-la de uma maneira construtiva, sustentadora e rigorosa. Pode-se comparar à realização de uma série de "instantâneos" ou clipes de filmes do currículo em ação para compará-los com o "*script* do filme", de intenções combinadas. Trata-se de construir qualidade no início e durante o processo, em vez de confiar em avaliações somativas infreqüentes. Os programas de ação fornecem o veículo para uma atenção *sustentada* a aspectos *específicos* de ensino e aprendizagem. Tais programas reconhecem que o ensino e a aprendizagem são processos complexos. Durante o monitoramento, podemos chegar a entender uma determinada faceta de modo mais profundo ou talvez até mesmo pela primeira vez. Para a concentração, digamos, na aprendizagem colaborativa, será necessário fazer perguntas, ir além das características superficiais do trabalho de grupo, analisar as descobertas e explorar as implicações que essas podem ter em termos de prática corrente. Ao fazer isso, provavelmente, identificaremos outras questões ao longo do caminho. Entre os resultados, podemos ter uma definição mais firme sobre aprendizagem colaborativa, ou, ainda, uma extensão dos repertórios dos professores em conseqüência de testemunhar-se uma prática iluminativa, ou, ainda, podemos chegar a realizar oficinas sobre o projeto de tarefas de aprendizagem colaborativa.

O monitoramento não é algo "feito" para os colegas: é, essencialmente, um empreendimento compartilhado que é eficientemente gerenciado no nível escolar global. [...]

Precisamos monitorar para podermos:

- reconhecer as contribuições do pessoal à implementação da política combinada;
- celebrar e compartilhar a boa prática;
- manter um compromisso com a construção da qualidade no currículo em ação;
- comprometer-se com o diálogo informado sobre aspectos específicos da prática;
- estender os *insights* existentes às complexidades do ensino e da aprendizagem e ir além da prática em sala de aula;
- gerar uma linguagem comum relacionada a ensino e aprendizagem;
- identificar e fornecer as formas de suporte e desenvolvimento necessárias;
- ampliar os repertórios dos professores.
- [...]

Essa é, então, a estrutura que permeia, procurando adicionar clareza e tornar a tarefa de implementação e monitoramento de políticas mais gerenciável. Fornece um mapa para os gestores de nível médio estabelecerem-se por meio de uma economia mista de grupos de tarefas e funções de manutenção/serviço designadas. Pretende-se fornecer a base para programas de ação de meio período letivo ligados ao plano de desenvolvimento escolar. Cada programa de ação preocupa-se com a implementação de políticas de forma construtiva, sustentadora, mas rigorosa, na qual os gestores de nível médio possuem um papel-chave em unidades realistas de tempo.[...]

REFERÊNCIAS

Bailey, A. J. (1986) 'Policy-making in schools: creating a sense of educational purpose', unpublished mimeo. Brighton: University of Sussex.

DES (1985) *The Curriculum from 5-16*, Curriculum matters no.2. London: HMSO. Hirst, P. (1974) *Knowledge and the Curriculum*. London: Routledge & Kegan Paul.

SCAA (1995) *Planning the Curriculum at Key Stages 1 and 2*. London: SCAA Publications.

West, N. F. (1992a) *Classroom Observation in the Context of Appraisal*. Harlow: Longman.

West, N. F. (1992b) *Primary Headship*. Harlow: Longman.

8
A organização da aprendizagem[1]
JOAN DEAN

O currículo nacional e a declaração de metas da escola são pontos iniciais para o processo de educação. Outro ponto inicial é o aluno individualmente. Cada criança chega à escola com seu próprio conjunto de experiências, interesses e habilidades, e esse conjunto afeta a capacidade da criança de assimilar o que a escola tem a oferecer. A tarefa difícil dos gestores e do professor em sala de aula é reunir os alunos e o currículo de forma que haja aprendizado.

As tarefas dos gestores da organização são as seguintes:

1. Organizar a escola de modo eficiente para o ensino e a aprendizagem.
2. Garantir que existam oportunidades iguais para todos os alunos.
3. Utilizar o pessoal e outros recursos efetivamente.

ORGANIZAR A ESCOLA DE MODO EFICIENTE PARA O ENSINO E A APRENDIZAGEM

É tarefa dos gestores organizar uma ótima aprendizagem para os alunos, utilizando as pessoas, o tempo e o espaço da maneira mais vantajosa possível. Isso envolve agrupar os alunos de várias maneiras, tentando, às vezes, formar grupos homogêneos e, outras vezes, grupos mistos. Também pode haver oportunidades para os alunos aprenderem como indivíduos, utilizando recursos materiais no computador, sendo que essa oportunidade provavelmente aumentará na medida em que mais programas forem produzidos com essa finalidade. Os gestores devem planejar o uso do tempo de forma a apresentar um programa durante o ano escolar que utilize as habilidades do pessoal, o espaço e outros recursos disponíveis de forma vantajosa.

Agrupamento para a aprendizagem

Hargreaves (1982) fala da importância do grupo social como a base para adquirir-se uma moralidade comum. Ele acredita que esse desenvolvimento resulta de se fazer parte de um grupo coerente e observa que as escolas de ensino médio mantinham os alunos em seu grupo de série, mudando os professores em vez de mudar os alunos. As exigências de disciplinas específicas tornaram isso impossível, pois a maioria das disciplinas agora requer muito equipamento, e também existem muitas vantagens quando os professores têm suas próprias salas. O resultado é que os alunos participam menos de seu grupo de série (ou grupo por tutor) do que no passado, e isso precisa ser lembrado, envidando todos os esforços para promover grupos estáveis, especialmente nas primeiras etapas da educação de nível médio. Posteriormente, os alunos podem começar a identificar-se com o maior grupo do ano ou da escola.

A aprendizagem em grupo envolve tanto a oportunidade de trabalhar como a de se organizar como grupo. Muito da atividade adulta envolve trabalhos em grupos; os alunos precisam aprender a ter habilidades de liderança, acompanhamento, compartilhamento e contribuição com as metas do grupo. Hargreaves (1982) observa que os indivíduos precisam aprender que, às vezes, é necessário abandonar seus próprios interesses pelos interesses do grupo, quando interesses próprios desrespeitam ou negam os direitos dos outros. Ele salienta a necessidade de as escolas prepararem os jovens para que façam parte de várias comunidades quando adultos, participando de diferentes grupos na escola. Eles fazem parte de vários grupos de qualquer maneira, devido a sua necessidade (das escolas) de organizar muitas pessoas, mas a questão é que as escolas precisam estar cientes do potencial de aprendizagem envolvido e fazer uso disso de forma positiva. Ele também salienta o valor de projetos cooperativos para esse tipo de aprendizagem.

Como existem menos professores do que alunos em uma escola, devem ser tomadas decisões sobre como os alunos serão organizados em grupos para a aprendizagem. Existem várias opções:

- *Grupos por série/tutor/grupo especialista* [...]
- *Agrupamento por habilidade/habilidades mistas* [...]
- *Agrupamento por amizades* [...]
- *Grupos do mesmo sexo/sexos mistos* [...]
- *Tamanho do grupo* – um outro ponto a ser levado em consideração. [...]

A utilização do tempo

O tempo é finito; apesar de em épocas prósperas podermos estendê-lo de alguma forma ao aumentarmos o número de funcionários da escola ou ao adicionarmos mais tempo de ensino, nós não podemos oferecer mais tempo aos alunos, a não ser cortando aspectos extra-sala de aula do dia escolar. As melhorias geralmente têm de vir de uma melhor utilização do tempo existente. Isso tem particular importância, agora que a existência do tempo direcionado determina limites definidos sobre o que se pode pedir que os professores façam, apesar de muitos deles ainda estarem preparados para dar muito mais do que é necessário.

Qualquer estudo sobre a utilização do tempo precisa começar por uma análise do que já está ocorrendo. Isso significa analisar como as pessoas estão utilizando o tempo e demonstrando o que está acontecendo em diferentes áreas da escola. O dia escolar precisa ser examinado, verificando-se a duração do dia, o tempo de reuniões, o tempo por série, os intervalos e a hora de almoço, além do tempo necessário para trocar de sala de aula.

Realmente precisamos de um enfoque mais flexível do que temos atualmente quanto ao dia escolar. Onde existe o desenvolvimento de uma escola comunitária, torna-se natural o fato de algumas aulas prolongarem-se além do dia escolar normal. Isso pode levar a diferentes idéias sobre a maneira como o pessoal de uma escola de ensino médio e seus alunos trabalham; alguns professores, e mesmo alguns alunos mais velhos, podem preferir começar mais tarde e continuar até mais tarde, ou mais cedo, alguns dias.

Existe um grande debate sobre um dia escolar mais longo para alunos mais velhos. Aqueles que partem diretamente para o mercado de trabalho com freqüência acham o dia de trabalho longo e cansativo, pois estavam acostumados a um dia muito mais curto, apesar de geralmente passarem algum tempo fazendo tarefa de casa. Pode-se fazer essa transição aumentando gradualmente o dia, de modo que no 2º ano do ensino médio os alunos tenham um dia semelhante àquele da maioria dos locais de trabalho. Existem problemas nesse arranjo, principalmente quando muitos alunos utilizam o transporte escolar para ir à escola, mas isso pode ser feito, especialmente onde existe uso comunitário da escola. As faculdades tecnológicas municipais já estão adotando um dia escolar mais longo e outras escolas podem precisar se ajustar.

O tempo de reunião foi incluído na estrutura jurídico-curricular da educação, mas a reunião não tem que ser necessariamente da escola toda. Isso é impossível em algumas escolas, pois não há espaço para acomodar todos de uma vez. Muitas escolas agora sentem que uma mudança na lei que permitiria flexibilidade quanto a tempo e local e, em particular, limitaria o número de reuniões a cada semana, para que elas pudessem ser preparadas de forma adequada, auxiliaria na motivação de reuniões proveitosas e nos serviços religiosos, assim como na escola de forma mais geral. Uma combinação de reuniões, em alguns dias, e tempo de aula, em outros, parece ser um padrão mais satisfatório para muitos fins. Também existem discussões em que há pressão para instalações especializadas, em função da realização de reuniões para parte da escola em dado momento, com outros grupos sendo obrigados a acomodações difíceis.

Os intervalos no dia escolar também devem ser examinados, de modo a ver se estão contribuindo para uma perfeita utilização do tempo. Em particular, precisa haver uma verificação da possibilidade de estar sendo retirado tempo do período de aprendizagem para preparar os intervalos. O que acontece nos períodos de intervalo está tornando mais difícil o trabalho posterior? O fato de a escola toda estar fazendo intervalo ao mesmo tempo está criando problemas de disciplina, com mau comportamento nos corredores e nos lavatórios? A organização dos períodos de intervalo deveria preocupar-se em utilizar o menor tempo possível do pessoal e dos alunos.

Outra atividade que consome tempo é o deslocamento entre as salas de aula. Apesar de haver muito a ser dito em favor de que cada departamento tenha seu próprio conjunto de salas, isso certamente resultaria em muita movimentação dos alunos. Isso pode ser diminuído se a extensão do período escolhido coincidir com os intervalos do dia ou se houver vários períodos duplos.

O local mais importante para se levar em consideração o uso do tempo é na sala de aula. O tempo de cada aluno é preciso; uma organização em sala de aula que atrase alguns alunos, enquanto outros tentam acompanhar, ou meramente ocupe alguns, enquanto outros aprendem, é ineficiente. Há muito a ser aprendido ao se acompanhar um aluno ou um grupo de alunos durante o dia escolar e ao perceber, de outro ângulo, a visão que eles têm.

Agrupar indivíduos para o ensino em equipe ou agrupar indivíduos em acomodações contíguas pode permitir que reste um período mais longo de tempo para as atividades, valorizando assim a continuidade e reduzindo o tempo gasto em movimentação pela escola. Pode ser que as disciplinas sejam ensinadas em períodos quinzenais ou que haja uma concentração diferente em cada meio período letivo a fim de fazer tal aprovisionamento. O estudo de campo beneficia-se desse tipo de aprovisionamento, e muitas atividades especializadas são mais eficientes ao serem realizadas em um período de tempo contínuo.

O tempo também pode ser bloqueado para alguns assuntos, sem necessariamente se fazer uso do ensino em equipe. Se existe uma programação de horários em um departamento ou em uma faculdade para grupos de ano inteiro ou de meio ano, a tarefa de decidir qual professor será responsável por qual grupo de alunos recai sobre o diretor do departamento ou o diretor da faculdade, juntamente com seus colegas.

Algum aprovisionamento de tempo também pode ser feito após o término dos exames. Outra maneira de prover tempo é devotar um dia ocasional da programação, talvez uma vez a cada período letivo, a atividades que se beneficiem de trabalho ininterrupto.

Também existe uma tendência de supor que tudo deve ser estudado o tempo todo. Se pensarmos em termos de módulos por disciplina, baseados em determinadas partes do currículo nacional, os alunos podem estudar um número limitado de módulos por um período e depois continuar com outros. Isso permite uma atenção mais concentrada em algumas disciplinas ou grupos de disciplinas, por um período, e é uma maneira mais efetiva de utilizar o tempo. Há, é claro, o problema de, ao deixar de lado algumas disciplinas durante meio período letivo, os alunos esquecerem o que aprenderam. Pode compensar-se isso pela aprendizagem da forma mais concentrada possível quando o tempo for destinado. Isso nos dá uma idéia sobre o que provavelmente permanecerá na mente dos alunos quando o seu tempo de escola terminar.

Os alunos também precisam de treinamento para uma boa utilização do tempo. Isso significa que deve haver uma movimentação gradual para que o tempo possa ser planejado pelos alunos. Na prática, o desenvolvimento do trabalho como parte dos exames encorajou isso, mas precisa ser ensinado e aprendido desde o início do ensino médio. As escolas de ensino médio também precisam levar em consideração quanta atenção foi dada a isso na primeira etapa. Algumas escolas de ensino fundamental realizam bastante treinamento para que as crianças planejem seu tempo, e a escola de ensino médio pode elaborar a partir dessa prerrogativa.

A tarefa dos gestores nisso tudo é, parcialmente, avaliar quanto tempo está sendo usado e conscientizar as pessoas sobre a importância da boa utilização do tempo.

A utilização do espaço e do equipamento

Uma escola precisa garantir que o espaço e outros recursos estão sendo usados da maneira mais vantajosa possível. O uso do espaço faz parte do processo de estabelecimento de horários, mas existem algumas questões gerais:

Aprovisionamento de conjuntos de salas para diferentes departamentos

A educação de nível médio é fortemente especializada; nesse contexto, será indubitavelmente vantajoso para os professores se todas as salas em que uma determinada disciplina é ensinada forem bastante próximas. Isso permite ao departamento compartilhar conhecimento, materiais e equipamento e torna mais fácil compartilhar auxílio de vários tipos e fornecer materiais para os alunos, os quais, do contrário, teriam de ser carregados por longas distâncias. As salas que normalmente são usadas por um pequeno número de professores tendem a ser mais bem cuidadas e há maior exposição e organização por auto-serviço dos materiais.

Por outro lado, se os professores permanecem no mesmo local, a movimentação dos alunos precisa ser feita com cuidado. Os conjuntos das disciplinas também encorajam os departamentos a serem separados, enquanto podem existir boas razões para aproximar diferentes aspectos do currículo. O desenvolvimento de faculdades pode auxiliar nisso, mas, da mesma forma, pode também simplesmente ampliar o grupo que permanece separado.

Abrigando grupos de tamanhos diferentes

A maioria das escolas possui, comparativamente, poucos espaços destinados a grupos maiores ou menores do que um grupo de tamanho médio. Essa característica traz problemas para a escola que deseja explorar o ensino em equipe e também traz problemas no 3º ano do ensino médio, no qual grupos pequenos podem ser obrigados a usar um espaço grande quando não houver salas menores disponíveis. Esse problema é basicamente de horários, mas pode haver necessidade de dividir algumas salas.

Selecionando, armazenando e fazendo a manutenção do equipamento

Uma escola necessita de sistemas para garantir que seja tomado o cuidado adequado para selecionar equipamentos e verificar se estes estão tendo utilização máxima. Isso significa verificar se os departamentos estudaram o mercado adequadamente ao selecionar itens grandes de equipamento ou quantidades substanciais de material novo, talvez combinando de visitar outras escolas ou conversando com professores de outros lugares que tenham experiência no uso do material ou equipamento em questão. Especialistas também podem fornecer uma boa orientação sobre a compra de material.

A maneira como o equipamento é armazenado e como o sistema o acessa afeta o seu uso, pois qualquer coisa que seja difícil de se obter, ou que necessite de reparos freqüentes, provavelmente ficará sem uso. A escola necessita de um bom sistema para verificação das condições de uso do equipamento e de sua adequada manutenção. O dinheiro gasto com técnicos responsáveis pelo equipamento pode ser bem empregado, pois economiza o tempo dos professores e garante que ele seja gasto de forma igual e satisfatória. Enquanto muitos desses aspectos são da responsabilidade de departamentos individuais, os gestores devem assegurar que esses procedimentos ocorram.

Garantir que existam oportunidades iguais para todos os alunos

Toda escola precisa de uma política global quanto a oportunidades iguais para todos os alunos. Não é só uma questão de oportunidades iguais para meninos e meninas e para alunos de diferentes raças, mesmo que essas questões sejam importantes. As escolas também podem discriminar alunos oriundos da classe operária sem prestar atenção nisso, além de alunos com deficiências e com diferentes habilidades – às vezes, tanto os menos como os mais capazes. Muitas autoridades locais mantêm políticas e documentos sobre oportunidades iguais e oferecem às escolas bastante orientação quanto a essas questões. É necessário ter uma política que abranja a escola toda, emanando de uma discussão do pessoal na qual todos estejam envolvidos. O envolvimento e o apoio do diretor e do pessoal de nível sênior para a política serão cruciais. Também será importante esclarecer a política para os pais. Toda a questão de oportunidades iguais deve ser observada com regularidade, dando particular atenção ao currículo oculto. O quadro de pessoal, tanto os auxiliares como os professores, precisam de oportunidades para conversar sobre seus próprios preconceitos e atitudes, no caso de quererem apoiar a escola de forma global.

O trabalho baseado em oportunidades iguais aplica-se não apenas ao trabalho em sala de aula, mas à maneira pela qual a escola funciona no dia-a-dia. Será importante atentar para que nenhum aspecto da vida escolar apresente problemas para nenhum aluno em particular por causa de sua raça, gênero, classe, habilidade ou deficiência. A tarefa da escola é educar todos os alunos para que eles assumam seu lugar em uma sociedade pluralizada e tentar produzir pessoas que valorizem esse pluralismo e apreciem sua riqueza.

Talvez seja válido lembrar que as pessoas geralmente têm atitudes básicas em relação a pessoas diferentes delas mesmas. Essas atitudes tendem a estar em um nível subconsciente e influenciam o comportamento, sem que a pessoa em questão esteja consciente disso. Com muita freqüência, as atitudes das pessoas, em relação àquelas diferentes delas mesmas, estão pouco relacionadas à sua experiência e mais a atitudes de seus pais e a atitudes absorvidas dos amigos, dos conhecidos e da mídia. Essas atitudes profundamente arraigadas são difíceis de mudar, e o máximo que as escolas podem fazer é mudar atitudes conscientes, de modo que auxiliem a comandar o comportamento.

Gênero

Nos últimos anos, têm ocorrido mudanças consideráveis na posição das mulheres na sociedade e conscientização muito maior sobre a necessidade de elas serem encorajadas ao desejo de perseguir carreiras que anteriormente não estavam abertas para elas. Contudo, de acordo com Joanna Foster, em uma palestra proferida na Associação Nacional de Inspetores e Orientadores Educacionais, ainda existem apenas 11% de mulheres em cargos de chefia, e os salários das mulheres correspondem a apenas 74% dos salários dos homens. As meninas ainda têm mais tarefas domésticas do que os meninos, e não se deve esquecer que a primeira experiência das crianças é a da mãe em casa. Provavelmente ocorra que, para muitos alunos, o exemplo dado em casa é o da mãe lidando com questões domésticas, mesmo que ela também tenha um emprego. Da mesma forma, é irônico que a legislação destinada a dar às mulheres oportunidades iguais devesse ter resultado em algumas escolas tendo uma equipe de gestão sênior totalmente masculina, o que torna difícil proporcionar às meninas um modelo de mulheres ocupando cargos de chefia. Portanto, não causa surpresa o fato de que as meninas ainda se enxergam em papéis de auxiliares, aspirando a uma série mais limitada de carreiras do que aquela a que os meninos aspiram.

Assim, é importante que a escola faça tudo o que for possível para melhorar as aspirações das meninas, encorajando-as para escolhas mais amplas de cursos e carreiras. Trata-se, em parte, de fornecer modelos em situações escolhidas para a experiência de trabalho e convidar pessoas que vêm conversar sobre seu trabalho. Também pode ser o caso de tentar mudar atitudes por parte dos meninos, pois algumas atitudes das meninas estão condicionadas à maneira como os meninos as percebem e lidam com elas. Pode ser valioso proporcionar a ambos os sexos a oportunidade de conversar sobre isso em um grupo único, com professores maduros do seu próprio sexo e do sexo oposto, de tal forma que os pontos de vista possam ser livremente expostos e para que seja feita uma tentativa de influenciar a maneira como ambos os sexos pensam sobre eles mesmos e sobre o sexo oposto. A maneira pela qual os professores interagem e falam um sobre o outro pode ter influência. Além disso, é útil discutir essas questões com os pais.

Há uma tendência em considerar as questões de gênero como algo relacionado principalmente às meninas. Os meninos têm seus próprios problemas de aceitação de seu gênero, particularmente onde a idéia local de masculinidade é machista. Eles podem precisar sentir confiança de que é possível apreciar as artes, ser gentil, demonstrar emoções e ter algumas das características que tendem a ser consideradas femininas, assim como as características mais masculinas.

Raça

Uma escola precisa considerar tanto a educação multicultural como a educação anti-racista. A educação multicultural surgirá naturalmente de alguns aspectos do currículo nacional, e as escolas atualmente devem preocupar-se não apenas com a dimensão européia da educação, mas com as dimensões mundiais para os alunos que estão crescendo em um mundo onde o que acontece em lugares longínquos afeta o que está acontecendo próximo a nós. A comemoração de feriados e festivais de diferentes culturas, o estudo sobre países dos quais os alunos de outras raças provêm, a literatura de outras culturas e muito mais pode contribuir. A discussão das características dos idiomas asiáticos comparadas às dos idiomas europeus pode contribuir cada vez mais para o estudo de idiomas. Os professores devem visualizar o currículo continuamente, a partir de um enfoque multicultural. As escolas precisam celebrar a diversidade de seus alunos, e os professores precisam mostrar que valorizam alunos de culturas diferentes.

É muito mais difícil abordar a questão da raça diretamente. Deveria haver oportunidades para a discussão de questões de direitos humanos, notícias, estereótipos raciais, questões como anti-semitismo e muito mais. O teatro oferece uma oportunidade única para explorar os sentimentos dos outros. Tanto a história como a geografia têm contribuições a fazer na discussão de situações nas quais o racismo tenha se evidenciado. Também existem oportunidades para abordar as questões de racismo a partir de incidentes nos quais houve conflito entre alunos de raças diferentes. Existe a possibilidade de que a discussão e o trabalho sobre racismo possa reforçar em vez de coibir preconceitos, mas isso não é razão para ignorar os problemas que existem. Há uma necessidade constante de aprender qual a melhor maneira de se viver em uma sociedade pluralista.

As questões de raça são particularmente importantes em escolas onde os alunos são exclusivamente brancos, locais onde é fácil presumir que não exista nenhum problema. As crianças que crescem em comunidades nas quais raramente encontram pessoas de outras raças têm uma necessidade maior de invocar os efeitos do racismo e de incluir uma dimensão multicultural em seu currículo. As escolas de tais áreas podem fazer ligações bem-sucedidas com escolas que têm uma clientela mais mista. As escolas de todas as áreas também precisam estabelecer ligações com escolas de países do terceiro mundo.

Classe social

É muito fácil subestimar os alunos da classe operária [...]. Nossas baixas expectativas em relação a esses alunos provavelmente está relacionada com a nossa pouca exposição internacional na ponta inferior da escala de habilidades. Isso ocorre devido ao fato de que tais alunos freqüentemente têm expectativas baixas para si mesmos, em parte por causa da expectativa baixa dos professores e, em parte, pela expectativa dos pais. Existe um ciclo de expectativas em que os pais, por sua própria experiência, descartaram o aprendizado escolar, viram-no como algo sem valor, e passaram essa visão a seus filhos, dos quais, conseqüentemente, não esperam sucesso escolar. Isso contrasta com outras culturas nas quais uma gama muito maior de pais espera que seus filhos tenham sucesso na escola.

A tarefa da escola é tentar criar expectativas, de modo que os alunos quebrem o ciclo. Isso novamente é algo que um diretor pode influenciar, ao não aceitar baixas expectativas dos professores e ao constantemente encorajar tanto professores como alunos a terem metas elevadas. É importante que se elogiem os professores que obtêm sucesso com alunos oriundos da classe operária. Também é de grande valor informar aos pais da classe operária que a escola tem expectativas elevadas para seus filhos e esperança de que muitos deles continuarão até o 3º ano do ensino médio e conseguirão empregos melhores pelo fato de ter mais educação.

Habilidade

A discriminação por habilidades está fortemente relacionada à discriminação por classe social. Existem muitas evidências de pesquisas informando que nós subestimamos os alunos com poucas habilidades. É interessante comparar as conquistas dos alunos de escolas especiais, que apresentam dificuldades de aprendizagem moderadas, com aquelas dos alunos de poucas habilidades nas escolas de ensino médio. Os alunos de escolas especiais freqüentemente obtêm melhores resultados, apesar de aqueles em escolas de ensino médio serem um pouco mais capacitados, em alguns casos. O currículo nacional exige que tornemos o currículo acessível a todos os alunos e isso significa o desenvolvimento de etapas direcionadas a metas de conquistas para alguns deles, em vez de direcioná-las a eles diretamente.

Existe também o perigo de que os alunos capazes sejam subestimados porque trilharam o caminho fácil e apenas fizeram o mínimo esforço. Por essa razão, é importante observar que os professores estejam conscientes daqueles alunos conhecidos por suas habilidades excepcionais e estejam vigilantes quanto a outras que podem não ter sido identificadas. Em certo sentido, as oportunidades iguais para esses alunos significam dar a eles situações diferentes e mais exigentes do que aquelas oferecidas aos outros.

Alunos que apresentam deficiências

É bastante fácil presumir que um aluno que apresenta uma deficiência física séria também tenha dificuldades de aprendizagem, principalmente nos casos em que a deficiência limita a fala. Uma criança pode ter bastante inteligência, mas pode ter sido incapaz de desenvolvê-la devido à surdez ou a algum problema de fala. Portanto, ele, ou ela, pode ser incapaz de mostrar sua habilidade. Da mesma forma, os alunos com deficiências físicas sérias podem apresentar dificuldades na escrita e na utilização de ferramentas, que podem levar a uma subestimação de suas habilidades. Também tendemos a tratar os alunos de acordo com sua aparência: um aluno que parece extremamente jovem ou que seja extremamente baixo para sua idade provavelmente será tratado de maneira mais infantil do que os outros, tanto pelos professores como pelos alunos. Os professores precisam ter consciência desse perigo e tentar evitá-lo.

A política de oportunidades iguais

Uma política escolar global quanto a oportunidades iguais inclui o seguinte:

1. Declaração sobre as atitudes esperadas das pessoas para com todos os alunos, juntamente com algum comentário sobre os tipos de alunos aos quais elas podem ser aplicadas em particular.
2. Informações sobre o que os professores devem fazer para realmente apoiar a política de oportunidades iguais.
3. Declarações sobre responsabilidades específicas para perceber-se que a política está implementada.
4. Declarações sobre os recursos disponíveis para apoiar a política de oportunidades iguais.
5. Informações sobre a maneira pela qual a implementação da política será avaliada.

Avaliando o programa de oportunidades iguais

Não é suficiente ter uma política de oportunidades iguais. Deve haver uma avaliação regular de seu funcionamento. As pessoas mais bem posicionadas para realizar tal avaliação são os alunos, apesar de que também deve haver uma avaliação e uma discussão feitas pelo pessoal. Questionários para grupos selecionados de alunos podem revelar aspectos que não seriam evidentes de outra forma, e esses podem ser acompanhados por discussões com pequenos grupos de alunos e depois com o pessoal. Os pais também podem ter algo a dizer sobre isso.

UTILIZAR O PESSOAL E OUTROS RECURSOS EFETIVAMENTE

A maioria dos diretores herda uma estrutura e não consegue realizar facilmente mudanças de atacado, em parte porque as pessoas ocupam cargos e podem não se adequar a uma estrutura diferente, e em parte porque a reorganização é sempre cara. Porém, a gestão local das escolas (LMS) dá maior liberdade aos diretores para mudarem a estrutura organizacional do pessoal, mesmo se for por um caminho negativo, como a necessidade de perder funcionários para sustentar o orçamento geral. Apesar disso ser inadequado, às vezes pode criar maneiras para implementar mudanças desejadas. Em qualquer um dos casos, um diretor que compreenda claramente as mudanças que deseja fazer pode mover-se gradualmente para uma estrutura nova durante um período de tempo, à medida que as oportunidades surgirem. O importante é estar ciente das vantagens e desvantagens de estruturas diferentes e fazer julgamentos sobre como elas devem funcionar em uma determinada escola, de modo que uma estrutura futura possível torne-se gradualmente mais clara.

Handy (1976) sugere que existem quatro formas de atividades em qualquer organização:

1. Estado-estável: Este "implica que todas as atividades que podem ser programadas de alguma maneira sejam rotineiras em oposição as não-rotineiras".
2. Inovadora/desenvolvimentista: "Todas as atividades direcionadas a mudar as coisas que a organização faz ou a maneira como as faz".
3. Colapso/crise: Este, em grande parte, "explica-se por si só, mas inclui o inesperado e os desastres".
4. Política/direção: "A determinação de prioridades, o estabelecimento de padrões, o direcionamento e a alocação de recursos, o início da ação – essas são atividades que formam uma categoria à parte, apesar de haver alguma sobreposição com outras formas". (Handy, 1976, p.198-199)

Handy (1976) vai além e sugere que partes de uma organização provavelmente apresentarão algumas atividades que se encaixarão nessas categorias. Porém, existe uma tendência de alguns grupos de pessoas terem mais um tipo de atividade do que outro e de se tornarem melhores em tal tipo de atividade. Ele conclui que há um caso para diferenciação dos grupos com alguns tendo mais um tipo peculiar de atividade do que outros.

Nas escolas, assim como na maioria das organizações, todo o pessoal tem bastante trabalho na categoria estado-estável. A política e o direcionamento são de responsabilidade da gerência, mesmo nas escolas mais democráticas, apesar de que muito das tomadas de decisão possa ser delegado e de poder haver muitas decisões colaborativas. O colapso, a crise, a situação inesperada tende a tornar-se responsabilidade das pessoas mais experientes e freqüentemente recai sobre aqueles que, por acaso, estejam disponíveis no momento em que a crise ocorre. Contudo, a inovação e o desenvolvimento podem ser tarefas de qualquer pessoa, sendo que muitos diretores consideram que seus funcionários jovens e inexperientes têm muito a oferecer. Isso sugere que pode ser possível criar uma estrutura na qual existe uma tentativa de separar as atividades de inovação e as de estado-estável, formando, talvez, um grupo voluntário com alguns membros conhecidos por terem potencial inovador, convidados a ingressar para observar desenvolvimentos possíveis, deixando as tarefas do funcionamento escolar do dia-a-dia aos líderes oficiais da comunidade escolar.

Beare e colaboradores (1989) sugerem várias mudanças radicais nas escolas, à medida que as conhecemos. Eles acreditam que é possível reestruturar as escolas para envolver uma aprendizagem com maestria, na qual os alunos aprendam "por meio de seus próprios esforços, em diálogo e cooperação com seus pares e uns com os outros em tutoria por pares"; ou eles podem pertencer a grupos de idades variadas nos quais os alunos mais velhos ajudam os mais jovens. Isso une-se com o que Beare chama de currículo vertical, no qual "todas as áreas de disciplinas [são] divididas em unidades desenvolvimentistas colocadas em uma grade vertical. Os alunos trabalham individualmente ou em pequenos grupos e os professores agem como conselheiros. Os alunos têm diferentes taxas de progresso (Beare et al., 1989).

Isso não parece estar de acordo com muito do trabalho feito em escolas eficientes, que acham que uma combinação de trabalho individual, grupal e da turma toda é a maneira mais efetiva de progredir. Por outro lado, existe algo a ser aprendido. Muitas escolas não dão a atenção suficiente à possibilidade de os alunos se ajudarem e planejarem seu trabalho de forma colaborativa em algumas áreas do currículo. Esse fato ocorre em disciplinas práticas, mas não nas mais acadêmicas, apesar de estar havendo mudanças. A idéia de dividir o currículo em unidades também é para que o currículo nacional torne-se comparativamente fácil; isso permitiria que os alunos mais lentos ou aqueles que faltaram a aula pudessem recuperar o que perderam.

Beare e colaboradores também têm idéias sobre a estrutura da escola. Assim como Handy (1976), sugerem quatro domínios: o de gestão operacional de rotina; o de planejamento e desenvolvimento; o profissional; e o político (Beare et al., 1989).

Cada um deles requer uma forma diferente de comportamento. Algumas pessoas participam de vários domínios e precisarão agir de forma diferente em cada um deles. Eles sugerem que é no domínio operacional que os tipos de estruturas que temos atualmente operam com mais eficiência. O domínio do planejamento exigirá estruturas temporárias usando forças-tarefa e equipes de projetos, cada uma com seus próprios líderes. Nesse contexto, a organização pode envolver pessoas com habilidades direcionadas a isso, sendo muito semelhante ao papel inovador identificado por Handy (1976).

Beare e colaboradores (1989) então sugerem que deveria haver um domínio referente à prestação de um serviço profissional aos clientes. Eles vêm os "profissionais" – os professores – cooperando para associar suas idéias e habilidades a fim de garantir que exista a melhor análise possível, que a sabedoria coletiva seja acumulada para a pessoa que recebe o serviço e para que a operação mais competente seja realizada. Enquanto isso, em certo sentido, não difere da maneira pela qual as escolas normalmente operam, uma ênfase nos "clientes" pode produzir, ao contrário do esperado, um sentimento e um enfoque diferentes, particularmente em relação aos pais, quando a legislação e a propaganda governamental combinam-se para criar uma relação diferente entre a escola e os pais que elas servem.

O domínio final é o político. Aqui os autores sugerem que o diretor, principalmente, tenha um papel importante ao tratar dos vários grupos de interesses fora da escola. Eles destacam a necessidade de trabalhar com coalizões de poder e grupos lobistas e, realmente, gerenciar a cena política no que ela afeta a escola (Beare et al., 1989).

Esses quatro domínios têm implicações para a estrutura adotada por uma escola. Sua sugestão é uma situação que permite que equipes de projetos sejam formadas em inter-relações com outras estruturas e que muitas tomadas de decisões sejam colegiadas.

A estrutura de organização de pessoal que um diretor eventualmente projeta é uma maneira de atingir vários aspectos das tarefas de gestão. Estes podem ser distribuídos de várias maneiras, e a distribuição de tarefas deve ser refletida, até certo ponto, no dinheiro disponível para pagamento de salários. A estrutura da organização de pessoal também faz parte do sistema de comunicação, pois um professor líder pode usá-la tanto para informar como para consultar; ela está diretamente relacionada à maneira pela qual a escola é dividida em unidades para aprendizagem e serviço pastoral.

NOTA

1. Versão condensada.

REFERÊNCIAS

Beare, H., Caldwell, B. J. and Millikan, R. H. (1989) *Creating an Excellent School.* London: Routledge.

Handy, C. (1976) *Understanding Organisations* 2nd ed. London: Penguin Books.

Hary, reaves, D. H. (1982) *The Challenge for the Comprehensive School.* London: Routledge.

9

Equilibrando os enfoques escolar e individual no comportamento dos alunos[1]

PENNY HOLLAND e PHIL HAMERTON

Este capítulo foi escrito por dois membros da equipe do projeto Elton, de Nottinghamshire, um psicólogo e um professor. Baseia-se em nossas experiências, antes e durante o projeto, como indivíduos e membros da equipe. [...] Nossas experiências mostraram-nos que existem oportunidades em algumas escolas para melhorar o apoio oferecido aos alunos que, do contrário, poderiam ser excluídos.

O título deste capítulo sugere que pode haver alguma tensão entre a satisfação das necessidades dos alunos, individualmente, aqueles que os professores consideram os "mais difíceis de ensinar" devido a seu comportamento, e as necessidades globais da comunidade escolar. Também argumentamos que a tensão pode ser resolvida por meio de um equilíbrio cuidadoso de recursos *dentro de um enfoque da escola global*. Para nós, um "enfoque da escola global" significa um enfoque de questões relacionadas ao comportamento e à disciplina, que maximiza o envolvimento e a consistência e minimiza a confusão e o isolamento. Esse enfoque é essencialmente preventivo e não-reativo, fazendo parte do aprovisionamento normal e planejado da escola. Reconhecemos que existe também a necessidade de procedimentos reativos, mas acreditamos que esses não são o enfoque essencial que a escola deve adotar e no qual ela deve basear-se.

[...]

O relatório do Comitê Elton (DES, 1989) não foi totalmente bem-vindo pelos professores. Esse relatório argumentava com veemência que os professores e as escolas nas quais eles trabalham podem afetar dramaticamente o comportamento de seus jovens. [...] Os objetivos do projeto Elton, de Nottinghamshire, eram:

- melhorar o aprovisionamento, geralmente feito dentro das escolas para os alunos mais difíceis, inclusive a intervenção nas etapas de pré-exclusão, e apoiar a reintegração;
- apoiar as escolas na gestão de seus alunos mais difíceis e no desenvolvimento de enfoques e políticas efetivas que destaquem tanto as necessidades do pessoal como as dos alunos;
- tornar mais efetivo o uso dos mecanismos existentes para a gestão dos alunos difíceis e melhorar a coordenação e o fornecimento de apoio dos serviços de apoio;
- registrar cooperação positiva e compreensão mútua entre as escolas e os

pais, a fim de estabelecer uma resposta efetiva às necessidades dos alunos que apresentam comportamento difícil.

[...]

Para auxiliar as escolas a identificar seus objetivos de desenvolvimento, e para a negociação com elas, concordamos em examinar aspectos existentes em sua prática. [...] Os dados obtidos [...] não foram encorajadores. Todas as nossas escolas tinham políticas para a gestão do comportamento dos alunos. Todas diziam satisfazer às necessidades da maioria dos alunos. A maioria dos professores expressou o que observamos serem atitudes de ensino desejáveis, centradas na criança e positivas, preferindo ver os alunos bem integrados do que em educação segregada, sempre que possível. Apesar disso, muitas das escolas pareciam incapazes de limitar suficientemente os números de alunos considerados difíceis de ensinar, e seus recursos não eram adequados para satisfazer as necessidades dos muitos identificados. [...] Fomos levados a concluir que o apoio ao difícil de ensinar pode ser dado de forma mais eficiente nas escolas onde o aprovisionamento global garante que as necessidades da esmagadora maioria dos alunos sejam atendidas por meio de aprovisionamentos curricular, disciplinar e pastoral sólidos.

[...]

DEFINIÇÃO

Descobrimos que as escolas, com freqüência, têm políticas altamente complexas que, às vezes, não operam com eficiência. Isso se deve ao fato de que aqueles que precisam realizar tarefas específicas não recebem os recursos necessários, os quais geralmente significam tempo, ou ao fato de as políticas simplesmente não terem o apoio e a compreensão do pessoal. Descobrimos que é necessária a clareza de papéis e o aprovisionamento dos recursos necessários ao seu desempenho.

Acreditamos que políticas escolares efetivas para promover o bom comportamento devem deixar claro as expectativas normais de todos os membros da comunidade escolar. Essas expectativas, possivelmente expressas na forma de um código de conduta, também podem indicar recompensas e sanções que resultariam de um comportamento desejável ou indesejável. Dentro dos limites da política escolar, deve-se esclarecer onde os membros individuais da comunidade têm liberdade para adotar suas próprias regras. Por exemplo, em uma escola na qual haja uma política declarada para não mascar chicletes, um professor que feche os olhos para isso estará solapando o enfoque global da escola; porém, se não existir nenhuma política da escola quanto a mascar chicletes, cada professor precisará estabelecer suas próprias regras/expectativas e ser, então, internamente consistente.

Quando um aluno, por muitas vezes, deixar de satisfazer as expectativas normais, pode haver uma necessidade de oferecer apoio e, possivelmente, orientação junto com alguma disciplina. Acreditamos que é essencial para ambos serem efetivos, distinguirem claramente entre as estruturas disciplinares na escola e as estruturas de apoio. Se deve ser responsabilidade do professor de determinada área, apoiado pelo diretor do departamento, manter a disciplina, isso deve ser explicitado. Se o tutor da série deve ser informado sobre as dificuldades, deve ficar claro que essa transmissão de informações serve para a construção de um cenário global, de modo que sejam possíveis uma ação coordenada e um apoio efetivo e que não se pretenda envolver o tutor na aplicação das sanções. Acreditamos que as ligações entre a estrutura disciplinar e a de apoio precisam ser fortes, mas não devem misturar seus papéis (Figura 9.1). Após a definição dos papéis das várias equipes dentro da escola, deve haver uma igual clareza com relação à alocação dos recursos necessários.

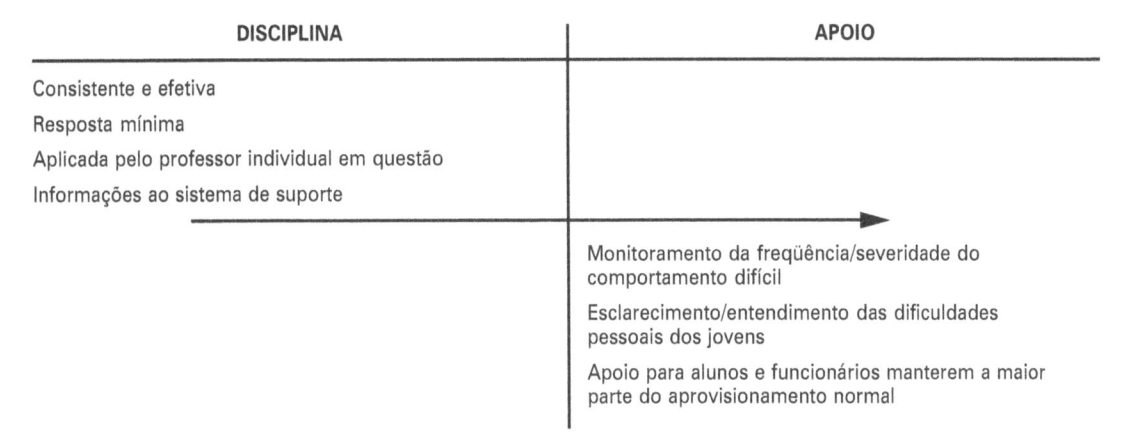

DISCIPLINA	APOIO
Consistente e efetiva Resposta mínima Aplicada pelo professor individual em questão Informações ao sistema de suporte	
	Monitoramento da freqüência/severidade do comportamento difícil Esclarecimento/entendimento das dificuldades pessoais dos jovens Apoio para alunos e funcionários manterem a maior parte do aprovisionamento normal

Figura 9.1 Deve-se fazer uma distinção clara entre apoio e disciplina.

Se o papel requer uma ligação com agências externas, visitas domiciliares e consultas a outros professores, deve-se considerar o tempo e as habilidades. Pode ser necessário considerar quem oferecerá apoio e que alocação de tempo e habilidades necessitará.

Quando todos os detalhes tiverem sido determinados, a escola deverá ter estabelecido as bases de um enfoque da escola global quanto ao comportamento, que afeta a todos, que envolve a todos e que é propriedade de todos.

SATISFAZENDO AS NECESSIDADES DE ALUNOS INDIVIDUAIS

Na rotina normal de uma escola, quando um aluno não satisfaz às expectativas em determinado aspecto, considera-se adequado o uso da disciplina. Juntamente com a disciplina, geralmente há algum apoio, talvez na forma de orientação ou simplesmente de escuta, apesar de esta não poder ser arranjada formalmente. Sugerimos que o desempenho dessas tarefas deve ser separado, mas operando em conjunto dentro de uma política global da escola para promover o bom comportamento.

Todo sistema de escola global envolverá a não-aprovação de alguns alunos

Enquanto a grande maioria dos alunos, rotineiramente, obtém motivação, recompensas e apoio adequados por meio da interação normal com seus professores em sala de aula e com seus pais/cuidadores, assim também o aprovisionamento pastoral normal deve satisfazer as necessidades previsíveis dos alunos que passam pelos estresses da vida normal: crescer, mudar de casa, não obter aprovação em algumas lições, etc.

Acreditamos que nenhum sistema pastoral será adequado à satisfação das necessidades de todos os alunos que o procuram se os professores das disciplinas forem incapazes de satisfazer as suas necessidades. Da mesma forma, o sistema pastoral deve responder efetivamente para satisfazer as necessidades da maioria dos alunos sob seus cuidados, senão o apoio mais intensivo a oferecer será desfeito e, conseqüentemente, não atenderá às necessidades de nenhuma parte.

Não importa o grau de eficiência no desenvolvimento das políticas escolares, o quão claramente definidas estiverem as responsabilidades ou com quanta generosidade os recursos forem providos ao setor preventivo de apoio da escola; alguns alunos e seus professores irão precisar de apoio adicional. Esse apoio dependerá de um sistema coerente para a identificação daqueles que precisam e de provisão adequada dos recursos necessários.

Identificando os mais necessitados

Uma das descobertas mais surpreendentes que fizemos foi que as escolas não são muito eficientes na interpretação da sua quantidade de dados disponíveis. Isso pode ser devido, em parte, à alocação de tempo às pessoas que têm acesso aos dados, mas acreditamos que isso pode refletir suposições que professores parecem ter sobre quem são os alunos mais difíceis. Para nós e para os professores, quando observaram aulas, parece que os alunos dos quais se esperava que causassem mais perturbação, freqüentemente não foram os que o fizeram. Essa descoberta geral sugere que os sistemas escolares não são muito sensíveis a um *feedback* sobre o que está *realmente* acontecendo durante as aulas. Um questionamento detalhado dos professores nas escolas e um exame de seus documentos de políticas mostram que a responsabilidade pela conferência de formulários de interesse, se especificamente a responsabilidade for de alguém, é, com freqüência, de alguém sem tempo suficiente para fazê-lo de maneira efetiva. Descobrimos que os professores geralmente não têm o tempo necessário para compartilhar suas preocupações, mesmo se um professor, seja ele um tutor ou um líder anual, for bem-informado. Parece que, em alguns casos, as informações sobre as dificuldades domésticas, que alguns acreditam serem vitais a todos os professores, estão limitadas àqueles do sistema pastoral mais distantes do ensino aos alunos.

Em alguns poucos casos, descobrimos que existem escolas onde há um padrão estabelecido de "reuniões de interesse", nas quais aqueles diretamente envolvidos no ensino de um aluno podem compartilhar suas preocupações em tempo não-dirigido, fora do dia escolar de ensino. Em um caso, uma escola desenvolveu uma oportunidade de reunião dentro do horário escolar para tutores de série e líderes anuais, a fim de discutir os indivíduos e desenvolver, com agências externas se necessário, um plano de ação específico. Em outra escola, foi realizada uma reunião semanal envolvendo: substituto pastoral, coordenador de apoio à aprendizagem, funcionário de seguridade educacional e serviço psicológico educacional, pessoal de serviço de apoio a necessidades especiais e líderes anuais/tutores, conforme apropriado. Essas reuniões são apoiadas por um programa regular de reuniões de equipes pastorais. Em outra área geográfica do país, existe uma prática de reuniões regulares com múltiplas agências, envolvendo, também, a polícia e os serviços sociais; isso é considerado de alta eficiência.

Em nossa opinião, a menos que sejam dados responsabilidade específica e tempo para a identificação dos alunos com mais necessidade de apoio intensivo, é improvável que esse processo seja efetivo. Acreditamos que o processo de identificação seja a etapa mais importante para descrever as necessidades. Os coordenadores de apoio à aprendizagem e os seus colegas dos serviços de apoio internos e externos são geralmente capazes, em um ambiente escolar positivo, de encontrar enfoques que resolvam adequadamente os problemas e que os auxiliem a sugerir hipóteses e a desenvolver planos de ação apropriados.

Fazendo um aprovisionamento especial dentro da escola bem-integrada

A identificação por si só não é suficiente. O sistema escolar deve almejar não apenas identificar os alunos de forma bem-sucedida e reconhecer suas necessidades, mas também satisfazer tais necessidades *a partir dos recursos disponíveis*.

Dentro das escolas-projeto, logo ficou claro que as decisões sobre alocação de recursos, tempo do pessoal, tamanho e salas das turmas, por exemplo – freqüentemente são tomadas sem o conhecimento efetivo da maioria do pessoal. Enquanto a proporção total entre professor/aluno é bastante constante dentro do país (aproximadamente 15,5/1 nas escolas de ensino médio de Nottinghamshire), o tamanho médio das turmas varia muito, desde apenas 18 até 25, e o tamanho *real* das turmas varia ainda mais. Essas variações, às vezes, parecem não refletir as necessidades aparentes.

O aprovisionamento de apoio das escolas aos alunos portadores de necessidades especiais pode variar, em termos de tempo dos funcionários, desde nenhum até mais do que o equivalente a quatro professores de período integral (4 PPIs) em uma escola de 700 alunos. As escolas alocam salas a disciplinas ou funções específicas de acordo com critérios que nem sempre estão claros. Então, um conjunto de salas pode ser alocado para a TVEI (Technical and Vocational Education Initiative) e outro para a comunidade, enquanto pode não haver salas para o coordenador de apoio ou para os líderes anuais proverem um espaço destinado a intervenções em um clima de tranqüilidade, quando ocorrer uma crise em sala de aula.

A distinção entre os alunos "que apresentam dificuldades de aprendizagem" e os "que apresentam dificuldades de comportamento" é reforçada em algumas escolas em que o papel do coordenador de apoio é visto como a preocupação com funções educacionais remediais e diferenciação curricular *para* os departamentos, em vez de *com* os departamentos. A responsabilidade pelo apoio em casos em que o comportamento é percebido como o problema é dado aqui aos tutores de série, os quais, conforme constatamos em algumas escolas, não podem fazer mais do que punir novamente.

As escolas têm a liberdade de decidir como tentar satisfazer as necessidades de seus alunos mais exigentes. Acreditamos que, à medida que o nível de dificuldade aumenta, torna-se cada vez mais importante que as funções de disciplina e de apoio sejam planejadas separadamente. É difícil para ambas as partes, nos casos de dificuldades complexas ou de longa duração quanto ao comportamento, quando o tutor de série, por exemplo, assume o papel de favorecedor e disciplinador simultaneamente. Além disso, o papel do apoiador deve ser definido (Quadro 9.1) e os próprios apoiadores devem ser apoiados. O apoio ao tutor que apóia provavelmente não será fornecido por um sistema que coloca os alunos cada vez mais dentro do sistema de exclusão ao envolver a equipe de gestão sênior, a menos que seja um papel detentor de resolução de problemas (Quadro 9.2).

Para realizar o papel de um tutor que apóia, é necessário uma certa alocação de tempo. O tempo também será necessário para o líder a fim de apoiar os tutores e assim por diante. Como alternativa, o apoio pode ser visto como sendo trabalho do coordenador de apoio e a alocação de tempo pode ser feita por intermédio dessa pessoa. Antes de gritar "mas nós não temos tempo suficiente agora!", vamos observar as maneiras atuais de uma possível utilização do tempo nas escolas.

Quadro 9.1
O papel do apoiador é definido

APOIO É...

A Coletar e conferir informações
  (a) recebimento das preocupações do professor
  (b) entrevista com o aluno
  (c) observação em sala de aula
  (d) informações sobre pais/cuidadores
  (e) acesso ao currículo

B Intervenções
  Aluno
  (a) favorecimento
  (b) envolvimento de pais/cuidadores
  (c) orientação/aconselhamento
  (d) estratégias comportamentais
  (e) alterações planejadas de horário
  Professor
  (a) apoio de pares
  (b) estratégias para resolução de problemas
  (c) diferenciação curricular
  (d) habilidades de gestão em sala de aula
  Ligação com agência externa
  (a) envolvimento
  (b) coordenação

C Revisão

Quadro 9.2
O apoiador é apoiador

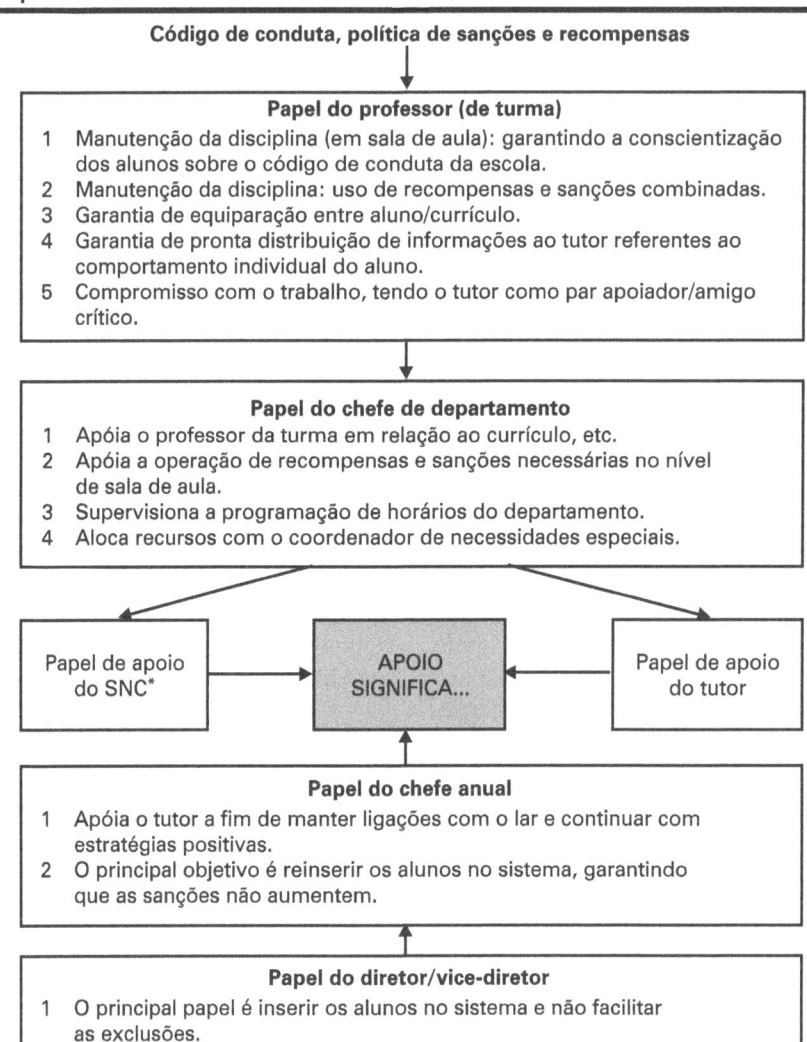

Código de conduta, política de sanções e recompensas

Papel do professor (de turma)
1. Manutenção da disciplina (em sala de aula): garantindo a conscientização dos alunos sobre o código de conduta da escola.
2. Manutenção da disciplina: uso de recompensas e sanções combinadas.
3. Garantia de equiparação entre aluno/currículo.
4. Garantia de pronta distribuição de informações ao tutor referentes ao comportamento individual do aluno.
5. Compromisso com o trabalho, tendo o tutor como par apoiador/amigo crítico.

Papel do chefe de departamento
1. Apóia o professor da turma em relação ao currículo, etc.
2. Apóia a operação de recompensas e sanções necessárias no nível de sala de aula.
3. Supervisiona a programação de horários do departamento.
4. Aloca recursos com o coordenador de necessidades especiais.

Papel de apoio do SNC*	APOIO SIGNIFICA...	Papel de apoio do tutor

Papel do chefe anual
1. Apóia o tutor a fim de manter ligações com o lar e continuar com estratégias positivas.
2. O principal objetivo é reinserir os alunos no sistema, garantindo que as sanções não aumentem.

Papel do diretor/vice-diretor
1. O principal papel é inserir os alunos no sistema e não facilitar as exclusões.
2. Supervisiona o uso de exclusões de prazo fixo e indefinido.
3. Garante que o tutor e o diretor anual tenham o tempo necessário para realizar tarefas.

*SNC – Special Needs Coordinator – Coordenador de Necessidades Especiais

Um modelo de formação do quadro de pessoal na escola

Como nosso trabalho levou-nos a um grande número de escolas, rapidamente demo-nos conta de que existem enormes variações na maneira pela qual as escolas de tamanhos semelhantes, e que servem áreas de abrangência semelhantes, são organizadas. Descobrimos que, quando encorajados a examinar criticamente a maneira pela qual as aulas, os horários e as responsabilidades são organizadas, pode-se desenvolver enfoques altamente imaginativos para satisfazer as necessidades de instituições específicas. Essa seção explora o potencial para desenvolvimento em uma escola de ensino médio típica. Dois enfoques diferentes serão descritos. A posição inicial e ambos os desenvolvimentos estão baseados em escolas-projeto e em trabalho realmente realizado, com anuário e quadro de pessoal equiparados numericamente e levemente simplificados para fornecer um modelo aritmético básico.

Analisemos uma escola de ensino médio típica, de 750 alunos, com uma proporção de 17 alunos por professor. Nesse modelo, a semana de ensino é composta de 25 períodos. O quadro de pessoal é formado por 44 pessoas, com um diretor e três vice-diretores. O que mostramos a seguir é um modelo de formação do quadro de pessoal muito incipiente, usado para demonstrar o efeito de certas escolhas.

A carga de trabalho de ensino da equipe de gestão sênior é bastante típica, com o ensino ocupando, entre os professores, 55 períodos por semana (2,2 PPIs) (descobrimos que existem amplas variações quanto à carga horária exercida por equipes de gestão sênior, com os quatro professores mais antigos contribuindo com menos do que dois PPIs e mais do que três PPIs na programação). O tempo mínimo de ausência de contato é estabelecido em três períodos por semana, sendo que outros 13 funcionários têm maior ausência no contato como chefes de departamento (um ou dois períodos semanais) ou chefes anuais (dois períodos semanais).

No início do desenvolvimento, a política escolar é manter as turmas no menor tamanho possível, a fim de satisfazer as necessidades de todos os alunos da forma mais eficiente. O tamanho médio de uma turma é de 21 alunos, e isso permite que apenas 1 PPI (o coordenador de apoio) seja liberado da escala de horários para outras tarefas, como apoio à aprendizagem. Não existe maior flexibilidade e ninguém realmente tem tempo para acompanhar as necessidades de apoio pastoral dos alunos quando as coisas vão mal, exceto a equipe de gestão sênior, que têm menos opções, como vimos. Os chefes de todos os departamentos também são tutores.

Após algumas discussões do pessoal, as turmas médias podem chegar a 25 alunos. Uma das escolas-projeto tomou exatamente essa decisão após consulta prolongada com todo o pessoal no início do projeto. Em nossa escola-modelo, isso libera uns 143 períodos de aula para apoio à aprendizagem, apoio pastoral, etc. Agora a escola tem alguma flexibilidade na formação do quadro de pessoal, um total de 165 períodos de aula semanalmente, e pôde liberar cinco salas de aula para qualquer momento. Agora, apenas três chefes de departamento precisam ser tutores.

Agora é possível fazer ajustes para oferecer apoio extensivo. Esse apoio pode ser canalizado por meio do coordenador de suporte, do sistema pastoral, dos departamentos curriculares ou de uma combinação destes.

Ao organizar para que o apoio venha por meio do sistema pastoral (Quadro 9.3, Modelo A), mais cinco períodos por semana podem ser alocados aos tutores para a realização de suas tarefas: três períodos de apoio curricular por meio dos chefes de departamento e dois períodos de apoio pastoral. Na negociação entre chefes de departamento e 0,5 coordenador de necessidades especiais, os 90 períodos de apoio à aprendizagem podem ser alocados conforme for necessário. Quando possível, espera-se a utilização de tutores para apoiar suas próprias turmas. O apoio pastoral teria agora dois períodos semanais para cada tutor, além do contato durante a série e das sessões de PSE (Personal and Social Educations – Educação Pessoal e Social). Os diretores anuais podem liberar os tutores dessas tarefas, sob circunstâncias excepcionais, para trabalho pastoral adicional. Esse sistema deveria prover um apoio muito efetivo à vasta maioria de alunos e aos seus professores. Haveria um aumento no tamanho da turma, mas também haveria tempo para realizar as tarefas importantes necessárias à oferta de apoio efetivo quando o comportamento gerasse problemas, e haveria apoio significativo disponível dentro da sala

Quadro 9.3
Apoio organizacional (Modelo A)

Alocação do tempo dos professores (A)

Turma média = 25   Semana = 25 períodos

Apoio à aprendizagem
3 períodos por semana de todos os tutores
Alocação a 0,5 coordenador de apoio e chefe de departamento para uso flexível
Com mais eficiência, o tutor apóia o próprio grupo de tutores por:
  (a) Ensino em equipe.
  (b) Apoio intraclasse ao aluno.
  (c) Afastamento de pequeno grupo.
  (d) Afastamento individual.

Apoio pastoral
30 minutos, diariamente (período de tutor) + dois períodos por semana
Alocado pelo tutor para:
  (a) Aluno individual/observação de turmas.
  (b) Apoio à aprendizagem.
  (c) Orientação individual/aconselhamento/estabelecimento de metas, etc.
  (d) Contato pais/cuidadores.
  (e) Ligação com agência externa.
  (f) Apoio do diretor anual.

PSE
1 período por semana com grupo de tutores

Tempo de ausência de contato
3 períodos por semana

Quadro 9.4
Apoio organizacional (Modelo B)

Alocação do tempo dos professores (B)

Turma média = 25   Semana = 25 períodos

Apoio à aprendizagem
Coordenador de apoio de período integral +
2 funcionários de período integral, tendo como base o centro de apoio +
44 períodos por semana (pessoal selecionado) alocados para chefe da escola anterior e chefes de departamento para uso flexível, por exemplo:
  (a) Ensino em equipe.
  (b) Apoio intraclasse ao aluno.
  (c) Afastamento de pequeno grupo.
  (d) Afastamento individual.
  (e) Preparação de materiais programados.

Apoio pastoral
20 minutos diariamente (período de tutor) + 1 período por semana
Alocados pelo tutor para:
  (a) Aluno individual/observação de turmas.
  (b) Apoio à aprendizagem.
  (c) Orientação individual/aconselhamento/estabelecimento de metas, etc.
  (d) Contato pais/cuidadores.
  (e) Ligação com agência externa.
  (f) Apoio do diretor anual.

PSE
1 período por semana com grupo de tutores

Tempo de ausência de contato
3 períodos por semana

---

de aula quando a aprendizagem se tornasse difícil. O papel do tutor teria sido consideravelmente aumentado e todos se tornariam professores dos alunos que apresentam necessidades especiais. Em uma das escolas-projeto, essa reorganização aconteceu.

Como alternativa, nossa escola típica pode canalizar a maior parte do apoio por meio do aprovisionamento de um centro de apoio expandido (Quadro 9.4). Aqui, não haveria distinções entre aprendizagem e apoio pastoral. Além do coordenador de apoio, agora em período integral, poderia haver mais dois funcionários de período integral trabalhando, a partir do centro, e outros dois PPIs liberados para ligação e preparação com o pessoal do centro de apoio. Outra escola-projeto tinha estabele-

cido tal aprovisionamento um pouco antes do projeto começar. Em nossa escola-modelo, os tutores podem receber um período extra sem contato por seu trabalho pastoral, principalmente para estabelecer ligação com o centro de apoio. Quinze períodos não-alocados poderiam, por exemplo, ser programados para ciências, em aulas da 6ª série do ensino fundamental, com trabalho prático. Agora os alunos individuais podem ser apoiados intensivamente e os alunos com maior necessidade podem receber apoio 1/1 de período integral, se necessário. O pessoal do centro de apoio teria tempo para coordenar o pessoal de apoio externo, estabelecer ligação com o pessoal pastoral e até realizar algumas visitas domiciliares. O papel do tutor é reduzido e as habilidades necessárias são menores. Porém, a habilidade é vista como localizada nos *outros*, potencialmente desabilitando o professor da turma, que também é um tutor.

Equilibrando os enfoques da escola global e da individual

As escolas alocam recursos de acordo com suas próprias prioridades. As descrições acima mostram como as escolas podem variar tais alocações. Está claro que o aprovisionamento de apoio dirigido pelo tutor permite um apoio menos intensivo aos indivíduos, mas deve aumentar o aprovisionamento para a escola global dramaticamente. O modelo do centro de apoio permite suporte intensivo aos indivíduos, assim como uma gama de enfoques de sustentação departamental; mas isso realmente enfatiza a natureza separada de suporte e, se o aprovisionamento normal da escola não for bom, ele é passível de ser esmagado (Quadro 9.5).

Precisa-se encontrar um equilíbrio – um sistema eficaz que permita que um número máximo de alunos potencialize suas conquistas necessitando oferecer diferentes níveis de sustentação, desde o apoio normal de professores atenciosos em sala de aula e tutores com seu contato rotineiro com os alunos, até o apoio 1/1 intensivo, de período integral, fornecido no local a um aluno no momento de crise, que faz com que o aprovisionamento normal em sala de aula seja impossível. O equilíbrio adequado de uma escola será diferente do de outra e mudará à medida que as necessidades da escola e dos alunos mudarem.

CONCLUSÃO

Não advogamos uma maneira correta de apoiar os alunos na escola nem indicamos um equilíbrio correto entre os enfoques escolar e individual. Nós sugerimos um enfoque quanto ao desenvolvimento e sugerimos uma série de opções que as escolas podem levar em conta. Nossa opinião é que as escolas podem satisfazer à altura as necessidades daqueles com dificuldades de aprendizagem por muito mais tempo do que muitas agora fazem. É necessá-

Quadro 9.5
Cada modelo tem seus méritos e seus problemas

MODELO A	MODELO B
Vantagens	
Apoio para todos os alunos Identificação precoce dos problemas O tutor mantém o comprometimento Maior contato domiciliar possível Aluno inserido no sistema de tarifas As habilidades do tutor são desenvolvidas Papéis e expectativas definidas Redução no ensino por turmas Apoio dos pares Adequada alocação de tempo	Apoio para os alunos mais difíceis Os professores ensinam sua especialidade Espaço para os professores respirarem Coordenação efetiva de agências externas Aumento da diferenciação no trabalho Ambiente calmo para os alunos Professores sentem-se apoiados Permite resposta flexível
Desvantagens	
Impossibilidade de afastamento em período integral Aumento potencial de exclusões Nenhuma "habilidade" no apoio à aprendizagem Demora na aquisição de habilidades do tutor Dificuldade na coordenação de apoio externo Mais ensino/grupos de tutores	Os professores renunciam aos problemas Falta de envolvimento do tutor Ligação lar/escola é difícil Menos apoio para a maioria dos alunos As habilidades permanecem com poucas pessoas Menos probabilidade de resposta precoce

rio um compromisso sério para a manutenção desses jovens nas escolas bem-integradas, em vez de recorrer a descartar e a procurar por alternativas fora da escola. Nossa experiência tem mostrado que, com o firme compromisso dos gestores de nível sênior e dentro de um enfoque apoiador efetivo e global da escola, é possível melhorar significativamente o apoio disponível àqueles com mais dificuldade de aprender. Sempre que um apoio efetivo *estiver* disponível dentro das escolas bem-integradas, a necessidade de expandir o aprovisionamento fora do local será significativamente reduzida. A experiência nas escolas-projeto mostrou-nos que, nessas escolas, a experiência de ensino e aprendizagem melhora para todos.

NOTA

1. Este material foi condensado.

REFERÊNCIA

Department of Education and Science (1989) *Discipline in Schools,* The Report of the Elton Committee. London: HMSO.

10

Avaliação curricular como revisão e desenvolvimento: o papel do líder curricular na criação de uma comunidade investigativa

MARTIN COLES

A avaliação, sob várias formas, tem destacado-se na agenda educacional já há algum tempo. A realidade política e o clima de opinião sobre educação significa que a avaliação externa, via inspeções feitas pela Agência de normas em Educação – Ofsted – e, menos explicitamente, via percepções gerais dos pais, conselheiros de AELs, professores em outras escolas, etc. sobre o sucesso de uma escola continuará a fazer parte da vida educacional. Pelo menos atualmente, parece que a avaliação externa é o tipo que tem credibilidade fora da profissão. A testagem pelo currículo nacional tem responsabilidade final externa como parte de sua análise racional. Mesmo assim, essa é mais uma razão por que as escolas devem, neste clima, provar serem capazes de conduzir uma auto-avaliação e agir sobre os resultados. Considero a auto-avaliação como parte integrante do bom ensino e acredito que ela deve continuar no centro de todas as formas de avaliação. O conceito de profissionalismo implica uma responsabilidade de atualizar constantemente o conhecimento e as habilidades em um empenho por melhorias. Os professores que se vêem como profissionais desejarão melhorar sua prática profissional por meio de processos de monitoramento e revisão. Espera-se que os líderes curriculares, os coordenadores de escolas de ensino fundamental e os chefes de departamento de escolas de ensino médio liderem esse processo.

Um aspecto central dos procedimentos de avaliação é a revisão e o desenvolvimento curricular. Na prática, é impossível separar revisão e desenvolvimento curricular da consideração de outros aspectos da vida escolar, como o relacionamento entre professores e crianças, a competência profissional e a atitude dos professores, as características da escola e, muito importante, o progresso e as conquistas das crianças. Todavia, a discussão neste capítulo deseja observar especificamente o currículo como ponto de partida para uma auto-avaliação escolar.

A avaliação curricular deve ocorrer dentro do histórico do currículo nacional. Ao contrário da opinião popular, o currículo nacional não torna redundante o planejamento e a avaliação curricular feitos com cada escola. Por exemplo, as ordens estatutárias inglesas e a orientação não-estatutária não apresentam uma política detalhada com relação à leitura. Sua escola deve continuar a usar os esquemas de leitura? Em que ponto do desenvolvimento desta as crianças devem ser encorajadas a fazer escolhas sensíveis sobre seus próprios materiais de leitura? O que uma escola deve fazer para desenvolver as habilidades de estudo de um aluno? As escolas individuais terão que continuar a produzir políticas nessas e em muitas outras áreas. Então, mesmo que aceitemos que o currículo nacional imponha algumas restrições à liberdade dos professores de escolher materiais e objetivos, assim como faz o plano de ensino de exames nas escolas de ensino médio, ainda há um espaço considerável dentro do qual eles podem fazer julgamentos independentes em relação às experiências de aprendizagem que oferecem às crianças em sala de aula e às maneiras pelas quais essas são avaliadas.

AVALIAÇÃO PARTICIPATIVA: EM DIREÇÃO A UMA SÍNTESE DO DESENVOLVIMENTO DO INDIVÍDUO E DA ESCOLA

Ao considerar uma revisão do currículo, é sempre importante reconhecer o papel crucial do "clima" de divisão de poderes e da gestão de uma escola. Os líderes curriculares podem agir com maior eficiência como catalisadores em relação à avaliação e ao desenvolvimento do currículo se houver esse sentido de divisão de poderes. Tanto a teoria como a prática sugerem que o estilo de liderança e gestão do diretor será crucial em qualquer escola, tanto para a forma que assume qualquer avaliação como para o compromisso do quadro de pessoal em relação a ela. A auto-avaliação participativa inevitavelmente requer um estilo de gestão participativa. Em outras palavras, para a auto-avaliação funcionar adequadamente ela deve ser feita pelos membros do quadro de pessoal, em vez de ser feita para eles.

Deixem-me tentar ser mais preciso sobre o que quero dizer exatamente com a noção de revisão e desenvolvimento curricular interna e participativa. Holly e Southworth (1989) apresentaram uma descrição que poderia aplicar-se ao negócio da revisão e desenvolvimento curricular. Eles dizem que ele é, na melhor das hipóteses, "uma viagem de aprendizagem baseada no envolvimento e na concentração do pessoal nos processos de sala de aula". Eles sugerem que é uma questão de "orquestrar e gerir o processo de mudança, fornecer uma estrutura para o desenvolvimento" e " estabelecer uma parceria colaborativa de apoio".

Cada professor provavelmente realiza uma revisão curricular como uma apreciação regular, mas informal, do sucesso de seu próprio trabalho. Porém, esse processo provavelmente não será sistemático e, geralmente, estará baseado em impressões e experiências pessoais, sem levar em consideração explicitamente as informações de, por exemplo, colegas ou alunos. A avaliação desse tipo, definida por Holly e Southworth, implica uma preparação dos professores para refletir sobre sua própria prática, de maneira a permitir que eles façam julgamentos detalhados sobre sua prática para eles mesmos, mas também implica que os professores que passam pelo processo de mudança sejam apoiados por uma estrutura institucional em vez de trabalharem sozinhos. Dito de outra forma, a revisão e o desenvolvimento curricular e a avaliação do tipo que eu gostaria de recomendar não é nem uma avaliação de sala de aula (que, às vezes, inclui pesquisa de ação), nem uma auto-avaliação da escola (que, no passado, normalmente relacionava-se a uma revisão institucional conforme o "livreto" ou as "diretrizes" da AEL), nem uma revisão dentro da escola após seguir as diretrizes do processo, como aquelas desenvolvidas pelo projeto Guidelines for Review and Internal Development in Schools (GRIDS – Diretrizes para Revisão e Desenvolvimento nas Escolas, 1984), nem mesmo uma revisão após inspeção da Ofsted. Ao contrário, é uma síntese dessas atividades. Todo o quadro de pessoal observa a escola globalmente, de modo que todos se sintam igualmente envolvidos e comprometidos com a revisão, mas o foco está no currículo, nas salas de aula individualmente. A meta é combinar um quadro de pessoal que tenha posse do programa de revisão e desenvolvimento, estabelecendo um compromisso com melhorias das práticas de sala de aula na escola como um todo.

Os tipos de atividades que podem ser realizados incluem coisas como:

- aulas do tipo "portas abertas", em que os professores podem visitar uns aos outros para estabelecer uma base para discussões posteriores;
- oficinas para o pessoal que se concentrem nos aspectos práticos da organização da aprendizagem em sala de aula;
- observação emparelhada um "amigo crítico", levando à formulação de questões relevantes trazidas para as discussões do pessoal.

Pedir ao pessoal que observe as aulas uns dos outros pode, a princípio, parecer algo idealizado e impraticável, mas, como aponta Little (1981), *existem* escolas onde a "observação de aulas é tão freqüente, tão viva e tão intensa intelectualmente, tão completamente integrada ao trabalho diário, e tão associada a realizações para todos os participantes, que é difícil pensar que essa prática não funcionaria para melhorar o ensino".

Uma outra observação precisa ser feita. Os recursos e o tempo são, obviamente, fatores inibidores em qualquer tentativa de revisão curricular. É importante que a carga de trabalho da revisão esteja de acordo com a disponibilidade das pessoas para adotá-la e que seja elaborado um cronograma que envolva mínima perturbação. Em uma escola de ensino fundamental, é quase inevitável, por exemplo, que as reuniões tenham que ser realizadas fora do "tempo de aula", mas é mais importante que as sugestões a seguir não sejam vistas simplesmente como atividades "bônus". Ao combinar vários enfoques com o processo de revisão, deve ser possível fornecer uma estrutura que se integre no trabalho contínuo da escola em vez de ser um peso extra. O princípio geral é que, para a revisão e o desenvolvimento curricular funcionarem, eles devem ser absorvidos na prática corrente, integrados à organização da aprendizagem, e não ser um opcional. Em outras palavras, para a revisão e o desenvolvimento curricular serem importantes dentro de qualquer escola, eles devem estar enraizados na própria instituição, em vez de serem vistos apenas como um fator administrativo a mais da vida escolar, ou um "item externo" em resposta a um evento único, como uma inspeção.

REVISÃO E DESENVOLVIMENTO CURRICULAR: PLANEJAMENTO DA AÇÃO

Apesar da revisão curricular baseada na escola começar com as necessidades de dentro dela, isso não significa que as exigências e os conselhos externos possam ser ignorados. No início de qualquer revisão interna, é importante encontrar pesquisas recentes e outros desenvolvimentos relevantes ao aspecto do currículo em revisão e tentar formar um quadro do que geralmente se considera a boa prática. Esse quadro necessariamente terá de levar em conta os programas de estudo do currículo nacional. E ele freqüentemente terá de levar em consideração os resultados de uma inspeção feita pela Ofsted.

Pensando sobre a mudança e a responsabilidade final externa

A meta corporativa da Ofsted é a "melhoria por meio da inspeção" (Ofsted, 1994a); apesar do ceticismo com que muitos professores, sem dúvida, vêem o processo de inspeção, existem crescentes evidências de que a preparação para inspeção e o planejamento da ação após a mesma estão tendo um impacto para a melhoria das escolas (Ofsted, 1994b). Com relação ao que é dito no resto deste capítulo, é importante que, dentro da vida e da cultura de uma escola, a auto-revisão e a inspeção não sejam vistas como processos mutuamente excludentes. É claro que é possível considerar negativo o processo de inspeção da Ofsted, vê-lo como

> *um processo em que os julgamentos e as medidas são introduzidas de maneiras e formas que não correspondem à prática diária, e de forma e estilo que podem representar uma ameaça ao profissionalismo e à autonomia do professor e da escola. (Moon, 1995).*

Mas é possível também ter uma atitude profissional confiante para com a inspeção externa. Na verdade, para os professores promoverem uma cultura de autonomia profissional, a integração da revisão externa ao processo de revisão escolar interno é a única maneira de prosseguir. A própria Ofsted recomenda que "as escolas devem procurar assimilar a inspeção e o planejamento da ação ao processo em andamento de planejamento futuro e auto-revisão" (Ofsted, 1995).

As inspeções da Ofsted têm que reconhecer os pontos fortes e fracos de uma escola e precisam coletar uma ampla série de evidências. Esse conjunto de evidências inclui informações obtidas junto ao grupo de pais, opiniões de alunos, escrutínio do trabalho do aluno e evidências reunidas a partir de procedimentos consistentes para a observação do trabalho em sala de aula. Certamente, esses são elementos que deveriam ser parte de qualquer processo de revisão escolar interno, assim como também poderiam ser os critérios definidos dentro do manual da Ofsted. Mas a incumbência desenvolvimentista da Ofsted está limitada à identificação de "questões-chave para ação". O quadro de pessoal da escola e os dirigentes precisam responder a esses resultados e implementar o plano de ação que conduzirá a uma mudança desenvolvimentista.

A concretização dessas exige mudanças de atitude, assim como mudanças na prática de ensino. Essa é uma área sensível, e é essencial selecionar estratégias de mudança que sejam adequadas tanto ao líder curricular como ao resto do pessoal. Existem várias estratégias que podem ser usadas para apoiar a revisão e o desenvolvimento curricular. Há aquelas que envolvem trabalho na escola. Essas podem incluir, por exemplo:

- reuniões do pessoal/curriculares;
- dias de educação e treinamento de professores durante o trabalho (INSET);
- pacotes e vídeos para educação e treinamento de professores durante o trabalho (INSET);
- observação dos alunos trabalhando;
- compartilhamento do trabalho dos alunos;
- questionários e outros formulários para a coleta de informações;
- oficinas;
- compartilhamento do planejamento do trabalho projetado com os colegas;
- trabalho paralelo ou trabalho em equipe com colegas.

Este último item é importante. Os professores raramente vêem outros professores trabalhando e, portanto, têm apenas noções vagas para julgar seu próprio trabalho de ensinar. Trabalhar em outra sala de aula inevitavelmente envolve observação e, talvez, um conseqüente nervosismo, mas, se um professor "sob observação" em um dia torna-se o "observador" em outra sala de aula no outro dia, pode ser gerada uma atmosfera colaborativa na qual todos valorizam as aulas uns dos outros e aceitam suas conseqüências. Particularmente, o "ensino emparelhado" pode ser uma boa maneira de influenciar os outros e de implementar políticas curriculares.

Dessa forma, uma grande parte da tarefa de um líder curricular refere-se a influenciar os colegas. Essa é uma atividade cheia de dificuldades, mas registrar o apoio de um colega em um empreendimento conjunto de alguma espécie evita acusações de excesso de autoridade e gera um comprometimento com a proposta. Em qualquer um dos casos, dois "pontos essenciais de procedimento", em qualquer empreendimento conjunto, teriam que ser a amizade e o voluntarismo.

Confeccionando um plano

O modelo a seguir sugere um enfoque possível para desenvolver um plano de revisão e desenvolvimento curricular, mas este não é, de maneira nenhuma, definitivo. Apesar do modelo ser sistemático, qualquer escola precisará adaptar o enfoque à suas circunstâncias particulares. Qualquer revisão irá refletir o trabalho anterior feito na área, o nível de conhecimento e a capacidade do pessoal, os requisitos do currículo nacional, os resultados de qualquer inspeção e as opiniões de pais e dirigentes, entre outros fatores. Esse procedimento está baseado em um modelo desenvolvido por Coles e Banks (1990), o qual, por sua vez, é adaptado livremente de um modelo para o desenvolvimento de uma política de avaliação escolar produzido pelo projeto de avaliação da escola fundamental (AEL de Hampshire com a Universidade de Southampton, 1989). Os procedimentos de tal projeto foram reformulados, de modo que o modelo tenha seis elementos que, juntos, formam, em inglês, o acrônimo ADRENALIN (adrenalina).

1. **A**nalise
2. **D**ecida e
   Revise
3. **E**stabeleça o que vai fazer e
   N (*note*) Anote seu plano de ação
4. **A**conselhe os colegas e
   L (*let*) Diga às pessoas o que está acontecendo
5. **I**mplemente
6. **N** (*now*) Agora avalie

Cada elemento envolve fazer uma pergunta, concordar em uma tarefa e engajar-se em várias atividades com um resultado específico em mente.

1. Analise

Pergunta: Qual é a prática atual da escola?
Tarefa: Revisar e analisar a prática atual.

Atividades: Para uma revisão ser rigorosa, ela deve ter algum grau de objetividade; objetividade requer o uso de evidências, mas não significa necessariamente "partir de fora". Abaixo estão declarações breves e resumidas do tipo de atividade que deveria ser útil realizar para reunir evidências.

- Peça que cada professor resuma de um lado de uma folha de papel A4 sua prática considerada na área. Faça circular essas folhas entre o pessoal antes de fazer uma discussão com todos.
- Envie um breve questionário a todos os funcionários fazendo perguntas relevantes sobre a prática atual. Novamente faça circular as respostas como preparação para uma discussão com o pessoal. Os questionários são econômicos em termos de tempo, mas não são tão fáceis de confeccionar como pode parecer. Seja breve, faça com que seja fácil de responder e fácil de devolver o formulário.
- Reúna exemplos relevantes de trabalhos dos alunos que demonstrem a prática atual e leve-os à reunião do pessoal.
- Reúna livros relevantes e outros materiais de ensino que demonstrem a prática atual e leve-os à reunião do pessoal.
- Organize um questionário simples para os alunos, a fim de reunir informações referentes à sua compreensão sobre a prática atual.
- Em grupos, faça um *brainstorming* de vários enfoques de diferentes salas de aula.
- Organize sessões de "ensino emparelhado" quando a turma estiver concentrando-se na área curricular que está sendo revisada.
- Faça entrevistas com o pessoal sobre sua prática atual. Isso pode ser ameaçador, mas muito frutífero se os resultados forem compartilhados, pois

as entrevistas têm a vantagem de permitir um acompanhamento e um esclarecimento das respostas. Mas também esteja ciente de que o processo de entrevistar pode custar caro em termos de tempo; por exemplo, em uma escola de ensino fundamental de tamanho normal, todo o pessoal teria de ser entrevistado para se obter uma idéia justa. Pode-se formular no papel uma série de perguntas para auxiliar na coleta de informações e no retorno dos dados.

Resultado: Uma compreensão comum sobre o alcance das atividades curriculares praticadas dentro da escola.

2. Decida e Revise

Pergunta: O que devemos fazer para melhorar a prática atual?

Tarefa: Revisar a prática atual e combinar os princípios relacionados à área que está sendo revisada.

Atividades: Usando informações coletadas durante a etapa anterior, assim como idéias formadas como resultado de outras atividades da educação e do treinamento dos professores durante o trabalho (INSET), identifique e combine os princípios e propósitos que influenciarão a política da escola ao solicitar que os professores se façam certas perguntas. Sua escola já terá uma demonstração do currículo que poderá ser usada como o foco desta atividade. Entre as perguntas que podem ser feitas estão:

- O que precisa ser mudado?
- Identifique algumas diferenças e semelhanças nos enfoques usados por vários professores. As diferenças importam?
- Observando a demonstração do currículo atual de sua escola, os programas de estudo do currículo nacional e as declarações de realizações, o currículo que vocês oferecem está deixando a desejar em alguma área? Lembre-se de

que a base de qualquer decisão está no que cada criança faz em sala de aula. Anote formalmente as decisões tomadas e forneça uma cópia dessas decisões a cada membro do pessoal.

Resultado: O estabelecimento de alguns princípios firmes para o desenvolvimento da prática atual com os quais todo o pessoal esteja de acordo.

3. Estabeleça e *(N-note)* Anote seu plano de ação

Pergunta: Que enfoque devemos usar para fazer as mudanças necessárias?

Tarefa: Produzir um plano de ação para apresentar a nova prática ou revisar a prática existente.

Atividades: Por meio de discussão:

- Considerar o que as decisões sobre políticas significam para a prática em sala de aula.
- Combinar um cronograma para todas as inovações.
- Descobrir quais os custos e recursos envolvidos, se houver.
- Decidir quais procedimentos de monitoramento serão adotados.
- Determinar como as mudanças serão avaliadas.
- Identificar as pessoas responsáveis por realizar determinadas tarefas.

Resultado: O estabelecimento de um plano de ação para realizar algum desenvolvimento curricular.

4. Aconselhe e *(L - let)* Diga às pessoas

Pergunta: Quem precisa saber sobre a revisão e o resultado do desenvolvimento proposto?

Tarefa: Fazer relatórios formais e informais sobre a revisão e sobre qualquer mudança na prática para os dirigentes, os pais e as escolas receptoras ou contribuintes.

Atividades:

- Discutir a revisão e os desenvolvimentos propostos com outros colegas profissionais, como outros coordenadores de currículo locais e chefes de departamento, conselheiros da AEL e professores relevantes nas escolas receptoras ou contribuintes.
- Preparar um documento detalhando as mudanças acordadas na prática para circulação entre o pessoal (esses documentos podem, no final, ser incorporados a um arquivo de prática combinada para o currículo para novos funcionários designados à escola).
- Resumir a revisão e os desenvolvimentos que levaram à nova prática em uma declaração concisa para os pais e dirigentes. Então talvez realizar uma reunião para discutir a mudança e explicá-la aos pais e dirigentes.

Resultado: A mudança é aprovada e acordada, talvez com modificações. É feita uma declaração precisa por escrito e esta é disponibilizada para consulta pelas partes interessadas.

5. Implemente

Pergunta: Como gerenciar a implementação da etapa de desenvolvimento?

Tarefa: Apoiar e monitorar as mudanças na prática.

Atividades:

- Preparar uma série de etapas, identificando as atividades específicas, e comunicar isso a todos os interessados.
- Iniciar reuniões de monitoramento que envolvam o pessoal "emparelhado", pequenas equipes ou todos os funcionários.
- Identificar uma pessoa que anotará e documentará o processo de implementação, especialmente as reações do pessoal, as implicações para recursos, as respostas das crianças e dos pais e quaisquer dificuldades que surgirem e ficarem aparentes.
- Continuar com a "observação emparelhada" e as atividades de "ensino em equipe", agora talvez fazendo estas perguntas:
O que os alunos realmente fazem?
Qual a validade do que eles fazem?
- Decidir quando a etapa de implementação estará completa e combinar em quais evidências essa decisão será baseada.

Resultado: A introdução total na escola de algumas práticas de sala de aula novas ou revisadas em determinada área do currículo.

6. (N - now) Agora avalie

Pergunta: Qual o grau de eficiência do currículo na prática?

Tarefa: Avaliar a prática nova ou revisada.

Atividades: As atividades nesta seção dão como certa a existência de uma vontade não apenas de planejar e realizar desenvolvimentos válidos no currículo de sua escola, mas também de avaliar tais desenvolvimentos e utilizar essa avaliação para planejamento futuro no modelo cíclico de revisão e desenvolvimento curricular.

- Revisar as anotações e a documentação reunidas como parte do processo de implementação.
- Realizar uma reunião do pessoal abordando apenas um item, a fim de discutir a nova política ou prática focalizada na pergunta "como estamos nos saindo?"

Resultado: Uma conscientização sobre o sucesso ou o fracasso da mudança e uma oportunidade para considerar alguns ajustes.

É importante compreender que a avaliação é parte integrante do processo de revisão e desenvolvimento. Por exemplo, ao avaliar e observar cuidadosamente as crianças como parte de um procedimento de construção de perfil, algumas das informações reunidas ajudarão a avaliar o currículo em ação. Da mesma forma, em um sistema de apreciação existe a oportunidade para os professores de contribuir com a avaliação e de expressar pontos de vista sobre a mudança curricular. Assim, dentro do ciclo de desenvolvimento curricular, é melhor visualizar a implementação e a avaliação ocorrendo na mesma fase. Do contrário, a avaliação poderá ocorrer muito depois do planejamento e da realização da nova prática, não podendo sugerir maneiras de melhorar a implementação. O projeto de planos de desenvolvimento escolar (DES, 1989) une a implementação à avaliação, sugerindo alguns elementos necessários para uma implementação bem-sucedida das inovações, após a revisão curricular (ver Figura 10.1).

Verificações sobre a implementação e o sucesso significam perguntar-se continuamente "Como estamos nos saindo?". A revisão e o desenvolvimento curricular precisam de trabalho contínuo – nunca estão completos. Após discutir e entrar em acordo sobre a mudança, e após ter tentado colocá-la em prática, a avaliação de tal prática revelará, com freqüência, outros aspectos dela que requerem atenção. A seguinte lista de perguntas e atividades são sugestões de maneiras de continuar esse processo cíclico, tanto quanto possível, de modo tão eficiente e sem obstáculos.

Os funcionários, como equipe, continuam a oferecer apoio de divisão de poderes uns aos outros? Por exemplo:

- Os diretores poderiam estar disponíveis para discutir o progresso e os problemas com os funcionários, um a um.
- Os professores poderiam encontrar uma maneira de informar uns aos outros que seu trabalho no processo de mudança é apreciado.
- Reuniões de equipe poderiam ser realizadas para discutir o progresso e tratar dos problemas. Garantir que todos recebam *feedback* regular e resumos do progresso pode ajudar a manter o comprometimento e a motivação.
- A escola pode organizar conversas informais entre o pessoal sobre questões curriculares nos horários de intervalo.

Quais verificações sobre implementação e progresso estão sendo feitas? Por exemplo:

- Cada reunião de pessoal poderia ter um breve tempo separado para o progresso da revisão, para refletir sobre

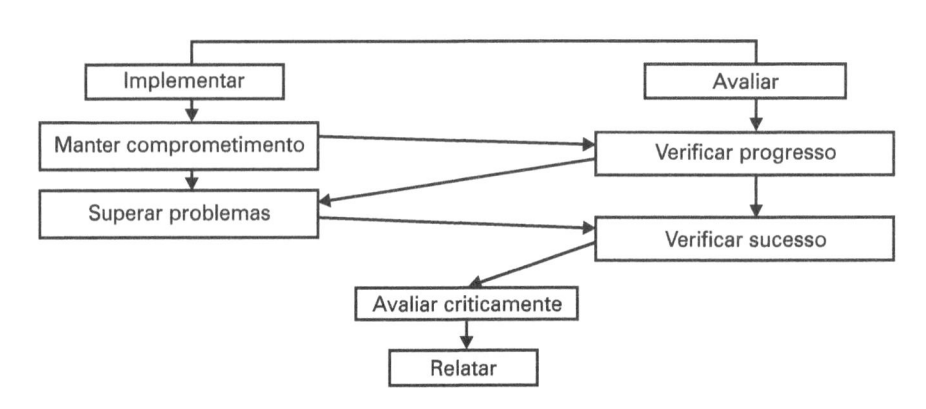

Figura 10.1

os desenvolvimentos, anotar mudanças que ocorreram e calcular as implicações para o trabalho futuro.
- O líder curricular poderia coletar evidências de mudanças e lições aprendidas e registrá-las, de modo que as informações possam ser usadas em desenvolvimentos futuros, conforme a necessidade.
- Um *feedback* dos pais também pode ser introduzido no processo, seja por meio de discussões informais, seja mais formalmente ou simplesmente anotado de forma incidental por meio de comentários dos pais a membros da equipe de pessoal.
- As reações dos alunos podem tornar-se parte do processo de avaliação, tanto por meio da observação de seu trabalho em sala de aula como por meio das discussões explícitas que os deixe expressar seus pontos de vista sobre o currículo.

Como está sendo feita a avaliação crítica e a superação de problemas?

- Observando novamente as prioridades para revisão e desenvolvimento que foram decididas previamente.
- Reconhecendo iniciativas curriculares/mudanças de políticas em nível nacional e local.
- Lembrando que as necessidades particulares de uma escola mudam com o tempo e levando isso em conta com novos ajustes ou total replanejamento.
- Renegociando o cronograma de revisão à medida que as prioridades mudam ou verificando se levará mais tempo do que o esperado para fazer as coisas.

Finalmente, esta seção enfatizou que o planejamento para a revisão curricular contínua deveria fazer parte de uma política de desenvolvimento, e existe a necessidade de uma maneira estruturada de fazê-lo.

O PAPEL DO LÍDER CURRICULAR

Então, qual o papel do líder curricular nisso tudo? Bem, já que qualquer revisão curricular pode gerar propostas de grandes mudanças, as habilidades de liderança são da maior importância. Foi sugerido que o tipo de líder escolar necessário para uma avaliação efetiva ser realizada é aquele "capaz de dissipar a ameaça profissional, gerar abertura e honestidade, garantir participação e transferir reformas" (Clift et al., 1987), e que o clima entre o pessoal com mais probabilidade de conduzir a uma revisão bem-sucedida é caracterizado por "abertura, confiança, vontade de correr riscos e enfrentar ambigüidades e atitude positiva em relação ao currículo" (Holly e Southworth, 1989). Então, que fatores podem favorecer essas qualidades? Talvez o principal fator esteja relacionado a quem está no exercício. Existe um estilo de reciprocidade de gestão que promova o comprometimento com a revisão?

Se o pessoal trabalhar em equipe, então todos devem sentir-se envolvidos e comprometidos com o empreendimento e todos devem sentir-se, até certo ponto, sob revisão. A colaboração também deve diminuir a ansiedade pessoal que qualquer revisão irá gerar. Então, a revisão e o desenvolvimento curricular por investigação colaborativa apresentam uma solução à situação aparentemente intratável em muitas escolas em que os professores permanecem isolados uns dos outros atrás das portas das salas de aula, nas escolas que possuem características ou costumes que promovem o isolamento. Desse modo, apesar de, na maioria das escolas, os problemas globais serem resolvidos conjuntamente, os professores ainda não discutem com detalhes o que eles fazem em sala de aula nem procuram soluções com divisão de poderes para problemas de sala de aula significativos nem garantem, por meio dessa discussão, que os alunos estejam passando por uma experiência genuinamente consistente na escola.

O conceito de "amizade crítica" é importante aqui. Parte do papel de um líder curricular em uma equipe de pessoal será observar e facilitar, agir como uma caixa de ressonância em sua especialidade e questionar a prática, de forma que ela não apresente ameaça a outros indivíduos ou, até mesmo, as características globais da escola. Isso implica um papel central do encarregado do currículo, que possui tarefas de liderança profissionais genuínas. O líder curricular é o indivíduo que tem a principal responsabilidade de desenvolver o currículo em uma determinada área, e de trabalhar para manter a boa prática nessa área. Então agora os líderes curriculares, para que sejam capazes de prover o ímpeto para a revisão e o desenvolvimento curricular, devem manter-se atualizados em sua área de responsabilidade curricular, conhecer sua estrutura conceitual, ser capaz de fazer julgamentos profissionais sobre metodologias, recursos e materiais, representar sua área de responsabilidade às pessoas de fora, assim como, talvez, ensinar também os colegas, liderar discussões e aconselhar professores em período de experiência.

As ambigüidades e as complexidades de engajar-se nesses tipos de atividades inevitavelmente trazem problemas potenciais. Por exemplo, pode-se criar uma tensão se for observado que a área de responsabilidade de um professor está operando de forma inadequada; mas essa é mais uma razão para as relações do pessoal serem tais que o sentimento predominante, apesar das pressões e das "confusões" do dia-a-dia, seja de apoio mútuo, compartilhamento e crescimento profissional. Outro problema potencial pode ser a tensão entre o papel do líder curricular na revisão e no desenvolvimento curricular, o papel do diretor no currículo e o desejo de alguns professores da autonomia em sala de aula. É suficiente dizer que as áreas de possível conflito podem ser previstas e evitadas, em grande parte, se os membros do pessoal tiverem entrado em acordo sobre as áreas de responsabilidade do líder curricular (por meio de descrições do trabalho, por exemplo) e se eles mesmos, ao compartilharem sua experiência e sua especialidade, tiverem ajustado as decisões sobre políticas curriculares que podem agir como um padrão de medida para sua prática.

Há algum tempo, Skilbeck (1982) antecipou algo do grau de especialização e das habilidades sociais que podem ser necessárias: "A tarefa é complexa e difícil para todos os envolvidos. Requer habilidades cognitivas, forte motivação... interações construtivas no planejamento de grupos, além de maturidade emocional".

Dessa maneira, as expectativas da escola quanto ao líder curricular e ao seu papel na revisão curricular são cruciais. A eficiência será maior se o diretor e o líder curricular tiverem passado algum tempo esclarecendo papéis e responsabilidades. O modo como o líder curricular se vê ao exercer seu papel no processo de revisão e desenvolvimento dependerá de vários fatores, como qual o tempo de exercício de tal papel, qual o tempo que trabalhou na escola e como a escola está organizada. A seguir estão algumas das atividades e dos papéis que podem ser considerados, talvez, como base para a negociação da descrição de um trabalho.

- Fornecer aos colegas informações sobre pesquisa e desenvolvimento no currículo.
- Desenvolver e demonstrar sua própria boa prática.
- Classificar recursos e fazer o pedido de novos estoques.
- Promover exposições e coordenar atividades escolares específicas relacionadas a sua área.
- Liderar discussões sobre o currículo.
- Coordenar o registro e a avaliação de dados.
- Fornecer apoio e aconselhamento aos colegas.
- Agir como um "amigo crítico".
- Coordenar a ligação com outras escolas.
- Encontrar maneiras de envolver os pais e mantê-los informados sobre os desenvolvimentos.

- Difundir entusiasmo por sua área de especialidade entre os outros funcionários.
- Fazer projetos de observação emparelhados.
- Manter contato com desenvolvimentos locais e nacionais em sua área curricular.

Neste capítulo, eu enfatizei a importância de os líderes curriculares verem a criação de uma atmosfera de confiança e apoio mútuos como uma de suas principais tarefas, de modo que o planejamento e a revisão curricular sejam feitos dentro de uma comunidade investigativa. Também desejo repetir o outro tema principal deste capítulo. Os processos de monitoramento e revisão são parte integrante de um bom ensino, e isso é verdadeiro tanto em nível institucional como em nível individual do professor. Para uma escola obter sucesso em termos de qualidade das experiências de aprendizagem que oferece a seus alunos, a avaliação e o desenvolvimento curricular devem ser parte integrante de seu trabalho. É um comprometimento com a melhoria das práticas em sala de aula na escola como um todo.

REFERÊNCIAS

Clift, P., Nuttall, R. and McCormick, R. (1987) *Studies in School Self-evaluation*. Basingstoke: Falmer Press.

Coles, M. and Banks, H. (1990) *School INSET: English*. Leamington Spa: Scholastic.

Department of Education (1989) *Planning for School Development*, the School Development Plans Project. London: HMSO.

Hampshire LEA with Southampton University (1989) *The Primary School Pupil Assessment Project: Topics in Assessment* 3. Southampton: Southampton University School of Education Assessment and Evaluation Unit.

Holly, P. and Southworth, G. (1989) *The Developing School*. Lewes: Falmer Press.

Little, A. (1981) *Contemporary Issues in Education: Block 4, Educational Standards*. Milton Keynes: The Open University.

Moon, B. (1995) Judgement and evidence: redefining professionality in a new era of school accountability, in Brighouse, T. and Moon, B. *School Inspection*. London: Pitman Publishing.

National Curriculum Council (1990) *Curriculum Guidance Three: The Whole Curriculum*. York: NCC.

Office for Standards in Education (1994a) *Corporate Plan* 1994-1997. London: HMSO.

Office for Standards in Education (1994b) *Standards and Quality in Education*. London: HMSO.

Office for Standards in Education (1995) *Planning Improvement: Schools' Post-inspection Action Plans*. London: HMSO.

Schools Curriculum Development Committee (1984) *Guidelines for Review and Internal Development in Schools*. York: Longman.

Skilbeck, M. (1982) *A Core Curriculum for the Common School*. London: University of London Institute of Education.

Stenhouse, L. (1975) *An Introduction to Curriculum Research and Development*. London: Heinemann.

SEGUNDA PARTE
GESTÃO DE RECURSOS

11

A gestão de instituições educacionais: um enfoque de sistemas abertos

ROSALIND LEVAČIĆ

Este capítulo preocupa-se em desenvolver uma compreensão sobre o papel da gestão de recursos em relação ao funcionamento da organização educacional como um todo. A discussão relaciona-se a escolas e faculdades que têm a responsabilidade de gerir seus próprios orçamentos, que cobrem a maioria das despesas e onde esses orçamentos dependem amplamente do número de alunos recrutados. Vou referir-me a tais escolas e faculdades como "autogeridas", de modo a incluir escolas independentes, geridas localmente e mantidas por doações e faculdades incorporadas, assim como outras formas de transmissão ou delegação do orçamento que existem fora da Inglaterra.

Pelo menos no Reino Unido, a justificativa do governo para criar escolas e faculdades "autogeridas" é a de que isso permite mais eficiência e melhorias na qualidade de ensino e aprendizagem, comparado com o sistema anterior de alocação administrativa de recursos para escolas e faculdades pelas AELs. Porém, a validade dessa asserção não foi nem teórica nem empiricamente bem-estabelecida antes da introdução dessas políticas. Muito do argumento usado para justificá-la baseou-se em generalizações do setor comercial. Para avaliar a asserção de que o orçamento delegado é um ingrediente vital para melhorar a eficiência e a efetividade educacional, e para compreender como a escolas e as faculdades precisam gerir seus recursos a fim de alcançar esses objetivos, é necessária uma melhor apreciação da cadeia causal que liga potencialmente as decisões orçamentárias e a conquista de mais eficiência e efetividade educacional.

O MODELO DE SISTEMAS ABERTOS

Uma ferramenta conceitual útil para essa compreensão é o modelo dos sistemas abertos. Ele descreve a organização como um organismo vivo complexo, que interage com seu ambiente (Mortan, 1986; Hanna, 1997). Compreendida como um organismo, a organização é representada como sendo distinta e separada de seu ambiente externo, mas com limites permeáveis e, muitas vezes, mal-definidos. É uma entidade que tem como finalidade gerar produtos que ela troca com as partes interessadas em seu ambiente externo por recursos e apoio, sendo, assim, dependente do seu ambiente. O modelo também concentra-se em como as relações entre insumos e produtos de recursos são mediadas por processos internos. Certos elementos-chave, como a tecnologia dos processos produtivos da organização e a cultura de suas relações humanas, são escolhidos para estudo. Esses elementos têm efeitos importantes e interdependentes sobre os processos que relacionam insumos a produtos e que conectam a organização a seu ambiente. Os mecanismos de *feedback* adequados entre a organização e o seu ambiente, e dentro do próprio sistema, são necessários para a organização ser receptiva e adaptável.

Um modelo de sistema aberto de insumo-produto dentro da organização educacional permite que sejam traçadas as possíveis ligações entre a maior flexibilidade na utilização de recursos e os efeitos desejados sobre os processos e os produtos educacionais. Portanto, o modelo indica como a autogestão das finanças e dos recursos pode melhorar a eficiência e a efetividade. Também auxilia na compreensão da razão, por que as ligações necessárias entre a maior flexibilidade na alocação de recursos dentro da organização e os efeitos desejados sobre os produtos educacionais podem não ser estabelecidos.

Antes de examinar detalhadamente as ligações no modelo, é importante considerar o problema da falta de acordo sobre as metas educacionais e sua relativa importância e a dificuldade de especificação dos produtos e resultados da escolarização.

RESULTADOS E PRODUTOS EDUCACIONAIS

Se o fato de proporcionar às organizações educacionais uma escolha mais ampla sobre como utilizar os recursos resultar em melhorias no ensino e na aprendizagem, então logicamente deve haver uma ligação entre os insumos de recursos e os produtos e resultados educacionais para os alunos. Contudo, existem problemas bem-conhecidos na definição de produtos e resultados educacionais, pois muitos deles são intangíveis, e existem consideráveis desacordos, com freqüência baseados em ideologias, sobre o que são objetivos e metas educacionais.

As metas educacionais referem-se a seus amplos propósitos e geralmente incluem uma força de trabalho produtiva, a transmissão de conhecimento e cultura, a socialização e a maior capacidade de participar da política democrática. Os resultados da educação formal são os amplos efeitos que ela realmente causa nos indivíduos – conhecimento, capacidade de apreciar e gostar de atividades culturais, de comportar-se com responsabilidade social, de participar da política democrática e de ser um membro produtivo da força de trabalho. É comum distinguir os resultados amplos da educação formal dos seus produtos mais restritos e mais específicos, alguns dos quais são mensuráveis, enquanto outros não o são. Os produtos são os efeitos imediatos da organização sobre os alunos, enquanto que os resultados são os efeitos de longo prazo, tanto para os indivíduos que freqüentaram a organização como para as conseqüências desses efeitos na sociedade em geral. Assim, os resultados de exames são um *produto* organizacional, e a capacidade dos alunos de obter renda em sua vida futura é um *resultado*. Exemplos de produtos mensuráveis são os resultados e as qualificações de exames, os índices de participação em educação superior e adicional e estágios, e o subseqüente emprego. Certas variáveis de processos também são usadas para medir o desempenho da escola e da faculdade, como a assiduidade. Produtos muito mais difíceis de medir são os efeitos da escola nas atitudes, nas crenças e nos comportamentos dos alunos.

Um grande problema ao se usar indicadores não-ajustados de produtos das escolas e faculdades, como resultados primários de exames, é que eles são medidas de produto bruto, ou seja, o equivalente a medir o desempenho de uma empresa pelo valor monetário das vendas. Para avaliar o produto educacional líquido, deve-se levar em conta o nível socioeconômico e a capacidade cognitiva dos alunos, pois esses são os determinantes principais da realização educacional medida. As estimativas estatísticas de medidas de valor agregado da eficiência das escolas e faculdades separam o efeito da organização educacional dos efeitos do nível socioeconômico, da capacidade cognitiva e das conquistas anteriores sobre as notas em testes e exames (MacPherson, 1997).

O problema que atormenta qualquer tentativa de relacionar os insumos aos produtos e resultados da educação é que eles são múltiplos, muitos são, inclusive, intangíveis e não há acordo sobre seu valor social relativo. A medição da eficiência das escolas e faculdades, em termos de indicadores de produtos quantificáveis da conquista educacional em relação a determinadas características do aluno, supõe que essas conquistas medidas sejam importantes, mesmo se for reconhecido que existem outros produtos e resultados desejáveis que não foram ou que não podem ser medidos. A ênfase em produtos mensuráveis provavelmente influenciará as organizações para se concentrarem neles, às custas dos menos mensuráveis; mas não tentar medir o produto encoraja a concentração em processos de curto prazo, às custas de conquistas de longo prazo, e deixa de produzir conhecimento transferível das ligações entre métodos de ensino e seus produtos educacionais resultantes.

A ORGANIZAÇÃO EDUCACIONAL COMO UM SISTEMA DE INSUMO-PRODUTO

Os critérios de eficiência e efetividade pelos quais as escolas e as faculdades, no Reino Unido, estão sendo responsabilizadas dependem crucialmente daqueles que julgam serem capazes de avaliar o produto educacional da organização. Na gestão e na responsabilidade final do setor público, define-se "efetividade" como o ponto até o qual o produto real de uma organização combina com o produto desejado, e a eficiência é avaliada comparando-se produtos e insumos. Dessa forma, ao se julgar a gestão de finanças e de recursos, com os critérios de eficiência e efetividade, as organizações educacionais precisam entender as ligações entre os insumos de recursos humanos e materiais e os produtos educacionais subseqüentes. A partir dessa perspectiva, a organização educacional é um sistema de insumo-produto. O modelo de sistemas abertos é uma elaboração de um simples sistema de insumo-produto concentrado em três elementos importantes que constituem a organização (por exemplo, Butler, 1991):

- O ambiente externo do qual a organização adquire seus recursos e para o qual ela fornece seus produtos.
- A tecnologia de produção por meio da qual os insumos são transformados em produtos.
- O sistema de relações humanas que media o ambiente externo e a organização e afeta o modo como a produção é realizada.

A Figura 11.1 demonstra um modelo de sistema aberto de uma escola ou faculdade, no qual os insumos de recursos são transformados em produtos educacionais por meio de uma seqüência de etapas no processo de produção.

O ambiente da tarefa

O ambiente externo onde as escolas e as faculdades operam pode ser subdividido no ambiente geral, que é influenciado pelas grandes forças tecnológicas, sociais, políticas e econômicas que operam na sociedade, e no ambiente específico, formado por pais, comunidade local, empresas locais, autoridade educacional local, outras organizações educacionais e governo central e suas agências. Esse ambiente externo imediato também é chamado de ambiente da tarefa (Butler, 1991), a fim de enfatizar que, para sobreviver, a organização precisa buscar objetivos que satisfaçam suficientemente as necessidades das partes envolvidas. A organização troca seus produtos amplamente definidos por recursos e apoio.

As escolas e as faculdades obtêm recursos na forma de alunos, dinheiro e doações

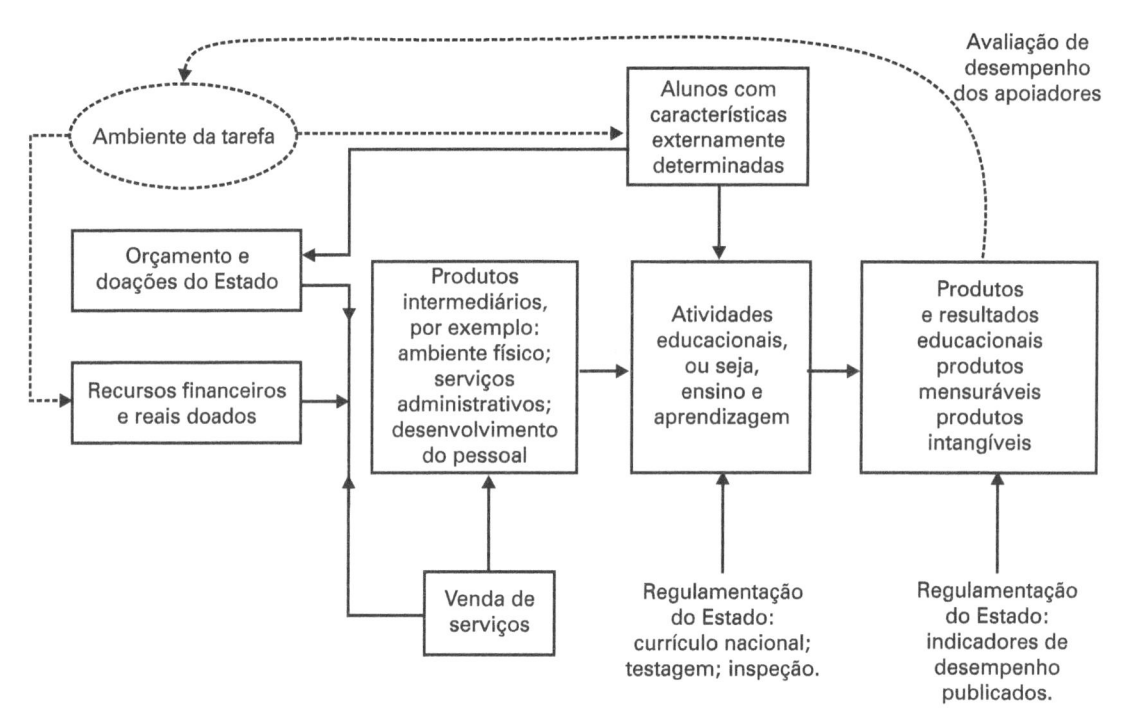

Figura 11.1 Um modelo de sistema aberto de insumo-produto em uma organização educacional.

em produtos de retorno aos serviços educacionais que prestam. O sucesso de uma organização na obtenção de recursos a partir de seu ambiente de tarefa depende das normas que seus apoiadores – reais e potenciais – usam para avaliar o desempenho da organização e as percepções dos apoiadores sobre a qualidade do desempenho da organização em relação aos fornecedores alternativos. No modelo geral, as organizações debatem-se com organizações rivais para atrair apoio e, portanto, recursos, e enfrentam diferentes graus de incerteza em seu ambiente de tarefa. A autogestão pretende aumentar a importância das próprias ações da organização para manter o apoio de seu ambiente de tarefa, melhorando seu desempenho, conforme visto pelos apoiadores.

Uma dimensão importante do ambiente externo é o regime regulador no qual a organização opera. No caso das escolas, o governo restringiu a especificação das tarefas esperadas e promoveu a disseminação externa de informações sobre seu desempenho na realização dessas tarefas. As faculdades de educação adicional também estiveram sujeitas a uma maior responsabilidade por meio de inspeções, de publicação de dados comparativos de desempenho e de supervisão do conselho de financiamento da educação adicional.

Transformando insumos em produtos: a tecnologia de produção

Os insumos adquiridos a partir do ambiente de tarefa são transformados, por meio de processos educacionais, em produtos e resultados, os quais são exportados de volta ao ambiente. As etapas atravessadas nessa transformação são mostradas, na Figura 11.1, como um fluxo de transformações intermediárias, apresentadas da esquerda para a direita. Na autogestão, a escola ou faculdade obtém a maior parte de seus recursos com os pagamentos integrais, dependendo do número de alunos, e com doações adicionais específicas para fins determinados. A organização também pode vender serviços diretamente e receber várias doações de apoiadores não-estatais na forma de insumos de finanças, ou insumos reais, como o tempo de voluntários. Uma organização custeada pelo Estado também pode obter uma alocação direta de bens de capital, como prédios.

A flexibilidade da autogestão vem da ligação de escolas e faculdades à economia de mercado por meio do dinheiro, o que dá a elas a capacidade de decidir por elas mesmas a combinação de recursos reais a adquirir. A escola ou faculdade usa sua alocação de recursos financeiros para comprar recursos reais na forma de pessoal, materiais, energia, água e outros serviços. Essa primeira transformação intermediária é planejada e registrada por meio de orçamentos e envolve a preparação e o monitoramento de orçamentos para todos ou para a maioria dos recursos usados.

Os recursos reais adquiridos e financiados por meio do orçamento são usados em conjunto com outros recursos reais, como prédios existentes, instalações e equipamentos para produzir o que podemos chamar de "produtos intermediários" ou "serviços operacionais" que apóiem o ensino e a aprendizagem indiretamente. Deve-se criar e manter um ambiente físico adequado, no qual a aprendizagem possa ocorrer; devem ser fornecidos serviços administrativos para apoiar a aprendizagem; deve ser feito investimento na manutenção e no desenvolvimento do pessoal.

A próxima etapa no processo produtivo da organização educacional é a utilização de seus recursos físicos e humanos – os produtos intermediários – para produzir atividades educacionais. Isso, diferentemente dos serviços operacionais, é a tecnologia central da escola ou faculdade. As maneiras pelas quais os recursos reais são combinados para produzir atividades educacionais, produtos e resultados resumem-se no termo "tecnologia da produção". A tecnologia central engloba uma ampla série de questões, tais como: método de ensino, tamanho e organização do grupo, proporção entre pessoal de apoio em sala de aula e professores/palestrantes qualificados, qualidade dos materiais de ensino e organização do dia escolar. A organização do tempo, um recurso que não pode ser armazenado para uso futuro, é a chave de uma aprendizagem efetiva. Estudos sobre a efetividade da escola e dos professores mostraram que a quantidade de tempo que o professor consegue que o aluno dedique a uma tarefa é uma variável significativa para explicar diferenças na efetividade. Existe uma ampla gama de combinações de recursos alternativos que podem ser empregados para produzir uma atividade educacional distinta, como habilidades específicas em inglês. O problema está em estabelecer critérios que possibilitem aos professores (e inspetores) julgar a eficiência relativa das diferentes maneiras de combinar recursos para produzir atividades educacionais. O custo de produção de uma atividade específica, como uma aula de inglês, não é um guia adequado para o fator custo-benefício, pois os produtos da organização não são as atividades em si, como dois períodos de inglês por semana para determinada turma, mas os objetivos de aprendizagem assim alcançados. As atividades educacionais não são os produtos finais da faculdade ou da escola: eles são as melhorias alcançadas em conhecimento, compreensão, habilidades e atitudes dos alunos, como resultado de experiência em atividades educacionais.

A autogestão permite às escolas e faculdades um pouco mais de flexibilidade na maneira pela qual elas utilizam os recursos e, portanto, mudam a tecnologia central. Pode-se usar mais pessoal de apoio em aulas com palestrantes e professores, ou mais pessoal administrativo pode ser empregado para reduzir o tempo que o pessoal de ensino gasta em tarefas administrativas. Como alternativa, podem ser desenvolvidos enfoques de aprendizagem flexíveis, os quais precisam de mais materiais de aprendizagem e de diferentes arranjos de espaço para estudo. Esse tipo de flexibilidade é restringido por legislação do Estado, como o currículo nacional ou as regulamentações de saúde e segurança.

O modelo de insumo-produto é útil para analisar os efeitos potenciais da autogestão do orçamento, pois mostra que isso afeta a organização educacional a partir de apenas duas direções. Logo no início do processo de insumo-produto, a série de escolhas da organização sobre insumos é aumentada se comparada à alocação administrativa direta de recursos por uma agência financiadora. O segundo ponto de influência é aquele realizado por meio do estímulo a uma maior receptividade institucional ao ambiente externo, pois o influxo de recursos está ligado às reações das partes interessadas ao desempenho organizacional percebido. Um conjunto importante e complexo de processos internos situa-se entre a determinação de orçamentos e a confecção de produtos educacionais. Esses processos não são diretamente alterados por gestão orçamentária delegada, apesar de poderem ser indiretamente afetados por mudanças na cultura.

Na Figura 11.1, esses três conjuntos de processos decisórios seqüenciados são distinguidos.

1. A tradução dos recursos financeiros, por meio do orçamento, para os recursos reais (ou seja, humanos e materiais).
2. A gestão de recursos reais, de modo a criar e manter o ambiente de aprendizagem. Isso pode ser subdividido em (a) despesas operacionais (por exemplo, instalações e administração) e (b) gastos com recursos a serem usados diretamente na aprendizagem (por exemplo, livros, materiais e equipamento, pagamento de salários do pessoal e gastos em recrutamento e desenvolvimento do pessoal).
3. A utilização de recursos adquiridos na etapa 2 (b) para apoiar o ensino e a aprendizagem. Nesse ponto, as decisões não dizem mais respeito diretamente ao orçamento. Uma determinada quantidade de gastos em recursos humanos e materiais pode ser usada com maior ou menor eficiência para promover a aprendizagem dos alunos, dependendo da qualidade dos julgamentos profissionais exercidos por professores e palestrantes.

Os orçamentos delegados causam impacto nos dois primeiros processos: a previsão orçamentária e a gestão de recursos reais. Muito do que se refere à operação de orçamentos delegados em organizações educacionais não infringe a melhoria da aprendizagem, a menos que a faculdade ou a escola façam um esforço consciente para isso.

EFICIÊNCIA, PRODUTIVIDADE E EFETIVIDADE

Para que a autogestão possa melhorar a eficiência e a efetividade com as quais os recursos são usados em educação, ela precisa exercer influência nos processos que determinam a maneira pela qual os insumos financeiros e reais são convertidos em atividades educacionais e também em produtos educacionais. Com o uso do modelo de insumo-produto da organização educacional, tornou-se possível reexaminar e esclarecer ainda mais os conceitos de eficiência e efetividade, a fim de estabelecer as maneiras pelas quais a autogestão de recursos pode alcançar os efeitos que pretende.

Eficiência e produtividade são conceitos distintos, mas relacionados. A produtividade é a relação entre a quantidade de produtos produzidos e a quantidade de insumos utilizados. O produto médio de um único insumo ou fator de produção é simplesmente a quantidade física produzidas dividida pela quantidade física dos insumos utilizados. Então, por exemplo, a medida do produto médio dos professores em uma escola dentro desses termos seria as notas do exame GCSE[1] com o valor total agregado de todos os alunos divididas pelo número equivalente de alunos de tempo integral. A produtividade aumenta com o tempo quando o produto médio do fator de produção aumenta. O produto médio de um fator de produção (digamos, o trabalho) geralmente pode ser aumentado ao se aumentar a quantidade de outros fatores de produção (por exemplo, o capital) com a qual o insumo de trabalho funciona. Um maior produto *per capita* da força de trabalho e, com isso, um melhor padrão de vida, foram atingidos ao longo dos séculos ao se aumentar a quantidade e a qualidade de capital por unidade de trabalho. A educação ainda não foi capaz de aumentar a produtividade do professor significativamente com o uso do capital. A única exceção é provavelmente a educação a distância, enquanto que o uso da informática no futuro poderá aumentar a produtividade do professor. Todavia, com a dificuldade de comparar padrões educacionais ao longo do tempo, é extremamente difícil determinar com certeza se a produtividade melhorou. Na ausência das medidas de produtos facilmente disponíveis em educação, é prática comum, principalmente nas agências governamentais, supor que a produtividade tenha aumentado na educação quando o número de alunos por professor ou palestrante aumentou. Isso somente será um aumento na produtividade se o produto educacional total (por exemplo, notas finais de exames ou outras medições da aprendizagem) por tempo de trabalho do professor aumentar.

O aumento na produtividade de um único insumo pode não significar um aumento global da produtividade se esse for devido a um aumento substancial de outros insumos. A produtividade de fator total é uma medida melhor da produtividade global, pois é o valor do produto dividido pelo valor de todos os insumos utilizados na produção. As causas dos aumentos na produtividade de fator total durante o tempo são melhorias no conhecimento técnico, o qual é, então, incorporado em mais capital produtivo e processos de produção, além de melhorias na organização dessa. Conseqüentemente, as melhorias nos métodos de ensino e na organização da aprendizagem poderiam melhorar a produtividade de fator total.

Elaboramos o conceito de produtividade a fim de distinguir produtividade de eficiência. A eficiência é obtida quando uma certa quantidade de produtos é produzida com mínimo custo. Os economistas dividem a eficiência em dois componentes. O primeiro componente é a *eficiência técnica* que é a relação entre o volume de insumos físicos utilizados e a quantidade resultante de produtos. Se forem necessários dois insumos (digamos, o capital e o trabalho) para produzir uma determinada mercadoria, e se houver vários métodos de produção, cada um utilizando quantidades diferentes dos dois insumos para produzir uma determinada quantidade de produto, então qualquer método que use a mínima quantidade de um insumo para uma determinada quantidade do outro é tecnicamente diferente. Dessa forma, a eficiência técnica existe se for impossível reduzir a quantidade de um insumo, evitando que a quantidade dos produtos caia, sem usar uma maior quantidade de algum outro tipo de insumo. Se existirem vários métodos de produção tecnicamente eficientes, então será possível usar uma menor quantidade de um determinado insumo, e substituí-lo por uma maior quantidade de outro, e ainda produzir a mesma quantidade de produto. A função da produção é o nome dado a todas as combinações dos diferentes tipos de insumos que são tecnicamente eficientes.

Mas a determinação de quais, dentre todos os métodos de produção tecnicamente eficientes, são os mais baratos de usar depende do preço relativo dos insumos. Um método de *produção com boa relação custo-benefício* é aquele que produz determinada quantidade de produto pelo menor custo (como alternativa, é um método de produção que produz a maior quantidade de produtos por um determinado custo monetário total). Por exemplo, combinações diferentes de materiais de aprendizagem e tempo do professor por aluno poderiam produzir quantidades equivalentes de aprendizagem. O método que proporciona uma boa relação custo-benefício é aquele que custa menos, dado o preço dos materiais de aprendizagem e os salários dos professores. Se os preços de fator relativo variarem, apesar de os métodos de produção permanecerem disponíveis, a combinação da relação custo-benefício dos insumos mudará. A eficiência sempre é julgada com relação a um padrão. Se a produção apresentar uma boa relação custo-benefício, então não será possível – com o atual estado do conhecimento técnico – reduzir o custo por unidade produzido ao se diminuir a quantidade de um insumo e substituí-lo por maior quantidade de algum outro. Uma organização eficiente é aquela que pode reduzir os custos por unidade ao cortar alguns de seus insumos ou alterar seu método de produção (ou seja, usar insumos em uma combinação diferente) e ainda produzir a mesma quantidade de produtos. Por exemplo, se uma faculdade reduzir seus custos ao formar turmas maiores, em que cada palestrante trabalhe o mesmo número de horas, mas com o apoio de mais suporte de funcionários administrativos, e a aprendizagem dos alunos permanecer a mesma, ela apresentará uma melhor relação custo-benefício. Porém, se turmas maiores significarem palestrantes trabalhando mais horas pelo mesmo salário, devido à preparação e à avaliação extras feitas em casa, então a produtividade do palestrante por hora trabalhada poderá cair, mesmo que o produto obtido por cada centavo gasto em salários de funcionários tenha aumentado. Nesse exemplo, a faculdade parece ter melhorado sua relação custo-benefício quando os custos levados em consideração são restringidos pelos custos financeiros, mas isso não acontece quando a quantidade real de recursos utilizados para produzir o produto for avaliada.

No final das contas, a questão da eficiência não pode ser separada da distribuição de custos e benefícios entre pessoas diferentes. Tornar as práticas de trabalho mais produtivas ou mais eficientes freqüentemente implica aumentar o esforço ou alterar as práticas de trabalho. Os fatores que contribuem para as organizações não utilizarem as técnicas de produção e as quantidades de insumos mais eficientes estão todos rotulados pelo termo "ineficiência extra". Esses fatores incluem a negligência dos empregados ou a utilização de seu tempo para atingir outros objetivos que não os desejados pelos proprietários da organização ou pelas partes interessadas dirigentes (pais, contribuintes e políticos, no caso da educação estadual). Como o fato de tornar a organização mais eficiente, ao reduzir a negligência e ao redirecionar energias, pode diminuir a satisfação dos funcionários no trabalho, a busca por maior produtividade e eficiência não é uma atividade sem valor, e as atitudes relacionadas a tal empenho pela eficiência dependem de valores e interesses pessoais.

A autogestão fornece incentivos e oportunidades às escolas e faculdades para melhorarem sua eficiência e sua produtividade de várias maneiras. Um exemplo de fonte técnica de eficiência é manter uma dada temperatura no ambiente das salas substituindo o consumo de energia pelo isolamento térmico. Isso é vantajoso financeiramente se a redução nos gastos com aquecimento durante vários anos for maior do que o custo do isolamento e da taxa alternativa de juros que o dinheiro investido nesse isolamento poderia ter rendido se fosse aplicado em ativo financeiro. A ineficiência devida à negligência pode ser eliminada por meio de um monitoramento mais cuidadoso a fim de, digamos, parar de usar o aquecimento em um prédio vazio. Esses são dois exemplos de um uso mais eficiente dos recursos na produção de serviços operacionais. Indo além no processo de insumo-produto, as organizações educacionais podem fazer escolhas entre diferentes combinações de insumos para produzir um determinado conjunto de atividades educacionais. Por exemplo, o departamento de história poderia decidir gastar mais com vídeos do que com livros. Contudo, uma combinação eficiente de recursos não é aquela que produz períodos de ensino mais baratos, uma vez que essa é uma atividade educacional intermediária, mas sim aquela que produz o maior produto de aprendizagem para determinado gasto em dinheiro.

Assim como as escolas e faculdades podem encontrar a combinação mais eficiente de recursos para produzir determinada atividade educacional, podem também escolher a combinação de atividades educacionais que produzirão. Diferentes combinações podem ser mais ou menos efetivas para atingir objetivos educacionais específicos. Por exemplo, se um aumento na quantidade de tempo gasto com inglês ou com um curso sobre resolução de problemas melhorar os resultados nos exames de várias disciplinas, essa medida de produto/insumo indica que a eficiência foi melhorada por meio da mudança feita na combinação de atividades.

Se uma mudança na combinação de atividades levar a uma melhoria considerável nos produtos educacionais sem um aumento na quantidade física de recursos, a produtividade educacional terá crescido de forma não-ambígua. Quando o produto educacional aumentar mais do que os custos totais, a eficiência também terá crescido. Ao serem descobertas maneiras mais eficientes de produzir serviços operacionais, somente haverá aumento no produto educacional total se os recursos "poupados" nos serviços operacionais forem utilizados para melhorar as atividades educacionais, o que, por sua vez, aumentará o produto educacional. Prevendo um determinado valor de gastos, o produto educacional total da instituição poderia aumentar, seja encontrando uma mistura mais produtiva de atividades, seja produzindo mais atividades educacionais por meio da utilização de recursos poupados pela gestão mais eficiente de serviços operacionais. Uma escola ou faculdade poderia aumentar a eficiência de seus serviços operacionais, mas não desistir de gastar o dinheiro assim poupado de maneira a aumentar o produto educacional total. Nesse caso, a produtividade educacional global não teria aumentado. Como alternativa, uma escola ou uma faculdade que respondesse a um corte de orçamento, gerenciando seus serviços operacionais de maneira mais eficiente, e que usasse o dinheiro poupado dessa forma para sustentar seu nível anterior de produto educacional seria mais eficiente, de forma geral, mais produtiva e faria o dinheiro render mais, mas não teria aumentado seu produto educacional total.

O problema a ser enfrentado por professores e gestores escolares ao tomarem decisões sobre alocação de recursos, especialmente aquelas referentes à combinação mais eficiente e produtiva de recursos e atividades educacionais, é a ausência de uma base de conhecimento técnico bem especificado que forneça um "esquema" de eficiência dos métodos. O conhecimento sobre o que são métodos de produção eficientes em educação tem sido particularmente enganoso, e não parece haver uma relação forte ou sistemática entre os gastos com educação por aluno e o desempenho destes. Hanushek (1986, p.1161), em uma pesquisa abrangente da literatura, concluiu que:

> Os resultados são surpreendentemente consistentes ao não encontrarem nenhuma evidência marcante de que a proporção entre o número de alunos e professores, a educação do professor ou a experiência deste tenham um efeito positivo esperado nas conquistas dos alunos.

Porém, Hanushek (1986) também aponta que o que as evidências mostram é que as escolas e os alunos individualmente têm um impacto significativo no desempenho do aluno – uma descoberta sustentada por literatura efetiva das escolas, na qual presta-se muito mais atenção aos processos escolares do que aos estudos funcionais da produção em educação.

A natureza da produção das organizações educacionais é um ponto central na compreensão do modo como a autogestão pode afetar a produtividade e a eficiência educacional. Se for o caso de que a busca por uma relação insumo-produto claramente especificada esteja destinada ao fracasso por causa da natureza essencialmente ambígua e subjetiva do processo educativo, conforme descrito por autores como Weick (1976) e Greenfield e Ribbins (1993), então existem duas linhas de argumentos que podem ser seguidas. Uma é que a autogestão dos recursos não infringirá esses processos, pois eles não estão acessíveis a melhorias por meio da manipulação de insumos em relação a produtos especificados. A outra é que a função de produção em educação ainda é significativa como uma relação entre insumos e produtos resultantes, mas que sua forma exata é especificamente relacionada ao contexto local; é descoberta pelos praticantes por meio da experiência pessoal e da aplicação de habilidades individuais específicas. A busca de eficiência e efetividade depende então da habilidade profissional dos professores em fazer a seleção adequada a partir de um repertório de possibilidades. Para os professores obterem conhecimento sobre relações entre meios e fins eficientes e efetivos em seus contextos específicos, em vez de isso ser fornecido a eles por meio de algum esquema técnico generalizável, a autogestão pode funcionar fornecendo maior estímulo para a descoberta e a aplicação de conhecimento profissional quanto a relações entre insumos e produtos. Um exemplo disso é a demonstração feita por Hughes da maior efetividade da aprendizagem flexível em comparação a métodos tradicionais para o ensino de geografia no exame GCSE (O'Connor, 1993). Dessa forma, os professores podem construir e disseminar seus próprios conhecimentos sobre relações entre meios e fins por meio de uma avaliação formal de sua própria prática.

NOTA

1. GCSE significa General Certificate of Secondary Education (Certificado Geral da Educação de Nível Médio) e é um exame aplicado no Reino Unido para avaliar os alunos de 15 a 16 anos de idade.

REFERÊNCIAS

Butler, R. J. (1991) *Designing Organisations: A Decision Making Perspective*. London: Routledge.

Greenfield, T. and Ribbins, P. (1993) *Greenfield on Educational Administration*. London: Routledge.

Hanna, D. (1997) Open systems model in A. Harris, N. Bennett and M. Preedy (eds) *Organizational Effectiveness and Improvement in Education*. Buckingham: Open University Press.

Hanushek, E. (1986) The economics of schooling: production and efficiency in public schools, *Journal of Economic Literature,* 24: 1141-77.

MacPherson, A. (1997) Measuring Added Value in Schools, in A. Harris, N. Bennett and M. Preedy (eds) *Organizationa/Effectiveness and Improvements in Education*. Buckingham: Open University Press.

Morgan, G. (1986) *Images of Organisation*. London: Sage.

Mortimore, P., Sammons, P., Stoll, L., Lewis, D. and Ecob, R. (1988) *School Matters: The Junior Years*. Wells: Open Books.

O'Connor, M. (1993) The Balcarras experiment, *Times Educational Supplement,* May 14.

Reynolds, D. (1992) School Effectiveness and School Improvement: An Updated Review of the British Literature, in D. Reynolds and P. Cuttance (eds) *School Effectiveness, Research, Policy and Practice*. London: Cassell.

Weick, K. E. (1976) Educational organisations as loosely coupled systems, *Administrative Science Quarterly,* 21: 1-19.

Willms, J. D. (1992) *Monitoring School Performance: A Guide for Educators*. London: Falmer Press.

12

A captação de recursos em educação: a ligação entre a previsão orçamentária e os objetivos educacionais

DEREK GLOVER

HISTÓRICO

A conquista dos objetivos estabelecidos de uma escola ou faculdade, ou das subunidades dentro da organização, depende principalmente da qualidade do ensino e da aprendizagem. Esses são facilitados pela maneira como o pessoal é utilizado para grupos de ensino, pela disponibilidade do apoio de desenvolvimento profissional, pelo uso das instalações e pela disponibilidade do que muitos sistemas orçamentários das AELs anteriormente chamavam de "materiais de instrução". À medida que as escolas e faculdades tentam assegurar a efetiva melhoria de sua educação, está se prestando mais atenção à ligação entre o bom ensino e aprendizagem e a boa gestão de recursos. Para assegurar uma melhoria nas realizações dos alunos em uma área disciplinar ou em um grupo de disciplinas, em determinada etapa, é necessário uma consideração da maneira como o ensino e os recursos materiais serão usados conjuntamente para assegurar o resultado desejado. Em outras palavras, existe a necessidade de uma ligação entre os objetivos educacionais e os padrões de recursos para atingir esses objetivos. Este capítulo reúne as questões relacionadas aos processos de planejamento dentro de uma organização e a formulação, a implementação e a avaliação do orçamento que tornam possível a conquista de metas.

Em tempos de gastos públicos generosos, é mais provável que, desde que o caso seja suficientemente bem discutido, os insumos, como níveis de recursos unitários, provavelmente sejam mantidos ou aumentados; mas, em períodos de redução de despesas, a atenção muda para o processo dentro do sistema como um meio de utilizar os mesmos recursos de forma mais eficiente e efetiva para obter diferentes produtos. O planejamento do desenvolvimento institucional como meio de relacionar o orçamento aos objetivos da organização tem tido particular relevância, tanto no aconselhamento a escolas (por exemplo, Hargreaves et al., 1989) como na estrutura da agência de normas em educação (Ofsted) (1995).

Muito do material em que este capítulo é baseado foi retirado do projeto de pesquisa Gestão para Eficiência e Efetividade (GEE), que examinou a maneira como as escolas relacionam a gestão de recursos ao planejamento. A fonte de informações mais prontamente disponível, que combina comentários sobre a organização com a efetividade das escolas, é apresentada em relatórios escritos de acordo com a estrutura de inspeção da Ofsted. Durante a primeira etapa da pesquisa (Levačić e Glover, 1995), 66 relatórios foram analisados objetivamente; ficou claro que as escolas que se considerava estarem atingindo bons padrões de ensino e aprendizagem tendiam, também, a utilizar um processo de planejamento e gestão que estabelecia metas, que era estimado tanto em termos humanos como em termos de recursos e avaliado conforme critérios de sucesso previamente definidos. Isso levou a uma pronta investigação adicional sobre a ligação entre processos de planejamento e resultados em outras 125 escolas. Nenhuma delas pôde ser identificada como produtora de bons resultados em ensino e aprendizagem e em resultados de exames, e, ao mesmo tempo, foram abertamente criticadas por seu planejamento. Em vez disso, todas as "boas" escolas foram recomendadas pela qualidade de seu planejamento, ou foram sugeridas pequenas modificações em procedimentos existentes. Para compreender a maneira pela qual o planejamento evoluiu e foi utilizado dentro dessas escolas, foi realizado um detalhado estudo de caso investigando as percepções de decisões tomadas em quatro escolas. Duas dessas tinham sido recomendadas, na inspeção da Ofsted, pela qualidade de seu planejamento racional; a outras duas tinha sido solicitado considerar uma maior rigidez no seu sistema de planejamento. As citações usadas vêm desse trabalho de pesquisa (Glover et al., 1996).

O movimento que buscava um planejamento do desenvolvimento de escolas e faculdades mais eficiente e efetivo é anterior à Education Act, de 1988, mas essas tentativas tendiam a ser um tanto gradativas e reativas, sem uma visão estratégica. Porém, a necessidade de as escolas e faculdades se adaptarem a uma existência orientada ao mercado e a um serviço público mais confiável impôs uma maior disciplina, e tornou a adaptação estratégica mais crucial à sobrevivência da organização. O uso de recursos para atender tanto as metas imediatas como as estratégicas é, portanto, fundamental, e a previsão orçamentária é o processo pelo qual isso ocorre.

ENFOQUES RACIONAIS NA GESTÃO DE RECURSOS

Um processo de planejamento "racional" é seqüencial. Os objetivos são combinados e, então, são obtidas informações sobre todos os meios alternativos pelos quais eles podem ser atingidos. A seleção do curso de ação mais apropriado, por exemplo, o uso de recursos para informática ou manutenção dos prédios, depende do conhecimento sobre os custos de introdução de uma ação balanceada quanto aos benefícios que podem advir. Assim, os meios e fins estão claramente relacionados. Portanto, o processo de planejamento orçamentário, como identifica custos e possíveis benefícios, faz parte do planejamento racional. O estabelecimento de sistemas que garantam a tomada de decisão baseada nas prioridades percebidas da organização origina-se dessa racionalidade.

O planejamento racional, apesar de apresentado de várias formas, segue um tema comum, com um processo cíclico de:

- auditoria – determinar qual a situação atual;
- planejamento – considerar táticas e estratégias alternativas para atender a metas;
- ligação – combinar planos de componentes ao plano de desenvolvimento;
- priorização – determinar que planos são logística e financeiramente possíveis;
- implementação – colocar os planos selecionados em operação;
- avaliação – medir o progresso em direção a metas como resultado dos planos implementados.

E depois repetir o processo, de modo que o desenvolvimento seja uma atividade contínua.

Exemplos de orientação dada a escolas incluem o projeto de planos de desenvolvimento escolar (Hargreaves et al., 1989), o qual estabelece regras básicas para a participação de todos os elementos da gestão escolar em um sistema discutido e desenvolvido abertamente e acentua a importância da identificação de critérios de sucesso como uma característica de todo o planejamento. Hargreaves e Hopkins (1991) seguem esses processos em detalhes, considerando a maneira pela qual o planejamento do desenvolvimento, como a determinação da estratégia, requer planejamento de ação preocupado com a implementação detalhada de partes do plano e dos custos envolvidos no nível de sala de aula. Após vários anos de observação do planejamento, Hargreaves (1995) destacou a importância do desenvolvimento focalizado em uma frente mais limitada, com *feedback* e reajustes freqüentes dos planos.

O imperativo do orçamento é ainda mais evidente na orientação ao planejamento da ação apresentado pelo Departamento de Educação de Sheffield (1991), que sugere que os planos sejam de natureza hierárquica e interdependente. Para fazer frente a isso, argumenta-se que as escolas precisam planejar seu desenvolvimento no nível da escola toda e em nível departamental ou de subunidade, durante um período de tempo, pois um ciclo de orçamento único é muito restrito para uma escola que deseja atingir suas metas. Durante o ano de implementação de um plano, a escola ou a faculdade também se preocupará com a avaliação do plano completo para o ano anterior e com a utilização dessas evidências para uma revisão e um planejamento estratégico para o ano seguinte.

Davies e Ellison (1995) diferenciam o plano estratégico, apresentando metas de médio prazo, do plano de desenvolvimento baseado em ação para atingir objetivos, metas e tarefas de curto prazo, com indicadores de sucesso e implicações dos recursos. Em seu ponto de vista, as decisões sobre implementação envolvem a consideração de custos de recursos para avaliar a conveniência, a aceitabilidade e a factibilidade de qualquer proposta. A Agência Nacional de Auditoria (1994), em seu aconselhamento às escolas de ensino fundamental e médio mantidas por doações, sustenta que os processos racionais de planejamento direcionados ao desenvolvimento estratégico oferecem vantagens, pois concentram a atenção nas metas e nos objetivos da organização e requerem planos detalhados com as implicações financeiras sendo disponibilizadas antes de as decisões serem tomadas sobre a ação prioritária para atingir objetivos. Em termos de organização, as vantagens desse enfoque residem na necessidade de manter a comunicação com todos os envolvidos no planejamento, na tomada de decisões e na determinação de critérios para uma avaliação contínua. A Ofsted (1995) sugere, no § 6.3 da estrutura revisada, que a efetividade é promovida por meio de um cuidadoso planejamento financeiro, pelo uso efetivo de recursos e pelo controle e administração financeira eficientes. Nada disso é possível sem as metas claras e a existência de um sistema que apóie o desenvolvimento para a sua conquista.

O modelo de planejamento racional da Ofsted sustenta os julgamentos de eficiência e efetividade feitos por inspetores em seus relatórios. Em uma análise detalhada dos comentários feitos por inspetores nos relatórios de 120 escolas, a boa prática foi caracterizada pelos elementos relacionados a seguir.

Determinação de metas e objetivos estratégicos por meio de:

- envolvimento de dirigentes e pessoal de nível sênior;
- declaração de metas relacionadas ao plano de desenvolvimento escolar (PDE);
- comprometimento total do quadro de pessoal.

Planejamento do desenvolvimento por meio do trabalho das partes funcionais e dos grupos de tarefas para garantir o envolvimento por meio de:

- planejamento estratégico como uma estrutura com planos futuros de utilização orçamentária;
- identificação de alternativas;
- identificação em termos de custos de programas, com sistemas de alocação conhecidos com critérios claros para o centro de custos; relação a critérios de sucesso e resultados antecipados; pessoal responsável indicado.

Processos orçamentários para fornecer:

- possibilidades alternativas estimadas e critérios de priorização relacionados a benefícios;
- relação com procedimentos de alocação departamental;
- conscientização de percentuais gastos com pessoal, instalações e recursos.

Monitoramento:

- papel do pessoal de nível sênior na conquista dos objetivos da escola toda;
- controle financeiro.

Avaliação:

- relacionada à eficiência, à efetividade e à relação custo-benefício;
- *feedback* nos ciclos de planejamento;
- compreensão clara das estruturas de responsabilidade final.

Apesar de nem todos os relatórios de inspeção da Ofsted terem mencionado esses elementos, comentários resumidos mostram que a avaliação foi baseada nesse modelo integrativo. Esse processo contrasta com a ligação vaga que ocorre quando dois aspectos de uma organização, que tem elementos em comum, coexistem separadamente. Por exemplo, a ambigüidade existe quando os fins (objetivos) e os meios (recursos) organizacionais não estão bem interligados. Porém, o grau de ligação dos meios e fins exigido pelo enfoque racional também pode variar quanto a sua "rigidez". O modelo "rígido", caracterizado pela formalidade, apresenta algumas ou todas essas características:

- objetivos claros e não-ambíguos, reconhecidos e compartilhados por todos os funcionários;
- hierarquia clara de administração, com descrições claras sobre os trabalhos de cada funcionário de escritório dentro dele, mostrando relações de relatórios e responsabilidade final não-ambíguos;
- grau substancial de centralização, de modo que os indivíduos com responsabilidade delegada exerçam-na dentro de diretrizes claras e relativamente com pouca autonomia e liberdade de ação;
- ligação clara das decisões orçamentárias com decisões sobre planejamento mais amplas;
- procedimento rigoroso para avaliar as opções de decisões em relação aos objetivos da organização;
- comunicação vertical efetiva e abrangente entre os níveis hierárquicos.

O modelo "vago" apresenta muitas das características da gestão com divisão de poderes com:

- ampla visão da gestão global nas mãos do pessoal;
- metas e objetivos dirigidos a princípios amplos e valores compartilhados;
- decisão baseada, tanto quanto possível, em negociação e consenso;
- decisão orçamentária estruturada, mas flexível, e mudanças de plano na metade do período letivo;

- ampla discussão aberta e avaliação de planos.

O grau de rigidez também é afetado por dois fatores humanos – a natureza da liderança e a interação de pessoas –, o que resulta na cultura da escola. Isso pode ser visto no contraste entre as escolas Runnymede e Uplands, duas das escolas do estudo de caso da GEE. Runnymede é uma escola baseada em sistemas nos quais o diretor foi indicado para assumi-la durante uma fase de desenvolvimento em um ambiente altamente competitivo. Ele tem uma visão clara da direção em que a escola está indo e está determinado a fazer o pessoal acompanhá-la; ele os gerencia por meio de descrições de trabalho altamente estruturadas em uma escola fortemente organizada, com objetivos claramente estabelecidos, critérios de sucesso e dados avaliadores. O diretor na Uplands foi indicado para manter os fortes laços comunitários existentes e sustenta a gestão sob consenso tanto quanto possível, usando um enfoque integrativo, de modo que os gerentes de nível sênior e médio trabalhem dentro de sistemas menos rigorosos, tirando suas conclusões de dados "pressentidos" muito mais qualitativos. Porém, ambos relacionam o planejamento às metas estabelecidas para a escola.

A Escola Runnymede tem um documento de planejamento inclusivo, mas ele é dirigido a pontos de vista, sendo considerado o meio que o diretor tem para orientar o desenvolvimento de todas as seções da escola. O processo de planejamento do desenvolvimento é baseado em princípios racionais sólidos. O planejamento é realizado tanto na escola como um todo, como no nível de subunidades, com o primeiro caso influenciando, mas não restringindo totalmente o segundo. Cada atividade do plano está ligada agora a um elemento da estrutura da Ofsted e estará ligada a um cronograma, a uma declaração do que será contado como sucesso e das evidências que serão usadas para avaliar isso, o custo previsto, e aos indivíduos ou grupos indicados como responsáveis pelo trabalho. O chefe diz: "eu me vejo como o líder, nós sabemos para onde estamos indo, sabemos onde queremos chegar, qual o tamanho da escola, que tipo de características ou costumes queremos projetar na escola. Dessa forma, trabalhar nesta linha do plano de desenvolvimento escolar significa realmente acrescentar mais detalhes". O plano de desenvolvimento escolar não é formalmente discutido com o resto do pessoal; a maior parte dos gestores de nível médio e outros funcionários não-gerenciais não viram nenhuma consulta formal: ao contrário, eles viram o plano como sendo uma orientação gerada pela gestão sênior, verticalmente, para os chefes de departamento, à medida que estes iniciam seu próprio processo de preparação dos planos de desenvolvimento departamental.

Na Escola Uplands o processo é tanto abrangente como contínuo. As visões do diretor sobre o planejamento do desenvolvimento escolar guiam o processo e a documentação, mas não o conteúdo que provém do processo extensivo de consulta em operação na escola. Não utilizam o modelo de Hargreaves e Hopkins (1991), no qual as atividades de manutenção e desenvolvimento são claramente separadas, com o planejamento desenvolvimentista concentrado somente no último. Em seu modelo, o plano de desenvolvimento para cada ano seleciona certas prioridades, algumas das quais podem ser realizadas até um segundo ano, mas tornando-se então incorporadas e institucionalizadas nas atividades de manutenção. Na Uplands, o plano de desenvolvimento é bastante diferente. É uma estrutura de planejamento e monitoramento abrangentes a todo o conjunto de atividades de gestão, tanto para a manutenção como para o desenvolvimento. O plano de desenvolvimento escolar ocupa duas pastas muito grandes que contêm todas as políticas, todos os planos de ação e todos os documentos de avaliação subseqüentes para cada aspecto da escola. O plano representa a gestão total da escola: é um mapa abrangente. Apenas a equipe de gestão sênior e o diretor, principalmente, têm uma visão geral e uma compreensão do plano de desenvolvimento em sua totalidade.

Existem evidências de que o planejamento orçamentário é mais difícil nas organizações nas quais falta racionalidade. Às vezes, o sistema de alocação não é conhecido pelo pessoal da escola, seja por ser pragmático ou por ser usado de forma ambígua. Em outras escolas, existe tensão entre os diferentes grupos de interesse, e a eventual alocação de recursos reflete a interação entre poder e controle. A tomada de decisões é afetada pelas pressões que esses grupos podem gerar, e falta coesão e avaliação no planejamento. Simkins (1989) comparou o modelo racional e o modelo político da gestão financeira e demonstra que, quando o sistema político domina, o sentido de crescimento global é perdido, e os desenvolvimentos dependem do poder exercido por grupos ou indivíduos na negociação de recursos. Estruturas confusas, com planejamento randômico e alocação de recursos, parecem favorecer grupos de poder micropolíticos e resultar no que Fullan (1991) vê como a "balcanização" da organização, com uma perda de direção estratégica.

QUESTÕES PRÁTICAS

A prática do planejamento racional destacou certas questões práticas. Essas preocupam-se principalmente com a maneira pela qual tanto os planos estratégicos como os de desenvolvimento e os de ação, associados com suas implicações orçamentárias, sustentam o sistema de alocação de recursos.

- Existe a necessidade de um calendário para o *ciclo de atividades*, o qual deve ser cumprido para que a revisão das atividades e seus resultados no ano anterior afetem as decisões do planejamento do ano subseqüente. As decisões orçamentárias são conseqüência da aceitação de programas de atividade que, quando planejados descritivamente, devem ser divididos em partes, como livros, equipamentos e acesso a computador, para ficarem ordenados com os planos da estrutura administrativa, a fim de que os materiais estejam disponíveis quando necessário. A menos que os planos de despesas de todas as turmas, de todos os grupos ou de outros centros de custos que contribuem para o plano de desenvolvimento global estejam sujeitos a uma gestão cuidadosa, existe o risco de crise na alocação de recursos, e, com isso, o controle do plano estará perdido. Runnymede, uma de nossas escolas em estudo de caso, mudou seus processos de planejamento de desenvolvimento e opera ao longo do ano financeiro a fim de garantir que a ligação entre planejamento e alocação de recursos seja mantida.

- A habilidade dos responsáveis por centros de custos de calcular valores exatos, no nível necessário para uma *tomada de decisão informada*, afeta a possibilidade de um planejamento ser bem-sucedido. O "nível necessário" pode variar entre as organizações. Wong (1995) argumenta que informações exatas são essenciais para um planejamento e uma revisão exatos. Para evitar informações incompletas e inexatas, ele sugere que a coleta de dados computadorizados pode oferecer um sistema de suporte de decisão de gestão. Muitos dos comentários feitos por inspetores da Ofsted sugerem que as escolas estão tomando decisões com base em informações inadequadas e que existe a necessidade de as informações sobre gestão serem coletadas para informar a tomada de decisão e a avaliação. As escolas e faculdades que seguem o enfoque mais rígido podem exigir detalhes sobre instalações, formação do quadro de pessoal e recursos educacionais baseados em uma distribuição por aluno ou por grupo de ensino. A produção de números exatos para o custo das atividades envolve acordo sobre princípios de contabilidade de custo básico, de modo que uma distribuição adequada de custos possa ser implementada. Muitos departamentos de faculdades que podem ter de cobrar novamente os custos reais dos cursos de agências externas baseiam-se nesse nível de detalhe, mas poucas escolas estão fazendo estimativa de custos com o pessoal ou as instalações usadas na manutenção de seu programa básico, exceto para produzir dados que possam ser usados para fins comparativos. Algumas escolas operam com base em um custo acordado para todos os itens, incluindo a formação do quadro de pessoal, as instalações, as despesas gerais indiretas e as necessidades dos alunos de livros e equipamentos. É possível estimar custos para alternativas que possam atender os objetivos desejados, de modo que a tomada de decisão orçamentária informada seja possível. O planejamento limitado (Knight, Capítulo 13) aceita o argumento de que os custos com a formação do quadro de pessoal e as instalações não entram na equação, pois uma relação fundamental aluno-professor-sala de aula é necessária simplesmente para manter o currículo básico. Nesta situação, os custos adicionais de operação de um curso, como o desenvolvimento e o treinamento de professores, a necessidade de computadores e de materiais de consumo, tornam-se fundamentais para as estruturas de custos. Nas investigações de pesquisa, a Escola Uplands previu emendas ao programa oferecido anteriormente, mas a Runnymede exigiu que todos os departamentos fizessem estimativas para o aprovisionamento básico, o trabalho de desenvolvimento e o treinamento do pessoal para as atividades planejadas anualmente.

- Enquanto o pessoal pode estar totalmente envolvido no planejamento racional, nossas evidências sugerem que eles estão menos envolvidos na *confecção orçamentária*, a qual é, com mais freqüência, uma função do pessoal de nível sênior. Isso pode ser fundamentado com três asserções. São elas: que o trabalho da escola ou da faculdade é restringido pelo currículo nacional e pelos requisitos dos exames, e que há pouco espaço para uma mudança de programas; que o tempo gasto em planejamento e negociação não é proporcional ao fundo de financiamento economizado; e que o ensino de boa qualidade não está necessariamente relacionado à qualidade do planejamento. Ao mesmo tempo, as escolas que têm um total envolvimento do pessoal tanto no planejamento como na confecção do orçamento parecem lucrar com a existência de uma compreensão compartilhada. Na Uplands, por exemplo, o pessoal está ciente das prioridades e do porquê de elas terem sido estabelecidas, mas sentem que a justiça inerente às decisões tomadas após discussões levou a escolhas com base comum. O relatório da Ofsted para uma escola foi crítico de um sistema orçamentário que perpetuou alocações com base histórica, pois "enquanto os departamentos sabem quanto dinheiro eles provavelmente podem obter a cada ano, as necessidades da escola não são reconhecidas no planejamento orçamentário".

- A existência de uma estrutura para o *monitoramento* e a *avaliação* que tem procedimentos para avaliar a eficiência, a efetividade, o patrimônio líquido e a relação custo-benefício é considerada essencial para que as decisões futuras sejam baseadas em dados confiáveis, mas parece que os processos de avaliação são, com freqüência, mal-compreendidos. A extensão na qual a avaliação realmente acontece, apesar de essencialmente "apressada" e de uma maneira desestruturada, é demonstrada pelo fato de que, dos 117 relatórios escolares examinados, apenas 54% tinham algum sistema estruturado, enquanto que 72% faziam revisões anuais com o pessoal. Um diretor de escola julgado pela Ofsted como bem-sucedido comentou que "muito da avaliação baseia-se em pressentimento... ou as coisas funcionavam, ou não funcionavam"; mas Law (1995) demonstrou que o pessoal de nível sênior nas escolas e faculdades estão ansiosos para desenvolver sua própria compreensão sobre as técnicas orçamentárias a fim de que seus procedimentos de auditoria sejam mais confiáveis. A disponibilidade das informações de gestão já foi identificada como fundamental para a avaliação, mas os dados devem ser utilizáveis tanto em termos de sua compreensão como de sua disponibilidade. Enquanto é possível determinar e entrar em acordo sobre um orçamento, existe a necessidade de monitoramento durante o período financeiro, de modo que os planos sejam implementados, ou, se não o forem, que as razões para isso sejam conhecidas e explicadas. A existência de transferência de fundos entre tópicos ou programas orçamentários como um meio de permitir flexibilidade, de modo que os planos de despesas possam ser alterados para atender às contingências, não é inibida por tal controle. Contudo, a necessidade de explicar o que acontece impõe uma disciplina que gastos pragmáticos podem anular. A orientação oferecida às escolas pela comissão de auditoria (1993) apresenta uma estrutura avaliada por auditores de forma objetiva, e as evidências da Ofsted sugerem que esse elemento de gestão é mantido com bastante freqüência.

- Os comentários sobre a inspeção freqüente identificam a necessidade do estabelecimento de *critérios de sucesso* para programas planejados – muitas vezes, "faltam objetivos claros aos departamentos e estes não têm meios de saber se os objetivos estão sendo atingidos". O enfoque da classificação de intervenções conforme o custo-benefício para a publicação dos resultados apresenta uma forma de avaliação, e muitas escolas e faculdades estão agora seguindo um foco de valor agregado para a análise desse resultado mensurável usando dados objetivos. Dentro da educação superior ou adicional, os índices de sucesso em exames e os índices de conclusão dos membros de um curso apresentam dados estatísticos básicos semelhantes. Porém, a concentração em resultados pode tornar simples demais os reais objetivos do processo educacional; enquanto boa parte da subjetividade de muitas das evidências para isso inibe seu uso, existem evidências (West-Burnham, 1992) de que os indicadores do processo são tão significativos quanto aqueles dos resultados na avaliação produtiva, ou seja, a que conduzirá a mudanças. Quando os planos são escritos de maneira que tanto o processo como os indicadores de resultados sejam estabelecidos, é possível monitorar o direcionamento do progresso para os objetivos e avaliar quando a atividade estiver concluída.
- A *natureza dinâmica* do ambiente da escola ou da faculdade tem implicações para o planejamento de longo

prazo. A gestão de um programa contínuo pode afetar o sucesso do planejamento orçamentário. Sempre que o ciclo anual permitir uma revisão tanto do plano estratégico como do de desenvolvimento, considerando o progresso em direção a metas, sua continuidade futura será automática. Porém, o planejamento de maior prazo pode ser afetado por eventos que precipitem uma mudança de direção. Isso ficou evidente à medida que os colegas de educação adicional foram incluídos e a conseqüente mudança de cultura foi detalhada para uma faculdade onde um planejamento e uma responsabilidade final muito mais rígidos foram estabelecidos (Rigby, 1995). O efeito de uma mudança na visão de longo prazo ficou evidente, principalmente quando as escolas passaram por uma inspeção da Ofsted ou quando as faculdades foram sujeitadas a escrutínio do conselho de financiamento da educação adicional. Segundo disse um diretor, "a inspeção foi a meta e nós nos preparamos para isso garantindo que tudo estava em ordem (...) o resultado foi caracterizado pela necessidade de incentivar as pessoas para que mantenham sua motivação para melhorias".

Enquanto a gestão estratégica baseia-se em idéias para uns três ou cinco anos, um programa de construção revisado localmente, uma perda súbita de alunos devido a propaganda local adversa, ou uma mudança na taxa de permanência do pessoal no emprego, de modo que a base de custos mude, pode afetar os insumos sobre os quais o sistema se baseia. A maioria das escolas e faculdades mantêm seus planos de longo prazo sem detalhamento de custos e estimam números globais com base na média de custos atuais incluindo a inflação. Isso serve como uma orientação suficiente para fins de planejamento, mas a necessidade de revisão e de novas estimativas de custos dos programas permanece sendo tarefa anual. Mintzberg (1994) sugeriu que o planejamento do desenvolvimento precisa ser flexível, geralmente por meio de revisões freqüentes, de modo que a "estratégia emergente" possa condicionar todas as decisões sobre recursos. Ele salienta a necessidade de uma análise para verificar por que e como uma organização pode ver onde ela se encontra dentro de um mundo em mudança, e de uma síntese para permitir um planejamento coerente dentro de cada período de planejamento previsível. Isso foi mostrado na Escola Uplands, onde a tomada de decisão sobre o orçamento foi essencialmente de curto prazo, para que o impacto da mudança no número de alunos e o financiamento local pudessem ser levados em consideração para a manutenção de um programa essencial.

CONCLUSÃO

O planejamento racional parece ser um fator que assegura a efetividade da escola segundo os resultados medidos. O enfoque de desenvolvimento e gestão de recursos fornece uma estrutura para a discussão e a tomada de decisão. A apreciação da cultura da organização pelo diretor e o uso de um estilo de liderança e técnicas de gestão apropriados podem resultar em formas de planejamento "rígidas", ou diretivas, e "brandas" ou emergentes. Dois comentários justapostos de relatórios da Ofsted destacam a diferente interpretação dos enfoques racionais. Assim como com todas as escolas mencionadas neste capítulo, os nomes são fictícios.

> **Marsh High**
>
> A liderança da escola apresenta fatores surpreendentes, com confiança profissional corporativa entre todos os funcionários, estruturas apropriadas e efetivas, empoderamento genuíno do pessoal, liderança firme oferecida quando necessário e aceitação adequada das conseqüências das decisões tomadas. O processo de planejamento do desenvolvimento escolar envolve uma ampla série de consultas. Isso está claramente relacionado às necessidades educacionais dos alunos que, por sua vez, movimentam o orçamento da escola...
>
> O subcomitê de finanças dos dirigentes tem responsabilidade direta pelas questões financeiras da escola. Seu trabalho é excelente, com a eficiência orçamentária estabelecida após muitas consultas feitas com o pessoal. Os diretores de departamentos usam criteriosamente os seus poderes para determinar os orçamentos dos departamentos e para transferir fundos dentro dos limites do plano de desenvolvimento escolar e dentro das diretrizes rígidas (...) Cada departamento tem uma pessoa escolhida cujas responsabilidades incluem o monitoramento de recursos e os gastos relacionados.

> **Lea Green**
>
> Apesar do planejamento financeiro escolar ser abrangente, é difícil que ele seja estratégico nas circunstâncias financeiras difíceis e mutáveis impostas a ele (...) A equipe de gestão sênior e o pessoal de nível sênior encontram-se totalmente envolvidos no planejamento financeiro da escola. O planejamento financeiro é abrangente, e, apesar de muitas contingências, as mudanças recentes no orçamento apresentaram um desafio particular...
>
> A diretora mostrou uma liderança muito efetiva, conquistando melhorias significativas na escola e mantendo um moral positivo do pessoal em épocas difíceis de redução do pessoal. Ela foi clara quanto aos principais desenvolvimentos necessários e projetou estratégias apropriadas para enfrentar as questões de ação essenciais...
>
> Os planos de desenvolvimento foram feitos após consulta adequada entre os dirigentes, o pessoal sênior e os funcionários da AEL. É necessário: aperfeiçoamento ainda maior do planejamento para inclusão; recursos e implicações financeiras; metas de médio e longo prazo mais focalizadas; e ciclos programados para revisão e avaliação de todos os aspectos do desenvolvimento escolar.

Enquanto ambas as escolas usam alguma forma de consulta aberta, a última tem um enfoque mais vertical e mostra que a apresentação de um orçamento que atenderá às metas da organização não necessariamente precisa estar baseada em discussões abertas e tomadas de decisão. Existem vários exemplos de melhorias escolares sendo atingidas, após um período de gestão mais autocrática, por um novo líder indicado para "virar a escola de cabeça para baixo". Esse pode ser um curso de ação apropriado em que é necessária uma tomada de decisão financeira firme e centralizada. Apesar de sistemas rígidos garantirem com maior freqüência um enfoque disciplinado e de poderem ser adequados para se garantir uma mudança expressiva, existem situações nas quais diretrizes mais brandas podem ser igualmente efetivas e podem sustentar um enfoque de divisão de poderes na gestão escolar. O planejamento racional estabelece a estrutura, mas não é um modelo simples; ele precisa ser gerenciado de acordo com a cultura e a direção da organização.

A partir das evidências de pesquisas, parece que o enfoque racional quanto ao planejamento é essencial para a eficiência educacional, pois estabelece as metas da escola e transmite-as como parte dos valores compartilhados do pessoal, dos alunos e da comunidade. A maneira pela qual o orçamento é alocado para satisfazer essas metas baseia-se nas decisões tomadas para atingir as metas da organização, e isso geralmente depende de tarefas complexas do líder, trabalhando dentro do ambiente cultural interno e externo. Seja o enfoque utilizado de maneira mais formalizada ou mais intuitiva, a racionalidade realmente oferece vantagens quando se comparam sistemas nos quais a ambigüidade e as pressões micropolíticas operam sem ser checadas. Ele proporciona uma estrutura e uma disciplina, o que reduz a ambigüidade e aumenta o desenvolvimento de sistemas de tomada de decisões que inibem o impacto de grupos de pressão. Quando os procedimentos de planejamento forem estruturados de forma muito firme, a receptividade e a flexibilidade de atender a situações que mudam rapidamente são prejudicadas, mas revisões freqüentes estabelecidas na avaliação e no *feedback* são uma solução possível e realmente promovem a melhoria do pessoal. As evidências do projeto-gestão para eficiência e efetividade nas escolas mostram que as instituições de ensino que seguem processos racionais têm maior probabilidade de serem julgadas como eficazes, mas que isso é provavelmente um reflexo da maneira pela qual as pessoas trabalham. Os funcionários que planejam efetivamente as questões curriculares e de ensino provavelmente também o farão em relação à gestão das finanças e dos recursos.

REFERÊNCIAS

Audit Commission (1993) *Keeping Your Balance.* London: Ofsted.

Davies, B. and Ellison, L. (1995) Taking the long view. *Managing Schools Today,* October.

Fullan, M. (1991) *The New Meaning of Educational Change.* London: Cassell.

Glover, D., Levačić, R., Bennett, N. and Earley, P. (1996) Leadership, planning and resource management in very effective schools, *School Organisation,* 16(2): 135-48 and 16(3).

Hargreaves, D. (1995) Self-managing schools and development planning-chaos or control?, *School Organisation,* 15 (3).

Hargreaves, D. and Hopkins, D. (1991) *The Empowered School.* London: Cassell.

Hargreaves, D., Hopkins, D., Leask, M., Connolly, J. and Robinson, P. (1989) *Planning for School Development,* School Development Plans Project. London: Department of Education and Science.

Law, S. (1995) *Primary and Secondary Professional Development Survey Reports.* Keele: University Inservice and Education Management Unit.

Levačić, R. and Glover, D. (1995) The relationship between efficient resource management and school effectiveness: evidence from Ofsted secondary school inspections. European Conference on Educational Research, Bath University, September.

Mintzberg, H. (1994) *The Rise and Fall of Strategic Planning.* London: Prentice Hall.

National Audit Office (1994) *Value for Money at Grant-maintained Schools: a review of performance.* London: HMSO.

Office for Standards in Education (Ofsted) (1995) *The OFSTED Handbook: Guidance on the inspection of secondary schools.* London: HMSO.

Rigby, H. (1995) Through teamwork to autocracy. *Management in Education,* 9 (1), February.

Sheffield Education Department (1991) *School Development Planning Under LMS,* Sheffield, City Council.

Simkins, T. (1989) Budgeting as a political and organisational process, in R. Levačić (ed.) *Financial Management in Education.* Milton Keynes: Open University Press.

West-Burnham, J. (1992) *Managing Quality in Schools.* Harlow: Longman.

Wong, S. (1995) Management decision support systems: From theory to practice. *Education Management and Administration,* 23 (2), April.

13
Análise e construção orçamentária

BRIAN KNIGHT

O processo orçamentário dura normalmente um pouco mais que dois anos, apresentando quatro fases principais:

1.	Análise preliminar	Estratégica	Antes do ano financeiro
2.	Construção orçamentária	Operacional	Antes do ano financeiro
3.	Controle e monitoramento de gastos	Operacional	Durante o ano financeiro
4.	Avaliação	Estratégica	Após o ano financeiro

As duas primeiras fases serão discutidas neste capítulo.

Inevitavelmente, existem problemas de conexão entre as fases. Conforme sugerido na Figura 13.1, a primeira e a segunda fase devem ser concluídas no segundo ano, antes que a terceira fase esteja concluída no primeiro ano; enquanto que a quarta fase do primeiro ano pode afetar apenas a primeira fase do terceiro ano.

Existem outros problemas de conexão, principalmente com o plano de desenvolvimento escolar e seus cronogramas mais extensos e também com informações sobre número de alunos, nível de financiamento, preços, etc. As escolas de tais sistemas inadequados, em que o ano acadêmico e o financeiro não coincidem, apresentam ainda outros problemas.

Não causa surpresa o fato de que as escolas acham o processo orçamentário desagradável. A maioria parece lidar razoavelmente bem com os aspectos operacionais, como o controle e o monitoramento, mas com muito menos eficiência lidam com a análise preliminar, o planejamento orçamentário estratégico e a avaliação final. Na verdade, esses processos são, com freqüência, bastante superficiais e, às vezes, invisíveis.

Portanto, este capítulo destaca a importância de os gestores escolares esclarecerem o *propósito* do processo orçamentário, escolhendo a melhor *estratégia*, e melhorando o *formato* orçamentário. Porém, existe uma diferença marcante nas necessidades das escolas. Os orçamentos das escolas de ensino fundamental são mais simples e mais facilmente relacionados aos objetivos escolares como um todo, mas concentram-se com menor facilidade em cumprir os aspectos do currículo. Os orçamentos das escolas de ensino médio são o oposto, dispersos entre os departamentos e as alocações de disciplinas no cronograma. As pequenas escolas de ensino fundamental acharão os princípios deste capítulo relevantes, apesar de precisarem suprir alguns detalhes.

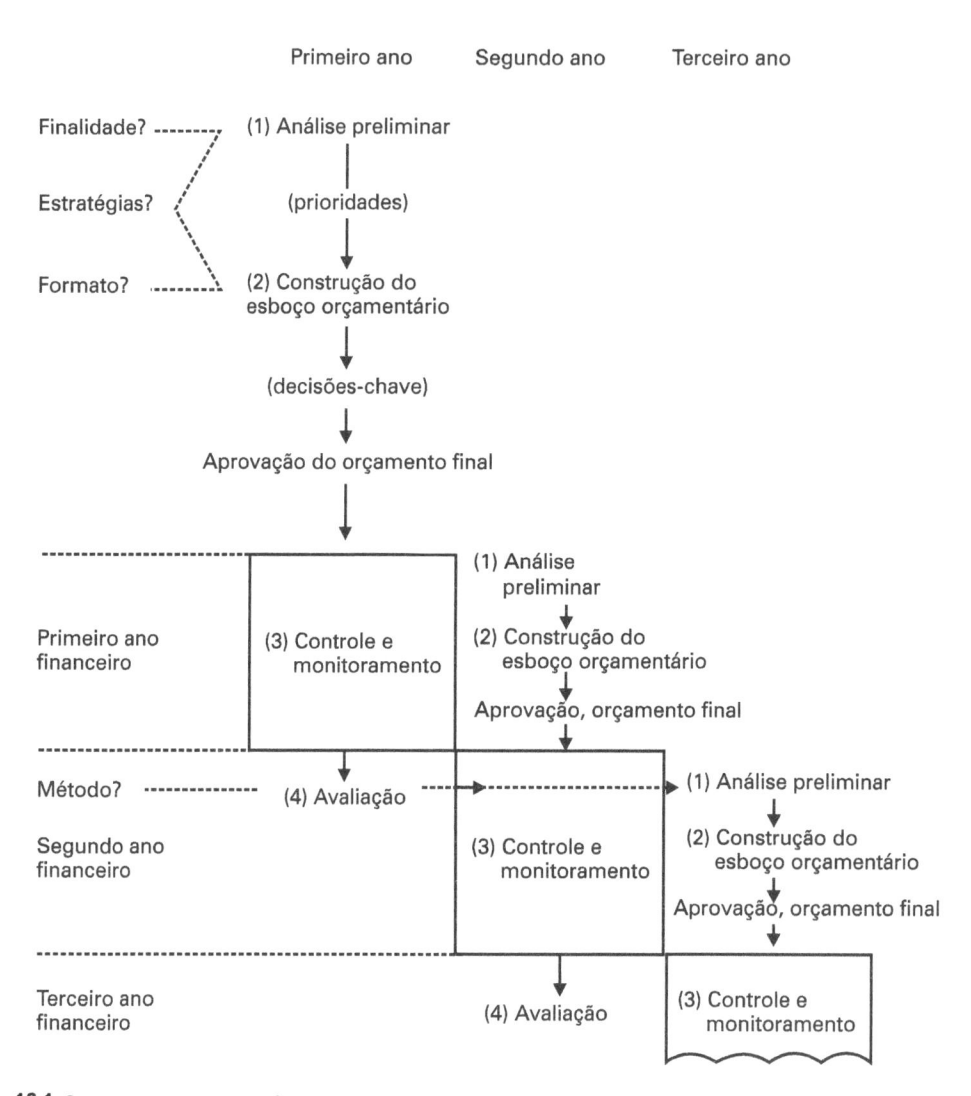

Figura 13.1 O processo orçamentário

ANÁLISE PRELIMINAR

A finalidade de um orçamento

Um orçamento não é um balanço patrimonial, nem mesmo uma demonstração financeira de gastos projetados. Ele é, ou deve ser, uma ferramenta de gestão para o planejamento, a implementação e a avaliação. Uma definição comum seria: "um plano para a alocação e o dispêndio de recursos para atingir os objetivos da escola". Essa definição enfatiza o enfoque no planejamento e a necessidade de se relacionar despesas com a conquista de objetivos, em vez da função instrumental mais familiar de autorizar e controlar despesas.

Um orçamento apresenta dois lados – a renda e a despesa. Em escolas estaduais, a renda é dada como certa, quase como se fosse um ato de força maior. Porém, à medida que as escolas tornam-se mais empreendedoras, podemos esperar que elas identifiquem suas necessidades de recursos primeiro e depois procurem o financiamento deles. Dessa forma, o lado da oferta orçamentária tornar-se-á cada vez mais importante. Um orçamento não envolve necessariamente finanças, apesar de este ser o nosso interesse aqui; ele pode tanto tomar a forma de potencial humano como a de um orçamento de tempo. Mas sempre precisará de um cronograma – geralmente por um ano, mas possivelmente mais ou menos tempo, principalmente para um projeto especial.

Autores que escrevem sobre gestão financeira identificaram uma série de funções para um orçamento:

- Planejamento.
- Previsão.
- Equiparação de renda e de despesas.
- Estabelecimento de prioridades.
- Comparação de diversas atividades por meio de denominadores financeiros comuns.
- Implementação de planos.
- Coordenação de atividades da escola.
- Alocação de recursos.
- Autorização de despesas e atividades.
- Comunicação de objetivos e prioridades ao pessoal.
- Motivação do pessoal pela delegação de responsabilidades.
- Controle e monitoramento de despesas.
- Reforço da responsabilidade final.
- Obtenção de boa relação custo-benefício, de economia.
- Equiparação de resultados e insumos, avaliando a relação custo-benefício.

Devido a essa diversidade de funções, não é realista uma expectativa de que todas, ou a maioria delas, possam ser executadas a partir de apenas um tipo de demonstração orçamentária. As escolas realmente precisam pensar em três diferentes séries de documentos orçamentários:

1. Análise preliminar – discursiva, narrativa, especulativa e apresentando alternativas.
2. Demonstração orçamentária, tanto para a fase de construção como para a de controle, quantitativa e sistematizada.
3. O processo de avaliação, amplamente qualitativo, ligado a objetivos, critérios e indicadores.

A cada etapa, precisamos nos perguntar: "O que estamos tentando fazer? O que exatamente esperamos atingir com este documento ou processo? E quem é o nosso público?". Então, por exemplo, o formato de qualquer demonstração financeira para a segunda etapa pode precisar ser completamente modificado para a primeira e a terceira etapas.

Alternativas e prioridades

Qualquer análise, em um primeiro momento, terá dois pontos iniciais: os objetivos atuais da escola, idealmente derivados de um plano desenvolvimentista, e um prognóstico precoce para o ano financeiro vindouro sobre o provável nível de financiamento, número de alunos, preços e qualquer compromisso financeiro importante. Tal análise deve começar cedo, muito antes de os números finais sobre financiamento serem conhecidos. É, obviamente, muito experimental no início. Mas o problema não reside tanto na clareza quanto na criatividade. Muitas escolas estão fechadas em uma visão restrita e protegida, contrárias às alternativas a elas abertas.

Sejam quais forem as razões, as escolas geralmente não apreciam um reexame fundamental da relação entre o orçamento e os seus objetivos. Observe e verá as estratégias, como melhor ligação lar-escola, envolvimento dos pais na leitura, melhoria da auto-estima por meio de treinamento ou aconselhamento, tutoria de pares – todas mostrando fortes evidências de boa relação custo-benefício, mas

> **Exemplo**
>
> Uma escola identifica, como seu objetivo principal, a melhoria na escrita e na leitura dos 20% mais fracos entre seus alunos. As alternativas examinadas são:
>
> Aumento do quadro de professores para apoio extra em sala de aula.
> Aumento do quadro de professores para o afastamento dos alunos das turmas, formando pequenos grupos.
> Aumento do quadro de professores para melhorar a proporção entre o número de alunos e de professores.
> Aprovisionamento de um subsídio de incentivo e financiamento especial para um professor melhorar a escolha de livros e materiais para esses alunos em todas as disciplinas.
> Melhor provimento de fundos para a biblioteca escolar.
> Fundos para computadores extras e outros apoios de aprendizagem.
> Educação e treinamento de todo o pessoal da escola durante o trabalho quanto a uma aprendizagem mais efetiva para as crianças.
>
> À primeira vista, parece haver uma ampla série de alternativas. Mas vejamos o que mais pode ser incluído:
>
> Pagamento de um subsídio e de despesas como incentivo para um professor melhorar a ligação entre os lares e a escola.
> Programa diário estendido; por exemplo, um programa de atividades pós-dia escolar ou um suporte de fim de tarde.
> Treinamento individual regular, fora da escola.
> Programa semelhante ao de alfabetização de adultos, ou seja, informal e com atividades e duração determinadas pelo cliente.
> Esquema de férias "intensivo".
> Apoio extra para alunos em situação de risco em escolas contribuintes.
> Tutoria de pares proporcionada por alunos mais velhos.
> Tutoria de pares proporcionada por alunos com baixo desempenho a alunos em situação de risco em escolas contribuintes.
> Aconselhamento pessoal para melhorar a auto-estima.
> Incentivos financeiros para recompensar o progresso dos alunos de forma individualizada.

com financiamento marginal ou inexistente na maioria dos orçamentos escolares.

Então, se sua escola deseja considerar uma ampla série de alternativas, o que você deve fazer? Você precisa, de alguma forma, criar um ambiente de *brainstorming*, no qual idéias desenfreadas circulem livremente e sejam toleradas. Poderá então avaliar cada probabilidade de eficiência e chegar a uma estimativa provável de custos. Também é possível – apesar de certamente não ser essencial – usar uma técnica para aprimorar a tomada de decisões:

1. Decidir quais critérios usar para avaliar as alternativas.
2. Atribuir um peso a cada critério, conforme sua importância.
3. Classificar as alternativas de acordo com os critérios.
4. Ajustar as classificações na terceira etapa, quanto ao peso, e agrupá-las.

A Tabela 13.1 ilustra isso utilizando algumas das alternativas do exemplo anterior. Esse método não demanda muito tempo. É bastante difícil decidir quanto a classificação e peso – muito subjetivo –, mas o processo realmente auxilia a pensar com mais rigor e objetividade. Observe que existem duas etapas: determinar os critérios medidos e depois escolher as melhores alternativas. Essas podem então ser confrontadas com seus prováveis custos. Na Tabela 13.1, as duas últimas alternativas parecem ser a melhor escolha.

Após restringir a escolha, você poderá aperfeiçoar a estimativa de custo e obter um modelo do efeito sobre o orçamento. Na verdade, criar um modelo computadorizado usando alguns dos programas amigáveis disponíveis atualmente é importante nas últimas etapas da análise. Também nessas etapas posteriores é importante usar dados comparativos (custo unitário, porcentagens, comparações com anos anteriores ou entre escolas), como discutiremos mais adiante neste capítulo. No final dessa análise preliminar, você deverá ter obtido uma série clara de prioridades.

CONSTRUÇÃO ORÇAMENTÁRIA

Existem várias maneiras de abordar esse assunto.

Estratégias orçamentárias

Incremental

Esta envolve o ajuste do orçamento de anos anteriores com incrementos referentes a quaisquer mudanças no tamanho (ou, no caso de diminuição, com desvalorização). É de difícil justificação, pois não envolve análise do pensamento, planejamento ou ligação do orçamento a objetivos e prioridades. Ainda não é tão reconhecida.

Pragmática

Este é um enfoque centrado, particularmente útil quando as escolas assumem pela primeira vez a responsabilidade pelo seu orçamento. O novo orçamento baseia-se firmemente no anterior e, dessa forma, apresenta baixo risco e é econômico quanto a tempo e esforços despendidos. Mas ele tenta melhorar o orçamento anterior e fazer poupança que poderá ser reutilizada em outro momento. Essa poupança pode ser tratada como uma oportunidade inesperada, ser dividida no final do ano, ou ser planejada e então alocada novamente durante a construção orçamentária.

Plano limitado

Assim como o enfoque pragmático, este baseia-se no orçamento do ano anterior e na utilização do plano de horários (ou seja, a alocação de professores e de seu tempo) como um importante instrumento na disponibili-

Tabela 13.1
Exemplo de tomada de decisão orçamentária com múltiplos critérios (os números são meramente ilustrativos)

	Classificação segundo critérios			Classificação por peso			Total	Custo provável em libras esterlinas
	A*	B*	C*	A¥	B¥	C¥		£
Maior apoio em sala de aula	6	7	5	36	70	40	146	6.000
Melhor escolha de livros/materiais	3	5	3	18	50	24	92	3.000
Ligação lar-escola	8	6	4	48	60	32	140	7.000
Computadores/suportes de aprendizagem	4	6	3	24	60	24	108	12.000
INSET	3	4	4	18	40	32	90	1.500
Tutoria de pares	7	7	3	42	70	24	136	500
Incentivos financeiros	5	7	5	30	70	40	140	1.200

*Critério A: Melhoria na auto-estima e na confiança.
Critério B: Melhoria nas habilidades de leitura.
Critério C: Melhoria nas habilidades de escrita.

¥ Peso para o critério A: 6
Peso para o critério B: 10
Peso para o critério C: 8

zação de recursos. Porém, também inclui um elemento de planejamento mais evidente, mas mais limitado, surgido pragmaticamente das mudanças que parecem necessárias ou desejáveis, mas dentro dos parâmetros do que parece provável de ser financeiramente praticável. Não se deve tentar produzir um projeto grandioso se for provável que sejam disponibilizados apenas recursos limitados. Esse enfoque é exposto na Figura 13.2 [...]. Esse tipo de estratégia ainda apresenta baixo risco e é relativamente descomplicado, mas encoraja o planejamento de longo prazo ou a consideração de uma série mais ampla de alternativas.

Orçamento básico

Este foi fortemente defendido pela comissão de auditoria do Reino Unido no livro *Management within primary schools* (1991, p.23-26), apesar de o princípio ser igualmente aplicável às escolas de ensino médio. Defende-se um plano escolar como o ponto de partida; porém, aceita-se que os orçamentos da maior parte das escolas estão irrevogavelmente submetidos a compromissos contínuos ou a atividades centrais e, dessa forma, não estão disponíveis para usos alternativos. Mas esse orçamento central é visto como um mínimo restrito, não como um ótimo confortável – o mínimo mais baixo que seria tolerável em uma situação de cortes desesperadora. No exemplo da comissão de auditoria (Quadro 13.1), 84% é mostrado como o orçamento básico e 16% como o arbitrário.

Esse enfoque apresenta muitos pontos a seu favor. Assim como as estratégias anteriores, ele funciona a partir do que já está esta-

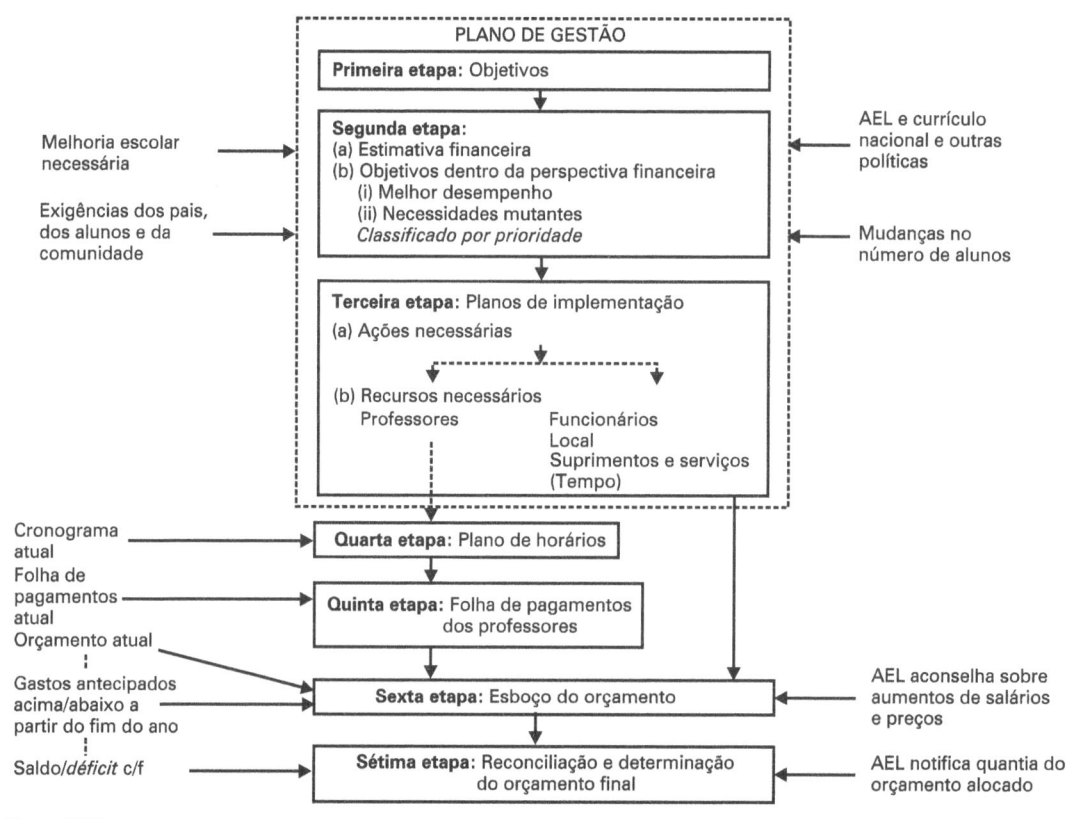

Figura 13.2 O enfoque de "plano limitado" na construção orçamentária.
Fonte: B. Knight (1989).

Quadro 13.1

O ponto de partida do processo orçamentário são as inevitáveis despesas com que a escola se depara. Quando essa primeira solicitação de fundos ou *orçamento básico* for identificada, a escola poderá então explorar opções, pois os recursos excessivos do orçamento básico estarão disponíveis para alinhamento com os objetivos da escola. O princípio norteador do orçamento básico é o de que ele avalia de antemão muito poucas possibilidades de atender as necessidades particulares dos alunos.

... A escola Vincent Square situa-se em um distrito metropolitano e tem 220 alunos matriculados; sua alocação total de fundos é 232.300 libras esterlinas... As despesas praticamente inevitáveis para a operação da Escola Vincent Square, excluindo-se o pessoal de sala de aula, são:

Libras esterlinas	£
Reparos e manutenção	1.500
Energia	2.500
Impostos municipais	8.000
Água	1.000
Limpeza	6.500
Vigilância	9.000
Coleta de lixo	300
Equipamentos	200
Propaganda para recrutamento	100
Refeições escolares gratuitas para adultos	2.000
Apoio ao corpo de dirigentes	300
Suprimentos e equipamentos administrativos	2.000
Total	33.400

Esses itens incluem os custos operacionais das instalações da escola, pois, apesar de haver oportunidade para poupança no que se refere à eficiência, esses custos são amplamente fixos.

A flexibilidade real dos recursos concentra-se nas decisões sobre formação do quadro de pessoal. O elemento relacionado ao pessoal de ensino no orçamento básico pode ser determinado pela referência à organização da escola em turmas de alunos. Um ponto de partida sensato seria o número de professores (incluindo o diretor) necessário para formar grupos de não mais de 30 alunos, juntamente com um elemento de meio período suficiente para liberar o diretor por 1½ dia por semana para a administração e para as reuniões com os pais. O básico deveria incluir também outros custos inevitáveis da formação do quadro de pessoal, como a supervisão do meio-dia.

A aplicação deste enfoque à Vincent Square implica uma necessidade de que os 220 alunos sejam divididos em oito grupos. Se houvesse apenas sete grupos, o máximo de 30 alunos teria de ser desrespeitado em pelo menos alguns dos grupos, mas com oito grupos todos podem ser preenchidos ao máximo. Para permitir que o diretor fosse liberado do ensino, o número de professores seria 8,3... O orçamento básico estimado para a formação do quadro de pessoal é:

Libras esterlinas	£
Diretor (Grupo 2 ponto 10)	24.200
Vice-diretor (Grupo 2 ponto 2)	21.400
6,3 outros professores	105.100
	150.700
Adicionar: instalações, etc. [acima]	33.400
Supervisão do meio-dia	5.500
Custos totais do orçamento básico	189.600
Orçamento restante	42.700

É importante salientar que não se pode esperar que a Vincent Square ou qualquer outra escola opere com sucesso baseando-se nesse orçamento básico; esse é simplesmente um enfoque da previsão orçamentária para identificar a quantia máxima de dinheiro disponível para ser utilizada pelo corpo de dirigentes a fim de atender ao seu plano de desenvolvimento escolar.

belecido, evitando, dessa forma, a demorada recriação do orçamento básico. Sua atitude de iniciar a partir do zero, quanto ao restante do orçamento, abre mais possibilidades de um exame cuidadoso das alternativas relacionadas aos planos e objetivos escolares. Mas, ao fazê-lo, é claro que poderá gerar mais preocupações e conflitos internos.

Previsão orçamentária do programa

A previsão orçamentária do programa relaciona despesas a objetivos.

O orçamento de itens alinhados, dividindo as despesas por categoria como salários, e não por atividades ou programas, é separado dos objetivos, difícil de avaliar quanto ao desempenho e conduzido pelo histórico, assim como pela identificação das necessidades reais. O enfoque do programa em educação foi encorajado por tendências recentes: o movimento para a autogestão escolar; a maior preocupação com a efetividade e a eficiência; o empréstimo de métodos do setor comercial; a demanda por maior responsabilidade final; e o desejo de aumentar o trabalho em equipe e a colaboração com as escolas e suas comunidades.
[...]
A previsão orçamentária do programa desenvolveu-se de forma extensiva, no Estado australiano de Victoria, seguindo, em grande parte, o modelo original estabelecido por Brian Caldwell e Jim Spinks em *The self managing school*, e, mais recentemente, na Nova Zelândia. O modelo de gestão original de Caldwell e Spinks (1988) [...] separa a criação de políticas de sua implementação – ou seja, estratégias de operações. Ele preenche a lacuna entre objetivos e aprovisionamento orçamentário em duas etapas: a formulação de políticas e a derivação de programas e planos dessas políticas. Constrói o orçamento agregando propostas orçamentárias individuais para cada programa e ajustando o total em relação aos fundos disponíveis. [...]

A previsão orçamentária do programa parece estar criando raízes na Austrália, apesar de ser ainda muito cedo para dizer se isso será permanente ou se acabará se dissipando. Sua lógica é poderosa, mas existem várias limitações. Em primeiro lugar, ela é indubitavelmente mais demorada do que as estratégias discutidas anteriormente. O processo é mais elaborado, e a colaboração é sempre mais demorada. Além disso, a sua construção orçamentária, que parte dos detalhes para o todo, ignora o argumento da comissão de auditoria de que deve haver um orçamento básico limitado. Em segundo, ela achou difícil fugir dos compartimentos "disciplinares" convencionais. É difícil traduzir um objetivo como "melhorar o trabalho cooperativo e a resolução de problemas dos alunos" dentro do orçamento (na realidade, isso também é verdadeiro com outras estratégias). Em terceiro, seu caráter colaborativo intensifica o papel dos professores na tomada de decisões, mas, mesmo que isso possa aumentar a eficiência e até mesmo a efetividade a curto prazo, não está claro se irá encorajar inovações mais ousadas a longo prazo.

Provavelmente, o valor real da previsão orçamentária do programa esteja não tanto na técnica, mas no estado mental. O *pensamento sobre o programa* é o que importa.
[...]

Previsão orçamentária base-zero

A previsão orçamentária base-zero foi apresentada pelo ex-presidente Jimmy Carter no governo dos Estados Unidos. Provou-se muito ávida de informações e dissipou-se rapidamente. O autor não conhece nenhuma escola que esteja a utilizando atualmente. Mas como um conceito – em oposição a um sistema – é atraente. Envolve iniciar a partir do zero e requer que cada atividade justifique suas reivindicações de *absolutamente* qualquer tipo de fundo. É útil principalmente para questionar o *status quo*, reduzir as despesas que não sejam mais tão prioritárias e dar espaço para novas necessidades.

Apesar do fato de ser muito demorada, também é ameaçadora: ninguém inicia nenhuma reivindicação de coisa alguma! Não é realista para uma operação anual, mas poderia ser muito útil para fazer uma limpeza periódica – digamos, a cada cinco anos –, idealmente relacionada a uma revisão global da escola. Como alternativa, poderia ser usada para examinar diferentes áreas de despesas a cada ano. Uma forma simples de previsão orçamentária base-zero faria perguntas como:

> Essa função ou atividade deve ser mesmo realizada?
> Se sim, em que escala? E dentro de qual nível de qualidade?
> Ela deve ser realizada dessa maneira?
> Ou existem alternativas melhores e mais baratas?
> Quanto ela custaria?

A melhor estratégia?

Tim Simkins e David Lancaster (1987) em *Budgeting and resource allocation in educational institutions*, examinaram vários enfoques à construção orçamentária. Eles sugeriram que cada escola precisa adotar um sistema que se encaixe em suas próprias necessidades e observaram uma ampla série de critérios possíveis (p. 105-108):

- Responder de forma eqüitativa às necessidades de diferentes áreas disciplinares.
- Levar em conta as prioridades.
- Promover a conquista dos objetivos da escola.
- Encorajar a inovação.
- Facilitar o planejamento de longo prazo.
- Reagir rapidamente à mudança ambiental.
- Facilitar a avaliação de "subunidades" (departamentos, etc.).
- Levar em conta os padrões de poder e influência.
- Evitar sujeitar-se a tempo substancial ou a outros custos.
- Ser facilmente compreendido e amplamente aceito.

O formato orçamentário e a apresentação de informações

Seu formato orçamentário não é preordenado. Você pode projetá-lo de acordo com suas próprias necessidades, assim como faria com qualquer outro documento de planejamento. É claro que pode ser necessário fazer os registros em um formulário especificado pela AEL, pela diretoria da escola ou pelo departamento governamental, mas isso somente é necessário para esse propósito específico. Com planilhas modernas, não existe razão por que as informações financeiras não devam ser reorganizadas, como um caleidoscópio, em diferentes padrões. Na verdade, uma discussão importante deste capítulo é que isso é essencial para uma gestão inteligente: diferentes formatos de informações são necessários para propósitos diferentes.

Leiaute orçamentário

Existem três tipos principais sendo utilizados.

Subjetivo ou por itens alinhados (Quadro 13.2) – Esse é o leiaute familiar por categorias de despesas; por exemplo, salários dos funcionários, instalações, suprimentos, serviços, despesas de estabelecimento, diversos, transpor-

Quadro 13.2
Formatos orçamentários alternativos (exemplos abreviados)

Item alinhado	Função

Funcionários
  Professores de período integral/meio período
  Professores substitutos
  Professores substitutos (INSET)
  Administrativo/de escritório
  Técnico
  Vigilantes
Instalações
  Eletricidade
  Água
  Materiais de limpeza
  Coleta de lixo
  Manutenção
Suprimentos e serviços
  Livros e equipamentos
  Serviços postais e telefone
Estabelecimento
  Propaganda
  Viagens/subsistência do pessoal
  Seguro
Miscelânea
	Instrução
	  Professores de período integral/meio período
	  Professores substitutos
	  Técnico
	  Livros e equipamentos
	Administração
	  Professores de período integral
	  Administrativo/de escritório
	  Serviços postais e telefone
	Instalações
	  Vigilantes
	  Eletricidade
	  Água
	  Seguro
	Serviços de apoio aos professores
	  INSET
	  Professores substitutos (INSET)
	  Suporte administrativo
	Apoio e serviços aos alunos
	Transporte
	Alimentação

te, alimentação. Foi bem testado e é efetivo para o controle e o monitoramento de despesas, pois confronta despesas semelhantes e permite a comparação entre iguais, mas é de uso limitado para o planejamento estratégico ou para relacionar despesas e objetivos e não auxilia em uma avaliação para além daquela puramente financeira.

Função (Quadro 13.3) – Esta classifica as informações segundo a função na qual os fundos são gastos; por exemplo, instrução, administração, instalações, serviços de apoio aos professores, apoio e serviços aos alunos, transporte, alimentação. É mais fácil verificar como o dinheiro está sendo usado e questionar prioridades, tornando, assim, o planejamento e a avaliação um tanto mais fáceis. Mas não se presta tanto ao controle – uma categoria como salários extra-ensino pode ser dividida em várias funções –, e ainda não está intimamente relacionada a objetivos e atividades.

Programa – [...] Aqui as despesas de cada programa ou atividade são agrupadas, conforme discutido acima no item sobre previsão orçamentária do programa. Em *The self managing school*, Caldwell e Spinks (1988) listam 41 programas para a escola de ensino médio do Distrito de Rosebery (todas as idades), na Tasmânia. Dezenove deles são disciplinas, mas também existem áreas programáticas, como cuidado pastoral, serviços de apoio, necessidades especiais, administração, relações públicas, limpeza, pátio e algumas áreas complementares, como atividades extracurriculares, crianças com altas habilidades, festival de teatro, revista da escola e conselho. Uma alternativa aos programas por disciplina seria agrupamentos mais amplos (por exemplo, arte criativa e performática), ou programas para grupos de alunos ou por desenvolvimento de habilidades (comunicação, habilidade para aritmética, resolução de problemas, etc.), mas todos esses são difíceis de criar.

O formato desse programa aproxima as despesas dos objetivos, apesar de ser ainda quase que totalmente baseado em uma disciplina ou em funções. Poder-se-ia recolocar um

elemento, como instalações, em cada programa, a menos que esse fosse mantido como função. Mas, apesar de ser o melhor dos três formatos para planejamento e avaliação estratégica, ele é o mais fraco no que tange ao controle. Os salários de professores e funcionários, por exemplo, serão divididos entre muitos líderes orçamentários.
[...]

O melhor formato? – Parece claro que algum tipo de função ou formato de programa seja preferido para análise e avaliação, em vez daquele tradicional, de itens alinhados, para controle. Não existe razão para as escolas não usarem diferentes formatos para diferentes propósitos. Na verdade, ambos podem ser usados, sendo ligados por meio de uma matriz, com programas em um eixo e um formato subjetivo em outro. Isso então permitirá que os salários dos professores de vários programas sejam somados, resultando em uma quantia total.
[...]

Totais brutos... ou números comparativos?

É muito difícil qualquer número fazer sentido em uma estimativa orçamentária ou demonstração de rendimentos, assim como é difícil sua própria conta de energia elétrica doméstica fazer sentido, a menos que você a compare com contas anteriores semelhantes e com as contas dos vizinhos.
[...]
Como regra geral, qualquer documento de *estimativa* orçamentária deve apresentar os números do ano anterior, comparando-os aos do ano corrente, e deve converter ambos a custos unitários para facilitar uma comparação. Um documento orçamentário de rendimentos para avaliação deveria, idealmente, incluir uma série de custos unitários durante três ou quatro anos, mais ou menos, mais os dados de escolas pares, a fim de permitir comparações mais abrangentes e detecção de tendências. Mas as estimativas orçamentárias finais, usadas para controle e monitoramento, não necessitam dos números do ano anterior nem de dados sobre custos unitários.

Quais são as melhores combinações de formatos?

A situação atual seria:

Análise orçamentária	Controle e monitoramento orçamentário	Avaliação orçamentária
Programa*	Item alinhado	Programa*
Dividido	Agregado	Dividido
Novo ano e anos anteriores	Apenas ano corrente	Rendimentos e anos anteriores
Totais e custos unitários	Totais	Série de custos unitários, custos unitários por escolas pares

* Agregado em totais de itens alinhados por uma matriz.

[...]
Este capítulo destacou a necessidade de um enfoque cuidadoso quanto ao orçamento, principalmente durante a análise orçamentária, a escolha de estratégia específica e a seleção de formatos melhorados.

REFERÊNCIAS

Audit Commission (1991) *Management Within Primary Schools.* London: HMSO.

Caldwell, B. and Spinks, J. (1988) *The Self-Managing School.* Lewes: Falmer Press.

Knight, B. (1989) *Managing School Time.* Harlow: Longman.

Simkins, T. and Lancaster, D. (1987) Budgeting and Resource Allocation in Educational Institutions., *Education Management,* 35. Sheffield: Sheffield City Polytechnic (Sheffield Hallam University).

14

Alocação orçamentária para apoio curricular

MARK SUTTON

INTRODUÇÃO

Juntamente ao desenvolvimento da previsão orçamentária delegada a escolas, há um movimento paralelo em direção a uma maior delegação de responsabilidade financeira dentro das escolas. As pressões que levaram a esse movimento são provenientes de muitas direções. Juntamente com a gestão local das escolas na Inglaterra e no País de Gales, o excesso de legislação, surgido desde o final dos anos de 1980, que objetivou tornar as escolas mais responsáveis, aumentou enormemente a carga gerencial e administrativa da gestão de nível sênior, e os diretores não tiveram outra opção a não ser delegar. As teorias reunidas aos poucos sobre a gestão comercial têm, há bastante tempo, promovido a delegação como força motivacional. Mais gestores de nível médio esclarecidos nas escolas têm demandado cada vez mais flexibilidade e maior comando dos recursos disponíveis a eles. Como resposta a isso, os diretores têm buscado maneiras para alocar fundos a um número cada vez maior de centros de custo ou responsáveis pelo orçamento entre o quadro de pessoal.

PERSPECTIVAS ORGANIZACIONAIS NA ALOCAÇÃO DE RECURSOS

Os sistemas internos de alocação de recursos podem ser analisados de forma útil a partir de várias perspectivas organizacionais, principalmente a tomada racional de decisões, a burocracia, a micropolítica e a divisão de poderes. Cada uma apresenta uma finalidade específica a ser atendida pelos sistemas de alocação de recursos e uma série associada de processos.

O modelo racional de tomada de decisões caracteriza-se pela articulação de uma única série de objetivos organizacionais claros, pela avaliação de todos os cursos de ação alternativos em relação a esses objetivos e pela escolha de um que atinja de forma mais eficaz tais objetivos. Para se fazer julgamentos racionais sobre o conhecimento e a expectativa da delegação interna e da sua forma e extensão, os gestores de nível sênior devem primeiro considerar os objetivos de sua instituição. As declarações de metas e objetivos das escolas inevitável e apropriadamente ficarão concentradas nas experiências e oportunidades oferecidas aos alunos. Termos como "altos padrões" e "qualidade" tipicamente aparecerão com proeminência. Geralmente é explicitado de forma clara que o que a escola faz é "efetivo", enquanto que a maior responsabilidade financeira colocada sobre as escolas trouxe consigo uma expectativa de "eficiência" e de "relação vantajosa financeiramente".

A "eficiência" e a "efetividade" aceitaram definições na responsabilidade final do setor público, apesar de ambas serem usadas de forma muito mais descompromissada e como se fossem sinônimas na linguagem diária. Eficiência significa dizer que determinada quantidade de produto é produzida pelo menor custo possível ou, talvez mais apropriadamente no ambiente educacional, que a quantidade máxima é alcançada para uma determinada série de recursos escassos. Como medir a quantidade de produto de uma escola é, obviamente, uma questão de debate, sem dúvida bastante acalorado, sobre a questão do valor agregado. No entanto, não é o assunto deste capítulo.

O termo efetividade possuía um significado adicional e uma suposição do valor social deste produto e da qualidade do processo, ou seja, com que eficiência uma determinada atividade atinge seus objetivos. Pode-se discutir que o termo "vantagem financeira", usado freqüentemente, requer não apenas eficiência (fazer as coisas da maneira certa), mas também efetividade (fazer as coisas certas). Os recursos sempre serão escassos em educação; então, até que ponto o processo de delegação interno promove um uso eficiente e efetivo dos recursos limitados?

No modelo burocrático, as escolas são vistas como tendo estruturas hierárquicas de autoridade com cadeias formais de comando entre os diferentes níveis. As escolas buscam objetivos que foram determinados por seus líderes oficiais no topo da pirâmide. A tomada de decisões ainda é considerada racional, baseada em uma avaliação cuidadosa de alternativas e em uma escolha deliberada da opção mais adequada. Um sistema burocrático de alocação de recursos internos será não apenas racional, mas também reforçará a estrutura hierárquica e a autoridade dos líderes indicados da instituição.

Em comparação, o modelo micropolítico vê as escolas como compilações de interesses setoriais, cada uma com seus próprios objetivos. São esses interesses setoriais que fazem pressão para decisões em seu favor. Nesse modelo, ou não existem objetivos organizacionais claros, ou eles são muito menos importantes do que o objetivo que contém conflitos de interesses dentro de coalizões praticáveis. Isso pode ser conseguido pela negociação de comprometimentos de líderes curriculares, sustentando a harmonia entre todos eles.

No modelo de divisão de poderes, a ênfase está na consulta e na participação do pessoal na tomada de decisões. A qualidade dos processos de interação humana é mais valorizada e está acima do desempenho da organização em termos dos resultados alcançados pelos alunos. Aqui, o propósito organizacional de um sistema de alocação de recursos internos será dominado pelo desejo de motivar o pessoal e de maximizar sua contribuição ao funcionamento da instituição.

Finalmente, as escolas na Inglaterra e no País de Gales estão sujeitas a inspeções da Ofsted, cujos critérios quanto à eficiência da escola esperam uma ligação próxima e explícita entre as metas, os objetivos e as prioridades estabelecidas no plano de desenvolvimento escolar e no orçamento. Essas expectativas externas servem para sustentar os modelos racional e burocrático.

DIFERENTES MODELOS DE ALOCAÇÃO DE RECURSOS COM CENTROS DE CUSTOS

Antes de deliberar sobre como os orçamentos podem ser alocados, devemos considerar que áreas de despesas, se houver, devem ser incluídas. Os materiais de uso em sala de aula, os livros-texto, etc. são geralmente considerados como a base da delegação, mas e os recursos para equipamentos menores, reproduções impressas, móveis da sala de aula e treinamento? Algumas escolas ainda podem desejar considerar a delegação como um elemento de decisão para a formação do quadro de pessoal.

Outra questão crucial a ser abordada é sobre a quem delegar, ou seja, quais devem ser os centros de custo? De certa forma, em uma estrutura hierárquica, as responsabilidades de gestores de nível médio irão identificá-los como detentores do orçamento, como, por exemplo, os chefes de faculdades ou departamentos. Mas e as áreas intercurriculares ou a delegação dentro de um departamento? Algumas áreas de despesas devem ser delegadas a grupos de detentores do orçamento?

Existem vários métodos de decisão sobre alocações, alguns baseados em um enfoque centralizado, outros baseados em delegação. Cada um deve ser avaliado em termos da forma como permite que os vários objetivos adequados ao modelo relevante da organização sejam atendidos. Além disso, o modelo apropriado (ou a combinação de modelos) para uma escola adotar depende de seu contexto escolar individual, sua cultura organizacional, sua filosofia e seu estilo de gestão.

MODELO CENTRALIZADO

Em um modelo centralizado, as decisões são tomadas por um único grupo de pessoas. Esse sistema pode operar por meio do diretor, em um extremo, agindo como um autocrata todo-poderoso, como um "déspota benevolente" (Knight, 1983) ou por meio de vários graus de tomada coletiva de decisões por comitês do pessoal. Esses comitês podem ser constituídos pelos dirigentes, pela equipe de gestão sênior, pelos líderes curriculares, pelo grupo eleito entre os funcionários formando um comitê de finanças do pessoal ou até por todo o pessoal, no caso de escolas pequenas.

Todavia, seja a consulta restrita ou ampla, as escolas devem considerar cuidadosamente que os que decidem precisam possuir, assimilar e avaliar todas as informações relevantes, a fim de tomar decisões efetivas sobre como usar recursos para atingir seus objetivos. O centro da tomada de decisões da organização precisa associar todas as informações reunidas aos poucos, a partir das periferias, e dar um retorno sobre sua visão, de modo que todas as subunidades sejam integradas e possam coordenar suas atividades para andarem na mesma direção e atingirem as metas da escola.

Quanto mais ampla for a consulta, maior será a necessidade de uma preparação e uma disseminação cuidadosas dos dados financeiros, de modo que decisões informadas possam ser tomadas. Existe um fardo administrativo envolvido, que é o tempo dispendido, mas que assegura uma maior probabilidade de que os recursos sejam alocados de forma eficiente entre as demandas competidoras.

Um sistema centralizado, no qual os professores estejam envolvidos em comitês para participarem da tomada de decisões financeiras, pode motivar o pessoal e atender aos objetivos do modelo de divisão de poderes. A maioria das escolas de grande porte normalmente opera em uma estrutura organizacional hierárquica em forma de pirâmide, consistente com o modelo burocrático. Qualquer delegação estará, portanto, sujeita à cadeia de comando. Porém, no modelo de divisão de poderes, existe uma estrutura muito mais horizontal, que pode ser mais adequada a uma escola menor, com um menor número de funcionários, na qual os objetivos de trabalhar com pessoas são atingidos não por delegação de recursos financeiros, mas pela retenção destes centralmente, ao mesmo tempo em que se consulta sobre sua disponibilidade.

Qualquer sistema de delegação depende da habilidade dos gestores de nível médio de lidarem com essa responsabilidade maior e de obterem uma boa relação de custo-benefício na educação dos alunos, a partir da existência de recursos claramente limitados. Isso, implica mais recursos: o pessoal precisa de treinamento, de outras formas de apoio e de tempo para tomar decisões efetivas.

Se os líderes curriculares não estiverem interessados nem forem capazes da gestão financeira, ou não estiverem motivados ou devidamente informados sobre os objetivos globais da escola, ao transferir o controle sobre os recursos, as escolas perdem um elemento de controle e podem não ser capazes de garantir um uso mais efetivo dos recursos escassos. Por outro lado, o diretor e/ou a equipe de gestão de nível sênior pode ter mais despesas e experiência na tomada de decisões financeiras.

No caso de uma escola na qual as decisões são tomadas de forma autocrática pelo diretor (ou, ocasionalmente, por um vice-diretor ou tesoureiro), ele poderia simplesmente utilizar as alocações do ano anterior e atualizá-las de acordo com a inflação ou revisá-las em proporção às mudanças no orçamento global. Esse enfoque de "crescente incremento" descrito por Knight (1983) é simples, economiza tempo e apresenta poucos conflitos, mas nunca desafia o *status quo*. Ele alivia o desenvolvimento institucional e não atende realisticamente às necessidades dos departamentos que enfrentam números flutuantes de alunos e mudanças no currículo. É muito mais provável que diferentes áreas disciplinares necessitarão de maiores injeções de recursos em diferentes momentos, durante vários anos, à medida que novas iniciativas, mudanças curriculares, etc. são implementadas. Mudanças nessas necessidades são mais facilmente enfrentadas no centro; seria prudente o diretor de uma escola separar parte de seu orçamento para apoiar tais desenvolvimentos.

Um diretor mais conhecedor procurará representantes dos líderes curriculares e avaliará as prioridades dos gastos. Isso pode variar de ofertas formais a discussões muito informais. Se feito de forma errada, o resultado pode ser uma alocação arbitrária baseada em preconceitos e pressões, e não será necessariamente publicado. Porém, se feito de forma correta, o diretor avaliará uma série de planos departamentais bem orçados e dará prioridade a eles dentro da estrutura do plano de desenvolvimento escolar. É bem possível que o déspota onisciente possa obter eficiência, efetividade e uma boa relação custo-benefício.

Em um sistema formal de ofertas, os planos orçados podem, é claro, ser submetidos à consideração de comitês. Nesse caso, o sistema é muito mais semelhante a um leilão ou, na tipologia de Knight (1983), a um "mercado aberto", apesar de ele ainda dever ser classificado como centralizado. Se um sistema de ofertas for utilizado, ele realmente pressionará os líderes curriculares a justificarem e orçarem suas solicitações de gastos, em termos das realizações atuais e do modo como os desenvolvimentos propostos afetarão a qualidade da aprendizagem e contribuirão para o plano de desenvolvimento escolar. As demandas por recursos adicionais têm mais autoridade e impacto quando ligadas a prioridades e planejamento claros e, em função disso, têm muito maior probabilidade de obter uma boa relação custo-benefício. Existirá um elemento de democracia e responsabilidade final coletiva se cada oferta estiver sujeita a um processo de revisão profissional feito por pares. Isso também pode levar a um exame mais detalhado e a um questionamento do *status quo*.

Porém, no modelo micropolítico, os tomadores de decisões necessitam de um certo grau de habilidades para identificar tanto os otimistas como os pessimistas, aqueles que querem se sobressair, mas apresentam casos ineficientes, contra aqueles cujos departamentos têm uma necessidade real, mas possuem um caráter mais fraco, em que falta habilidade, confiança e experiência para fazer ofertas substanciais e bem-argumentadas. Invariavelmente, as ofertas superam os fundos disponíveis e a tendência é inflá-las, prevendo que os detentores de orçamentos receberão uma proporção do que solicitaram. Uma maneira de contornar isso é adotar o enfoque de arbitragem de oferta final, ou seja, os departamentos ou recebem concessão total ou não recebem, e isso geralmente moderará o tamanho das ofertas.

Existem várias permutações na concessão de doações como resposta a ofertas bem-sucedidas. Os recursos alocados podem depender dos resultados esperados, expressos em termos de critérios de desempenho. Os detentores de orçamento podem ter permissão de reter qualquer quantia economizada no projeto especificado, o que pode encorajar a eficiência. Os subsídios podem ser designados para áreas gerais de despesas, como aprendizagem diferenciada, ou apenas para um projeto específico que é orçado e destinado a ser efetivo. As concessões podem ser para a quantia total solicitada ou na base de financiamentos equiparados. Como alternativa, o orçamento centralizado pode impulsionar uma iniciativa e gradualmente reduzir sua contribuição ao custo total do projeto.

A tomada de decisões centralizada realmente apresenta várias outras vantagens. As prioridades globais da escola são melhor entendidas e enfrentadas, e todas as decisões podem ser tomadas dentro das metas e objetivos globais das escolas. Conseqüentemente, ela encoraja a consistência global da escola, e a busca de interesses setoriais é evitada. Também é possível tomar decisões de forma muito mais rápida quando existe um menor número de pessoas envolvidas no processo, o que atende, portanto, a um dos critérios do modelo racional.

Finalmente, deve-se reconhecer que tomar decisões de forma centralizada é mais apropriado a um estilo autocrático de gestão, pois os autocratas que delegam, freqüentemente, interferem e enfraquecem aqueles a quem eles delegaram, desmotivando-os em vez de motivá-los.

MODELO DESCENTRALIZADO

Em um sistema descentralizado, as decisões são tomadas por professores que agem individualmente como detentores do orçamento. Quando a capitação (ou seja, uma quantia por aluno para material de escritório e outros) demarcou o limite da delegação financeira às escolas, muitos diretores elaboraram uma fórmula para a alocação de uma parte desse dinheiro aos líderes curriculares. Se for usada uma fórmula, o processo de alocação de recursos torna-se muito mais simples, rápido, aberto e é considerado objetivo e justo. Geralmente, essa fórmula baseia-se no número de alunos e no número de aulas lecionadas durante uma semana. Fórmulas mais sofisticadas usam um sistema de pesos que depende da idade dos alunos e/ou da natureza da disciplina, conforme descrito por Boulton (1986).

Existem muitas vantagens nesse enfoque: ele é transparente e pode ser considerado justo e as mudanças necessárias devido ao aumento no número de alunos são facilmente acomodadas; tendo uma fórmula como base, ele espelha o sistema de delegação de fundos às escolas.

Contudo, esse enfoque tem suas limitações. Ele realmente trata de forma adequada as necessidades desenvolvimentistas e, como não tem elemento de pagamento integral, deixa de reconhecer que pode haver um elemento de custo fixo na aplicação do currículo – por exemplo, o aprovisionamento de um manual do professor. Quando o dinheiro é delegado, faz-se geralmente sem complicações. A escola pode realmente ter perdido o controle do dinheiro, se não houve exigência de avaliação, responsabilidade final ou expectativa de que seu uso devesse ser somente relacionado a objetivos dos departamentos ou da escola toda. Mesmo se os recursos forem alocados com certas recomendações, existe o risco de estas serem ignoradas.

Além disso, a utilização de uma fórmula requer tanto perguntas como respostas. De que maneira uma escola deveria financiar o trabalho intercurricular e áreas como informática, biblioteca, necessidades especiais e oportunidades de emprego que não se encaixam facilmente em uma fórmula? Quanto deve o setor de *design* e tecnologia receber a mais por aluno em comparação à disciplina de inglês? Qual a diferença na alocação de fundos para um aluno de 16 e outro de 12 anos?

Apesar dessas perguntas, ao ser feita uma delegação aos líderes curriculares, a maior autoridade e a maior responsabilidade investidas neles pode ser uma força motivadora, levando a uma maior satisfação no trabalho. Teóricos como Maslow (1970), Herzberg (1966) e McGregor (1960) sugerem que o pessoal terá mais motivação em seu trabalho se receber maior responsabilidade, *status* e reconhecimento que o acompanham. Ao estarem ativamente envolvidos na tomada de decisões financeiras sobre sua própria área curricular, em vez de apenas dar seu aval a decisões dos gestores de nível sênior, os detentores do orçamento terão motivação para garantir um uso mais eficiente e efetivo de recursos escassos. No contexto do modelo de divisão de poderes, as vantagens motivacionais da delegação aumentarão a percepção do pessoal sobre seu próprio valor dentro da instituição. Esse enfoque descentralizado também significa que a escola está desenvolvendo seus gestores de nível médio e preparando-os para uma promoção. Isso é totalmente consistente com os objetivos de um modelo de divisão de poderes, mas poderia reforçar consideravelmente as habilidades de interesses setoriais em um modelo micropolítico. A harmonia política pode ser mais difícil de se obter, a menos que esse desenvolvimento seja equilibrado.

Comparados a gestores e administradores de nível sênior, os departamentos e os professores, individualmente, possuem uma idéia muito mais clara de quais são suas necessidades e são capazes de direcionar seus gastos de forma mais exata, a fim de melhorar as experiências de aprendizagem de seus alunos. Além disso, eles poderão implementar tais decisões sobre gastos de forma muito mais rápida e poderão ser mais flexíveis em suas estratégias de compras.

Uma outra vantagem da descentralização da tomada de decisões financeiras é que existe menos estresse e pressão sobre uma equipe do gestão sênior esgotada, o que poderia permitir que seus membros realizassem suas funções de forma mais eficiente e efetiva.

O MODELO HÍBRIDO

É claro que esses sistemas não são mutuamente excludentes e que a maioria das escolas irá, sem dúvida, misturá-los e combiná-los para que se adaptem a seus próprios modelos organizacionais, estilos gerenciais, objetivos educacionais e necessidades desenvolvimentistas. As estratégias híbridas podem delegar gastos com manutenção, de acordo com uma fórmula, mas reter recursos centralmente para fins desenvolvimentistas. Algumas tomadas de decisões centralizadas podem ser feitas apenas pelo diretor, enquanto outras decisões sobre ofertas formais podem ser levadas a um comitê do pessoal ou, de forma alternativa, aos dirigentes.

EVIDÊNCIAS EMPÍRICAS DE ESCOLAS DE ENSINO MÉDIO E DE ENSINO FUNDAMENTAL

Uma pesquisa com 49 escolas de ensino médio e de 5ª a 8ª séries do ensino fundamental, realizada por Sutton (1995), forneceu uma visão interessante sobre a prática real de alocar orçamentos para apoio curricular. De forma encorajadora, um número significativo de escolas comentou que estava cada vez mais ligando sua delegação a planos de desenvolvimento, tanto em nível global como departamental. Em todos os casos, os recursos financeiros foram delegados a líderes curriculares, com exceção de um, em que certa quantidade de fundos foi retida centralmente. Não é de se surpreender que a variação tenha sido muito ampla na amostragem. Em um extremo, sete escolas não retiveram nada para desenvolvimento, enquanto uma escola manteve 55%. Porém, a média da amostragem foi de 14,3%.

A pesquisa utilizou as tipologias descritas por Knight (1983) e pediu aos entrevistados que indicassem qual dentre quatro estratégias de alocação alternativas (apesar de não mutuamente excludentes) eles haviam empregado para delegar fundos dentro de suas escolas. Vinte e dois por cento da amostragem admitiu um "despotismo benevolente", no qual, com vários graus de consultas, o diretor (ou vice-diretor) foi o árbitro, decidindo quanto cada detentor do orçamento deveria receber. Uma proporção semelhante de escolas adotou um enfoque de "mercado aberto", no qual um comitê do pessoal adjudicou as ofertas de fundos. Apenas 14% da amostragem usou "incrementação", enquanto as alocações do ano anterior foram meramente atualizadas para se alinharem ao tamanho do orçamento escolar global.

Em grande parte, a maior proporção – na verdade, 65% das escolas da pesquisa – usaram uma fórmula baseada em períodos relevantes por aluno para alocar fundos para recursos educacionais. Apesar de ser compreensível a ocorrência de consideráveis diferenças entre as escolas, um padrão claro se fez notar. As escolas que usaram uma fórmula distribuíram de 36,7 a 100% dos recursos educacionais aos detentores de orçamento acadêmicos através da fórmula, enquanto que a média foi de 73,2%.

Dessas escolas, 96% usaram um sistema de relevância para refletir as diferenças em custos unitários no ensino de diferentes disciplinas, enquanto que um número um pouco menor (85%) usou relevâncias de acordo com a idade dos alunos ensinados. Menos da metade (43%) dessas escolas que usaram uma fórmula com relevância de idades utilizou as medidas empregadas por sua AEL na determinação de seu orçamento global. As outras escolas que usaram um sistema diferente de cálculo por idades apresentaram uma tendência a ter um sistema muito mais simples e distinguir apenas entre etapas-chave. Das escolas que usaram uma fórmula, 15% não fizeram nenhuma diferença explícita entre alunos de diferentes idades; uma escola financiou o 3º ano do ensino médio em 40% a mais do que seus alunos do KS3 (Form 3 – 8ª série do ensino fundamental), enquanto outra atribuiu uma relevância de valor 400% maior. Excluindo esses dados diversos e tomando a turma KS3 como o valor de base, as relevâncias médias usadas por essas escolas foram 1,43 para o KS4 (Form 5 – 2º ano do ensino médio) e 1,75 para o Pós-16 (os alunos de 16 anos).

A Tabela 14.1 mostra as relevâncias médias das disciplinas usadas pelas 26 escolas que puderam fornecer dados. As disciplinas normais de sala de aula forneceram a relevância básica, apesar de disciplinas da área de humanas terem tido financiamentos relativamente melhores do que língua estrangeira, inglês e matemática. Educação física e teatro foram então tratadas mais favoravelmente. Informática obteve fundos um pouco melhores, pois as escolas talvez apelem por meio de uma fórmula para realçar os enormes custos de capi-

Tabela 14.1
Relevâncias médias de disciplinas por alocação de fórmulas

Área disciplinar	(a) Pesos médios	(b) (a) dividido por 1,11	(c) (b) para 1 classificação dec.
Educação social e pessoal	1,06	0,95	1,0
Línguas estrangeiras modernas	1,09	0,98	1,0
Matemática	1,11	1,00	1,0
Inglês	1,11	1,00	1,0
Educação religiosa	1,12	1,01	1,0
História	1,15	1,04	1,0
Geografia	1,16	1,05	1,0
Educação física	1,20	1,08	1,1
Teatro	1,21	1,09	1,1
Informática	1,31	1,18	1,2
Música	1,38	1,24	1,2
Artes	1,83	1,65	1,6
Ciências	2,01	1,81	1,8
Design e Tecnologia	2,27	2,05	2,0

tal envolvidos nessa área do currículo. Música foi ainda melhor financiada, como reconhecimento de custo das partituras e da utilização de novas tecnologias.

O grande salto veio com as disciplinas práticas. Em reconhecimento ao custo dos artigos de consumo, a disciplina de artes obteve uma relevância média que foi 65% maior do que as disciplinas básicas. Ciências veio em seguida, um reflexo do maior custo de compra de artigos de consumo e equipamentos. *Design* e tecnologia foram tratados de forma bastante favorável, com uma relevância média que foi mais de duas vezes maior do que aquela das disciplinas básicas. Ficou claro que, na experiência das escolas, era esta a área do currículo mais dispendiosa a oferecer.

A pesquisa também buscou que os entrevistados indicassem o modo como decidiram quais pesos seriam usados em suas fórmulas. O tema recorrente durante toda a pesquisa foi que as escolas faziam o que achavam que era certo, o que parecia refletir o custo de itens de consumo, não desapontando demais muitas pessoas. Um número encorajador de escolas realmente utilizou a sabedoria coletiva de um comitê financeiro. Se eles pudessem, teriam pedido a colegas de outras escolas e teriam encontrado maneiras de saber o que estava acontecendo em outros lugares. Um entrevistado resumiu a prática de forma muito sucinta: "Experiência prévia. Outras escolas. Ajustes. Aceitação geral". Uma outra escola mencionou o "fator de afinação" e outra o de "tentativa e erro".

A pesquisa também perguntou às escolas quais áreas adicionais de gastos estavam sendo delegadas a detentores de orçamento interno e o que mais estava sendo ativamente levado em conta.

A Tabela 14.2 classifica tais áreas de acordo com o potencial de delegação em um futuro próximo, ou seja, combinando os itens de orçamentos escolares que já estavam sendo delegados internamente e aqueles que estavam sendo considerados. Os recursos para equipamentos secundários já estavam sendo delegados em 82% das escolas pesquisadas e considerados em um acréscimo de 8%. Um número levemente maior de escolas tinha delegado reproduções impressas.

Uma das áreas de gastos mais provável de ser candidata à delegação interna no futu-

Tabela 14.2
Outros tópicos orçamentários para delegação

Tópico orçamentário	Percentual de escolas		
	Já delegando	Considerando a delegação no futuro	Total
Equipamentos secundários (até 100 libras)	82	8	90
Reproduções impressas	84	4	88
Equipamentos principais (acima de 100 libras)	55	8	63
Recursos GEST	39	6	45
Treinamento GEST	31	12	43
Visitas educacionais	37	4	41
Móveis	20	12	32
Pessoal de apoio extra-ensino	2	8	10
Salários dos professores	4	4	8
Manutenção das instalações	6	2	8
Energia	4	2	6
Substitutos	6	0	6

ro pareceu ser o treinamento. Os móveis de sala de aula estavam sendo considerados pelo mesmo número de escolas, criando um ônus para os líderes curriculares ao serem responsabilizados pela manutenção da estrutura de seu ambiente de ensino.

O mais interessante foram as evidências de que mesmo um número pequeno de escolas tinha repassado um pouco da responsabilidade financeira para a formação do quadro de pessoal aos detentores orçamentários acadêmicos (ou estavam pensando em fazê-lo). Os comentários das escolas indicavam que isso estava apenas na tolerância, por exemplo, dando aos líderes curriculares certo poder sobre a contratação de horas extras dos professores de meio período, do pessoal de apoio e das circunstâncias que exigiam pagamento temporário adicional.

A EXPERIÊNCIA DAS ESCOLAS DE ENSINO FUNDAMENTAL

Por sua própria natureza, as escolas de ensino fundamental são muito menores do que as de nível médio; portanto, o escopo para delegação interna não se aproxima da grandeza dessas. Os orçamentos são menores, assim como é menor o número de funcionários aos quais a delegação pode ser concedida. Apesar disso, mesmo no nível de tolerância, as possibilidades existem. Os estudos de caso a seguir contrastam os diferentes enfoques adotados por duas escolas de ensino fundamental. Na primeira, é empregado um modelo híbrido, com um certo grau descentralizado de tomada de decisões. Na segunda, uma escola menor, o sistema de alocação de recursos é muito mais centralizado.

Primeiro estudo de caso

A escola de ensino fundamental A tem 235 alunos e 10 professores, incluindo o diretor. Sua área de abrangência engloba uma área militar e, portanto, apresenta um alto índice de rotatividade de alunos.

De todo o orçamento, 2% é alocado para materiais educacionais e é dividido em:

Materiais de sala de aula (de consumo)	40%
Recursos curriculares (por exemplo, esquema de leitura)	40%
Artigos de consumo da administração	15%
Miscelânea (para material de apoio a programas de TV)	5%

Os fundos para material de sala de aula e outros são delegados em uma base fixa.

Os argumentos favoráveis apresentados para a delegação dessa área do orçamento são muito práticos. Ao dar a responsabilidade pela compra de materiais aos funcionários, o diretor está liberado das pequenas tarefas administrativas. Ele testemunhou uma maior cooperação entre os professores, que demonstraram vontade de compartilhar materiais; existe a visão de que essa responsabilidade financeira tenha levado a um uso mais econômico.

As desvantagens identificadas são o aumento dos custos administrativos – uma perda de economias administrativas de certa magnitude –, pois 30 pedidos precisaram ser processados, incorrendo em alguns pequenos encargos. Está claro que essa decisão não atenderia, por si só, ao critério de eficiência.

Em termos de motivação do pessoal, observou-se que os professores receberam bem a autoridade dada a eles para tomarem decisões sobre a distribuição de recursos de suas áreas na escola, apesar de ter de se dizer que os professores nas escolas de ensino fundamental têm muito menos tempo, sem contato para cumprir com essas responsabilidades adicionais.

Para a parte do orçamento que é delegada, tentou-se uma fórmula simples:

$$\frac{\text{Soma alocada} \times \text{número de alunos em cada turma} \times \text{relevância da idade}}{\text{Número de alunos na escola}}$$

Todavia, ela foi abandonada devido à sua intensa impopularidade entre os funcionários e porque ela não refletiu o índice de rotatividade dos alunos. Em vez de tentar refinar uma fórmula, decidiu-se alocar essa soma em dinheiro aos professores de turmas como detentores orçamentários na base de um pagamento integral direto, ou seja:

$$\frac{\text{Soma alocada}}{\text{Número de turmas (+2)}}$$

As duas turmas adicionais cobrem a contingência e as atividades de um grupo de artes em "afastamento".

Na área dos recursos curriculares, o orçamento alocado é delegado primeiro a coordenadores curriculares para matemática e inglês. Após terem gasto o que acharem necessário, o restante fica disponível para ser distribuído a outros coordenadores curriculares em um sistema de ofertas por escrito. Cada oferta deve ser orçada, e as decisões são então tomadas pela equipe de gestão sênior, que consiste no diretor, no vice-diretor e nos coordenadores da etapa-chave com relação ao plano de desenvolvimento escolar.

Para itens maiores de equipamentos educacionais, um sistema de oferta informal opera, no qual o diretor age, em grande parte, como um "déspota benevolente". Além disso, o orçamento para treinamento é delegado ao vice-diretor.

Segundo estudo de caso

A escola de ensino fundamental B tem 189 alunos, sete funcionários, mais o diretor. Com um orçamento total bastante pequeno, o orçamento de apoio curricular é determinado pelo que restou após os custos fixos dos salários dos professores, das instalações e dos serviços contratados terem sido calculados. Como resultado, esse número flutua anualmente e é enormemente influenciado por pequenas mudanças nos números da folha de pagamentos. Em média, esse número é 2,5% do orçamento escolar total.

Com uma quantia tão pequena disponível para distribuição, o diretor mantém o papel de "déspota benevolente". Há uma visão muito arraigada de que a delegação de somas muito pequenas levaria o pessoal a gastar até o limite, comprando pequenas quantidades de produtos não-essenciais que teriam um impacto limitado na qualidade da aprendizagem. Se essas somas fossem reunidas e ficassem disponíveis de forma centralizada, elas poderiam financiar uma compra grande, que teria um impacto mais significativo. Nesse caso, a percepção é a de que a relação custo-benefício será melhor atingida por meio de um enfoque centralizado.

Contudo, o sistema operado permite que todo o pessoal faça ofertas efetivas para materiais de consumo em sala de aula no início de cada ano. O diretor, agindo novamente como um "déspota benevolente", tomará a decisão final sobre o que comprar. Mas, quando os materiais tiverem sido comprados, não haverá limite quanto ao que cada membro do pessoal pode utilizar.

Quanto a itens maiores a serem comprados, as decisões são tomadas em reuniões com todo o pessoal, em que propostas alternativas são discutidas, com relação ao plano de desenvolvimento escolar, e o pessoal age efetivamente como um comitê para decidir sobre ofertas de mercado aberto. Existe, invariavelmente, um consenso, cuja lógica é bastante compreensível, de que os professores de pequenas escolas de ensino fundamental têm mais probabilidade de serem professores não-especialistas de crianças para todo o currículo, em oposição a especialistas das escolas de ensino médio, os quais terão um monopólio para lutar por seus próprios interesses setoriais.

CONCLUSÕES

As experiências das escolas de ensino fundamental confirmam que os custos da delegação têm probabilidade de superar os benefícios – quanto menor a escola, menor o orçamento e menor o número de funcionários. Além disso, há muito menos espaço para delegação em escolas menores. Funcionários experientes, que ocupam seus cargos desde muito antes da previsão orçamentária delegada, apresentam muito maior probabilidade de concentrar-se em seu trabalho de ensinar crianças, apesar de suas responsabilidades por diferentes áreas curriculares, e ressentem-se da carga de responsabilidade financeira. Porém, em uma escola maior, a associação de pessoal a partir da qual se escolhe uma certa proporção de detentores orçamentários que tenham a habilidade e a motivação para assumir responsabilidade financeira é ainda muito maior.

Ao decidir sobre a extensão e os mecanismos de alocação de orçamentos a líderes curriculares, os gestores de nível sênior precisam retornar aos objetivos da escola, pois esse é o contexto no qual todas as decisões financeiras precisam ser tomadas.

Os *benchmarks* duplos, de eficiência e efetividade, deveriam ser aplicados às decisões de alocação sobre o que, quanto, para quem e como. Nenhum sistema único possui o monopólio para garantir uma boa relação custo-benefício, e cada escola fará suas próprias escolhas durante o processo de centralização para descentralização, mantendo seu próprio equilíbrio entre controle, consistência, flexibilidade e motivação.

REFERÊNCIAS

Boulton, A. (1986) A developed formula for the distribution of capitation allowances, in *Educational Management and Administration,* 14(1): 31-8.

Herzberg, F. (1966) *Work and the Nature of Man.* New York: Staple Press.

Knight, B. (1983) *Managing School Finance.* London: Heinemann Educational Books.

Maslow, A. (1970) *Motivation and Personality.* New York: Harper & Row.

McGregor, D. (1960) *The Human Side of Enterprise.* Maidenhead: McGraw-Hill.

Sutton. M. 11995) Sharing the purse-strings, in *Managing Schools Today,* 4(7): 14-16.

15

A estimativa de custos unitários nas faculdades

J. G. CARR

POR QUE CUSTOS UNITÁRIOS?

A estimativa de custos unitários procura medir o custo dos produtos de uma organização ou função. Os produtos estão relacionados a objetivos ou a um propósito e, geralmente, são descritos em termos de produtos ou serviços. A estimativa de custos unitários define o produto em termos do custo da produção ou do custo do aprovisionamento de um serviço (ou, para as faculdades, a oferta de educação e de treinamento).

Os dados de custos unitários são essenciais para determinar preços de produtos e serviços, medir a lucratividade relativa destes e estabelecer medidas de eficiência. No ambiente de uma faculdade, os custos unitários fornecem informações sobre a gestão da faculdade para auxiliar em atividades como:

- relacionar a unidade de recurso de um curso/aluno ao custo da oferta;
- avaliar métodos alternativos de oferta;
- escolher realizar, expandir ou cancelar cursos;
- desenvolver um argumento para financiamento adicional;
- identificar os custos marginais de alunos adicionais com fins de licitação;
- desenvolver orçamentos baseados em custos de produtos em oposição ao custo de insumos;
- estabelecer metas e desempenho do monitoramento baseados no custo da oferta.

Este capítulo revê o enfoque de projeto quanto à estimativa de custos unitários em faculdades, examina as principais questões levantadas no desenvolvimento de sistemas e descreve o potencial de métodos mais avançados, adotando um enfoque baseado em atividades quanto aos custos unitários. Um pequeno exemplo de caso é incluído a fim de demonstrar os aspectos do cálculo de custos unitários.

A PASSAGEM PARA CUSTOS UNITÁRIOS

[...] Está claro que as mudanças nos padrões de financiamento fornecem o fator-chave de motivação para a estimativa de custos unitários. Ao relacionar elementos de financiamento diretamente aos alunos, usando taxas de mensalidades diferentes para diferentes categorias de cursos, as entidades financiadoras criam um foco de mercado unindo um preço/valor a cada aluno matriculado. Quando o financiamento está relacionado a produtos e é diferenciado entre vários tipos, então os custos unitários tornam-se informações essenciais para a gestão da faculdade. [...]

Mudanças semelhantes nas necessidades de informações aconteceram nas faculdades do conselho de financiamento da educação adicional, como resultado da introdução de elementos de licitação no financiamento e da necessidade de estabelecimento de preços marginais para alunos. [...]

O CÁLCULO DE CUSTOS UNITÁRIOS

Determina-se quais produtos das faculdades são medidos como custos unitários pelas necessidades de informações da gestão. Exemplos típicos e óbvios seriam o custo por:

- hora do professor, pesquisador ou técnico;
- instalações oferecidas: sala de leitura, laboratório, acesso a computador;
- curso ou programa;
- aluno por curso (custo do curso dividido pelo número de alunos matriculados, alunos que concluíram ou obtiveram sucesso).

Algumas classes de produtos, como cursos ou programas, são ambíguos e podem estar relacionados a um grupo de tutoria, uma turma, um ano de um curso, um programa completo do curso ou um grupo de cursos inter-relacionados. [...]

A metodologia da estimativa de custos unitários requer uma reformulação dos valores de insumos como despesas com produtos, usando um enfoque de estimativa de custos de absorção total. [...]

Os sistemas de estimativas de custos de absorção total utilizam todas ou parte das três etapas de um enfoque que cobre a alocação, o rateio e a absorção de custos. Descrevemos:

1. A alocação de despesas como valores diretos para centros de custos e cursos acadêmicos e de apoio.
2. O rateio das despesas do centro de apoio para centros de custos de cursos e acadêmicos.
3. A absorção do centro de custos acadêmicos agrega valores diretos e indiretos rateados para cursos que usam uma fórmula de absorção (invariavelmente baseados nas horas de ensino do pessoal).

Custos unitários totalmente absorvidos são calculados, no início do ano acadêmico ou orçamentário, usando números previstos de alunos, carga horária planejada para os cursos e níveis orçados de gastos para centros de custos (recursos humanos, instalações, provisões, etc.). Os custos unitários resultantes são, portanto, números almejados disponíveis para licitação, custeio dos cursos, desenvolvimento orçamentário e estabelecimento de metas. O cálculo dos custos unitários reais somente pode ser realizado *ex post* e fornece informações para relatar a entidades de financiamento e controle interno.

A aplicação da estimativa de custos unitários dos cursos é ilustrada nesta seção por referência ao problema do caso Birbridge. O estudo de caso apresenta uma ilustração simplificada de um perfil de custos e recursos para uma faculdade, que pode ser usado para demonstrar os princípios e as questões envolvidas. Os dados sobre recursos e custos da faculdade encontram-se na Tabela 15.1.

PERFIL DE RECURSOS NA FACULDADE BIRBRIDGE

A Faculdade Birbridge criou uma estrutura de responsabilidade contábil baseada em seis centros de custos. Três desses são de apoio e três são acadêmicos. Os centros de apoio incluem a administração, os serviços centrais que cobrem tanto os serviços de informática como de biblioteca, e as instalações. Os centros aca-

Tabela 15.1

	Centros de apoio			Centros acadêmicos			
	Instalações	Administração	Serviços centrais	Faculdade de Administração	Faculdade de Engenharia	Faculdade de Ciências	Total
Espaço (metros)	300	2500	3000	7000	10000	9000	31800
Pessoal de período integral	25	50	60	150	130	110	525
Alunos de período integral				1800	1200	1000	4000
Horas de ensino				76500	58500	52800	187800
Custos diretos em libras	1850	1250	1650	3850	3650	3150	15400

dêmicos incluem três grandes faculdades de ensino: estudos de administração, engenharia e ciências. Um perfil de recursos e um orçamento de custos diretos para cada um dos seis centros de custos encontra-se a seguir.

Alocação de custos

A alocação de custos é o processo pelo qual os valores dos insumos são alocados para áreas de responsabilidade orçamentária. Eles são alocados com códigos de despesas ou contas prescritos pelo plano de contas da faculdade. O plano de contas estabelece a estrutura básica do sistema do livro contábil geral da faculdade, o qual, com sua combinação de códigos de receita, despesas, ativo e encargos, fornece a base para a preparação de relatórios financeiros da faculdade. O plano de contas também pode agir como base para o controle financeiro ao estabelecer metas orçamentárias por códigos de despesas e ao registrar os gastos reais para direcioná-los com base em diferentes códigos.

Os códigos de contas são projetados para agrupar despesas sob os códigos principais e os subcódigos que se relacionam à estrutura da responsabilidade orçamentária. Por exemplo, o código 2.500 pode ser o código genérico para a biblioteca, com os subcódigos de 2.510 para salários da biblioteca, de 2.520 para assinaturas de periódicos e assim por diante. O nível de detalhe em cada código é determinado pelo relatório de necessidades. Por exemplo, o código 2.520 pode ser dividido em subcódigos para periódicos em diversas áreas disciplinares.

Os custos alocados podem ser despesas diretas do código de contas do centro de custos dos quais são descontados. Em outras palavras, as despesas deveriam ser total e exclusivamente atribuídas àquele centro de custos. A alocação de custos diretos pode servir para:

- centros de apoio como instalações, biblioteca, serviços centrais de informática;
- centros acadêmicos como escolas, departamentos e faculdades;
- cursos e programas.

A alocação direta para os códigos de despesas baseadas em cursos seria utilizada para atribuir itens de despesas, como taxas de validação e franquia, viagens de pesquisa, visitas e taxas de inscrição dos alunos em exames externos.

Os sistemas de livro contábil geral não são adequados nem seriam totalmente capazes de reformular os custos para fins de custos unitários. Os pacotes de livros contábeis mais gerais possuem módulos para estimativa de custos inclusos que podem ser adaptados à finalidade de estimativa de custos unitários, mas não teriam a capacidade de simulação necessária para realizar projeções de recursos. A projeção de recursos por custo unitário permite à gestão acadêmica testar o impacto das suposições de planejamento, como número de alunos, tamanho das turmas, horas de ensino, combinação de cursos, diferentes enfoques de ensino e assim por diante. Um pacote de planilhas seria adequado à maioria das aplicações de projeção de recursos, apesar de os sistemas de projeção poderem ser selecionados para modelos de estimativa de custos de escala bastante grande.

Rateio de custos

O processo de rateio de custos faz a realocação do valor orçado de cada centro de suporte entre os centros de custos acadêmicos, usando taxas de rateio predeterminadas. A escolha de uma base para estabelecer uma taxa de rateio é um tanto arbitrária na contabilidade de custos industriais, e o mesmo se aplica a faculdades, pois não existe apenas um método correto de alocar recursos a cursos. [...] Na prática, sempre existe conflito nos sistemas de estimativa de custos unitários quanto à exatidão e à materialidade. A escolha final deve ser baseada no custo do fornecimento de informações em relação ao benefício potencial proveniente desse uso. A decisão sobre custo-benefício representa uma relação dinâmica, no sentido de que o que foi um saldo satisfatório ontem pode não o ser hoje. Em sistemas de gestão contábil, não existe estabilidade de prazo mais longo, seja no custo de fornecer as informações, seja no custo de estar errado. A conseqüência é que a gestão de faculdades deve manter uma revisão contínua do esforço aplicado a esses sistemas [...]. A incorporação de faculdades resultou em uma grande mudança na relação custo-benefício dos sistemas de gestão ao aumentar substancialmente as conseqüências provenientes de erros.

A base de rateio deve ser selecionada escolhendo-se uma relação de recursos entre o centro acadêmico e o de apoio que reflete de forma mais próxima a ligação entre os dois; em outras palavras, de que forma o nível de atividade de um centro acadêmico altera o nível de atividade do centro de apoio – por exemplo, alunos inscritos para uso da biblioteca. O termo "condutor de custos" pode ser usado para descrever essa relação. A identificação e a seleção do condutor de custos mais adequadas são cruciais para uma estimativa de custos unitários acurada. Ao selecionar uma taxa de rateio inadequada, uma faculdade corre o risco de realizar subsídios cruzados em todos os cursos e áreas acadêmicas. A extensão em que esse cruzamento de subsídios é material pode ser estabelecida apenas pela testagem de custos unitários em relação a uma série de taxas de rateio, a fim de isolar a extensão de qualquer variação. Geralmente, as taxas de absorção e, portanto, os custos unitários são recalculados a cada ano financeiro, apesar de algumas faculdades terem adotado a prática de estabelecer taxas de absorção que se aplicam a vários anos financeiros, sujeitas a apenas um ajuste anual da inflação de custos [...]. Alguns métodos de cálculo das taxas são relativamente auto-explicativos, como o da área ocupada pelas instalações dos centros de custos, enquanto que para outros centros de custos, como administração, os cálculos são mais problemáticos. Os métodos de rateio de custos mais comuns incluem:

Administração: Pessoal de período integral (para departamentos)
Alunos de período integral (para cursos)
Custo direto do departamento
Divisão principal

Instalações: Espaço ocupado (pelo departamento)
Taxa por hora de sala (para cursos)

Biblioteca: Pessoal de período integral (para departamentos)
Alunos de período integral (para cursos)

Informática: Relevância entre pessoal e alunos
Perfil real do usuário
Relevância do aluno
Pessoal de período integral (para departamentos)
Alunos de período integral (para cursos)
Relevância entre pessoal e alunos
Perfil real do usuário
Relevância do aluno

Pessoal equivalente a período integral (para departamentos)

Aqui o custo planejado do centro de suporte é dividido pelo número de pessoal equivalente a período integral na faculdade para fornecer um custo por cada membro desse pessoal.

[...] O rateio para um departamento individual é calculado multiplicando-se o pessoal de período integral associado ao departamento pela taxa de rateio por cada membro desse pessoal. Usando o caso da Birbridge como exemplo, uma taxa de rateio possível para a administração poderia ser calculada como 1,25 milhão de libras esterlinas (custo direto de administração) dividido por 390 (pessoal de período integral nas faculdades), resultando em uma taxa de 3.205 libras esterlinas por membro do pessoal de período integral. O rateio de custo resultante para a faculdade de administração seria 480.750 libras esterlinas (150 funcionários multiplicados por 3.205 libras). A seleção de toda a categoria do pessoal da faculdade para o rateio de custos pode fazer surgir um problema de serviços recíprocos entre centros de apoio interdependentes. [...]

Alunos equivalentes a período integral (para cursos)

Aqui o custo planejado do centro de suporte é dividido pelo número equivalente de alunos de período integral da faculdade para fornecer um custo por cada um deles. Tomando o exemplo da Birbridge, o custo central de serviços por aluno de período integral seria 412,50 libras (1,65 milhão dividido por 4 mil alunos de período integral), e o custo de um curso com 25 alunos seria de 10.312,50 libras (25 multiplicados por 412,50 libras). O número sobre os alunos de período integral será calculado usando-se um fator de relevância, por exemplo, um aluno de período integral como 1,0, um aluno de meio período como 0,4, um aluno noturno como 0,2 e assim por diante. [...]

Custos departamentais diretos

A taxa de rateio dos custos refletiria não apenas o número de funcionários como também os níveis salariais, os pagamentos adicionais e os orçamentos de suprimentos da faculdade. Na Birbridge, isso resultaria em uma taxa para os custos do centro de administração de 0,117 *pence* por libra de custos diretos (1,25 milhão de libras divididos por 10,65 milhões de libras dos custos diretos da faculdade). Usando esse enfoque, a faculdade de administração obteria 450.450 milhões de libras (3.850 milhões multiplicados por 0,117 *pence*). Observe que esse número é menor em 30 mil libras do que quando se usa uma taxa de pessoal de período integral. A diferença pode ser um reflexo dos custos diretos de suprimentos na faculdade de administração relativamente mais baixos, em oposição aos das faculdades de engenharia ou ciências.

Divisão principal

Este não é estritamente um método de rateio, mas foi adotado por algumas faculdades como uma forma de enfrentar áreas de custos com rateio difícil, como administração (Jones e Scholes, 1992). Na verdade, uma dedução percentual é feita da renda de cada departamento acadêmico para cobrir uma parte ou todos os custos centrais. O método tem o mérito da simplicidade, mas nega à faculdade a oportunidade de calcular custos unitários exatos e, portanto, deixa a gestão escolar sem saber o nível de subsídios cruzados entre todos os cursos.

Taxas de espaço ocupado ou com base em salas

Onde os departamentos acadêmicos têm total controle sobre suas próprias instalações, o espaço da faculdade é constituído de escritórios, laboratórios e salas de aula especiais, os custos das instalações seriam rateados na faculdade que utilizar uma taxa de custo por metro. A taxa seria calculada dividindo-se o orçamento das instalações planejadas pelo espaço útil total da faculdade, especificado em metros quadrados. O espaço não-utilizável incluiria corredores, sanitários, escadas, etc. Quando as salas de aula são concentradas de forma central e totalmente utilizadas pelas faculdades, então os custos das instalações podem ser rateados diretamente em um curso que utiliza uma sala cobrada por hora. A taxa seria baseada na área da sala multiplicada pelo custo por metro das instalações e então dividida pelas horas de ocupação anual planejada (disponibilidade anual máxima em horas multiplicada pelo fator percentual de utilização planejada da sala). Ambos os métodos apresentam o custo de oportunidade associado ao espaço pouco utilizado. Um efeito positivo típico do método anterior é encorajar as faculdades a liberar espaço com pouca utilização, permitindo assim sua realocação para outra finalidade.

Relevância entre pessoal e alunos

Esta é uma taxa combinada útil, na qual existem dois ou mais condutores de custos distintos para um departamento de apoio. Por exemplo, a biblioteca de uma faculdade ou a central de informática normalmente seriam usadas pelo pessoal acadêmico, por pesquisadores e por alunos. Para refletir esse uso, os custos do centro de apoio podem ser rateados com base nas estimativas de demanda. Por exemplo, supõe-se que 20% da utilização da biblioteca derivam da atividade de pesquisa, então essa proporção dos custos da biblioteca poderá ser rateada pelas faculdades ou pelos contratos/grupos de pesquisa com base no pessoal de pesquisa de período integral. Para garantir a base de tais divisões, o centro de apoio deve estar em uma posição em que possa fornecer dados estatísticos sobre os perfis de usuários e os padrões de uso. Se esses dados estiverem disponíveis, as faculdades poderão considerar o rateio de custos *ex ante* baseado nos dados de uso real para o período. Ao mesmo tempo que esse método tem o mérito da exatidão, não pode ser usado para fornecer custos unitários planejados ou esperados, mas pode adotar os dados sobre utilização do ano corrente como base para o rateio.

Métodos de relevância dos alunos

Eles objetivam melhorar a exatidão do rateio do centro de apoio, procurando refletir os diferentes padrões de uso das especificidades dos grupos de alunos. Por exemplo, uma central de informática pode dividir seus alunos usuários em três grupos: usuários freqüentes, usuários médios e usuários intermitentes. Os cursos seriam atribuídos a um dos três grupos de usuários baseando-se em discussões entre o pessoal acadêmico e o do centro de informática. Exemplos de resultados típicos poderiam ser categorizar um curso em engenharia de *software* como equipe A, um curso de estudos em administração como equipe B e um curso de artes como equipe C. Cada equipe de usuários recebe uma relevância que reflete padrões de uso percebidos. Por exemplo, uma relevância de 1,0 para a equipe A, de 0,6 para a equipe B e de 0,2 para a equipe C. Um período de tempo integral planejado do aluno é calculado para a faculdade usando-se os graus de relevância atribuídos, dividindo-se o custo do centro de apoio pelo período integral relevante, obtém-se um custo por período integral relevante.

Um fator importante a considerar nas decisões sobre rateios é a dimensão comportamental da eliminação do custo. O método usado para ratear custos envia uma mensagem aos destinatários sobre a cobrança ou conseqüência resultante do uso de recursos centrais. A gestão da faculdade deve prestar particular atenção para garantir que a mensagem emitida pelo método de rateio seja consistente com as estratégias globais da faculdade. Como exemplo, os custos de administração do rateio, com base no número de alunos, penalizariam as faculdades que tivessem turmas grandes de alunos, enquanto rateios por pessoal de tempo integral beneficiariam essas faculdades. Se uma faculdade planeja passar a formar turmas grandes e deseja encorajar a adoção, então a política de rateio deve estar alinhada à estratégia curricular da faculdade, escolhendo-se o último em vez do primeiro método.

Deve-se notar que, enquanto o total de custos rateados é necessário para a estimativa de custos unitários com a finalidade de controle da gestão, apenas os custos que são diretamente controláveis pelos gestores dos centros de responsabilidade devem fazer parte do sistema de controle. Em outras palavras, os relatórios de controle financeiro para gestores de centros acadêmicos devem concentrar-se nos custos diretos e controláveis reais, e não em custos rateados e, portanto, não-controláveis. O enfoque de controle dos custos rateados está no centro de custos no qual eles são diretos. [...]

Absorção de custos

A absorção de custos transfere o custo total de centros acadêmicos e, em alguns casos, de centros de apoio para o custo unitário usando uma taxa de absorção. Geralmente, uma taxa de absorção para um centro acadêmico será calculada usando-se horas de ensino planejadas. Os custos diretos orçados do centro acadêmico mais os custos rateados dos centros de apoio são divididos pelas horas de ensino programadas para o ano acadêmico. Esse cálculo fornece uma taxa de ensino por hora que, se aplicada aos cursos ou às unidades a serem medidas, resultará na absorção do custo total do centro. A taxa de ensino para a faculdade de administração em Birbridge é então de 4.727 milhões de libras divididos por 76.500 horas planejadas ou 61,79 libras por hora.

Os dados sobre as horas planejadas de ensino derivam-se dos orçamentos curriculares estabelecidos pelas equipes de ensino do curso antes do início do ano acadêmico. Cada curso ou programa tem um número estimado dos alunos, do tamanho dos grupos e das horas de contato em sala de aula, que determinam as horas de ensino necessárias ao curso e, para todos os cursos, as horas de ensino agregadas para cada faculdade. As horas planejadas poderiam ser calculadas de forma líquida quanto a atividades não-tarifáveis como subsídios para substituição de colegas, pesquisa, administração e desenvolvimento do pessoal. [...]

Existe uma série de fatores que deve ser levada em consideração ao decidir o grau de especificidade do cálculo de taxas por hora. O enfoque mais simples é usar uma taxa global da escola, enquanto que o mais complexo é calcular uma taxa para cada membro do pessoal de ensino. Apesar de ser fácil de calcular, uma taxa global da escola produz um custo unitário por curso que pode ser distorcido por cruzamento de subsídios entre as faculdades de alto e de baixo custo. Uma taxa calculada para cada faculdade acadêmica fornece o melhor equilíbrio entre simplicidade e materialidade. Porém, pode ser aconselhável calcular as taxas para divisões ou seções dentro de grandes faculdades, particularmente onde há uma diferença significativa nos padrões de trabalho; por exemplo, uma seção que realiza um trabalho majoritariamente avançado em relação a uma seção que é predominantemente não-avançada. É difícil construir um argumento para taxas individuais por professor, não apenas devido à complexidade do cômputo, mas também por causa da eqüidade. Geralmente, o ensino será oferecido a cursos de uma equipe de ensino com base em sua especialização e suas habilidades. Diferentes professores da equipe terão diferentes custos diretos devido a fatores como grau, duração do serviço, tempo de trabalho, etc. Na maioria dos casos, essas diferenças não são um fator importante no estabelecimento de horários e, assim, uma taxa por hora individual para cada professor beneficiaria e penalizaria cursos de uma maneira um tanto randômica.

Quando os professores lecionam em várias faculdades, deveria-se determinar um preço de transferência para horas de ensino trabalhadas. O enfoque simples é usar a taxa da faculdade por hora trabalhada; porém, podem surgir problemas quando faculdades de alto custo trabalham para faculdades de menor custo. Um problema comum, em situações de transferência de preços, é o centro de custos "adquirente" procurar reduzir custos tentando achar o fornecedor mais barato, que pode não ser o centro de custos "vendedor" de dentro da empresa ou faculdade. Para evitar possíveis perturbações e subotimização criadas pelo que é, em verdade, um mercado interno, a gestão da faculdade deve estabelecer regras de conduta. O enfoque mais comum da faculdade é identificar áreas específicas por disciplina da liderança acadêmica e solicitar que a faculdade receptora "adquira" serviços da faculdade designada como portadora das habilidades disciplinares. Quando houver grandes variações de custos entre faculdades, o preço de transferência para trabalho realizado pode ser estabelecido em uma taxa por hora da faculdade adquirente, se essa for menor do que a taxa da faculdade vendedora. Esse enfoque tem duas vantagens: a primeira, encorajar a faculdade que trabalha a reduzir seus custos com pessoal, aproximando-os da norma da faculdade; e a segunda, refletir o fato de que a prestação do serviço, com freqüência, não é o principal trabalho acadêmico para as faculdades, e de que seus preços devem ser estabelecidos mais próximos ao custo marginal, em vez do custo total usado para calcular os custos dos próprios cursos das faculdades.

ESTIMATIVA DE CUSTOS DE UM CURSO EM BIRBRIDGE

A solicitação é calcular um curso e um custo unitário por aluno para um curso de período integral de um ano. O perfil de recursos do curso é:

Número de alunos	25	
Horas de ensino anuais	480	Faculdade de Administração
	240	Faculdade de Engenharia
Custos diretos do curso	5.500 libras	(taxas de exames, visitas, materiais diretos, etc.)

E o custo unitário seria formulado da seguinte forma:

Libras esterlinas

Custos diretos do curso	5.500
Custos de ensino:	
Faculdade de Administração 480 horas x 61,79 libras	29.659
Faculdade de Engenharia 240 horas x 79,33 libras (4,64 milhões de libras dividido por 58.500 horas)	19.039
Serviços centrais 25 alunos x 503 libras (2,012 milhões de libras dividido por 4.000 alunos de período integral)	12.575
Total	66.773

Resultando em um custo unitário por aluno de 2.671 libras (66.773 libras dividido por 25 alunos).

O cálculo do custo unitário naturalmente faz surgir a pergunta sobre o que é considerado um "bom" custo unitário. O número 2.671

libras, apresentado no exemplo, precisa de um *benchmark* para comparação antes de poder ser feito um julgamento. Os dados de *benchmark* podem ser derivados de várias fontes:

- *Comparação entre faculdades* – Os dados publicados disponíveis geralmente estão muito agregados para permitir comparações significativas. Possíveis distorções de dados incluem combinação de disciplinas, proporção entre alunos e professores, localização geográfica e perfis de recursos. [...] A mudança feita pelas entidades de financiamento solicita que as faculdades forneçam um registro financeiro que identifique o custo total. Portanto, o custo unitário do aprovisionamento entre várias áreas disciplinares deveria melhorar a qualidade dos dados nessa área.
- *Custos unitários padronizados calculados em referência a perfis de ensino padronizados* – Uma faculdade pode estabelecer custos padronizados baseados em proporções almejadas por alunos e professores, custos com pessoal e custos diretos dos cursos.
- *A receita ou unidade de recurso* relacionada a alunos em áreas disciplinares específicas pode ter sido estabelecida por entidades de financiamento a um valor que reflita uma visão do que o custo unitário de aprovisionamento deveria ser. Dado o enfoque atual de as entidades financiadoras estabelecerem unidades de recursos a valores designados para influenciar o comportamento de recrutamento das faculdades, então a mensagem de custo contida nos valores de financiamento é muito problemática.

Nunca é demais dizer que os custos unitários não medem a qualidade do aprovisionamento, mas simplesmente a eficiência deste. Não é difícil para a gestão da faculdade reduzir os custos unitários por aluno, seja aumentando o tamanho das turmas, reduzindo as horas ensinadas, cortando despesas no aprovisionamento da biblioteca e assim por diante. A tarefa difícil da gestão é atingir as metas de custos unitários e, ao mesmo tempo, manter e melhorar as metas de qualidade. A conseqüência é que qualquer sistema de faculdades sobre estimativas de custos unitários deve estar alinhado a um sistema de medidas de desempenho da qualidade, de modo que as tendências e as mudanças em ambos possam ser medidas em cada curso.

Estimativa de custos baseada em atividades

À medida que as faculdades obtêm conhecimento sobre estimativas de custos unitários e acostumam-se a seus benefícios, elas provavelmente desejarão avaliar o potencial de um enfoque baseado em atividades para o rateio em algum centro de custos. A estimativa de custos baseada em atividades (ABC) é uma resposta contábil da comunidade à pergunta sobre a relevância de existirem sistemas de gestão contábil quando confrontada com a necessidade de lidar com a estrutura e a tecnologia das organizações nos anos de 1990 (ver Cooper e Kaplan, 1988). Apesar de inicialmente ser vista como relevante aos ambientes de manufatura, no momento, o consenso geral é que a ABC é igualmente aplicável tanto a serviços como a operações de manufatura, sejam eles organizados para obter lucro ou não (Cooper e Kaplan, 1991).

A ABC procura relacionar custos indiretos, como custos dos centros de apoio à unidade de custo, por meio do uso de relações de atividades. Em outras palavras, os processos educacionais parecem fazer surgir atividades de apoio, como matrícula de um aluno, pagamento de uma fatura, emissão de um livro da biblioteca, etc., enquanto que as atividades em si fazem surgir custos indiretos (admissões, custos, biblioteca). Uma vez sendo identificada a natureza da atividade, os custos são rateados com base no seu custo, como, por exemplo, aluno matriculado, transação contábil, solicitação na biblioteca, e assim por diante. Essa é uma mudança fundamental, deixando de lado um modelo de rateio generalizado e usando o pessoal ou os alunos de período integral, além de auxiliar na identificação de subsídios cruzados entre áreas de cursos. Os subsídios cruzados provavelmente são encontrados em casos em que uma faculdade apresenta uma grande variedade de tipos de cursos com diferentes métodos de ensino, níveis de tecnologia, padrões de utilização de recursos e níveis acadêmicos.

A ligação de um custo a uma atividade aumenta o nível de conscientização dos usuários quanto ao preço e ao valor de tal atividade. Isso, por sua vez, altera o comportamento dos usuários, levando a uma melhor utilização ou a um melhor projeto dos cursos, de modo a minimizar o uso do recurso relacionado à atividade. Algumas pesquisas incipientes estão sendo realizadas no setor universitário sobre o potencial da utilização de custos por atividade na previsão orçamentária baseada em prioridades e gestão baseada em atividades (McCann e Donnelly, 1992).

[...]

A estimativa de custos baseada em atividades aumenta o perfil de atividades e processos ao identificar seu custo e conduz, naturalmente, a perguntas quanto à justificativa da atividade, às maneiras alternativas de realizar a atividade, até o ponto em que o custo da atividade é visto como razoável e, em alguns casos, há dúvidas se a atividade será mesmo realizada. A ABC fornece um bom exemplo de sistemas de gestão contábil, partindo de um papel reativo para um papel proativo.

[...]

REFERÊNCIAS

Cooper, R. (1989) You need a new costing system when..., *Harvard Business Review,* January/February.

Cooper, R. and Kaplan, R. S. (1988) Measure costs right: make the right decisions, *Harvard Business Review,* September/October.

Cooper, R. and Kaplan, R. S. (1991) Activity Based Systems in service organisations and service functions, *The Design of Cost Management Systems,* Prentice Hall International, pp. 466-474.

McCann, P. and Donnelly, P. (1992) *Activity Based Management in Higher Education.* CIMA Research Foundation.

TERCEIRA PARTE
GESTÃO ESTRATÉGICA

16

Como as estratégias se desenvolvem nas organizações[1]

ANDY BAILEY e GERRY JOHNSON

INTRODUÇÃO

Este capítulo relata um importante projeto de pesquisa sendo realizado na Cranfield School of Management que explora a natureza da formulação estratégica. O objetivo deste projeto de pesquisa é tanto descobrir os padrões gerais de desenvolvimento de estratégias dentro das organizações como explorar as implicações gerenciais da formulação de estratégias. O capítulo apresenta vários exemplos de desenvolvimento de estratégias. [...]

Os trabalhos recentes de autores como Ansoff (1965) e Andrews (1980) e os livros dos anos de 1970, principalmente sobre planejamento corporativo, enfatizaram a importância da estratégia e conduziram a reflexões nesta área; reflexões que foram dominadas pela visão de que as estratégias são formuladas por meio de um processo particularmente analítico e intencional. A estrutura básica que essa visão "racional" planejada oferece indica que, pela aplicação de técnicas analíticas e sistemáticas adequadas e de listas de verificações, as organizações são capazes de garantir seu próprio sucesso. Além disso, esse enfoque permite que sejam feitas suposições sobre o futuro, auxilia na redução da incerteza e facilita o desenvolvimento sistemático de estratégias.

Essa visão e suas estruturas associadas tornaram-se profundamente fortalecidas dentro da reflexão estratégica, enquanto os modos prescritivos e normativos gerados dessa forma influenciaram substancialmente o enfoque da formulação de estratégias na prática, na educação e na pesquisa.

Visualizar o desenvolvimento de estratégias dessa maneira lógica e racional é atraente e, assim, não é surpreendente que essa visão tenha tido tal proeminência. Na educação gerencial, textos estratégicos tradicionalmente enfatizam a racionalidade da análise, do planejamento e da implementação como um processo de várias etapas. Dentro das organizações, essa escola de pensamento sugere que os processos e os mecanismos formais de planejamento estratégico podem operar de maneira racional e objetiva a fim de permitir uma análise abrangente dos ambientes interno e externo, um desenvolvimento de estratégias alternativas, uma seleção da melhor estratégia e uma produção de objetivos, metas, orçamentos e alvos que conduzam à implementação. Em resumo, esse enfoque de planejamento racional é, com freqüência, o que chamam de "boa prática".

Contudo, essa visão também apresenta problemas. Ela falha principalmente ao não considerar os aspectos sociais, culturais, políticos e cognitivos no processo de desenvolvimento de estratégias. Na verdade, sua predominância depreciou a consideração igualmente válida de aspectos menos "objetivos" da organização e sua influência crítica no desenvolvimento de estratégias.

A EMERGÊNCIA DE ESTRATÉGIAS

Uma suposição natural dessa visão racional planejada de formulação das estratégias é que elas são desenvolvidas e implementadas de maneira linear e que a estratégia *pretendida* de uma organização será implementada totalmente para ser concretizada como uma estratégia real. Porém, nem sempre acontece assim. Mudanças inesperadas no ambiente, imprevistos na implementação ou limitações no processo podem restringir a eficiência da formulação de estratégias e sua concretização. O resultado disso pode significar que a estratégia pretendida de uma organização não seja concretizada como estratégia real (Mintzberg, 1978, p.934-948; Mintzberg e Waters, 1985, p.257-272). Na verdade, mesmo dentro de organizações com sistemas de planejamento efetivos, as estratégias pretendidas nem sempre são concretizadas.

O fato de uma estratégia pretendida e planejada não se concretizar não significa que uma organização não tenha nenhum tipo de estratégia. Na verdade, as estratégias que uma organização busca não são necessariamente aquilo que é apoiado pela organização ou pelos seus personagens seniores e, como tal, elas podem ser melhor percebidas como a direção que uma organização está realmente seguindo, planejada ou não. Todavia, a distinção entre o que é pretendido e o que é concretizado pode não ser tão definido e os dois podem interagir. Uma estratégia que inicia como pretendida pode mudar e se tornar mais emergente, à medida que é implementada, enquanto uma estratégia emergente pode se tornar formalizada e mais deliberada à medida que entra no conhecimento aceito da organização e é condensada dentro de suas estratégias de mais longo termo.

Se as estratégias são definidas em termos de posição futura e consistência de direção ou "direção que uma organização está buscando", então elas podem ser visualizadas para se desenvolverem continuamente de forma adaptativa e incremental. Como tal, as estratégias podem desenvolver-se tanto a partir dos processos adaptativos da organização ou das ações de gestão como da ação deliberada e pretendida. Dessa forma, elas emergem gradualmente, à medida que as ações são alteradas para lidar com o ambiente e para se adaptarem a ele, em uma série sem fim de pequenos passos. Essas pequenas mudanças contínuas agregam e, assim, reduzem a necessidade de uma grande ou importante mudança de estratégia (Lindblom, 1959, p.79-88).

Em ambientes estáveis, as estratégias podem não precisar de tanta alteração. Qualquer mudança necessária geralmente será incremental e permitirá que a organização opere em um ambiente de mudança gradual. Enquanto uma organização estiver indo bem, haverá uma forte tendência a não alterar as estratégias bem-sucedidas existentes. À medida que a estratégia de uma organização ganhar força, qualquer mudança que ocorra geralmente se desenvolverá de forma incremental em uma direção condizente com a estratégia existente e com as experiências passadas, em vez de envolver mudanças de grande escala quanto ao direcionamento (Miller e Friesen, 1984). Em geral, esse padrão de desenvolvimento de estratégias é gradual e contínuo, apesar de poder ocorrer uma mudança mais dramática se a relação entre o ambiente e a organização alterar-se mais substancialmente. Na verdade, verificaram-se tipos de períodos de formulação de estratégias variando desde aqueles que apresentam "continuidade", nos quais elas permanecem inalteradas, até aqueles que são "contínuos" ou incrementais e aqueles que envolvem uma ruptura mais substancial e dramática de estruturas ou uma mudança "descontínua", os quais ocorrem com pouca freqüência (Mintzberg e Waters, 1985; Nadler e Tushman, 1989, p.194-202).

Nas situações em que uma organização e seu ambiente estão cada vez mais em desacordo, os aperfeiçoamentos incrementais nas estratégias podem não acompanhar as mudanças ambientais. À medida que essa situação se desenvolve e se torna mais aguda, seja por meio de uma grande mudança ambiental ou de um sentido estratégico (a organização se desalinhando do ambiente), mudanças pequenas ou gradativas talvez não remedeiem facilmente a situação. Aqui, mais mudanças estratégicas globais, incorporando reversões significativas e simultâneas de estratégia e envolvendo mudanças descontínuas, podem ser necessárias para realinhar a organização e o seu ambiente (Miller e Friesen, 1984).

A PESQUISA

Este capítulo apresenta um estudo de como os gestores experimentam as diferentes maneiras pelas quais a estratégia se desenvolve. Dada a complexidade desse processo, não causa surpresa o fato de várias explanações sobre formulação de estratégias serem avançadas. Por meio de uma revisão detalhada dessas explanações, foram definidas seis perspectivas sobre o processo (Bailey e Johnson, 1991). Enquanto essas explanações não são novidade ou nem mesmo são definitivas, elas representam classificações significativas do processo, que faz sentido intuitivamente para os gestores, e são compreensíveis.

Essas explanações ou visões alternativas da formulação de estratégias foram desconstruídas para identificar as características singulares atribuídas a cada uma delas. Com base nessas características, foram criadas declarações para serem usadas em um questionário, que foi então administrado aos gestores de nível sênior pertencentes a um grupo representativo de indústrias, os quais indicaram o grau em que as declarações eram características de sua organização. Pela análise das respostas foram reveladas as percepções gerenciais do processo de formulação de estratégias da organização. A representação numérica dessas percepções foi subseqüentemente assinalada a fim de desenvolver perfis de tomada de decisões estratégicas para organizações individualmente ou para subunidades.[...]

EXPLANAÇÕES ALTERNATIVAS DE TOMADA DE DECISÃO ESTRATÉGICA

Esta seção considerará com mais detalhes as diferentes explanações quanto ao modo como as estratégias desenvolvem-se. Porém, é importante destacar que é bastante improvável que qualquer uma das explanações dadas responda inteiramente pelos processos de trabalho em uma organização; a formulação de estratégias precisa ser compreendida em termos de uma *combinação* de processos.

A perspectiva de planejamento

O planejamento estratégico é talvez a visão mais tradicional de como as decisões estratégicas são tomadas dentro das organizações. A perspectiva indica que a formulação de estratégias é um processo distintamente intencional, que envolve um enfoque lógico, racional e planejado quanto à organização e ao seu ambiente. Ela também implica o fato de que, pela aplicação de técnicas analíticas e sistemáticas adequadas, a decisão "certa" possa ser tomada.

As estratégias que se desenvolvem são o resultado de procedimentos seqüenciais, planejados e deliberados e são, com freqüência, de responsabilidade dos departamentos especializados. Metas e objetivos claros e bem-definidos são determinados pelos membros de nível sênior de uma organização (Chaffee, 1985). [...] Quando uma meta ou questão estratégica é definida, a organização e o seu ambiente (tanto interno como externo à organização) são sistematicamente analisados em termos de posição estratégica, por exemplo, posição dos competidores, pontos organizacionais fortes e fracos e disponibilidade de recursos. As informações coletadas são avaliadas, e as opções estratégicas capazes de atingir a meta ou de resolver a questão estratégica são geradas.

Essas opções estratégicas, ou cursos de ação, são avaliadas sistematicamente em relação aos critérios das metas e dos objetivos estratégicos a serem alcançados. Essa avaliação incorpora um exame tanto das conseqüências estimadas dos cursos de ação alternativos (por exemplo, em termos de risco *versus* retorno) como do valor dessas conseqüências. De forma semelhante, é feita uma estimativa do potencial de longo prazo das opções. É escolhida a opção que, simultaneamente, for percebida maximizando o valor dos resultados, adequando-se melhor ao critério de seleção e apresentando vantagem competitiva. A opção selecionada é subseqüentemente detalhada na forma de planos e programas precisos e é passada de cima para baixo dentro da organização. Durante todo esse processo, as estratégias são determinadas e direcionadas pelos tomadores de decisão em posições de gestão sênior e são implementadas por aqueles abaixo, que agem, mas, provavelmente, não decidem sobre as estratégias (Mintzberg, 1978; Mintzberg e Waters, 1985).

De acordo com o desenvolvimento sistemático da estratégia, os recursos necessários para a implementação são determinados e adequadamente alocados, e, da mesma forma, os sistemas para monitoramento e controle da nova estratégia são determinados. Argumenta-se que as estratégias desenvolvidas por meio dessa rotina planejada e seqüencial devem ser implementadas integralmente e de uma maneira "sem surpresas". Essa formalização do planejamento estratégico, apesar de atraente, é problemática e, na verdade, apresenta perigos. Ela principalmente não considera os aspectos menos "objetivos" da organização e a sua influência crítica sobre o desenvolvimento estratégico. Porém, apesar dos problemas, a disciplina e as técnicas de enfoques de planejamento podem ser úteis, pois podem fornecer uma estrutura para reflexão estratégica; se os gestores também abordarem os problemas de estratégias de gestão dentro do mundo social, cultural e político das organizações, tal reflexão pode ser de muito auxílio.[...]

A perspectiva incremental lógica

No final da década de 1950, Lindblom (1959) sugeriu que as estratégias de gestão, apesar de serem mecanismos de planejamento lógicos e seqüenciais, eram irrealistas. Ele argumentou que, dada a complexidade das organizações e dos ambientes em que operam, os gestores não podem considerar todas as opções possíveis em termos de todos os futuros possíveis e avaliá-los em comparação a objetivos predeterminados e não-ambíguos. Isso é particularmente verdade em um contexto organizacional em que há probabilidade de haver pontos de vista, valores e bases de poder conflitantes. Em vez disso, a escolha estratégica acontece ao compararem-se opções umas com as outras e ao considerar-se qual daria o melhor resultado e seria possível de implementar. Lindblom (1959) previu essa construção de estratégias por meio de "comparações limitadas sucessivas" e argumentou que ela acontece na vida diária da gestão, não por meio de sistemas de planejamento.

É uma posição de várias maneiras semelhante àquela discutida por Quinn (1980). Seu estudo de nove grandes empresas multinacionais concluiu que o processo de gestão seria melhor descrito como *incrementação lógica*. Com isso ele queria dizer que os gestores têm uma visão de onde querem que a organização esteja em anos vindouros, mas tentam chegar até essa posição de forma evolucionária. Eles fazem isso ao tentarem garantir o sucesso e o desenvolvimento de um negócio central forte, seguro – mas flexível –, mas também ao continuamente experimentar em empreendimentos de risco do tipo "aposta complementar". Esse modo de formulação de estratégias não é visto como de total responsabilidade da gestão superior e do centro corporativo; aqueles que se encontram em níveis mais baixos nas organizações e os "subsistemas estratégicos" da organização estão ativamente envolvidos.[...] Nesse caso, os gestores aceitam a incerteza de seu ambiente, pois percebem que não conseguem anular essa incerteza tentando "saber" por meio de fatos como o ambiente mudará. Ao contrário, eles buscam tornarem-se altamente sensíveis a sinais ambientais por meio de constante esquadrinhamento ambiental, testando e desenvolvendo estratégias em um processo de experimentação passo a passo e de exposição limitada ao ambiente empresarial.

Portanto, a visão incremental lógica não vê a gestão estratégica em termos de um modelo seqüencial ordenado; ao contrário, o sistema é visto como cíclico. Ele inclui retornos de *feedback* para fases anteriores, em que o problema e a solução podem ser redefinidos ou reformulados (Lyles, 1981, p.61-75). Da mesma forma, o comprometimento com opções estratégicas pode ser experimental e estar sujeito à revisão nas primeiras etapas de seu desenvolvimento. Existe também uma relutância em especificar objetivos precisos com muita antecedência, pois isso pode reprimir idéias e evitar o tipo de experimentação desejada. Portanto, os objetivos provavelmente serão de natureza um tanto geral.

Pela análise, avaliação e aperfeiçoamento incremental contínuos, as mudanças no ambiente são combinadas com as mudanças nos procedimentos (Schwenk, 1988). Esse processo interativo garante que os pontos fortes de uma organização permaneçam, à medida que a experimentação e a aprendizagem são realizadas sem risco excessivo à organização. Durante todo o processo, as opções possíveis são eliminadas ou encorajadas, de acordo com a avaliação feita de sua adequação; o processo não opera para identificar a melhor solução ou a solução ótima (Mintzberg et al., 1976, p.246-275).

Quinn (1980) também sugere que diferentes decisões não deveriam ser vistas de modo totalmente separado. Como os diferentes subsistemas organizacionais estão em um estado contínuo de interação, os gestores de cada um sabem o que os outros estão fazendo, podendo interpretar as ações e necessidades uns dos outros. Eles estão, na verdade, aprendendo um com o outro sobre a factibilidade de um curso de ação em termos de gestão de recursos e de sua aceitabilidade política interna. Além disso, esse reajuste constante e esse comprometimento limitado permitem que a direção de longo prazo da organização seja monitorada, e que a combinação de recursos e as habilidades organizacionais sejam alteradas na reação de mudanças ambientais. O processo amplia a base de informações disponível, constrói conscientização organizacional e aumenta a procura ativa por oportunidades e ameaças não-definidas previamente. Além do mais, a formulação de estratégias dessa maneira significa que as implicações da estratégia estão sendo testadas continuamente. Esse reajuste contínuo realmente, faz muito sentido, é claro, se o ambiente é considerado como uma influência contínua mutante na organização.

[...]

A perspectiva política

A formulação de estratégias também pode ser explicada em termos políticos. As organizações são entidades políticas; assim, poderosos grupos de interesse internos e externos influenciam os insumos nas decisões. Esses grupos de interesse, cada qual com diferentes preocupações, podem estar em conflito; podem existir diferenças entre grupos de gestores, entre gestores e partes interessadas ou entre indivíduos poderosos (Pfeffer e Salancik, 1978). Essas diferenças provavelmente serão resolvidas por meio de processos de barganha, de negociação ou talvez de decretos, resultando que as metas e os objetivos, as questões estratégicas e até as estratégias são derivadas deste processo político e não de uma avaliação e uma escolha analítica neutras.

Esse processo político e as estratégias seguidas por uma organização são suscetíveis tanto a influências internas como externas das partes interessadas ("qualquer grupo ou indivíduo que pode afetar ou é afetado pela conquista dos objetivos da organização" [Freeman, 1984]), as quais podem incluir clientes, bancos, associações comerciais, acionistas, fornecedores, departamentos e agências governamentais, competidores, sindicatos e membros da organização (Hickson et al., 1986). O nível de influência que essas partes interessadas podem exercer difere e, com freqüência, está condicionado à dependência da organização, nesses grupos, de um recurso e à dificuldade potencial em substituir a parte interessada atual como fonte desse recurso (Heller et al., 1988; Pfeffer e Salancik, 1978; Hickson et al., 1986). De maneira semelhante, a influência de uma parte interessada não é constante de uma decisão para outra. A situação da decisão determina o nível de envolvimento da parte interessada – tanto seu nível de influência como a dinâmica dessa influência – durante todo o processo. Por exemplo, a influência dos tomadores de decisão de nível superior diminui à medida que uma estratégia entra na etapa de implementação, enquanto a influência de gestores de nível inferior aumenta.

O poder e a influência das partes interessadas também podem ser usados e adquiridos por outros grupos. Por exemplo, os grupos internos ou "atravessadores de limites" que lidam com o ambiente externo tendem a obter níveis maiores de influência e poder sobre a estratégia devido à dependência da organização do grupo externo com o qual eles lidam (Jemison, 1981, p.77-89).

Indivíduos ou grupos poderosos também podem influenciar a decisão pelo aprovisionamento de informações. As informações não são politicamente neutras, mas são uma fonte de poder, principalmente para aqueles que controlam o que é visto como importante; então, a retenção de informações ou as influências de um gestor sobre outro devido ao fato de tal gestor controlar as fontes de informações podem ser importantes. De forma alternativa, os sistemas da organização podem ser restringidos para reduzir o fluxo de informações e, assim, legitimar as demandas de grupos de interesse particulares (Pfeffer e Salancik, 1978). Dessa forma, decisões estratégicas são tomadas com base em dados distorcidos, conforme as preferências dos fornecedores de informações, em vez de serem baseadas em aspectos que sejam politicamente neutros.

Seria errado presumir que a identificação de questões-chave e até mesmo as estratégias eventualmente selecionadas emerjam de um ambiente político neutro. Visões diferentes terão de ser defendidas, não apenas com base na extensão em que elas refletem pressões ambientais ou competitivas, por exemplo, mas também porque elas têm implicações para o *status* ou para a influência de diferentes partes interessadas. Por meio de uma conciliação e de um ajuste mútuo, poderá surgir uma estratégia aceita de comum acordo (Mintzberg e Waters, 1985). Essa estratégia será finalmente adotada, pois é aceitável para ambos os grupos de interesse que influenciam o processo de tomada de decisões e para aqueles que devem implementar a estratégia, e não apenas porque cumpre quaisquer critérios objetivos (Johnson, 1987). [...]

A perspectiva cultural

Tradicionalmente, a estratégia tem sido vista como a resposta planejada da organização ao seu ambiente. Porém, as estratégias que uma organização segue também podem ser atribuídas a fatores culturais. As organizações que enfrentam ambientes semelhantes responderão de maneira diferente. As estratégias que elas escolhem buscar não resultarão apenas de um enfoque planejado, preciso quanto ao ambiente, mas da influência das atitudes, valores e percepções comuns entre os membros e as partes interessadas de tal organização. Além disso, a gestão não pode surgir simplesmente em termos da manipulação de técnicas ou ferramentas de análise. A gestão está relacionada à aplicação da experiência gerencial acumulada durante muitos anos, e, com freqüência, dentro da mesma organização ou indústria. Os gestores, em geral, também não trabalham isolados; eles interagem com os outros. Sua experiência não tem origem apenas na experiência individual, mas na experiência grupal e organizacional acumulada com o tempo. Portanto, é importante reconhecer o significado dos aspectos culturais da gestão.

Por "cultura organizacional" entende-se o "nível mais profundo de *suposições e crenças* básicas compartilhadas por membros de uma organização, as quais operam inconscientemente e definem de forma básica e 'dada por certa' a visão de uma organização sobre si mesma e sobre seu ambiente" (Schein, 1985). Assim, uma perspectiva cultural sugere que a experiência gerencial provavelmente será baseada em estruturas de referência "dadas por certas", que são postas em operação por um gestor – ou grupo de gestores – e que afetarão o modo como uma situação é percebida e a resposta que ela obterá. Com o passar do tempo, essa aceitação provavelmente será repassada – ou "herdada" – dentro de um grupo. Esse grupo pode ser, por exemplo, de uma função gerencial, como *marketing* ou finanças, de profissionais, como contabilistas; de uma organização como um todo e, de forma mais ampla, de um setor industrial, ou até mesmo de uma cultura nacional. Assim como essas estruturas existem no nível organizacional e subunitário, elas também existem com base na indústria como um todo, ou até mesmo em nível nacional (Spender, 1989). Então, os gestores são influenciados por muitas estruturas culturais ao tomarem uma decisão. Contudo, é especialmente importante para a gestão estratégica da maioria das organizações a estrutura organizacional de referência, a qual chamamos de "paradigma organizacional".

É provável que o paradigma contenha as crenças de que os gestores falam em seu dia-a-dia; mas também é provável que contenha suposições das quais raramente se fala, que não são consideradas problemáticas, e das quais os gestores provavelmente não esclarecem conscientemente. Alguns exemplos podem ser a suposição profundamente arraigada de que é *seguro* pedir empréstimo a bancos, a de que os jornais locais servem para fornecer notícias (ou seja, que esta seja sua razão de ser, em vez da propaganda), a de que o papel das universidades é fazer pesquisa e assim por diante. Dessa maneira, essas suposições profundamente arraigadas podem ter um papel importante no desenvolvimento de estratégias.

Portanto, o paradigma de uma organização é formado por diferentes influências, como o histórico e as experiências passadas (tanto pessoais como organizacionais), e também pode refletir os desejos de determinadas partes interessadas (Mason e Mitroff, 1981). O poder dessas influências dependerá de vários fatores. Por exemplo, uma organização com uma gestão relativamente estável e um impulso de estratégia de longo prazo provavelmente terá um paradigma mais homogêneo do que aquela na qual houve rápida rotatividade de gestores e mudanças significativas foram impostas. [...]

É claro que, para qualquer organização operar de forma eficiente, ela deve, até certo ponto, ter uma série de crenças e suposições aceitas de modo geral. Não pode ser uma série de crenças estáticas, apesar de ser bastante provável que elas evoluam gradualmente e que não mudem de forma rápida. Isso representa uma experiência coletiva sem a qual os gestores teriam de "começar do zero" em todas as circunstâncias que enfrentam ou decisões que precisam tomar; dessa forma, novas situações poderão ser percebidas de uma maneira que não é única (Schön, 1983). O paradigma permite que a experiência obtida durante os anos seja aplicada a uma determinada situação, de modo que os gestores possam decidir sobre informações relevantes por meio das quais avaliar a necessidade de mudança, o curso de ação provável e a probabilidade de sucesso de tal curso de ação.

As estratégias de uma organização, então, desenvolvem-se de acordo com os limites de sua cultura, ou paradigma, dominante. Os processos cognitivos e perceptuais operam para orientar a definição e a solução de um problema estratégico internamente, garantin-

do que uma resposta estratégica seja baseada dentro do domínio da organização e do histórico de seus membros (Schwenk, 1988; Nutt, 1984, p.414-450).
[...]

A perspectiva visionária

A estratégia que uma organização segue também pode ser vista como proveniente de uma visão que representa o futuro estado desejado da organização, e que está inicial e principalmente associada a um indivíduo (por exemplo, seu líder atual ou um líder anterior) (Rowe et al., 1989). Isso pode ser especialmente verdade quando a organização for dominada por um líder; esses líderes podem existir principalmente em organizações que fundaram, ou em situações em que uma organização chegou em um ponto crítico. Com menos freqüência, talvez, uma visão poderia estar associada a um pequeno grupo de indivíduos em vez de a apenas um deles.

Uma explicação da fonte dessa visão é que ela resulta da intuição e da inovação de seu criador. Aqui a visão é baseada tanto na intuição como no entendimento racional dos problemas estratégicos da organização. Esse entendimento é desenvolvido pela exposição a questões estratégicas importantes de uma organização e sua experiência e permite que a inovação seja feita pela adição do novo ao já bem-compreendido e também do antigo. A visão gerada freqüentemente baseia-se em idéias radicais e pode desafiar normas aceitas, contradizer princípios e paradigmas estabelecidos e ir além da experiência e do conhecimento familiares (Trice e Beyer, 1986; Conger e Kamungo, 1987, p.637-647; Trice e Beyer, 1986).

Porém, a gestão visionária também pode ser vista como a habilidade dos gestores de, em geral, *imaginar*, em vez de planejar, o futuro de sua organização. Pode-se argumentar que alguns ambientes comerciais são tão turbulentos que é inútil tentar prever, predizer ou planejar como serão. Por outro lado, os gestores experientes "têm uma intuição" para o que faz sentido nesses mercados (novamente existem aqui ligações com a noção de paradigma) e podem tomar decisões sobre o futuro baseados nisso. Nesse caso, a noção de habilidade visionária não está limitada ao papel de liderança da organização, mas é vista como um aspecto geral da gestão.
[...]

Independentemente do modo como surge, para que uma visão – apesar de ser adequada à organização – torne-se uma estratégia, ela deve ser efetivamente articulada e comunicada. A transformação de uma visão em estratégia não é unidirecional: uma visão deve ser compartilhada e receber auxílio para ser realizada. A autorização da busca de uma visão vem de sua aceitação pelos membros da organização que "contratam" essa visão e então fornecem a autoridade para sua realização, concentrando recursos para facilitar a aprovação desta. Um visionário sozinho não conseguirá transformar uma visão em uma estratégia (Rowe et al., 1989; Conger e Kamungo, 1987).

Enquanto um indivíduo pode obter o *status* de visionário para si mesmo, dentro da organização, a estrutura e a história de uma organização podem ser de uma maneira que dotem um indivíduo de seu poder, sua posição e sua autoridade. Se a posição for atingida pela geração de uma idéia e uma visão, pelas sínteses de visões existentes, pela comunicação de uma visão ou pela história da organização, ela inevitavelmente colocará enorme controle e poder nas mãos do visionário que recebe a "habilidade de traduzir a intenção em realidade e de sustentá-la" (Bennis e Nanus, 1985). [...]

A perspectiva de seleção natural

Alguns autores que escrevem sobre gestão argumentam que as organizações têm pouco ou nenhum controle sobre a escolha de estratégias que seguem. Os fatores ambientais infringem a organização de tal maneira que selecionam e encorajam a adoção de estruturas e atividades organizacionais que melhor se encaixam no ambiente (Hannan e Freeman, 1974). Essas restrições externas operam para prescrever estratégias e limitar agudamente o papel que os membros da organização têm em sua seleção (Aldrich, 1979). Da mesma forma, as estratégias que uma organização pode seguir tendem a ser comuns a todas as organizações dentro de seu setor ou mercado industrial; sua habilidade de tomar decisões estratégicas além dessas são restritas. Em resumo, o sucesso de uma organização deve-se a uma combinação entre estratégia, estrutura e ambiente produzida por meio de um processo que apresenta mais semelhanças com a seleção natural do que com qualquer escolha racional e intencional.

Enquanto a escolha estratégica intencional pode ser restrita, a mudança estratégica realmente ocorre. Inicialmente, as mudanças ocorrem dentro de uma organização por meio de variações em seus processos, suas estruturas e seus sistemas. Enquanto o processo de inovação e variação organizacional pode acontecer como uma resposta intencional e racional ao ambiente, ele pode ocorrer também de forma não-intencional, por meio de conflitos sobre o controle de recursos, ambigüidade da realidade organizacional, acidentes, erros, movimentos táticos e sorte (Aldrich e Mueller, 1982). São essas variações que, ao acontecerem, produzem as inovações potencialmente vantajosas ou perigosas para uma organização. Essas variações que se encaixam de forma positiva no ambiente e que são adequadas e benéficas à organização são selecionadas e retidas, enquanto as que não o são falham e extinguem-se, ou são alteradas para se equipararem ao ambiente (Aldrich, 1979). São essas variações bem-sucedidas, com mudanças equiparadas no ambiente, que produzem vantagens e, assim, contribuem para a probabilidade da sobrevivência de uma organização ou subunidade (Aldrich e Mueller, 1982). Essas variações bem-sucedidas são retidas e subseqüentemente disseminadas por toda a organização e pelas suas gerações por meio da cultura, dos símbolos, da socialização, da administração e do treinamento.

A visão apresentada neste capítulo é a de que, para algumas organizações, o impacto do ambiente é, de fato, muito grande e que os níveis da extensão gerencial são drasticamente reduzidos; porém, isso não ocorre dessa forma em todos os ambientes e, mesmo onde essas pressões são severas, é responsabilidade dos gestores desenvolver as habilidades e estratégias para lidar com a situação.

[...]

IMPLICAÇÕES GERENCIAIS

As seções anteriores demonstram, em maior ou menor grau, que cada uma das perspectivas pode descrever ou explicar alguns aspectos do processo de tomada de decisões estratégicas. Justamente a complexidade dessas decisões torna improvável que qualquer uma das perspectivas isoladamente capturaria, de forma adequada, a complexidade do processo que se opera em todas as organizações, em todas as situações e em qualquer momento. Embora os exemplos acima tenham apresentado o processo de forma isolada, em muitas organizações esse não é o caso; nelas, os processos ocorrem paralelamente. Na verdade, essas diferentes visões sobre como as estratégias se desenvolvem não são mutuamente excludentes; na maioria das organizações, os gestores vêem as estratégias desenvolverem-se por meio de uma combinação de tais processos.

CONCLUSÕES

Este capítulo abordou os processos de gestão estratégica assim como se encontram nas organizações; ele é, portanto, *descritivo*, e não *prescritivo*. Não existe aqui uma sugestão de que, devido à existência desses processos, esta é a maneira como a estratégia deva ser gerenciada. Porém, é importante compreender a realidade da criação de estratégias nas organizações, não apenas porque aqueles que procuram influenciar a estratégia nas organizações devem fazê-lo dentro de tal realidade. Não é tão importante formular estratégias que podem ser elegantes analiticamente sem ter uma compreensão dos processos que realmente estão em funcionamento.

[...]

NOTA

1. Este material foi condensado.

REFERÊNCIAS

Aldrich, H. E. (1979) *op. cit.*

Aldrich, H. E. (1979) *Organisations and Environments.* Englewood Cliffs, NJ: Prentice-Hall.

Aldrich, H. E. and Mueller, S. (1982) The evolution of organisational form: Technology coordination and control in B. M. Staw and L. L. Cummings (eds) *Research in Organis- ational Behavior,* vol. 4, pp. 33-89. London: JAI Press.

Aldrich. H. E. and Mueller, S. (1982) *op. cit.*

Andrews, K. R. (1980) *The Concept of Corporate Strategy,* revised edition. Georgetown, Ontario: R. D. Irwin.

Ansoff, H. I. (1965) *Corporate Strategy.* London: McGraw-Hill.

Bailey, A. and Johnson, G. (1991) *Perspectives on the Process of Strategic Decision-Making,* Cranfield School of Management Working Papers Series, SWP 66/91.

Bennis, W. and Nanus, B. (1985) *Leaders: The Strategies for Taking Charge.* New York: Harper & Row.

Chaffee, E. E. (1985) Three models of strategy, *Academy of Management Review,* 10(1): 89-98.

Conger, J. A. and Kanungo, R. N. (1987) *op. cit.*

Conger, J. A. and Kanungo, R. N. (1987) Towards a behavioural theory of charismatic leadership in organisational settings, *Academy of Management Review,* 12(4): 637-47.

Freeman, R. (1984) *Strategic Management: A Stakeholder Approach.* Boston, MA: Pitman.

Hannan, M. T. and Freeman, J. H. (1974) Environment and the structure of organisations: A population ecology perspective. Paper presented at the American Sociology Association, Montreal, Canada, August.

Heller, F., Drenth, P., Koopman, P. and Rus, V. (1988) *Decisions in Organisations: A Three Country Comparative Study.* London: Sage Publications.

Hickson, D. J. et al. (1986) *op. cit.*

Hickson, D. J., Butler, R. J., Gray, D., Mallory, G. R. and Wilson, D. C. (1986) *Top Decisions – Strategic Decision-making in Organisations.* Oxford: Basil Blackwell.

Jemison, D. B. (1981) Organisational versus environmental sources of influence in strategic decision-making, *Strategic Management Journal,* 2: 77-89.

Johnson, G. (1987) *Strategic Change and the Management Process.* Oxford: Blackwell Publishers.

Lindblom, C. E. (1959) The science of 'muddling through', *Public Administration Review,* 19: 79-88, Spring.

Lyles, M. A. (1981) Formulating strategic problems: Empirical analysis and model development, *Strategic Management Journal,* 2: 61-75.

Mason, R. O. and Mitroff, I. I. (1981) *Challenging Strategic Planning Assumptions.* New York: Wiley.

Miller, D. and Friesen, P. H. (1984) *op. cit.*

Miller, D. and Friesen, P. H. (1984) *Organisations: A Quantum View.* Englewood Cliffs, NJ: Prentice-Hall.

Mintzberg, H. (1978) *op. cit.*

Mintzberg, H. (1978) Patterns of strategy formation, *Management Science,* 24(9): 934-48.

Mintzberg, H. and Water, J. A. (1985) *op. cit.* 14 Lindblom, C. E. (1959) *op. cit.*

Mintzberg, H. and Waters, J. A. (1985) Of strategies, deliberate and emergent, *Strategic Management Journal,* 6: 257-72.

Mintzberg, H. and Waters, J. A. (1985) *op. cit.*

Mintzberg, H. and Waters, J. A. (1985) *op. cit.*

Mintzberg, H., Raisinghani, D. and Theoret, A. (1976) The structure of 'unstructured' decision processes, *Administrative Science Quarterly,* 21: 246-75.

Nadler, D. A. and Tushman, M. L. (1989) Organisational framebending: Principles for managing reorganisation, *Academy of Management Executive*, 3: 194-202.

Nutt, P. (1984) Types of organisational decision processes, *Administrative Science Quarterly*, 29: 414-50.

Pfeffer, J. and Salancik, G. R. (1978) *op. cit.*

Pfeffer, J. and Salancik, G. R. (1978) *op. cit.*

Pfeffer, J. and Salancik, G. R. (1978) *The External Control of Organisations*. New York: Harper & Row.

Quinn, J. B. (1980) *op. cit.*

Quinn, J. B. (1980) *Strategies for Change- Logical Incrementalism*. Georgetown, Ontario: R. D. Irwin.

Rowe, A. J. *et al.* (1989) *op. cit.*

Rowe, A. J., Dickel, K. E., Mason, R. O. and Snyder, N. H. (1989) *Strategic Management: A Methodological Approach*, 3rd edition. New York: Addison-Wesley.

Schein, E. H. (1985) *Organisational Culture and Leadership*. San Francisco, CA: Jossey-Bass.

Schon, D. A. (1983) *The Reflective Practitioner: How Professionals Think in Action*. London: Temple Smith.

Schwenk, C. R. (1988) *op. cit.*

Schwenk, C. R. (1988) *The Essence of Strategic Decision-making*. D. C. Heath & Co.

Spender, J.-C. (1989) *Industry Recipes: The Nature and Source of Managerial Judgement*. Oxford: Blackwell Publishers.

Trice, H. M. and Beyer, J. M. (1986) *op. cit.*

Trice, H. M. and Beyer, J. M. (1986) The concept of charisma, in B. M. Staw and L. L. Cummings (eds) *Research in Organisational Behavior*, vol. 8, pp. 118-64. London: JAI Press.

17

Relacionando o planejamento estratégico ao processo orçamentário

AGÊNCIA NACIONAL DE AUDITORIA (NATIONAL AUDIT OFFICE)

POR QUE UM PLANEJAMENTO ESTRATÉGICO?

Existe uma clara expectativa de que as escolas façam o planejamento estratégico. A orientação das autoridades financiadoras para escolas mantidas por doações contidas no *Rainbow pack* (diretrizes sobre os sistemas e controles financeiros, § 9.1) é que os orçamentos operantes deveriam ser preparados dentro do contexto de um plano de longo prazo (três a cinco anos), o qual deveria especificar os objetivos da escola durante vários anos.

Ao aplicar a doação com finalidade especial (desenvolvimento), espera-se que as escolas relacionem seus gastos planejados ao Plano de Desenvolvimento Escolar. Por meio de seminários, a seção de arquitetos e construção do Ministério da Educação também enfatiza para as escolas mantidas por doações a importância de desenvolver planos de longo prazo, tanto para a manutenção como para o aprovisionamento de recursos às demandas educacionais de apoio. A agência galesa de auditoria escreveu às escolas, no País de Gales, pedindo um plano estimado de desenvolvimento que deveria incluir medições de desempenho.

Como parte dos critérios de uma prática efetiva na gestão financeira em todas as escolas apoiadas, a Ofsted espera que seus inspetores procurem um plano de desenvolvimento escolar corporativo que cubra pelo menos três anos e que seja atualizado anualmente (manual para a inspeção da ficha técnica 6 das escolas). Espera-se que o processo de planejamento alie-se ao planejamento orçamentário. Declaram que, em uma escola eficiente, os custos dos principais programas e atividades serão conhecidos e que as prioridades serão identificadas para o desenvolvimento e para as áreas em que pode ser feita economia.

Apesar de esses fatores externos fornecerem um impulso ao planejamento estratégico, é importante que as escolas apreciem o modo como podem se beneficiar do processo ao canalizar as atividades e os recursos escolares para seus objetivos de mais longo prazo. Um bom planejamento estratégico é essencial para as escolas fazerem uso efetivo dos recursos disponíveis e evitarem dificuldades financeiras.

A relação entre o planejamento estratégico e o processo orçamentário é de grande importância. Em muitas escolas, essa relação não está claramente articulada, apesar de ser, com freqüência, aparente que o diretor pense sobre isso. Uma boa disciplina para isso é colocá-la no papel e também demonstrar aos dirigentes e ao pessoal como as decisões orçamentárias contribuem para a estratégia de mais longo prazo.

Muitas escolas argumentam que um planejamento efetivo desse tipo é prejudicado pela incerteza sobre fatores externos que estão além de seu controle, principalmente o financiamento e o currículo. Enquanto inevitavelmente existem algumas incertezas, o processo de planejamento deveria ajudar as escolas a antecipar potenciais problemas e a identificar soluções. Elas deveriam ser capazes de reagir de forma mais eficiente a mudanças impostas de fora, recorrendo a um plano estratégico que pudesse mostrar todas as implicações da mudança. Decisões de mais longo prazo serão necessárias, apesar da existência de um plano estratégico, e é melhor que sejam vistas no contexto de um plano (mesmo que esse não seja totalmente correto) do que de forma isolada.

Benefícios específicos do planejamento estratégico para uma escola:

- o exercício fornece um foco importante para determinar as metas e os objetivos globais da escola;
- planos para melhorar o aprovisionamento educacional da escola podem ser identificados, as opções examinadas e as tarefas priorizadas;
- as implicações financeiras desses planos podem ser identificadas, as opções avaliadas e os recursos direcionados de forma adequada;
- o processo dá a uma escola os meios para a comunicação dos objetivos a todos os interessados e pode desenvolver a compreensão e o envolvimento, levando a um maior comprometimento com os resultados;
- o plano resultante forma uma estrutura para tomada de decisões financeiras durante o ano;
- o plano aloca tarefas priorizadas para toda a escola e estabelece critérios claros para a avaliação de realizações no final do ano escolar.

O exemplo a seguir mostra como o processo de planejamento estratégico poderia auxiliar uma escola (hipotética) a atingir um determinado objetivo de longo prazo.

Primeiro exemplo

Ao estabelecer seus objetivos de longo prazo, uma escola de ensino fundamental decide que deseja melhorar os padrões de leitura. Esses padrões foram medidos em relação a critérios nacionais e acha-se que eles podem ser melhorados. As opções para atingir melhorias são discutidas com oito funcionários, em primeiro lugar, e incluem:

1. Redução do tamanho das turmas, permitindo que cada professor passe mais tempo ouvindo a leitura dos alunos.
2. Investimento em uma nova série de materiais de leitura, treinamento dos professores em sua utilização e melhoria no acervo da biblioteca.
3. Busca de recursos suficientes para tornar possível a presença de um professor que se desloque e possa ser utilizado em todas as turmas para trabalhar com as crianças de forma individual.

Cada uma dessas opções é avaliada em termos de custo, probabilidade de ser efetiva e facilidade de implementação. O pessoal decide que a terceira opção seria a mais efetiva a curto prazo, mas deveria ser seguida pela segunda opção. Apenas quando ambas tiverem sido realizadas, a primeira opção deverá ser implementada, a fim de apoiar a melhoria.

Após uma discussão com a entidade dirigente, decidiu-se que seriam obtidos recursos adicionais para um novo professor por meio do aumento na admissão de alunos. A escola reconhece que o resultante aumento temporário

(Continua)

> (*Continuação*)
>
> no tamanho das turmas, indo contra as reduções propostas na primeira opção, provavelmente não será bem aceito. Portanto, os pais são consultados por meio de um questionário e de reuniões, a fim de garantir que eles apreciarão o provável benefício e aceitarão turmas maiores.
>
> A escola propõe-se a monitorar a melhoria dos padrões de leitura das crianças e a informá-los regularmente aos pais. O ajuste seria testado inicialmente por três anos e, se os padrões melhorassem suficientemente nesse período, a escola então reduziria seu quadro de pessoal em um indivíduo e não teria mais um professor móvel. O salário desse professor seria usado no ano seguinte para financiar o novo esquema de leitura e, no ano seguinte a esse, a escola poderia começar a reduzir sua admissão a fim de restabelecer um tamanho ótimo de turmas.

O termo "Planejamento de Desenvolvimento Escolar" é familiar, pois muitas escolas tiveram que criar planos para o seu currículo e o desenvolvimento do pessoal de acordo com a iniciativa de gestão local nas escolas. Muitas escolas também estabeleceram procedimentos menos formais para o planejamento de outros elementos de sua atividade. Porém, a Agência Nacional de Auditoria considera que um bom planejamento estratégico requer planos que reúnam todos os aspectos das atividades da escola em um documento, com a finalidade de garantir um enfoque coordenado. Para diferenciar esse documento do plano de desenvolvimento escolar mais tradicional, ele é chamado de plano estratégico, conforme segue.

CONTEÚDO DO PLANO ESTRATÉGICO

Não poderia haver formato padrão para um plano estratégico. Ele deveria ser composto para se adaptar às circunstâncias particulares da escola. Porém, o processo de planejamento estratégico deveria incluir considerações sobre todos os aspectos da atividade de uma escola. Normalmente, os principais temas cobertos em bons planos são:

- *contexto* – influências e impacto externos das mudanças nas políticas nacionais, combinados com uma revisão dos pontos fortes e fracos da escola até o momento;
- *visão* – uma visão de como os dirigentes e o pessoal vêem o desenvolvimento escolar no longo prazo;
- *metas e objetivos* – o que uma escola almeja fornecer a seus alunos e como conseguirá isso;
- *currículo* – tolerância, equilíbrio, prioridades de desenvolvimento, avaliação e registros;
- *formação do quadro de pessoal* – custos, perfil etário, competências e necessidades de desenvolvimento;
- *alunos* – previsões de quantidades, equilíbrio etário, diversidade de formações e habilidades, bem-estar, disciplina e necessidades especiais;
- *comunidade* – relações com outros setores da educação, da comunidade local e dos empregadores;
- *recursos físicos* – planos para desenvolvimento do patrimônio, manutenção das instalações e substituição de equipamentos relacionados ao número de alunos e ao currículo;
- *recursos financeiros* – orçamentos reais e aprovisionados, projeções de financiamento;
- *implementação* – identificação de tarefas e cronogramas, alocação de responsabilidades e metas de desempenho.

O segundo exemplo, a seguir, ilustra como uma escola pode considerar vários desses temas ao planejar atingir uma determinada meta.

> **Segundo exemplo**
>
> *Meta:* melhorar a qualidade do ambiente físico da escola durante três anos e manter esses padrões por meio de um programa rotativo de renovação e redecoração.
>
> *Objetivos:*
> - atender prioridades identificadas em uma pesquisa de saúde e segurança;
> - desenvolver a área de recepção e o enfoque da escola, inclusive melhor sinalização;
> - redecorar todas as salas de aula.
>
> *Recursos:*
> - maior papel do vigilante (habilidades, treinamento, novos termos de contrato);
> - uso de fornecedores externos (comparação de custos com aprovisionamento interno, qualidade);
> - materiais (uma fonte de suprimentos com melhor relação custo-benefício).
>
> *Identificação:*
> - identificar tarefas;
> - determinar um cronograma, incluindo a consideração de restrições quanto à duração do trimestre;
> - alocar responsabilidade por tarefas;
> - estabelecer mecanismo para revisão do progresso e avaliação de resultados.
>
> *Avaliação:*
> - realização de outra pesquisa independente sobre saúde e segurança profissionais;
> - incidência de acidentes;
> - pesquisa com visitantes;
> - *feedback* de dirigentes e do pessoal.

Enquanto os temas principais deveriam ser incorporados a um documento, a Agência Nacional de Auditoria descobriu que as escolas freqüentemente consideravam temas distintos, como o currículo e a manutenção das instalações, em planos separados e mais detalhados. Apesar de a responsabilidade pela produção desses planos ter sido transferida a diferentes membros do pessoal, as escolas com processos de planejamento efetivos obtiveram uma relação clara com a estratégia escolar global.

O PROCESSO DE PLANEJAMENTO

Os melhores planos vistos pela Agência Nacional de Auditoria foram derivados de um ciclo de planejamento estratégico anual, como ilustrado na Figura 17.1. Dessa maneira, o plano começou a ser visto como um documento vivo, a ser revisado e atualizado regularmente.

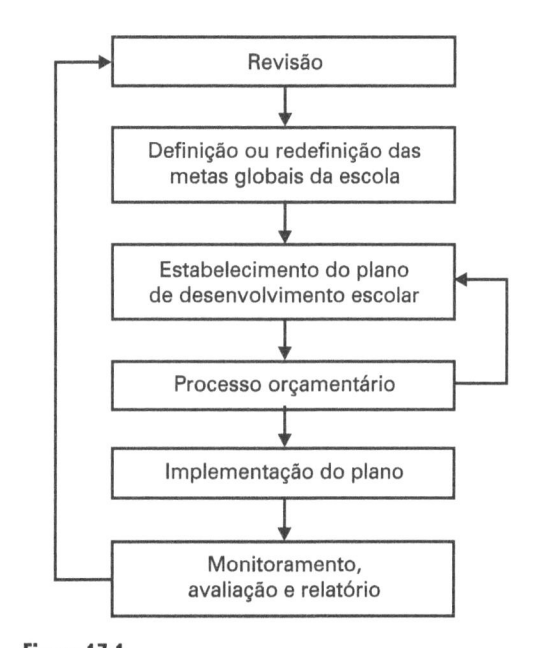

Figura 17.1
Fonte: Adaptado a partir de Davies e Ellison (1992), *School development planning*, Figura 2.1, p. 12.

A escolha do tempo mais adequado no ciclo de planejamento é importante, pois as decisões devem ser tomadas antes do ano financeiro. Portanto, algumas escolas revisam o progresso durante o trimestre de verão e criam o corpo principal do plano estratégico no trimestre de outono. O plano pode então ser finalizado, e os orçamentos determinados, durante o trimestre da primavera (ver Figura 17.2).

O processo de planejamento pode envolver não apenas o diretor e a equipe de gestão sênior, como também os dirigentes e outros funcionários e, possivelmente, os pais e os alunos. As escolas deveriam procurar alocar responsabilidades claras antecipadamente aos envolvidos na preparação do plano e em cada parte dele, a cada etapa envolvida, seguindo um cronograma. As etapas que isso pode envolver estão descritas abaixo, apesar de seu formato exato poder variar de acordo com as circunstâncias particulares de cada escola:

- Revisão do desempenho anterior.
- Validação ou revisão dos objetivos de longo prazo.
- Previsão da matrícula de alunos.
- Decisões sobre desenvolvimento curricular.
- Necessidade de recursos humanos.
- Planejamento de recursos físicos.
- Estimativa de custos do plano.
- Estimativa de renda.
- Análise de opções.
- Conclusão.
- Comunicação do plano ao pessoal.
- Revisão e renovação.

Revisão do desempenho anterior

Para as escolas que criam seu primeiro plano estratégico, é essencial estabelecer sua posição atual em relação aos temas identificados (p. 203) incluindo pontos fortes e áreas em que são necessárias melhorias. Quando as escolas já tiverem um ciclo de planejamento estabelecido, essa revisão pode ser realizada em relação a critérios predeterminados. Uma revisão do desempenho orçamentário do ano anterior e da produção total parte desse processo.

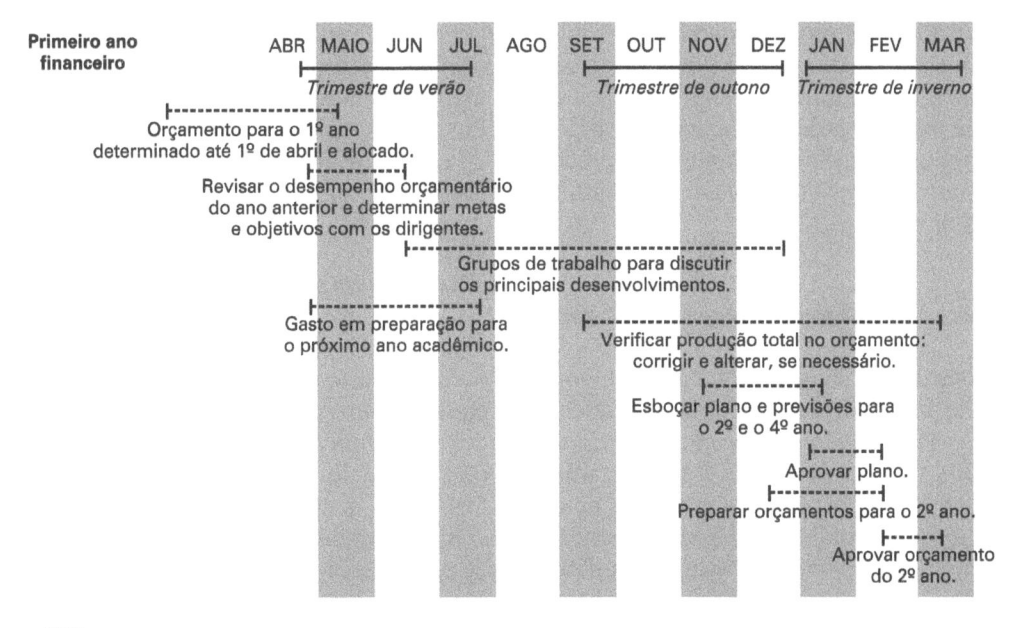

Figura 17.2 Planejamento do ano financeiro e acadêmico.

Validação ou revisão dos objetivos de longo prazo

Pode não ser necessário revisar o panorama global para o desenvolvimento de uma escola a cada ano, mas é benéfico realizar amplas consultas e revisar os objetivos mais detalhados, corrigindo-os quando apropriado. As principais mudanças devem ser discutidas com a entidade dirigente na etapa inicial.

Previsão da matrícula de alunos

Uma previsão acertada do futuro número de matrículas de alunos, inclusive do seu provável perfil etário e da sua diversidade de habilidades, é uma parte vital do processo de planejamento. Esses dados estatísticos trarão informações para decisões sobre questões como aplicação do currículo, requisitos para a formação do quadro de pessoal e a criação de instalações, e influenciarão o nível de renda de uma escola. A previsão do número de alunos matriculados também trará informações para decisões quanto à extensão e ao tipo de *marketing*. As fontes de informação sobre número de alunos incluem [...] a autoridade educacional local, as escolas contribuintes locais e as informações do censo. Muitas escolas podem prever seu número de alunos matriculados com bastante precisão. Quando existir uma incerteza significativa, o plano pode precisar levar em conta as "melhores" e as "piores" opções de casos. [...]

Decisões sobre desenvolvimento curricular

Elas tendem a ser fortemente influenciadas pelo impacto projetado pelas políticas e pela legislação nacional. Porém, as metas e os objetivos globais da escola determinarão a natureza exata do currículo e da sua aplicação. A responsabilidade pelo planejamento do currículo normalmente fica a cargo da equipe de gestão sênior, levando em conta quaisquer prioridades amplas identificadas por dirigentes e temas intercurriculares. Em escolas maiores, cada departamento ou coordenador curricular pode contribuir com um plano detalhado dentro dessa estrutura, incluindo formação do quadro de pessoal, recursos e necessidade de instalações.

Necessidade de recursos humanos

Em geral, as decisões sobre as necessidades da formação do quadro de pessoal serão informadas pela previsão do número de alunos matriculados e pelas necessidades curriculares; ao revisar essas necessidades, as escolas devem considerar as implicações do perfil etário do pessoal e da estrutura salarial nos recursos e no desenvolvimento e tomar decisões quanto à necessidade de mudanças. Uma escola também pode ter como objetivo a melhoria da proporção entre o número de alunos e o de professores, o que influenciará as decisões sobre a formação do quadro de pessoal. É de grande valor para as escolas avaliar a relação entre o pessoal de período integral e de meio período, o pessoal temporário e permanente, os professores e o resto do pessoal ao se cogitar uma mudança na combinação do pessoal. A apreciação e o desenvolvimento do pessoal são aspectos importantes do planejamento das necessidades de recursos humanos. Em escolas maiores, geralmente é um membro da equipe de gestão sênior que coordena essas necessidades após discuti-las com os colegas.

Planejamento de recursos físicos

Um planejamento efetivo requer a consideração da substituição e da otimização de equipamentos (impulsionado pelas necessidades curriculares identificadas em planos departamentais e temas intercurriculares, como informática), a melhoria ou substituição de móveis e componentes (influenciado por *feedback* de professores e vigilantes), a manutenção e a renovação (recorrendo a uma pesquisa independente que inclua questões sobre saúde e segurança) e o desenvolvimento de patrimônio (incluindo grandes projetos que requeiram financiamento externo).

Estimativa de custos do plano

É necessária uma estimativa dos custos de cada elemento do plano global, em uma programação para pelo menos três anos. As estimativas de custos levam em conta as mudanças nos custos operacionais da escola, os aumentos de salário, os incrementos e a inflação. A partir dessas estimativas, orçamentos de base podem ser construídos e qualquer desenvolvimento proposto pode ser orçado. Se várias opções forem orçadas, isso facilitará as decisões sobre as prioridades. Uma vez que as decisões iniciais sobre as prioridades tenham sido tomadas, pode-se fazer uma previsão de despesas para três anos. Isso pode identificar e separar os principais comprometimentos em itens de despesas arbitrárias sujeitas à existência de recursos financeiros.

Estimativa de renda

A próxima etapa é estimar a receita, que provavelmente será disponibilizada para a escola a partir de diferentes fontes, e verificar se existe um excedente, ou uma escassez, de recursos financeiros necessários à realização dos objetivos do plano estratégico. A incerteza sobre financiamentos é inevitável e precisam ser feitas suposições sobre a alocação futura à escola, além de uma avaliação dos vários fatores que podem influenciá-la.

Análise de opções

Uma vez conhecida a probabilidade de haver financiamento suficiente, ou a escassez deste, a escola deveria revisar o plano, de acordo com as prioridades identificadas, e incorporar as opções predeterminadas para gerar mais renda ou poupar. Qualquer excedente deve ser direcionado às necessidades já destacadas no plano estratégico.

Conclusão

Depois que o período de avaliação das opções, que pode envolver várias interações, estiver completo, o plano, incluindo previsões financeiras para o período de cobertura, pode ser concluído. Ele deve invariavelmente ser submetido a entidades dirigentes para aprovação nessa etapa, apesar de haver certa vantagem se os dirigentes estiverem envolvidos desde as fases iniciais do processo. O plano final deve conter detalhes de critérios de avaliação, de alocações de tarefas, de metas e uma programação.

Comunicação do plano ao pessoal

Todo o pessoal deve estar totalmente ciente das metas e dos objetivos da escola, como um todo, e compreender como podem contribuir para a sua implementação e sua realização. De certa forma, isso deve ocorrer naturalmente quando o plano for formulado pelo pessoal e por meio de consultas, mas o pessoal ainda precisa ver os resultados desse processo. Algumas escolas traduzem metas corporativas em metas inferiores mais fáceis de medir, estabelecidas dentro de planos para cada parte da escola. Outras escolas podem desejar verificar se esse modelo seria adequado às suas circunstâncias.

Revisão e renovação

O plano deve ser visto como um documento funcional, e as escolas precisam achá-lo mais gerenciável para revisá-lo durante o ano. Em algumas escolas, diferentes aspectos do plano são avaliados por pequenos grupos funcionais do pessoal e/ou dos dirigentes, ou são alocados para membros ou dirigentes do pessoal de forma individual. A avaliação do desempenho em relação a critérios predeterminados é uma parte importante desse processo de revisão e pode envolver a consideração de dados e *feedback* dos pais e alunos.

REALIZAÇÃO DE ORÇAMENTOS A PARTIR DO PLANO

Os propósitos educacionais não podem ser atingidos, a menos que os recursos adequados sejam disponibilizados no momento certo. Portanto, as decisões orçamentárias têm implicações educacionais, contábeis e administrativas. Um bom processo de criação de orçamento procurará alinhar as considerações financeiras às prioridades descritas no plano estratégico de uma escola. Porém, a Agência Nacional de Auditoria descobriu que essa é a parte mais fraca do processo de planejamento em muitas escolas.

A importância dessa relação é ilustrada pelos seguintes pontos:

- O planejamento para três anos ajuda a prever as implicações das decisões atuais sobre custos futuros (como recrutamento de pessoal).
- Uma revisão fundamental de atividades a cada ano significará que os orçamentos não são simplesmente incrementais.
- O processo fornece um *insight* aos dirigentes sobre a associação entre metas educacionais e decisões orçamentárias.
- A alocação de recursos aos departamentos pode se tornar consistente com as metas e os objetivos da escola.

As projeções financeiras contidas no plano estratégico devem ser usadas como uma base para a compilação do orçamento anual. O plano deve ser revisado e as prioridades devem ser combinadas, antes que o orçamento anual seja fixado.

As projeções financeiras serão firmadas à medida que detalhes das áreas de gastos, como custos com o pessoal, forem conhecidos.[...] Os orçamentos precisarão ser retificados se a alocação final for significativamente diferente. Nesse caso, é de particular importância que as prioridades sejam identificadas, no plano estratégico, juntamente com as opções para fazer poupança.[...]

A diferença entre o ano acadêmico e o ano financeiro torna mais difícil de se obter uma ligação forte entre o plano estratégico e o orçamento. Cada ano financeiro necessariamente cobre partes de dois anos acadêmicos, e vice-versa. Em algumas escolas, esse problema é resolvido pelo alinhamento do plano com o ano financeiro, mas é mais comum as escolas fazerem planos com base em um ano acadêmico. Nesse caso, a escola precisa pensar dois anos à frente em cada ciclo a fim de garantir que qualquer plano ou orçamento de um único ano possa ser efetivamente implementado. A Figura 17.2 mostra um enfoque possível quanto à ligação do processo de planejamento ao ano financeiro.

A Agência Nacional de Auditoria descobriu que as escolas de ensino médio invariavelmente delegam orçamentos de suprimentos educacionais a chefes de departamento. Algumas também delegam outros orçamentos, apesar de que apenas uma escola estava delegando orçamentos de custos com pessoal. As escolas de ensino fundamental freqüentemente delegavam orçamentos de suprimentos educacionais a coordenadores curriculares. O processo de alocação varia entre um enfoque por fórmulas, baseado em números relevantes de alunos, e um sistema de realização de ofertas. Enquanto o primeiro pode ser de fácil administração, pode não responder tão bem a objetivos estratégicos. Uma boa solução encontrada em pelo menos uma escola foi alocar parte do orçamento por meio de uma fórmula para cobrir necessidades essenciais, e o resto de acordo com ofertas de detentores do orçamento que reflitam as necessidades de desenvolvimento relacionadas a objetivos de planos estratégicos.

Ao determinar o orçamento global, é comum que as escolas incluam um número contingente para ajudar a financiar gastos inesperados ou reduções da renda. Isso pode ser controlado de forma mais rápida quando estiver incluído como uma única cifra declarada, em vez de ser dividido entre vários orçamentos. As contingências representam recursos financeiros que não estão sendo usados para atender seus objetivos pretendidos e que deveriam ser mantidos no mínimo, a menos que os fundos estejam sendo acumulados para um propósito específico identificado no plano estratégico, como financiar um projeto de construção ou ajustar variações no financiamento anual. As escolas que mantêm um controle influente sobre seus orçamentos são, com freqüência, capazes de reduzir a dimensão das contingências à medida que elas obtêm mais experiência na previsão orçamentária.

GESTÃO DO ORÇAMENTO

Para gerirem seus orçamentos de forma efetiva, as escolas precisam ser capazes de fornecer informações financeiras confiáveis e atualizadas ao setor financeiro, aos dirigentes e a qualquer detentor do orçamento, geralmente a cada mês, durante o trimestre. O nível de detalhes fornecido a cada usuário é melhor determinado sob consulta com eles, dentro das limitações do sistema contábil usado. É boa prática relatar compromissos assumidos, assim como o dinheiro gasto e o valor das faturas a ser recebidas. Isso dá ao pessoal uma idéia mais clara sobre o que permanece em cada orçamento e dá aos dirigentes uma visão melhor da posição financeira da escola.

Para fins de monitoramento das finanças, o setor financeiro e os dirigentes também precisam ser capazes de comparar os gastos (e compromissos) com os tópicos orçamentários, permitir que eles se identifiquem e investiguem variações, de modo a permitir que uma ação oportuna seja tomada quanto a gastos excessivos ou muito baixos. Para um monitoramento orçamentário acurado, o orçamento deveria ser moldado de acordo com a melhor estimativa do período provável dos gastos.[...] A Agência Nacional de Auditoria descobriu que muitas escolas não estavam moldando seus orçamentos de acordo com as prováveis tendências de gastos (em oposição a uma divisão equiparada) ou usando informações sobre perfis para o monitoramento dentro do ano.

Na prática, as escolas descobriram que a exatidão dos perfis, assim como a da previsão orçamentária, melhora com a experiência, à medida que se estabelecem padrões de renda e gastos. Algumas escolas, portanto, revisam perfis de forma regular durante o ano. Esse processo também facilita a previsão da posição atingida no final do ano. A Agência Nacional de Auditoria constatou que as escolas com bom controle orçamentário realizam uma previsão periódica durante o ano para indicar se uma ação deveria ser tomada para reduzir (ou aumentar) os gastos. A previsão também é uma fonte importante de informações para os dirigentes.

Quando o monitoramento revelar prováveis gastos excessivos, ou diminuídos, em certos tópicos orçamentários, a escola poderá transferir dinheiro entre orçamentos, ou da contingência, a fim de manter um orçamento equilibrado. Esse processo é conhecido como "alteração" e permite que revisões orçamentárias ocorram durante o ano. É importante que o processo de alteração seja controlado de perto para que relações contábeis adequadas sejam mantidas entre o pessoal e os dirigentes. Deveria haver uma política clara para a tomada de decisão envolvendo os dirigentes, quando a quantia excedesse um nível predeterminado. Ao aprovar a alteração, os dirigentes devem garantir que as mudanças sejam consistentes com o plano estratégico, e que qualquer problema orçamentário revelado seja contornado. Ajustes semelhantes deveriam existir na alocação da contingência não-gasta, perto do final do ano, para projetos identificados no plano estratégico.

[...]

LISTA DE VERIFICAÇÃO PARA AUDITORIA

A lista de verificação a seguir resume o conteúdo deste capítulo e reitera os principais critérios para um planejamento e uma previsão orçamentária efetivos.

Os principais critérios para um bom plano e um bom processo de planejamento são os seguintes:

- a escola aloca papéis e responsabilidades claros para a composição, a implementação e a revisão do plano;
- considera o desenvolvimento da escola por pelo menos três anos;
- inclui detalhes do contexto atual da escola, seus pontos fortes e fracos, suas metas e seus valores atuais;
- existe uma visão clara de onde a escola deveria estar no futuro;
- leva em consideração o contexto futuro, inclusive o número de alunos, a provável disponibilidade de recursos e a legislação relevante;
- inclui todas as atividades de uma escola;
- incorpora as implicações financeiras, inclusive o orçamento atual e as projeções financeiras, para os anos seguintes;
- é realizada uma consulta adequada com o pessoal, os dirigentes e as outras partes interessadas;
- inclui a metodologia de aplicação, com metas específicas e programação para implementação;
- as realizações podem ser, e são, medidas de acordo com critérios predeterminados.

Os principais critérios para uma previsão orçamentária efetiva [...] são os seguintes:

- o processo de determinação orçamentária, que está estreitamente alinhado às prioridades contidas no plano estratégico;
- as retificações ao orçamento e o uso de contingências, que refletem prioridades e opções predeterminadas de poupança descritas no plano estratégico;
- o desempenho em relação ao orçamento, que é monitorado de perto, com uma revisão regular da renda da produção total e dos gastos, em relação àqueles perfilados, e com um controle efetivo sobre os orçamentos delegados.

18

Estratégia e gestão no setor de educação adicional

STEPHEN DRODGE e NEVILLE COOPER

INTRODUÇÃO

Este capítulo deriva de um projeto de pesquisa de pequena escala, realizado no final de 1994 e início de 1995, que investigou como uma série de faculdades recém-independentes gerenciavam o planejamento estratégico. No centro da investigação, ocorreram entrevistas com gestores seniores e outros funcionários nas três faculdades de educação adicional. Elas estão descritas a seguir como "Easton", "Norbury" e "Southam". Esses nomes são fictícios.

Ao realizar a pesquisa, tínhamos interesse em descobrir como os gestores das faculdades planejam uma situação na qual:

- eles têm agora a responsabilidade de planejar, em vez de informar e operacionalizar o planejamento da autoridade educacional local;
- o ambiente está mudando rapidamente e, talvez, de forma muito diferente de uma faculdade para outra;
- o Conselho de Financiamento da Educação Adicional (FEFC) estabeleceu uma estrutura nacional comum para o planejamento.

No sistema de educação adicional (EA) britânico, com alunos de 16 anos, o aprovisionamento amplamente vocacional passou por grandes mudanças nos últimos anos. O desenvolvimento mais dramático, após a Further and Higher Education Act (Lei da Educação Adicional e Superior), de 1992, foi a geração de um novo setor na Inglaterra e no País de Gales, fora do controle da AEL. Em 1º de abril de 1993, as faculdades tornaram-se entidades independentes, responsáveis pela gestão de suas próprias finanças, preparando relatórios contábeis auditados e exercendo controle próprio dos fundos que elas receberiam dos conselhos de financiamento.

Os próprios conselhos de financiamento, para poderem cumprir seus deveres de acordo com a lei e garantir um aprovisionamento suficiente e adequado aos alunos acima de 16 anos, necessitaram de informações sobre as *intenções* das instituições, concentrando sua atenção na necessidade de um planejamento estratégico mais formal. Após um período de consultas com o setor da EA, foi estabelecida uma estrutura de planejamento estratégico (FEFC, 1992a,b), mostrada na Figura 18.1.

Enquanto o planejamento avançado não era novidade para a maioria das faculdades,

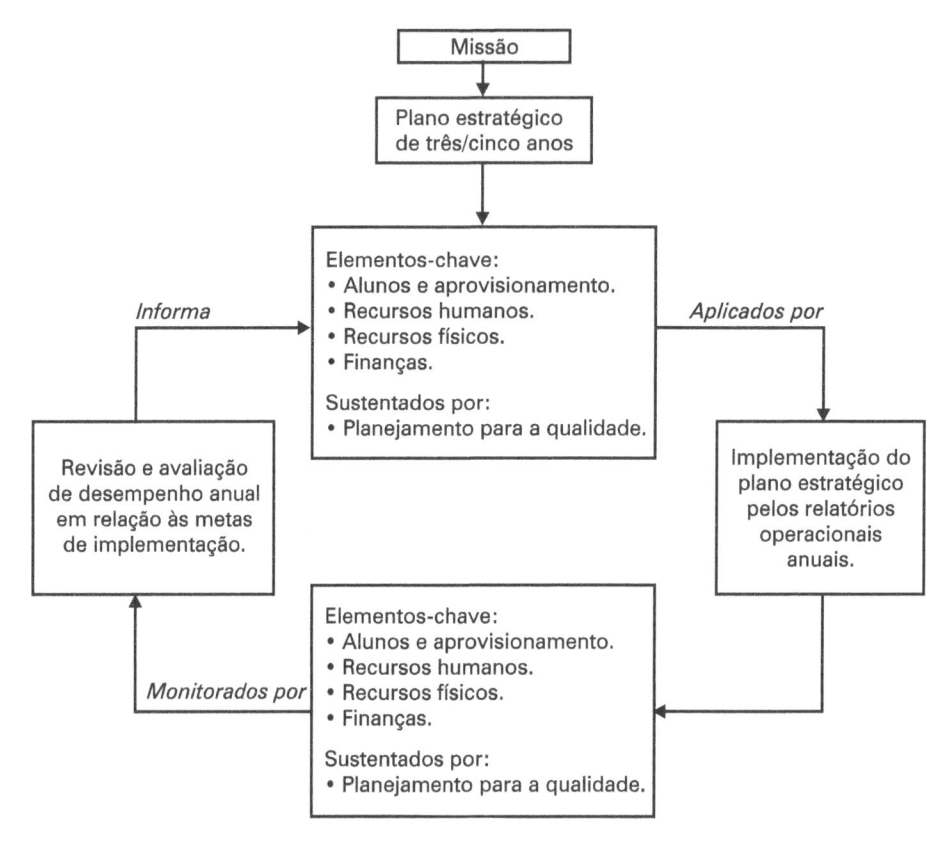

```
                    ┌─────────────┐
                    │   Missão    │
                    └──────┬──────┘
                           ▼
                ┌──────────────────┐
                │ Plano estratégico│
                │ de três/cinco anos│
                └────────┬─────────┘
                         ▼
        ┌──────────────────────────────────┐
        │ Elementos-chave:                 │
        │  • Alunos e aprovisionamento.    │
Informa →│  • Recursos humanos.            │ Aplicados por
        │  • Recursos físicos.             │
        │  • Finanças.                     │
        │                                  │
        │ Sustentados por:                 │
        │  • Planejamento para a qualidade.│
        └──────────────────────────────────┘
```

Figura 18.1 A estrutura da FEFC para o planejamento estratégico.
Fonte: FEFC, 1992b.

uma estrutura explícita de planejamento não tinha existido, antes da incorporação nem havia, na verdade, uma análise racional explicitamente formulada para o planejamento, como aquela que a FEFC agora articulava:

> "O plano estratégico tem um papel central na gestão de uma faculdade. É o mapa da rota que guia a instituição em seu planejamento de curto e longo prazo e fornece a ela o cenário para os planos operacionais da instituição. E, mais importante, o plano é a culminação de um processo, dentro da faculdade, de análise, testagem, discussão, negociação, persuasão e, finalmente, acordo sobre o seu propósito e o seu direcionamento fundamental." (FEFC, 1992b)

Nossa investigação procurou examinar a realidade desses processos de planejamento com as seguintes questões específicas em mente:

- É semelhante à estrutura de planejamento conduzida a uma uniformidade no planejamento estratégico da faculdade, ou existem adaptações e interpretações?
- Como o processo de planejamento estratégico afeta a gestão das faculdades?
- Qual a relação existente entre o processo de planejamento e o desenvolvimento da faculdade?
- Existe uma relação entre planejamento estratégico e cultura organizacional?

AS FACULDADES ESTUDADAS

As três faculdades foram escolhidas para possibilitar a obtenção de um resumo sobre a prática real do planejamento estratégico. As faculdades ilustram diferentes aspectos do setor da EA, apesar de não serem ou pretenderem ser uma amostra representativa.

As faculdades de Southam e Norbury foram escolhidas com base nas visões publicadas de seus presidentes sobre a gestão de mudanças em suas instituições. Elas foram vistas como representativas dos diferentes estilos de gestão que, se pensou, poderiam causar impacto no processo de planejamento estratégico de diferentes maneiras. Como ambas as faculdades eram de tamanho pequeno a médio, Easton, uma faculdade significativamente maior, foi selecionada para seguir o planejamento estratégico de uma organização desse porte.

Todas as três faculdades estão localizadas em áreas urbanas, apesar de duas delas estarem próximas a regiões rurais. Portanto, cada uma tem acesso a grandes populações urbanas, apesar de que, no caso de Norbury, isso venha acompanhado das pressões de um ambiente altamente competitivo, com várias outras faculdades vizinhas.

Todas as três faculdades têm uma ampla série de aprovisionamento vocacional, inclusive uma pequena porcentagem de trabalhos com parceiros da educação superior (um aprovisionamento substancial, no caso de uma faculdade maior). Segundo os padrões atuais da EA, dois dos presidentes são funcionários de longa data. O terceiro ingressou na faculdade há cerca de um ano antes das entrevistas serem feitas.

METODOLOGIA

A principal intenção da pesquisa foi obter uma perspectiva comparativa sobre planejamento estratégico entre três instituições de EA diferentes. Uma série de entrevistas estruturadas forneceu os principais meios de investigação.

Uma pesquisa preliminar recorreu às publicações atuais da FEFC e à teoria geral sobre gestão quanto à estratégia e ao planejamento da faculdade. Isso ajudou a determinar um método investigativo e a estabelecer critérios para a análise das descobertas.

O processo de entrevista seguiu três etapas:

Primeira etapa
Entrevistas-piloto estruturadas com dois gestores seniores de faculdades. As perguntas da entrevista foram adaptadas em relação aos comentários dos entrevistados e à análise da série de respostas obtidas.

Segunda etapa
Entrevistas com os presidentes de duas faculdades e o representante (o gestor sênior com responsabilidade designada ao planejamento) do presidente da terceira faculdade.

Terceira etapa
Entrevistas com três outros membros do pessoal de diferentes *status* e responsabilidades em cada uma das faculdades participantes.

QUESTÕES-CHAVE

O que ficou claro, já no início do processo de investigação, foi que, apesar da natureza idêntica da estrutura de planejamento dada pela FEFC, cada faculdade trabalhou com essa estrutura de maneiras totalmente distintas. Todas as faculdades em estudo mostraram um enfoque estruturado do planejamento e estavam claramente formulando o "roteiro" para decisões de curto e de longo prazo, as quais a FEFC vê como uma função do planejamento estratégico. Foi na *gestão* do processo de planejamento estratégico, contudo, que as diferenças essenciais emergiram, e três temas-chave tiveram especial significação:

- O papel da missão, da visão e da liderança no processo de planejamento.

- Enfoques diretivos ou participativos para o planejamento estratégico em um contexto de mudança ambiental.
- A relação entre planejamento estratégico, valores e cultura organizacional.

O papel da missão, da visão e da liderança no processo de planejamento

Southam

A argumentação da faculdade é para que exista uma visão compartilhada, a partir da qual todo o pessoal tenha a oportunidade de participar da tomada de decisões por meio de grupos de trabalho, de sessões abertas de desenvolvimento do pessoal e de negociação de planos de ação setoriais e pessoais. Está claro, e é aceito na faculdade, que nem todos estão "a bordo", mas nossas entrevistas mostraram que a argumentação não está muito longe da realidade na Southam.

Essa realidade manifesta-se de várias maneiras. O presidente vê a produção e a manutenção da missão da faculdade como uma função essencial dentro do cargo, sendo que essa visão é o ponto inicial do processo de planejamento da faculdade. Ao especificar a visão estratégica, o presidente define a faculdade como uma organização de aprendizagem, na qual todos podem participar totalmente. Isso introduz um elemento de ambiguidade, uma vez que a natureza participativa da organização é, em certo sentido, imposta de cima. Tanto quanto podemos dizer, isso era amplamente aceito, e a oportunidade de participar, percebida como genuína, teve mais valor do que qualquer reserva quanto à origem da visão inicial. Ao mesmo tempo, ninguém reivindicou que todos na faculdade estavam felizes com o ajuste, e vários entrevistados referiram-se a colegas que não se sentiram à vontade com isso.

Se a missão surgida dessa forma foi amplamente aceitável, não significa que ela não seja problemática. Enquanto a natureza de uma missão é estabelecer metas amplas e ambiciosas, existe uma opinião geral de que ela pode causar muitos desafios e tornar-se uma perspectiva intimidante ou uma carga pesada, de acordo com algumas visões. Principalmente se as pressões do dia-a-dia levarem a uma prática divergente das aspirações da missão, pode surgir o sentimento – que nos foi expressado – de que "devemos ter exagerado no que podemos fazer" ou, mais asperamente, de que a missão possa ser "inatingível" e levar a um conflito institucional e individual.

Norbury

Na Norbury, assim como na Southam, a missão veio de cima, com a equipe de gestão sênior criando uma declaração baseada em uma visão fornecida essencialmente pelo presidente. Um gestor de nível médio descreveu a missão como o "pináculo concentrador" e sentiu que o processo de planejamento como um todo tinha resultado em um enfoque muito maior do que as atividades da faculdade.

Estava muito claro que a missão e a maneira pela qual isso se traduzia em um planejamento mais detalhado e em ação constituíram um processo vertical (apesar de isso não necessariamente significar não-participação). Um gestor enfatizou que era crucial para o presidente "mostrar liderança" no ambiente atual, e que o desenvolvimento da faculdade tinha de estar sujeito a "indicações claras" vindas dos superiores. Parecia que tanto a missão global como a estrutura dentro da qual um planejamento mais detalhado aconteceria eram amplamente não-negociáveis, apesar de muitos funcionários estarem intensamente envolvidos no desenvolvimento do planejamento detalhado da ação.

Easton

Na faculdade Easton, foi criada, originalmente, uma missão por meio de um processo de consultas, envolvendo uma série de oficinas para o pessoal. Uma mudança de presidente desde a incorporação e uma revisão da missão atual leva a uma necessidade de reescrever a missão, conforme a percepção da gestão sênior. Uma série provisória de objetivos gerais, talvez abaixo do "nível da missão", mas indicando claramente algumas mudanças de direcionamento, foi gerada dentro da equipe de gestão sênior. As consultas estão ocorrendo com todo o pessoal, por meio de uma série de oficinas de *marketing*, mediadas por um consultor interno, sobre o direcionamento da faculdade. Uma nova missão será criada pelo presidente com base nas informações obtidas pelas consultas, mas não necessariamente determinada por estas. Nesse caso, portanto, pudemos observar uma mudança em direção a um enfoque mais vertical. Apesar disso, o elemento participativo na criação da missão é substancial e pareceu que os funcionários com quem conversamos assim o percebiam.

Discussão

A importância da missão em fornecer uma série de valores dominantes e propósito do processo de planejamento estratégico é reconhecida pela estrutura de planejamento da FEFC; e é difícil vislumbrar um plano efetivo ao qual não faltem informações com pelo menos um pouco de visão geral do propósito central. As entrevistas revelaram evidências da maneira pela qual a formação da missão contribuiu para o processo de planejamento estratégico, mas, como vimos, isso variou de uma instituição para outra. Também é importante destacar que a forma como os entrevistados viam o processo também variou de uma para outra instituição.

Peeke (1994) identificou algumas das questões associadas à introdução dos conceitos da missão na EA, e nós descobrimos evidências que sustentam esse fato em cada uma das faculdades visitadas. São elas:

- a dificuldade de estabelecer uma missão única, comum e significativa para uma organização de profissionais;
- a suspeita quanto ao processo de criação de uma missão;
- a dificuldade de aceitação de uma missão dirigida centralmente.

Nas entrevistas com os gestores de todas as três faculdades, ouvimos comentários sobre os benefícios advindos do processo de formulação da missão, juntamente com a expressão de dúvida quanto a até que ponto esses deveriam ser apreciados pelo pessoal. Isso pode estar relacionado à referência feita por Peeke (1994) quanto à desconfiança que acompanha um processo vertical de desenvolvimento da missão conduzido centralmente.

As faculdades compartilham um enfoque amplamente vertical em relação ao desenvolvimento da missão. Existem diferenças importantes quanto ao nível de consulta envolvido no processo, mas está claro que as decisões sobre a missão declarada de cada faculdade estão nas mãos da gestão sênior, ou até no nível do presidente, e que a missão ou a visão têm um papel significativo na formulação do planejamento estratégico. Na verdade, para a visão desenvolver-se e tornar-se uma estratégia, ela deve ser articulada efetivamente, comunicada ou compartilhada, e o papel do presidente de fornecer visão e liderança ao processo de planejamento estratégico como um todo foi significativo em todas as faculdades. Todavia, em alguns casos, a visão do presidente refere-se quase tanto à natureza do processo como ao resultado final; isso significa que, no contexto de um conceito inicial transmitido, ainda podem haver contribuições importantes e tomadas de decisão reais nos níveis inferiores da organização.

Enfoques diretivos ou participativos quanto ao planejamento estratégico em um contexto de mudança ambiental

Southam

A Southam College começa a operar reconhecidamente como uma organização de aprendizagem, caracterizada principalmente pelo envolvimento de todos os membros da organização na aprendizagem, no crescimento e na transformação. Ela encoraja o pessoal não apenas a participar do processo de revisão anual, mas também a desenvolver grupos de trabalho para explorar questões levantadas nos seminários abertos e voluntários de desenvolvimento do pessoal, que são uma de suas características, e elaborar suas respostas. Nesse processo, está sendo proporcionado espaço para o pessoal engajar-se em discussões e trabalho criativo, que inevitavelmente resultará na tomada de decisões operacionais. Esse estilo de planejamento foi, em grande parte, estimulado pelo presidente e associado a ele, cujo papel na promoção dos valores da organização de aprendizagem, tanto em princípio quanto na prática, foi reconhecido pelos colegas.

Um palestrante graduado nessa faculdade comentou que a natureza do processo de planejamento é tal que, "se você quiser, pode se envolver e *torná-lo parte de sua vida profissional*" (grifos adicionados). Inevitavelmente, é no nível da equipe do setor ou do programa, no qual a política está sendo traduzida em ação, que esse envolvimento, essa internalização e esse comprometimento têm maior probabilidade de ocorrer.

Easton

Na Easton College, as oportunidades para o pessoal tomar decisões locais estavam menos definidas, mas havia um claro desejo de gerar um processo aberto, comunicativo e "dinâmico", que estimulou o debate sobre o planejamento e envolveu uma grande parte do pessoal da faculdade. O presidente recém-indicado procurou criar as condições para as pessoas fazerem contribuições significativas e ajustar o direcionamento: permitir que boas idéias surgissem, "criando um pouco de energia", como o definiu o presidente. A criação de equipes menores entre faculdades foi vista como uma tática crucial nesse caso. O presidente também procurou comunicar objetivos estratégicos de forma mais ampla, manifestando-se em reuniões abertas com o pessoal de cada setor. Esses assim chamados "espetáculos" foram considerados "símbolos de abertura" por um entrevistado, transmitindo tanto o potencial do processo como a desconfiança que pode acompanhá-lo simultaneamente.

Um entrevistado apreciou a sensação de ser "mais consultado", apesar de ter havido também algumas sugestões de uma atitude "espere e verá" da parte de alguns funcionários. Um teste-chave, sugeriu um entrevistado, seria verificar se suas propostas faziam parte dos planos.

O uso de um consultor interno como agente de mudança é significativo nesse caso. Auxilia todos aqueles preocupados em compreender as implicações e os possíveis resultados do que está sendo discutido e também distancia o processo, pelo menos até certo ponto, do presidente e da gestão sênior. A independência de tal pessoa de uma gestão sênior pode ser vista como de grande importância. Dependendo disso, o processo pode ser visto como manipulativo ou liberador, habilitando ou direcionando.

Norbury

A Norbury College introduziu seu processo de planejamento como parte de uma tentativa consciente de alterar o direcionamento global da faculdade, em resposta a mudanças em seu ambiente competitivo. Ao fazê-lo, adotou um modelo muito mais gerencial do que as outras faculdades.

A gestão sênior determinou os principais objetivos de planejamento, apesar de que havia, tanto a princípio quanto na prática, a oportunidade do pessoal, como um todo, apresentar propostas que influenciariam os objetivos de planejamento da faculdade. Os gerentes de nível médio estavam significativamente envolvidos e tinham a capacidade de influenciar o processo de planejamento. Isso estava relacionado a altos níveis de responsabilidade primária e final. Esse grupo também agiu como a ligação entre o processo de planejamento no nível gerencial e a comunidade acadêmica mais ampla. Porém, havia a percepção de que os palestrantes mais graduados sentiam uma certa "distância" do processo de planejamento e que existia espaço para o pessoal desenvolver idéias, mas somente se essas estivessem de acordo com objetivos estratégicos.

Quando há acordo sobre as ações, uma estrutura muito detalhada de metas forma a base de monitoramento, e esse elemento de controle é central no processo. Isso é expresso de várias maneiras: existe um "sentimento de necessidade de acertar", comentou um gestor de nível médio, e os processos de monitoramento e gestão de desempenho "aperfeiçoaram a compreensão das pessoas sobre o lugar em que se encontram no sistema e o que o sistema espera delas", na visão do gestor sênior. Por outro lado, um gestor de nível médio expressa dúvida quanto ao nível de consciência do pessoal sobre as possibilidades de participação existentes. Em um nível inferior da faculdade, os entrevistados enfatizaram as pressões do sistema e o seu distanciamento das preocupações do dia-a-dia: "nós todos precisamos fazer mais, trabalhar mais" e os detalhes do plano são "um tanto ininteligíveis".

Discussão

Todas as faculdades estudadas mostraram tanto a importância da tomada gerencial de decisões no processo de planejamento estratégico quanto as evidências de métodos de transferência e de participação na gestão do processo de planejamento. Porém, o grau de transferência e de participação no planejamento variou de uma instituição para outra.

Nas faculdades Southam e Easton, a tomada de decisão é transferida, pelo menos até certo ponto e dentro de uma visão global combinada, àquelas pessoas que precisam fazer escolhas no dia-a-dia. O enfoque na Norbury parece ter mais em comum com enfoques diretivos da gestão. O papel do gestor sênior é mais central, prevendo um processo de consulta que é, em essência, projetado para conquistar a simpatia do pessoal e gerar seu comprometimento com um plano preordenado. Nesse caso, liderança significa essencialmente dar ênfase aos objetivos-chave e ao estabelecimento de estruturas para responsabilidade final dentro do processo de planejamento estratégico.

Ambos os enfoques, o da Easton e o da Southam, relacionam-se diretamente ao conceito de estratégia emergente de Mintzberg (1978). A estratégia deliberada da faculdade (ou seja, uma visão de longo prazo, essencialmente racional, antecipada e previsível) é apresentada nesse plano. Porém, aceita-se que outras estratégias se desenvolverão em diferentes partes de toda a organização, a fim de atender a necessidades particulares. E, mais do que isso, a criação intencional de espaço e aprovisionamento de estímulos à criatividade e ao crescimento pessoal parecem encorajar estratégias alternativas ou adicionais. Caracterizamos isso como "oportunismo estratégico", um modelo de desenvolvimento criado e sustentado por condições que:

- permitem uma tomada de decisões flexível;
- criam um ambiente no qual o pessoal sente-se suficientemente habilitado para aproveitar essa possibilidade.

Para o pessoal fazê-lo, devem ter a segurança de que as decisões entrarão em vigor e que, pelo menos dentro de certos limites, não haverá nenhuma culpa caso um erro seja cometido. O presidente da Southam comenta sobre a importância de uma "cultura sem culpas". Um entrevistado descreveu a faculdade Easton como apresentando uma "cultura razoavelmente tolerante".

A criação desse espaço para uma tomada de decisões local pode ser um aspecto da "incrementação lógica" dentro de uma organização, citada por Quinn (1978) e Bailey e Johnson (1992). De acordo com esses autores, as organizações podem tomar uma série de pequenas decisões para mudar, reagindo às pressões que enfrentam no dia-a-dia. Isso pode levar a uma crescente divergência entre a percepção da organização quanto ao seu propósito e as exigências do ambiente. Apesar de não termos evidências dessas divergências na Easton ou na Southam, essa é uma das possíveis conseqüências dessa forma de tomada de decisões transferidas.

Planejamento estratégico, valores e cultura organizacional

Southam

Na Southam College, há uma ênfase pública em valores essenciais que devem guiar a prática individual e organizacional. O desejo de criar uma cultura que favoreça a abertura e as condições à aprendizagem e ao crescimento individual é de particular importância nesses princípios orientadores expressos. O presidente é reconhecido como o principal "motor" nessa criação de valores e princípios.

Existiam evidências claras de que essas características teriam sido afetadas tanto pelas atitudes do pessoal como pelo processo de planejamento. Era evidente o ponto no qual esses valores eram compartilhados pelas percepções do pessoal sobre a abertura do processo de planejamento, as oportunidades de se envolverem e a relação entre o processo de planejamento e a realização da missão da faculdade. Os valores "estão inacreditavelmente vivos aqui", disse um entrevistado, e isso, na sua opinião, tinha permitido que a faculdade lidasse de forma mais efetiva com alguns dos desafios enfrentados após a incorporação.

O planejamento foi visto como fornecedor de uma estrutura para a tomada de decisões na qual a responsabilidade inicial e final foram encorajadas, sendo uma característica dessa cultura de aprendizagem.

Porém, também houve a percepção de que os valores subjacentes à prática da faculdade poderiam ser restritivos ao colocar expectativas que os indivíduos podem achar difícil de seguir ou cumprir. "Nós podemos ter exagerado sobre o que pode ser feito", comentou um entrevistado. Houve também a sensação de que as pressões externas para aumentar os números podem comprometer a missão da faculdade.

Norbury

Na Norbury College descobrimos um processo de planejamento mais diretivo e gerencialista, cuja maior responsabilidade recaía sobre os gestores seniores.

Verificou-se a emergência de uma ética comercial, cujas características foram uma maior conscientização sobre a necessidade de eficiência na conquista de metas e uma crescente efetividade da faculdade para fazê-lo. Apesar dessa ética ser aceita, os entrevistados também perceberam uma tensão entre a possibilidade de atingir as metas e a efetividade sustentada na qualidade da aplicação da prática curricular. Um ponto de vista expresso relacionado principalmente a uma preocupação que mede a "conquista" pode deixar de levar em consideração a satisfação total do aluno.

Juntamente às metas determinadas na documentação do planejamento, o sistema de gestão do desempenho em operação na faculdade estabelece estruturas claras para responsabilidade final e sustentava a percepção de que os gestores "são testados e têm que provar sua competência". Essa responsabilidade final era reforçada no nível gerencial por meio da pressão dos pares para atingir padrões de desempenho. Havia também a percepção de que "o sentimento de uma necessidade de conquista" existia em todos os níveis de pessoal.

Easton

Na Easton College, conforme visto anteriormente, a recente mudança de presidente foi significativa para provocar uma mudança nos enfoques dos processos de planejamento das faculdades, por meio da promoção de um envolvimento maior do pessoal, de uma comunicação mais explícita dos objetivos de planejamento e de um foco maior no planejamento entre as faculdades. As pessoas que trabalharam em equipes menores, entre as faculdades, puderam ver sua parte no todo e promover idéias que poderiam influenciar o processo de planejamento. O presidente observou que essas mudanças "aproximam as pessoas daquilo que está acontecendo".

Os comentários dos entrevistados mostraram que tais enfoques estavam tendo um impacto tanto na reflexão como na prática. Eles tinham, segundo um entrevistado, "gerado um estilo mais aberto de comunicação e um enfoque mais participativo". Também foi feita menção explícita à mudança na "atmosfera" que tinha sido criada, sendo "favorável a correr riscos" e "razoavelmente tolerante".

Porém, a mudança para um enfoque de planejamento mais "global da faculdade", reunindo equipes de diferentes faculdades, tinha, até certo ponto, desafiado a influência, o senso de prioridades e os métodos de planejamento dos interesses setoriais existentes há um longo tempo. Houve também a percepção de que a mudança no foco do cliente, trazida pelas novas prioridades de planejamento, estava começando, para alguns, a desafiar percepções de longa data de quem eram os clientes da faculdade, a quem ela deveria estar servindo e quais devem ser os valores que governam o propósito da faculdade (quando percebeu-se que pressões comerciais estavam ganhando espaço).

Discussão

O impacto do planejamento não é manifestado apenas como uma atividade única e total procedente de resultados perceptíveis, mas também como uma série de decisões, comportamentos e ações. A maneira pela qual o pessoal experiencia esses vários eventos, juntamente com sua participação e sua consulta sobre planejamento, parece moldar suas percepções sobre o planejamento e a cultura da faculdade. Essa experiência é influenciada pelo estilo particular de liderança adotado pelo presidente.

Tanto a Southam como a Norbury adotaram enfoques que refletem a visão de que a tarefa de gestão estratégica é criar e manter sistemas de significado compartilhado que facilitem a ação organizada (Smircich e Stubbart, 1985). Em outras palavras, deve haver uma compreensão comum do que é a faculdade. Foram adotados diferentes enfoques para atingir essa meta. Eles refletem, por um lado, um enfoque que vê a gestão estratégica realizando a missão ao estimular a aprendizagem individual e coletiva e, por outro, um enfoque diretivo e gerencial, no qual o papel da gestão estratégica é definir o propósito da faculdade, direcionar e então garantir um comprometimento com ele.

Na Easton College, a série de percepções evidentes no estudo dirige a atenção a uma cultura na qual os valores e o sentido de propósito emergentes não são totalmente compartilhados na comunidade acadêmica e ainda não foram testados por um certo período. A mudança para um processo de planejamento mais participativo foi reconhecida e bem aceita, apesar de um entrevistado ter percebido um certo ceticismo entre o pessoal quanto a tentativas de engajar-se em uma participação mais ampla no processo de planejamento.

CONCLUSÃO

Todas as três faculdades possuem processos de planejamento estabelecidos, e esses têm pontos similares e dissimilares. De forma geral, as similaridades agrupam-se ao redor do mecanismo de planejamento, enquanto as dissimilaridades relacionam-se principalmente aos costumes e ao estilo de gestão – maneira pela qual o processo é conduzido.

Em termos de detalhes no planejamento, as principais semelhanças entre os processos de planejamento estratégico das faculdades estudadas são:

- enfoque estruturado;
- objetivos corporativos claros;
- comprometimento, no nível de gestão sênior, com uma missão central;
- produção de objetivos globais da faculdade de acordo com a missão;
- produção de metas setoriais para apoiar os objetivos da faculdade;
- um processo de monitoramento durante um ano e dirigido ao seguinte;
- destaque ao papel do presidente como líder do processo.

As diferenças essenciais foram vistas:

- na natureza da consulta;
- no grau de liberdade permitido ao pessoal ao projetar metas setoriais;
- no comprometimento com o crescimento pessoal;
- no enfoque quanto a "crescer" ou "impor" comprometimento/conformidade.

Em todas as faculdades, reconheceu-se que os processos de planejamento estratégico adotados tinham aumentado a conscientização e o nível de consulta e participação no planejamento. Isso está de acordo com o processo delineado pela FEFC, assim como as atividades detalhadas que são comuns às faculdades.

Porém, dentro desse comum acordo, houve espaço para amplas variações na realidade da experiência. Acreditamos que essas diferenças estejam criticamente relacionadas a duas questões: a característica gerencial da faculdade e a percepção que a gestão da faculdade tem do planejamento. A primeira delas é sobre estilo, e a segunda, sobre o conceito de estratégia.

Estilo

Nós dividimos as três faculdades em três áreas amplas de estilo gerencial. Suas características são: Southam – essencialmente humanista; Easton – pragmatista; e Norbury – gerencialista (Cooper e Drodge, 1995). Essa parece ser a classificação mais abrangente.

Na Southam College, vimos como o desenvolvimento pessoal e organizacional pareciam estar intimamente ligados e ter uma importância central. Juntos eles formam a base do conceito de organização da aprendizagem. Essa apreciação humanística do valor da aprendizagem e do crescimento individual para o sucesso da organização significou que se tornou natural à gestão encorajar a abertura e a participação durante todo o processo de planejamento.

O estilo pragmático da Easton College tinha características em comum com o enfoque humanístico da Southam. O pessoal foi encorajado a participar dos processos de tomada de decisões, tendo a expectativa de que isso traria resultados nos planos finais. Porém, esse envolvimento significativo aconteceu no contexto de uma agenda gerencial para ações específicas. A intenção foi estimular e utilizar a criatividade individual a serviço de um conceito global da faculdade.

Na Norbury College descobrimos um processo de planejamento mais controlado e gerencialista, concebido, dirigido e monitorado por gestores seniores, de acordo com sua percepção sobre as prioridades da faculdade; não que as opiniões dos funcionários não fossem solicitadas ou utilizadas dentro do processo de planejamento, mas a ênfase maior do planejamento estratégico dependia dos gestores seniores. O papel da liderança foi identificar as mudanças exigidas pelo ambiente, fornecer um direcionamento e um propósito claros à faculdade em resposta a elas e criar as condições pelas quais o pessoal poderia aderir às prioridades da faculdade.

O conceito de estratégia

O planejamento estratégico tradicional envolveu a especificação precisa de metas e de ações e recursos necessários para atingi-las. Isso supõe que uma projeção relativamente acurada é possível a partir dos dados atuais. A validade desse tipo de enfoque "racional-analítico" em uma época de mudanças imprevisíveis tem sido cada vez mais questionada. Em particular, existe uma discussão sobre a clareza dos objetivos dentro de setores como a educação, em que pode também haver uma considerável divergência de opiniões sobre método e propósito. Peeke (1994) levanta esse problema em relação à determinação da missão.

Cohen e March (1983) argumentam que a realidade da gestão em educação é que a relação entre muitas decisões e seus resultados práticos é problemática. Isso subverte a idéia de um planejamento e um processo de decisões rigidamente estruturados e leva a enfoques mais flexíveis, responsivos e permissivos.

Dentre as três faculdades, apenas a Norbury parece ter um processo em andamento que segue amplamente o modelo tradicional baseado no estabelecimento de metas e no monitoramento quantitativo. Em maior ou menor grau, tanto a Southam como a Easton parecem aceitar que o planejamento deve incluir espaço para tomadas de decisões transferidas em resposta a circunstâncias imprevistas.

É concebível que essas divergências não sejam tão reais ou significativas como podem parecer à primeira vista. Nós vimos que as estruturas de planejamento das faculdades não são dissimilares, influenciadas, é claro, pela FEFC e seus requisitos. É possível interpretar as principais diferenças de estilo como um reflexo dos diferentes posicionamentos das faculdades no ciclo de vida organizacional. Tushman e colaboradores (1986) mostram períodos de mudança incremental nas organizações sendo intercaladas com períodos curtos de grande agitação e mudança descontínua, surgindo de várias causas possíveis, sejam de origem interna ou de imposição externa. Pode-se argumentar que, nas três faculdades, nós meramente observamos os resultados de uma delas (Southam) como seguros dentro de um período de mudança incremental; a outra (Easton), possivelmente a recém-saída desse período e na iminência de uma mudança rápida; e a terceira (Norbury), no processo de implementação de mudanças descontínuas por meio de ação muito rápida.

Contudo, dentro de uma cultura de participação, é perfeitamente possível uma mudança importante acontecer. O espaço para tomar decisões em muitos níveis inclui a oportunidade de instigar mudanças importantes, assim como desenvolver idéias em pequena escala e de forma incremental; também pode aumentar a probabilidade, ao encorajar discussões e criatividade, de que as propostas e a aceitação para uma mudança importante, que pode realmente ser necessária, desenvolvam-se em vários níveis da organização, em vez de apenas ocorrerem dentro da equipe de gestão sênior.

AGRADECIMENTOS

Nossa grande dívida, é claro, é com os colegas das faculdades Easton, Norbury e Southam, e com um conselho de treinamento e empreendimento, que gentilmente doaram seu tempo a reflexões para nos auxiliar nessa investigação, mas cujos nomes não podemos citar por razões de confidencialidade. Porém, somos gratos a eles por seu auxílio e sua abertura.

Podemos citar e agradecer aos nossos dois "entrevistados piloto": C. A. Herd, diretor da Tamworth College, e Kim Punshon, vice-diretora da Tile Hill College. Suas opiniões nos ajudaram a desenvolver nossa estratégia subseqüente de entrevistas, mas nenhum dos comentários neste capítulo devem ser considerados representativos de suas opiniões ou relacionados às suas faculdades.

Nossos agradecimentos finais ao professor Ron Glatter, da Open University, que manteve controle sobre nós e ofereceu inestimável apoio em todas as etapas da pesquisa.

REFERÊNCIAS

Bailey, A. and Johnson, G. (1992) How strategies develop in organisations, in D. Faulkner and G. Johnson (eds) *Challenge of Strategic Management*. London: Kogan Page.

Cohen, M. and March, J. (1983) Leadership and ambiguity, in O. Boyd-Barrett *et al.* (eds) *Approaches to Post-school Management.* London: Harper and Row.

Cooper, N. and Drodge, S. (1995) Strategic management in action. *FE Now,* 20 October, 33. FEFC (1992a) *Circular 92/18.* Coventry: FEFC.

FEFC (1992b) *Funding learning.* Coventry: FEFC.

Mintzberg, H. (1978) Patterns in strategy formation. *Management Science,* 24 (9): May, 934-48.

Peeke, G. (1994) *Mission and Change: Institutional mission and its application to the management of further and higher education.* Buckingham: SRHFJ Open University Press.

Quinn, J. (1978) Strategic change: 'logical incrementalism'. *Sloan Management Review, I* (20): Fall, 7-21.

Smircich, L. and Stubbart, C. (1985) Strategic management in an enacted world. *Academy of Management Review,* 10 (4): 724-36.

Tushman, M., Newman, W. and Romanelli, E. (1986) Convergence and upheaval: managing the unsteady pace of organizational evolution. *California Management Review,* 29 (1): Fall. 29-44.

19

Planejamento estratégico nas escolas: algumas técnicas práticas

DICK WEINDLING

INTRODUÇÃO

Este capítulo discute o conceito de planejamento estratégico e apresenta um modelo para a educação que pode ser integrado ao plano de desenvolvimento escolar. A intenção é fornecer uma orientação prática para auxiliar as escolas na utilização do planejamento estratégico como um meio de lidar com mudanças múltiplas.

O planejamento sempre foi uma das funções gerenciais de maior importância para uma organização, e as escolas realizaram planejamento em vários níveis durante muitos anos. Mas, com as reformas recentes, como o currículo nacional e a gestão local das escolas (GLE), planejamentos de mais longo prazo tornaram-se ainda mais importantes para a gestão efetiva. O problema é que as escolas estão experimentando um ambiente muito turbulento e, como a maioria das empresas bem-sucedidas, precisam aprender uma maneira de "prosperar no caos" (Peters, 1987).

Kaufman (1992) argumenta que a maior parte das reformas educacionais concentra-se nos meios, sem um exame detalhado dos fins, e que o planejamento estratégico apresenta uma maneira de integrar os dois. Apesar de ele discutir a educação nos EUA, suas colocações aplicam-se de forma igualmente poderosa à situação no Reino Unido.

> Importar-se não é suficiente. Mudar não é suficiente. Gastar mais dinheiro não é suficiente. Aumentar os padrões não é suficiente. Na verdade, cada um dos consertos rápidos referentes a uma só questão e impostos à educação podem estar falhando devido às razões erradas... Nós temos selecionado meios (maneiras) antes de chegar a um acordo quanto aos fins. Este é o momento de relacionar os meios e os fins. Ser estratégico é saber o que atingir, justificar o direcionamento e então descobrir as melhores maneiras de chegar lá. (Kaufman, 1992, p.10-11)

A maioria das escolas tem agora planos de desenvolvimento escolar (PDE), às vezes chamados planos de desenvolvimento institucional, e esses realmente são esperados como parte da inspeção da agência de normas em educação (Ofsted). Um plano de desenvolvimento escolar deve integrar o desenvolvimento curricular, o desenvolvimento do pessoal, o desenvolvimento da gestão e as finanças. A situação é ainda mais confusa na medida em que agora também existem planos de ação da Ofsted, os quais todas as escolas precisam produzir após uma inspeção, a fim de abordar as "questões-chave" identificadas pelos inspetores.

Neste capítulo, sugerimos que existem três níveis interconectados de planejamento, que vão de uma visão geral de longo prazo do planejamento estratégico, por meio do plano de desenvolvimento escolar, até um plano de ação mais detalhado. O planejamento estratégico tem como noção central o pensamento que considera a visão e os valores da organização, assim como as forças externas e tendências antecipadas que afetam a escola, a fim de produzir o que podemos chamar de "visão de helicóptero". Enquanto muitas escolas fizeram considerável progresso com os PDE como um meio de planejamento de longo alcance e estão cumprindo os requisitos da Ofsted, o uso do planejamento estratégico pode melhorar ainda mais sua efetividade.

O QUE É PLANEJAMENTO ESTRATÉGICO?

A educação, como muitos outros campos, está atravessando um período de mudanças sem precedentes, e tornou-se difícil prever o futuro – como disse o escritor de ficção científica, Arthur C. Clarke, "o futuro não é o que costumava ser!". O planejamento estratégico é um meio de estabelecer e manter um sentido de direcionamento quando o futuro torna-se cada vez mais difícil de prever. É um processo contínuo por meio do qual a organização é mantida em seu curso, fazendo ajustes à medida que os contextos interno e externo mudam. O planejamento, é claro, não termina quando o plano escrito é produzido – isso é um registro do processo conforme sua visão em determinado ponto no tempo –, a parte difícil é implementar o plano. No planejamento estratégico, a ênfase está no planejamento evolucionário ou contínuo, em que o próprio plano é alterado para se adaptar às circunstâncias cambiantes.

A definição de estratégia no *Concise Oxford Dictionary* é "habilidade de general, a arte da guerra"; o recente trabalho refletiu isso ao enfocar o uso militar durante campanhas e batalhas. Muito mais tarde, a noção de estratégia foi usada para melhorar o planejamento nos negócios.

> A estratégia tornou-se popular nos anos de 1950 e de 1960, quando grandes números de firmas e oportunidades comerciais em expansão precisaram olhar para o futuro de forma mais sistemática. Isso tomou a forma de um planejamento de longo alcance, cujo propósito era, primeiramente, definir os objetivos da firma e, depois, estabelecer alguns planos a fim de alcançar tais objetivos e, finalmente, alocar recursos através de previsão orçamentária de patrimônio... Esse planejamento de longo alcance, como uma maneira de formular estratégias, perdeu seu apelo quando ficou evidente que as tendências de previsão existentes para o futuro não produziam resultados exatos. Conseqüentemente, o planejamento de longo alcance foi substituído pelo planejamento estratégico, que incorporou a aceitação de possíveis alterações em tendências e não estava baseado na suposição de que um crescimento adequado pode ser garantido (King e Cleland, 1987, citado por Valentine, 1991, p.17)

Atualmente, o planejamento estratégico pode ser visto como uma técnica que auxilia os líderes e gestores a lidar com o ambiente cada vez mais turbulento e os desafios que confrontam as organizações. A literatura sobre administração usa uma variedade de termos como "gestão de estratégias", "planejamento estratégico" e "pensamento estratégico", mas, em essência, a estratégia é o processo pelo qual os membros da organização prevêem seu futuro e desenvolvem os procedimentos necessários para chegar a ele.

DIFERENÇAS ENTRE PLANEJAMENTO ESTRATÉGICO E DE LONGO ALCANCE

A confusão entre planejamento de longo alcance e planejamento estratégico é muito comum, mas uma compreensão sobre as diferenças entre eles é crucial para o desenvolvimento de um enfoque para as escolas. O enfoque do planejamento de longo alcance, mostrado no Quadro 19.1, dominou o pensamento sobre o modo como as organizações trabalharam durante a maior parte do século XX e, na verdade, continua a fazê-lo de forma intensa. Sua prevalência é devida provavelmente ao fato de esse ser o modo como muitas pessoas acham que as escolas e as organizações devam funcionar. Na verdade, como mostram estudos de observação, o mundo real das organizações é confuso e não-racional (ver Paterson et al., 1986, para uma discussão sobre o mundo não-racional e as implicações para as escolas). As características do planejamento estratégico listadas no Quadro 19.1 fornecem melhores suposições e maior aproximação sobre como as escolas realmente operam do que o modelo tradicional.

Uma analogia útil para considerar as diferenças é pensar primeiro em arremessar uma flecha em direção a um alvo. Se a situação estiver relativamente estável, ou seja, se o alvo for imóvel, você estiver e houver pouco vento, é razoavelmente fácil acertá-lo. Porém, se a situação for imprevisível, o alvo estiver se movimentando e você estiver se mexendo, um míssil guiado é um meio mais útil de atingi-lo. O míssil não voa em linha reta, mas usa um sistema de *feedback* para verificar constantemente a posição relativa entre o alvo e ele e então ajusta sua direção de acordo com isso. Argumenta-se que, em uma situação na qual os alvos e a escola estão em movimento, o planejamento estratégico é um modelo mais útil. Mas a escola precisa monitorar seu progresso e ajustar o curso conforme as circunstâncias mudam.

Se as vantagens do planejamento estratégico são tão óbvias, por que tão poucas escolas utilizaram-no? Bowman (1990, p.9) apresenta um resumo da razão por que as organizações comerciais não adotaram o planejamento estratégico, e isso é adaptado ao contexto educacional, a seguir:

- Existe uma falta de conscientização pela equipe de gestão sênior (EGS) e pela diretoria sobre a real situação da escola.

Quadro 19.1
Diferenças entre planejamento estratégico e de longo alcance

Planejamento de longo alcance	Planejamento estratégico
Presume um sistema fechado dentro do qual esquemas de três a cinco anos podem ser formulados	Presume um sistema aberto no qual as organizações são dinâmicas e em constante mudança, à medida que integram informações dos fatores ambientais mutantes
O planejamento é visto como uma função separada	O planejamento é parte integrante do funcionamento da organização
O foco tende a estar no plano final e nas metas e nos objetivos organizacionais futuros de três a cinco anos	O foco está no processo
Apenas uma análise interna	Usa tanto a análise interna como a externa para chegar a uma visão compartilhada
As decisões sobre o futuro baseiam-se nos dados atuais	Tendências atuais e futuras são usadas para tomar decisões atuais, e não futuras

Fonte: Adaptado de Valentine, 1991, p.16.

- A EGS está enganando-se coletivamente sobre a posição da escola. Esse fato pode ocorrer, paradoxalmente, quando eles se consideram um grupo muito fechado e desenvolvem "pensamento grupal" – uma visão estereotipada compartilhada do pessoal, da escola e de sua relação com o mundo exterior. Eles reinterpretam ou ignoram informações desagradáveis que não se enquadram em sua maneira preferida de ver o mundo.
- Existem algumas pessoas poderosas na escola com interesses próprios e que desejam manter o *status quo*. Sua posição e seu *status* dependem da continuação da estratégia existente e desencorajam o pessoal a fazer perguntas desafiadoras.
- As escolas estão tendo de lidar com mudanças impostas de fora e isso tende a promover respostas reativas e incrementais em vez de um enfoque estratégico.
- Um problema comum, freqüentemente relacionado ao exposto acima, resulta da gestão sênior e de os diretores ficarem muito presos a problemas do dia-a-dia. Isso não dá à EGS o tempo necessário para considerar questões de maior prazo nem os prepara para ter uma perspectiva estratégica na escola.
- O sucesso anterior da escola pode cegar as pessoas para a situação atual. Também encoraja a gestão a deter-se nas estratégias testadas e avaliadas, que podem ser inadequadas às circunstâncias presentes e futuras.
- O apego a glórias passadas também pode tornar os gestores relutantes a adotar um direcionamento diferente para a escola. Além disso, mudar o direcionamento pode parecer um reconhecimento de que o que foi realizado anteriormente foi um erro.

Como assinala Proctor (1993), as organizações podem ficar "encurraladas" por velhas estratégias ineficientes. Ele sugere que elas precisam estar alertas e capitalizar alguma "janela estratégica" apropriada, que é aberta apenas por períodos limitados de tempo.

A ORIGEM DO PLANEJAMENTO ESTRATÉGICO E SUA RELEVÂNCIA PARA A EDUCAÇÃO

A idéia de planejamento estratégico originou-se na esfera comercial, no início dos anos de 1970, e agora tornou-se uma parte padrão do pensamento gerencial em muitas organizações. O modelo da Harvard Business School (Andrews, 1980, 1987) é o mais dominante. O principal propósito do modelo é auxiliar uma empresa a desenvolver a melhor combinação entre ela mesma e o ambiente, ou seja, desenvolver a melhor estratégia para a firma. Nem todos aceitam o modelo dominante, e Mintzberg (1994), em particular, organizou uma crítica poderosa em seu livro, *The rise and fall of strategic planning*. Após descrever as origens do planejamento estratégico, ele ilustra a confusão quanto à terminologia e indica várias armadilhas e falácias do planejamento estratégico. Ele também distingue as estratégias "deliberadas", nas quais as intenções dos planejadores são inteiramente realizadas, das estratégias "emergentes", que surgem como um padrão ao longo do tempo, mas que não foram expressamente planejadas.

Mas, se o modelo foi criado para negócios, para dar às empresas uma vantagem estratégica e melhorar seus lucros, como pode ser relevante a organizações que não visam ao lucro, como as escolas? Apesar de ser usado no mundo dos negócios por vários anos, foi somente há pouco tempo que o planejamento estratégico começou a ser considerado pelo setor que não visa ao lucro. Existem semelhanças e diferenças entre os dois setores, e o modelo comercial precisa ser adaptado para uso nas escolas. Alguns dos problemas de utilizar-se o planejamento estratégico em educação são descritos por Bowman (1990), que indica a ampla gama de partes envolvidas e a falta de uma medida decisiva, única e simples nas escolas.

A ausência de um "ponto decisivo" (como lucros) significa que a gestão de uma escola não pode agir com clareza e certeza ao tomar decisões. Bons gestores estratégicos nessas circunstâncias tendem a conseguir combinar argutas habilidades políticas e interpessoais (para gerenciar os grupos de interesse díspares) com um conjunto claro de valores, ou uma "visão". Com essa clareza de propósito, eles então são capazes de determinar um direcionamento e fazer julgamentos entre necessidades conflitantes. Nesse sentido, os gestores estratégicos das organizações sem fins lucrativos precisam mais de "estratégias" ou "missões" bem-desenvolvidas (se quiserem inspirar outras, dar-lhes um sentido de direcionamento e um sentimento de confiança) do que os gerentes de empresas. (Bowman, 1990, p. 12)

As escolas precisam ser cautelosas no uso de enfoques do setor privado que supõem objetivos claros, medidas que visam ao lucro, considerável liberdade de ação, responsabilidade limitada de ação e supervisão do mercado financeiro. Para as escolas, muitas dessas suposições simplesmente não valem.

É importante dar-se conta de que o planejamento estratégico não é um conceito, procedimento ou ferramenta único, mas que inclui uma série de enfoques que variam em seu grau de aplicabilidade aos setores públicos e sem fins lucrativos. É discutível se alguns dos modelos, como o enfoque de portfólio e de análise competitiva, são menos úteis para as escolas, apesar de ser possível examinar o currículo e os cursos em oferta como o portfólio da escola; com matrículas abertas e GLE, as escolas tiveram que levar em conta seus competidores muito mais extensivamente do que no passado.

Apesar das dificuldades, vários autores desenvolveram modelos de planejamento estratégico que podem ser aplicados a organizações sem fins lucrativos (por exemplo, Bryson, 1988; Nutt e Backoff, 1992) e especificamente à educação e às escolas (por exemplo, McCune, 1986; Muriel, 1989; Cork, 1990; Valentine, 1991). Porém, todos eles são de origem norte-americana e precisam ser modificados para se adaptarem ao contexto local.

PLANEJAMENTO ESTRATÉGICO E PLANOS DE DESENVOLVIMENTO ESCOLAR

No Reino Unido, um dos primeiros autores a fazer uso do planejamento estratégico em educação foi Fidler (1989), que disse: "Não existe quase nada na literatura sobre gestão escolar referente a planejamento estratégico. O tópico que mais se aproxima é o concernente às metas e aos objetivos da escola, ou talvez às finalidades". Desde então, muitos trabalhos têm sido feitos sobre planejamento do desenvolvimento escolar. Hargreaves e Hopkins foram comissionados pelo então Ministério da Educação e Ciência (DES) para apresentar uma série de documentos curtos que ofereciam aconselhamento sobre planejamento do desenvolvimento escolar (DES, 1989, 1991). Eles destacaram a ligação entre planejamento e melhorias escolares e disseram que "o propósito do planejamento do desenvolvimento é melhorar a qualidade de ensino e aprendizagem em uma escola por meio da gestão bem-sucedida de inovação e mudança". Apresenta um plano global que reúne as políticas e iniciativas nacionais e locais, as metas e os valores da escola, as conquistas existentes e as necessidades de desenvolvimento. O planejamento do desenvolvimento escolar (PDE) não deve ser visto como outra iniciativa, mas como um meio de gerenciar e lidar com a sobrecarga de inovações.

O modelo de Hargreaves e Hopkins tem quatro processos principais no ciclo de planejamento desenvolvimentista:

- *Auditoria*: a escola revisa seus pontos fortes e fracos.
- *Construção*: as prioridades para o desenvolvimento são selecionadas e então transformadas em metas específicas.
- *Implementação*: as prioridades e as metas planejadas são implementadas.
- *Avaliação*: o sucesso da implementação é verificado.

À medida que os documentos do DES eram enviados a cada escola, estimulou-se o interesse no planejamento do desenvolvimento, e várias escolas e AELs começaram a trabalhar nessa área.

Davies e Ellison (1992) apresentam outra variação do modelo e oferecem diversos exemplos de planejamento de desenvolvimento escolar (PDE). Os estudos de caso de Wallace e McMahon (1994) mostram como as escolas de ensino fundamental usaram o planejamento de desenvolvimento, à medida que se esforçavam para lidar com a complexidade da mudança. MacGilchrist e colaboradores (1995) descrevem os resultados de um importante estudo de três anos, e a compilação de artigos editados por Hargreaves e Hopkins (1994) demonstram alguns dos últimos enfoques usados em vários países. Um livro de Fidler e colaboradores (1996) ilustra o uso do planejamento estratégico nas escolas do Reino Unido.

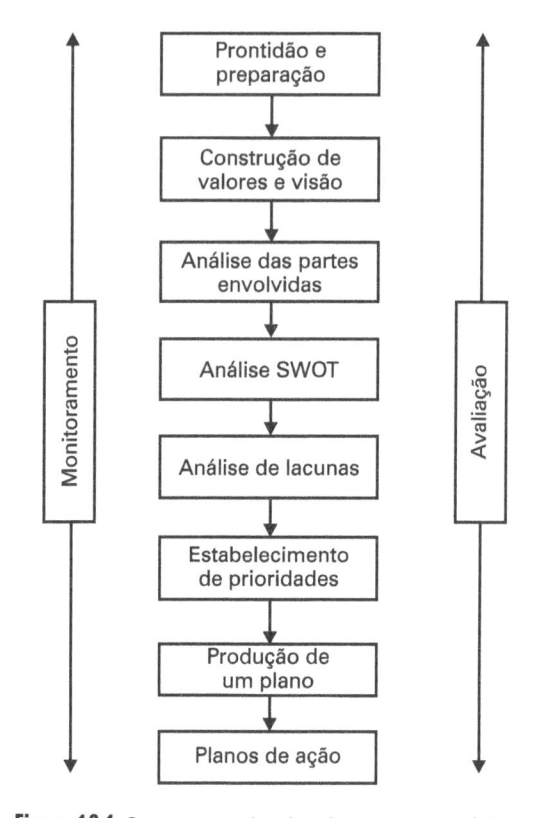

O PROCESSO DE PLANEJAMENTO ESTRATÉGICO

Apesar do modelo de Hargreaves e Hopkins ser um ponto inicial muito bom, ele pode ser mais elaborado e integrar elementos do planejamento estratégico. As seções seguintes demonstram a aplicação prática do planejamento estratégico para as escolas. Cada uma das técnicas foi usada com várias centenas de diretores e professores em sessões de oficinas e com todo o pessoal em cerca de 12 escolas. A Figura 19.1 indica as principais etapas do processo. Apesar de apresentado desse modo para ilustrar as etapas, ele não pode ser tomado como um modelo linear simples e com uma ordem fixa. As escolas precisam adaptar a seqüência, dependendo de sua posição atual, e pode ser necessário retornar a etapas anteriores. Nem todas as etapas devem ser repetidas a cada ano. Se a escola tem uma alta rotatividade do pessoal, é importante reavaliar os eventos e as tendências periodicamente, ajudando assim novos membros do pessoal a entender o passado e, ao mesmo tempo, oferecendo-lhes a oportunidade de questionar alguns dos valores já estabelecidos.

Figura 19.1 O processo de planejamento estratégico.

A prontidão e a necessidade de um grupo de planejamento estratégico

Para essa primeira etapa, precisa-se responder a perguntas como:

- Qual o grau de comprometimento existente com o processo de planejamento?
- Quem deveria estar envolvido?
- Qual será a duração do processo?
- Que informações são necessárias para auxiliar o processo?

Uma pessoa, ou um pequeno grupo, deveria iniciar, patrocinar e sustentar o processo, pois o planejamento estratégico não acontece simplesmente. O processo requer um reconhecimento e acordo totais entre o diretor e os dirigentes. Seu patrocínio dá legitimidade ao processo.

Existem algumas diferenças de enfoque entre as escolas de ensino fundamental e médio devido a seu tamanho e sua estrutura organizacional. Em uma escola pequena, se houver probabilidade de as mudanças antecipadas afetarem todos os membros do pessoal e funcionários em geral, o melhor é envolver todos. Nas escolas maiores, devem-se tomar decisões sobre a composição do grupo de planejamento estratégico (GPE). É essencial que os principais tomadores de decisão estejam comprometidos e envolvidos desde o início. Portanto, a equipe de gestão sênior e a direção devem formar a parte central do grupo. Um bom grupo representativo do pessoal é necessário, nas escolas de ensino médio, e pode ser possível selecionar representantes dentre os grupos existentes. Está claro que os dirigentes têm um papel essencial na tomada de decisões e que alguns membros da diretoria deveriam ser convidados para ingressar no grupo. Pode ser produtivo o grupo incluir representantes de vários outros grupos interessados, como os pais, os alunos, os funcionários, a AEL, etc. Porém, deve-se pensar no tamanho do grupo, pois esse não deve tornar-se de difícil controle.

Uma boa maneira de iniciar o processo é usar um intensivo de fim de semana para o grupo de planejamento estratégico mapear o processo e realizar algumas das etapas iniciais. Deve-se dizer aos membros do grupo como eles são selecionados e o que se espera que façam. Outros membros do pessoal precisam ser mantidos informados durante todo o processo. A evocação e o exame do passado recente da escola é uma etapa valiosa para auxiliar o GPE a estabelecer seus valores e projetar sua visão de um futuro desejado. Ao se fazer um histórico, o grupo pode determinar objetivos realistas e claros. Pode haver considerável progresso ao se usar um consultor externo para facilitar o trabalho de grupo e proporcionar uma orientação e uma visão geral do processo de planejamento estratégico.

Auditoria de valores

Essa etapa envolve uma análise dos valores do pessoal e de outras partes interessadas importantes. O plano estratégico deve ser congruente com os valores da organização. O planejamento estratégico que não levar em consideração os valores certamente irá falhar. Logo no início do processo de planejamento estratégico, quaisquer diferenças de valores dos indivíduos precisam ser esclarecidas e (quando possível) resolvidas. Os valores são refletidos na cultura e na maneira pela qual a organização efetua seu trabalho e encontram-se no centro de quase todas as decisões organizacionais importantes. Alguns desses valores podem realmente existir na forma escrita no prospecto da escola ou no manual do pessoal, mas todos os valores devem ser reavaliados durante a auditoria. Esse é um exercício importante, mas difícil, que requer discussões aprofundadas sobre as crenças fundamentais que subjazem à maneira pela qual a escola trabalha e à resolução de quaisquer valores conflitantes. Sem esses esforços, diferenças de valores, filosofias e suposições irão constantemente vir à tona e bloquear o progresso do GPE.

Pfeiffer e colaboradores (1988) apontam que os valores existem em níveis individuais, grupais e organizacionais. Eles recomendam que a auditoria de valores comece no nível individual, passando-se então aos níveis organizacionais.

Várias técnicas podem ser usadas para uma auditoria de valores em uma escola:

- Entrevistas (seja com indivíduos ou com grupos) são um meio muito útil de explorar valores. Algumas perguntas típicas são:
"Quais são suas crenças pessoais sobre como esta escola deve funcionar?"
"Do que você gosta e não gosta nesta escola?"
"Quais são suas crenças pessoais sobre ensino e aprendizagem?"
- Questionários

Por exemplo, pode-se solicitar ao pessoal que classifique a ordem, ou avalie seu grau de concordância com uma lista de valores em uma escala de cinco pontos.
- Técnicas projetivas
  Por exemplo, solicitar que o pessoal escreva um diário imaginário para um dia de trabalho típico que aconteceria em cinco anos, começando com acordar pela manhã e terminando com ir dormir. Esse método deve trazer à tona várias questões, inclusive valores sobre estilo de trabalho, crescimento e mudanças na organização.

A auditoria de valores é útil para auxiliar o GPE a entender a relação entre os objetivos pessoais dos professores e o planejamento organizacional.

Visão

Em toda a literatura recente, a visão destaca-se como o elemento principal na liderança e no planejamento estratégico dentro do contexto comercial e escolar (por exemplo, Bennis e Nanus, 1985; Nias et al., 1989). Parte da literatura sobre negócios supõe que é tarefa do líder produzir uma visão; porém, não é necessariamente o papel do líder ter uma visão e então transmiti-la a todos. Como Senge (1990) aponta, a tarefa do líder é gerar uma visão compartilhada:

> Hoje, a visão é um conceito familiar na liderança corporativa. Mas quando observamos detalhadamente, descobrimos que a maior parte das visões é a visão de uma pessoa (ou de um grupo) imposta a uma organização. Essas visões, na melhor das hipóteses, exigem conformidade, não comprometimento. Uma visão compartilhada é uma visão com a qual muitas pessoas estão verdadeiramente comprometidas, pois ela reflete sua própria visão pessoal. (Senge, 1990, p. 206)

Em sua pesquisa em escolas de ensino médio nos Estados Unidos, Louis e Miles (1992) discutiram a relação da visão com as melhorias nas escolas. Eles descobriram que, na realidade, o processo diferiu um pouco daquele oferecido pela maioria dos autores teóricos:

- Primeiro: as visões não são totalmente articuladas no início do processo de planejamento (ou não são articuladas em nenhum momento). Ao contrário, as visões desenvolvem-se durante o curso evolucionário do processo de planejamento.
- Segundo: as visões não são geradas apenas pelo diretor (o líder) ou por qualquer outro indivíduo em uma posição de liderança, mas, até mesmo quando o diretor é forte, são desenvolvidas de forma coletiva, por meio de ação e reflexão, por todos aqueles que têm um papel ativo no esforço por mudanças.
- Terceiro: as visões não são um ponto de vista simples e unificado sobre "o que essa escola pode ser", mas são uma trama complexa de temas derivados do programa de mudanças. "O poder visionário" é um processo dinâmico, e não um evento que ocorre uma vez só e que tem um início e um fim... As visões são desenvolvidas e reforçadas a partir da ação... A visão fornece um significado compartilhado: pessoas falam sobre ela, usam a mesma linguagem para descrevê-la e acreditam que estão engajadas em uma tarefa comum.
- Quarto: apesar da tendência de os temas e a visão resultante serem gerados por um pequeno grupo de pessoas, o diretor tem um papel central na divulgação da visão a um grupo maior da escola. (Louis e Miles, 1992, p. 236-237)

Ao discutir sobre empresas bem-sucedidas que têm uma "propensão à ação", Peters e

Waterman (1982) usaram a noção de "preparar, fogo, apontar", em vez de "atenção, apontar, fogo", ao citarem um executivo da Cadbury. Essa idéia foi aproveitada por Fullan (1993), que disse:

> Preparar, fogo, apontar é a seqüência mais frutífera se desejarmos fazer um processo momentâneo linear de uma organização que está passando por reformas de grande porte. Preparar é importante, deve haver alguma noção de direção, mas significa estagnar o processo com visão, missão e planejamento estratégico antes de saber o suficiente sobre a realidade dinâmica. Fogo é ação e investigação quando as habilidades, a clareza e a aprendizagem são incentivadas. Apontar é a cristalização de novas crenças, a formulação de declarações de missão e visão e a concentração no planejamento estratégico. Visão e planejamento estratégico vêm depois: podem ocorrer lá pela terceira etapa, mas não na primeira. (Fullan, 1993, p.31)

Mintzberg (1994) expande e esclarece esse ponto:

> Preparar, fogo, apontar faz muito sentido, desde que se possa atirar mais de uma vez, o que acontece na maioria das vezes. Expandindo a frase, teremos a formação de estratégias como um processo de aprendizagem: "preparar-fogo-apontar-fogo-apontar-fogo-apontar", etc. Assim como a estrutura precisa sempre vir após a estratégia, (...) assim também o ato de atirar sempre deverá vir após o ato de apontar, e precedê-lo também, a fim de fazer as correções necessárias. A ação e o pensamento devem interagir. Os planejadores podem ter razão de estar preocupados com o comportamento do tipo "Rambo" na gestão "fogo-fogo-fogo" – em todas as direções, sem apontar. Mas os gestores devem também ser cautelosos com o comportamento de planejamento que resulta em "preparar-apontar-apontar". (Mintzberg, 1994, p.292)

Essa noção encaixa-se na analogia do míssil guiado feita anteriormente – a rota raramente está em linha reta e precisam ser feitas correções durante a implementação.

É importante para o pessoal e os dirigentes realmente tentar imaginar como eles gostariam que a escola estivesse dentro de, digamos, três anos. Mas, diferentemente de alguns autores que sugerem que isso deveria ser um "ideal", é mais útil *imaginar um futuro que pudesse realmente ser conquistado*, tendo em mente os níveis atuais de alocação de recursos e o pessoal atual. É fútil supor que exista um orçamento ilimitado, prédios totalmente novos e um quadro de pessoal perfeito.

O autor sucessivamente usou um exercício de geração de visão com todo o pessoal (e alguns dirigentes) em várias escolas. Pede-se que as pessoas pensem primeiro sobre a escola como ela é no momento e, individualmente, anotem aquilo de que gostam nela e o que gostariam de manter, dividindo em três tópicos amplos: físico, curricular e de inter-relações. Então, pede-se que elas pensem sobre como gostariam que a escola estivesse dentro de três anos – lembrando de manter essa visão como algo possível de se atingir. Pede-se que imaginem que podem ver a escola e que sua visão foi conquistada. Olhando de cima para baixo e visualizando as salas de aula, o *hall*, a sala dos funcionários, os escritórios, o *playground*, etc., como a escola se pareceria? Elas anotam o que teria mudado abaixo dos mesmos três tópicos, como feito anteriormente. A visão de cada pessoa então é discutida em grupos mistos, e é produzido um resumo dos itens para formar um quadro compartilhado sobre o futuro da escola. A experiência mostrou que esse exercício geralmente promove uma considerável concordância entre o pessoal.

Análise das partes envolvidas

Quem são os vários grupos que têm um "interesse" na escola e que podem afetar ou serem afetados pelo que acontece nela? O que cada um desses grupos necessita ou exige da escola? Até que ponto a escola está atendendo às suas preocupações? O grupo de planejamento estratégico deveria realizar uma análise das partes envolvidas nos diversos grupos, tanto dentro como fora da escola, à medida que suas percepções e demandas precisam ser levadas em conta para a formulação do plano estratégico. Esse tipo de análise é uma parte importante do planejamento estratégico, pois sensibiliza o GPE para preocupações de uma ampla série de pessoas cujas opiniões nem sempre podem receber a devida consideração.

A Figura 19.2 apresenta um formato para a análise de suas opiniões sobre vários grupos de partes envolvidas que devem ser introduzidos na primeira coluna. Use alto/médio/baixo para indicar a importância de cada grupo para o funcionamento da escola. Na terceira coluna, deverá se mostrar o nível atual de envolvimento das partes interessadas com a escola. Agora, é preciso considerar os critérios que você acha que os grupos usam para avaliar o desempenho da escola (cada parte envolvida provavelmente terá vários critérios). Finalmente, você deverá julgar o grau de sucesso da escola em cada um dos critérios e indicar sua opinião escrevendo um número de 1 a 5 na última coluna. Todo o pessoal deverá completar uma análise das partes envolvidas, primeiro individualmente e depois combinando as opiniões de cada membro a fim de produzir uma fusão do grupo. Outros grupos, como dirigentes, pais e alunos, também poderiam preencher uma planilha das partes envolvidas. Essa técnica fornece um poderoso estímulo para discussão e esclarecimento das opiniões.

O propósito desse exercício não é demonstrar que uma escola poderia ou deveria tentar satisfazer todas as vontades de cada grupo, mas permitir que valores e expectativas sejam levados em consideração de forma mais sistemática. Também é útil saber mais claramente onde existem sobreposições nas expectativas entre diferentes grupos, assim como onde existem expectativas contraditórias. Obviamente, quanto mais os indivíduos e os grupos estiverem satisfeitos com a escola, melhor. Porém, a limitação do exercício é que

Planilha de análise das partes envolvidas				
Grupos envolvidos	Importância (alta/média/baixa)	Envolvimento (alto/médio/baixo)	Quais critérios as partes envolvidas usam para avaliar o desempenho da escola?	Meu/nosso julgamento sobre o desempenho atual da escola Fraco (1) – Muito bom (5)
1.				
2.				
3.				
4.				
5.				
6.				

Figura 19.2 Planilha de análise das partes envolvidas.

ele trata os grupos de forma estereotipada, sem permitir que existam diferenças nos valores e nas expectativas entre os membros de um grupo. Se essa limitação sempre for levada em conta, o exercício ainda pode fornecer valiosos *insights*.

Exame cuidadoso e revisão interna e externa (análise SWOT*)

A principal faceta do planejamento estratégico é examinar tanto os fatores internos como os externos, e a técnica SWOT, que considera pontos fortes, pontos fracos, oportunidades e ameaças, é amplamente utilizada. A análise parece determinar internamente as áreas escolares com pontos fortes e fracos e também tendências externas – mudanças que poderiam afetar a escola – nos tópicos: político, econômico, social, tecnológico e educacional (PESTE) e questiona: que oportunidades e ameaças esses aspectos trazem às escolas?

Essa atividade pode ser realizada individualmente ou com um grupo, usando-se técnicas de *brainstorming* para produzir uma lista do que se consideram pontos fortes e fracos da escola internamente. Depois, indo adiante, faça uma lista das tendências externas possíveis, as quais você acha que podem afetar a escola durante os próximos três ou cinco anos. Você pode utilizar os tópicos PESTE, apesar de que alguns desses podem se sobrepor. Considere essas tendências como oportunidades ou ameaças ao funcionamento atual da escola e liste-as. Um aperfeiçoamento adicional é examinar cada uma das oportunidades e ameaças em suas listas e considerar qual a probabilidade existente de elas ocorrerem e qual a magnitude de seu efeito na escola, marcando-as como "alta" ou "baixa". Isso concentraria mais atenção nas tendências vistas como "alta-alta", por exemplo (muito provável de ocorrer), e causaria um efeito muito poderoso. O pessoal poderia usar lembretes adesivos (*post-its*), escrevendo uma questão em cada um deles e fixando-os na planilha SWOT adequada. Os *post-its* são úteis porque permitem que os itens sejam removidos e reagrupados. Após completar a análise, será necessário pensar sobre fazer uso de seus pontos fortes, superar os pontos fracos, explorar as oportunidades e enfraquecer as ameaças.

Essa é uma técnica muito simples, mas poderosa. Ela tem um potencial considerável para discussão, principalmente se usada com os colegas na escola, ou com grupos que incluem várias partes interessadas, como dirigentes, pais, alunos, empregadores, etc.

Declarações de missão

A formulação de uma declaração de missão é, com freqüência, recomendada como uma das etapas do planejamento estratégico. Uma declaração de missão é a exposição de um propósito da organização, projetada para inspirar e concentrar os esforços de todos os membros da organização. Geralmente é curta, não mais do que uma página, e apresentam um *slogan* simplesmente vigoroso. A declaração é gerada a partir de uma discussão com base nas seis perguntas a seguir:

- Quem somos – qual é a nossa identidade?
- Quais são as necessidades básicas para as quais devemos trabalhar?
- O que desejamos fazer para reconhecer essas necessidades e responder a elas?
- Como devemos responder às principais partes interessadas?
- Qual é a nossa filosofia e quais são os nossos valores principais?
- O que nos distingue ou nos torna únicos?

---

* N. de T. O acrônimo SWOT representa as palavras "Strengths, Weaknesses, Opportunities and Threats" em inglês, que se traduzem por "pontos fortes, pontos fracos, oportunidades e ameaças". A análise SWOT é uma ferramenta para a auditoria de uma organização e seu ambiente. Constitui a primeira etapa de planejamento e auxilia os profissionais do *marketing* a concentrarem-se nas questões mais importantes.

(Vale notar que pode não ser possível, nessa etapa, dizer quais qualidades ou atributos distinguem a escola em questão das outras.)

A formulação de respostas a essas perguntas é um processo valioso, mas que exige muito, e o GPE pode precisar de várias horas de discussão para chegar a um consenso. O grupo deve realizar exercícios, como a análise das partes interessadas, a auditoria de valores e a geração da visão, antes de fazer um rascunho da declaração de missão. A declaração precisa ser mantida em frente ao GPE, para agir como um guia e um ponto de referência à medida que seguem com o processo, e o rascunho pode precisar de revisão. A declaração de missão final deveria ser usada de forma ampla, tendo as pessoas de dentro e de fora da escola como um ponto de referência básico.

Análise de lacunas e priorização

Nessa etapa, é necessária uma análise cuidadosa para determinar quais são as lacunas entre a visão futura e a realidade atual. Poucas prioridades devem ser selecionadas, pois não é possível fazer tudo. Quais são as principais prioridades que surgem de uma comparação entre as análises da visão compartilhada, das partes interessadas e da SWOT? Devem ser estabelecidas prioridades e deve ser considerada a factibilidade dos objetivos em termos de disponibilidade dos recursos necessários, do tempo, do dinheiro e das pessoas, etc. Várias técnicas de priorização existem para ajudar as escolas, mas, no final, as prioridades devem se basear nos valores e na visão identificados anteriormente.

Se as lacunas existentes entre o estado atual e o futuro desejado parecem muito amplas para serem preenchidas, então é necessário realizar uma destas ações:

1. Devem ser formuladas soluções para preencher a lacuna.
2. O futuro desejado deve ser redefinido, concentrando-se nos aspectos com maior probabilidade de realização e um impacto mais significativo.

A análise de lacunas é um período de imparcialidade e honestidade. As lacunas podem realmente ser preenchidas, considerando-se todas as outras coisas que você está tentando fazer? O GPE precisa considerar cada lacuna, uma de cada vez, e também observar sua interação. As respostas podem fazer necessários um retorno às etapas anteriores do ciclo e uma reconsideração dos objetivos.

O PLANO DE DESENVOLVIMENTO ESCOLAR E OS PLANOS DE AÇÃO

A produção do plano de desenvolvimento escolar deveria apresentar um resumo dos resultados do processo anteriormente descrito. Planos de ação mais detalhados precisam ser formulados para cada uma das prioridades selecionadas. Hargreaves e Hopkins (1991) apresentam uma discussão muito útil do modo como isso pode ser feito.

Conforme mencionado no início deste capítulo, as escolas precisam produzir um plano de ação da Ofsted após a inspeção periódica realizada a cada quatro anos. O formato é semelhante, apesar de não ser exatamente o mesmo sugerido por Hargreaves e Hopkins. A Ofsted produziu um relatório, após as visitas do HMI (HM Inspectorate of Education), referente a uma amostragem representativa de 85 escolas dentre quase mil inspecionadas entre 1993 e 1994. O HMI constatou que a maior parte dos planos de ação tinha abordado as questões essenciais identificadas pelos inspetores, determinado um cronograma claro e uma pessoa responsável por cada aspecto e feito algum progresso inicial na tomada de medidas para melhorar o ensino, aumentar as expectativas e combater o baixo rendimento. Mas eles descobriram uma falta de avaliação sistemática. Apenas 4% das escolas tinham determinado metas específicas para a melhoria das realizações, 8% tinham desenvolvido critérios de sucesso para avaliar a efetividade da ação proposta e 6% tinham abordado os custos totais dos recursos. As escolas que necessitavam de medidas especiais receberam ajuda substancial e efetiva das AELs para comporem seus planos de ação. As escolas com sérias deficiências, mas não formalmente identificadas como necessitando de medidas especiais, não receberam apoio suficiente para formular um plano de ação efetivo (Ofsted, 1995, p.3-4).

A Figura 19.3 mostra uma versão de uma planilha de planejamento que foi desenvolvida pelo autor e usada nas escolas. O plano de ação, idealmente utilizando um lado de uma folha de papel A4 para cada uma das prioridades, ou áreas de concentração, contém: uma série de objetivos, uma lista de tarefas e atividades, uma linha do tempo que mostra as datas em que cada atividade deve ocorrer, recursos necessários (dinheiro, equipamento, educação e treinamento dos professores durante o trabalho (*Inset*, etc.), principais pessoas responsáveis, restrição antecipada e uma série de critérios de sucesso pelos quais o progresso pode ser julgado. Apesar de não ser perfeito, esse formato parece fornecer ao pessoal uma ferramenta de planejamento muito efetiva.

Monitoramento e avaliação

É importante que a avaliação não seja algo adicionado simplesmente no final do ciclo, como parece acontecer em muitos modelos. No diagrama principal de planejamento estratégico, está indicado que o monitoramento e a avaliação devem ocorrer periodicamente durante todo o ciclo, como uma forma de *feedback*. Precisa ser feita uma distinção entre o monitoramento e a avaliação, apesar de, na realidade, eles freqüentemente fundirem-se.

- "Monitorar", como o uso corrente do termo, é verificar se as coisas estão ocorrendo conforme o planejado.

Planilha para o planejamento de atividades
1. Área de foco
2. Objetivos	3. Tarefas/ atividades	4. Linha do tempo	5. Recursos (*Inset*, etc.)	6. Responsabilidades	7. Restrições
8. Avaliação – critérios de sucesso

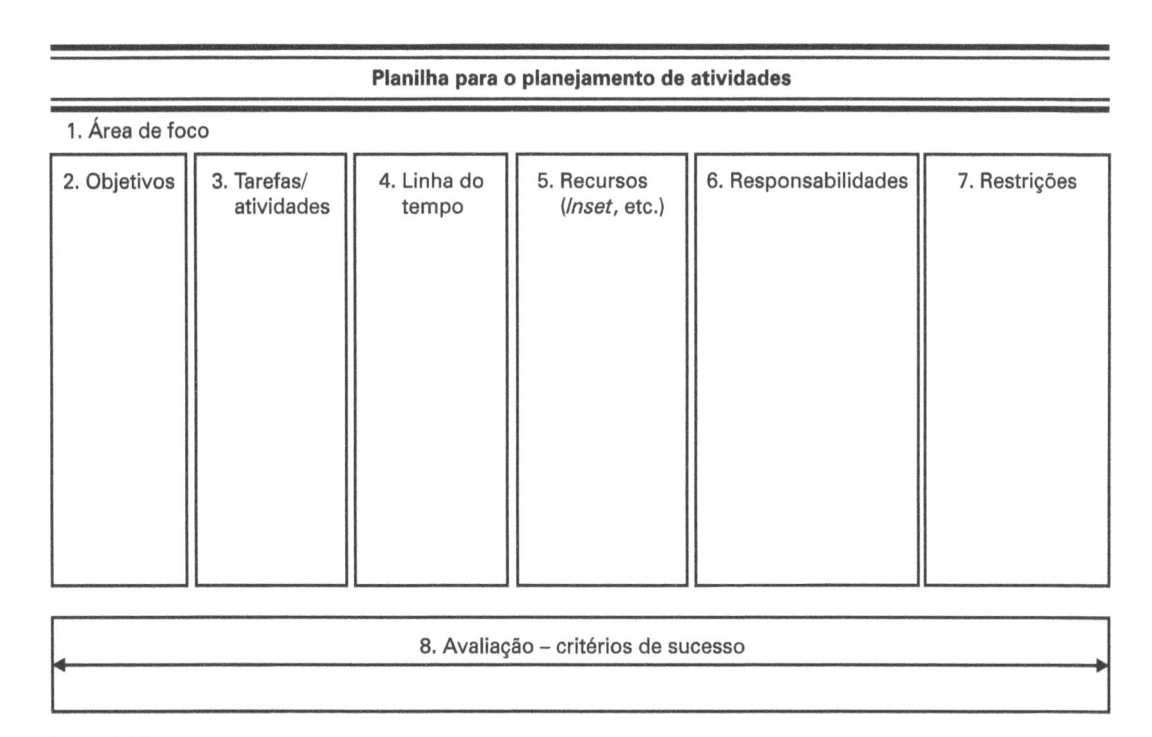

Figura 19.3 Planilha para o planejamento de atividades.

- "Avaliação" é o estudo mais profundo do impacto e dos resultados do programa.

Fatores críticos ao sucesso ou indicadores de desempenho devem ser estabelecidos em uma etapa inicial. Como relatado pelo HMI e confirmado pela experiência do autor, os professores tendem a achar a formulação dos critérios de sucesso a parte mais difícil do plano de ação. O pessoal diretamente envolvido precisa decidir *quais evidências de que estamos tendo sucesso podemos produzir, e como chegamos a essas evidências?* Os critérios de sucesso podem ter a forma de dados quantitativos ou qualitativos, dependendo da questão. Alguns critérios de sucesso podem ser formativos (que ocorrem durante o processo) e outros podem ser somativos (no final de um período). Ambos os tipos geralmente são necessários.

A avaliação e o monitoramento têm um papel-chave no planejamento estratégico, pois fornecem o *feedback* essencial necessário durante todo o processo, a fim de fazer os ajustes necessários à situação em constante mudança (lembre-se da analogia com o míssil guiado, no início do capítulo).

Implementação

Após produzir um PDE e uma série de planos de ação para cada tópico principal, a fase difícil de implementação torna-se então necessária. Essa é uma etapa crucial: até mesmo os planos mais bem-projetados no papel falham se não forem implementados cuidadosamente. As lições aprendidas a partir da gestão da mudança são aplicáveis à fase de implementação; os leitores deveriam consultar Louis e Miles (1992), Fullan e Stieglebauer (1991), Fullan (1993), Wallace e McMahon (1994) e MacGilchrist e colaboradores (1995) para obter orientações úteis.

A maioria das escolas agora está bastante avançada no planejamento do desenvolvimento escolar, e espera-se que este capítulo tenha fornecido uma introdução ao planejamento estratégico e uma suficiente ajuda prática para auxiliar as escolas a melhorar ainda mais o processo. Tentar planejar em épocas de tremendas mudanças tem sido uma experiência de aprendizagem difícil para a maioria das escolas, mas a maior parte adaptou-se bem e conseguiu implementar reformas como o currículo nacional e outros aspectos da Education Reform Act (Lei da Reforma Educacional). Estamos agora em um período de "melhoria escolar", quando todas as escolas precisam concentrar-se na tarefa complexa de melhorar o ensino e a aprendizagem. O chamamento claro de pessoas como Senge (1990) e outros é transformar a escola em uma organização para a aprendizagem, que, se alcançada, significará uma melhoria tanto no aprendizado dos alunos como no dos professores. O planejamento estratégico é uma ferramenta que pode ser usada para auxiliar as escolas a se tornarem melhores organizações para a aprendizagem.

REFERÊNCIAS

Andrews, K. (1980, 1987) *The Concept of Corporate Strategy*, 1st and 2nd editions respectively. Homewood, IL: Irwin.

Bennis, W. and Nanus, B. (1985) *Leaders*. New York: Harper and Row.

Bowman, C. (1990) *The Essence of Strategic Management*. New York and London: Prentice Hall.

Bryson, J. (1988) *Strategic Planning for Public and Non-profit Organisations*. San Francisco: Jossey Bass.

Cook, B. (1990) *Strategic Planning for America's Schools*. Arlington, VA: American Association of School Administrators.

Davies, B. and Ellison, L. (1992) *School Development Planning*. Harlow: Longman.

DES (1989) *Planning for School Development* 1. London: Department of Education and Science.

DES (1991) *Development Planning* 2. London: Department of Education and Science.

Fidler, B. (1989) Strategic Management: where is the school going?: A guide to strategic thinking, in

B. Fidler and G. Bowles, *Effective Local Management of Schools*. Harlow: Long- man/BEMAS.

Fidler, B. with Edwards, M., Evans, B., Mann, P. and Thomas, P. (1996) *Strategic Planning for School Improvement*. London: Pitman.

Fullan, M. with Stieglebauer, S. (1991) *The New Meaning of Educational Change*. London: Cassell.

Fullan, M. (1993) *Change Forces*. London: Falmer Press.

Hargreaves, D. and Hopkins, D. (1991) *The Empowered School*. London: Cassell.

Hargreaves, D. and Hopkins, D. (eds) (1994) *Development Planning for School Improvement*. London: Cassell.

Kaufman, R. (1992) *Mapping Educational Success: strategic thinking and planning for school administrators*. Newbury Park, CA: Corwin Press.

Louis, K. S. and Miles, M. (1992) *Improving the Urban High School*. London: Cassell.

MacGilchrist, B., Mortimore, P., Savage, J. and Beresford, C. (1995) *Planning Matters*. London: Paul Chapman.

McCune, S. D. (1986) *Guide to Strategic Planning for Educators*. Alexandria, VA: Association for Supervision and Curriculum Development.

Mintzberg, H. (1994) *The Rise and Fall of Strategic Planning*. London: Prentice Hall.

Muriel, J. L. (1989) *Strategic Leadership for Schools*. San Francisco: Jossey Bass.

Nias, J., Southworth, G. and Yeomans, R. (1989) *Staff Relationships in the Primary School*. London: Cassell.

Nun, P. C. and Backoff, R. W. (1992) *Strategic Management of Public and Third Sector Organizations*. San Francisco: Jossey Bass.

Office for Standards in Education (OFSTED) (1995) *Planning Improvements: schools post-inspection action plans*. London: HMSO.

Paterson, J. L., Purkey, S. C. and Parker, J. V. (1986) *Productive Schools Systems for a Non-rational World*. Alexandria, VA: Association for Supervision and Curriculum Development.

Peters, T. (1987) *Thriving on Chaos*. London: Macmillan.

Peters, T. and Waterman, R. (1982) *In Search of Excellence*. New York: Harper and Row.

Pfeiffer, J. W., Goodstein, L. D. and Nolan, T. M. (1988) *Shaping Strategic Planning*. San Diego, University Associates.

Proctor, R. A. (1993) Strategic windows and entrapment, *Management Decision*, 31(5): 55-9.

Senge, P. (1990) *The Fifth Discipline*. New York: Doubleday.

Valentine, E. (1991) *Strategic Management in Education*. Boston: Allyn and Bacon.

Wallace, M. and McMahon, A. (1994) *Planning for Change in Turbulent Times*. London: Cassell.

20

O impacto do planejamento do desenvolvimento em escolas de ensino fundamental[1]

BARBARA MACGILCHRIST, PETER MORTIMORE,
JANE SAVAGE e CHARLES BERESFORD

[...] Por meio de uma análise sistemática de relatos dos diretores e professores e por uma comparação destes com outras fontes de dados, encontraram-se consideráveis evidências para confirmar a hipótese de que quatro tipos diferentes de planos de desenvolvimento estavam sendo usados nas nove escolas [em nosso estudo] e que era possível identificar o tipo de plano sendo usado em cada escola.

Alguns resultados importantes apareceram em relação a essa tipologia. Descobriu-se que os planos de desenvolvimento escolar (PDE) realmente fazem uma diferença, e que eles podem ter um impacto muito significativo na escola. Contudo, a natureza desse impacto foi determinada pelo tipo de plano. A conseqüência disso foi que alguns planos provaram ser mais efetivos do que outros em relação a melhorias identificáveis para a escola como um todo, para os professores em sala de aula e para os alunos. O plano retórico provou ser o menos efetivo, e o plano corporativo, o mais efetivo.

A efetividade do plano estava associada a uma série de características que delineavam cada tipo de plano. As características representavam vários fatores-chave que pareciam ser generalizados em todos os planos. Eram fatores referentes a uma combinação do uso do próprio processo, que foi determinado pelo grau de comprometimento proposto, liderança e gestão do plano e do foco do plano. Foi a combinação desses dois fatores que provou ser crítica. O foco do plano, não apenas a qualidade da liderança e da gestão do processo, marca a diferença entre os planos.

AS PRINCIPAIS CARACTERÍSTICAS DOS QUATRO TIPOS DE PDEs DERIVADAS DE DADOS EMPÍRICOS

[...] As consideráveis diferenças entre os quatro tipos de PDE são um reflexo das diferentes características de cada plano. A seguir, fazemos uma descrição dessas características.

O plano retórico

O plano retórico foi caracterizado por uma falta de sentimento compartilhado de comprometimento e propósito entre o diretor e os professores. O plano escrito não foi um documento funcional, e a liderança e a gestão do processo foram fracas. Isso resultou em um sentimento limitado de controle sobre o processo e em uma falta de confiança de que haveria benefícios. Nem os recursos financeiros nem o INSET estavam ligados ao plano, e as estratégias de monitoramento e avaliação foram fracas. O impacto do plano foi negativo. Os professores ficaram frustrados e desiludidos e o diretor distanciou-se do pessoal.

O plano singular

O plano singular caracterizou-se por um sentimento de comprometimento e propósito apenas do diretor. A natureza do plano era singular. Ele foi usado como uma ferramenta para melhorar a eficiência da gestão e da organização da escola e ofereceu um meio pelo qual o diretor prestaria contas aos dirigentes. Instaurou um grau de confiança no diretor, mas o sentimento de controle sobre o processo foi mínimo. O plano escrito não era um documento funcional, e a liderança e a gestão do processo foram limitadas; o diretor assumiu a responsabilidade pelas duas coisas. Houve pouco ou nenhum desenvolvimento financeiro e profissional para apoiar a implementação do plano, e os processos de monitoramento e avaliação foram fracos. O plano teve um impacto limitado. Resultou em maior eficiência em relação à gestão e à organização global da escola, mas não houve evidências de nenhum impacto sobre os professores e os alunos.

O plano cooperativo

O plano cooperativo caracterizou-se por um esforço para alcançar melhorias. Enquanto houve apenas comprometimento compartilhado parcial da equipe de ensino quanto ao conteúdo do plano, houve uma vontade geral de participar do processo. A natureza do plano pareceu ser de multipropósitos. Houve uma ênfase dual em melhorar a eficiência e a efetividade da escola com um foco notável nas melhorias da escola toda e no desenvolvimento profissional dos professores. A liderança do plano foi conferida ao diretor. Porém, a gestão do processo foi compartilhada entre alguns funcionários importantes, muitos dos quais eram membros da equipe de gestão sênior. O plano escrito tendeu a ser um documento funcional. A implementação do plano foi apoiada por recursos financeiros e por um programa relacionado de desenvolvimento profissional. A aprendizagem dos professores foi vista como algo importante. Houve um sentimento de crescente confiança e controle sobre o processo, apesar de que o envolvimento na implementação do plano tendeu a ficar restrito ao pessoal de ensino. O processo pareceu complexo e contínuo, apesar de faltar rigor aos procedimentos de monitoramento e avaliação. O impacto do plano foi positivo. Resultou em melhorias na gestão e na organização global da escola, nas relações profissionais e na efetividade dos professores em sala de aula. Porém, houve poucas evidências de melhorias para os alunos.

O plano corporativo

O plano corporativo caracterizou-se por um esforço conjunto por melhorias. Havia um forte sentimento de comprometimento e envolvimento compartilhado por parte do pessoal de ensino e foi feita uma tentativa de incluir outros no processo. A natureza do plano pareceu ser de multipropósitos e houve um sentimento de controle sobre o processo e uma confiança de que isso levaria a melhorias na eficiência e na efetividade. Uma de suas principais características foi o foco no ensino e na aprendizagem, especialmente na melhoria da qualidade de aprendizagem dos alunos. O plano escrito foi um documento aberto e funcional, e a liderança do plano foi compartilhada entre a equipe de gestão sênior. A complexidade e a natureza contínua do processo foram reconhecidas, e a gestão do processo foi compartilhada por todo o pessoal. Os recursos financeiros e o desenvolvimento do pessoal foram relacionados à implementação do plano, e as estratégias de monitoramento e avaliação foram sólidas. Os professores tiveram um senso definido de responsabilidade pelo resultado do plano. O impacto do plano foi significativo na escola toda, para os professores em sala de aula e para a aprendizagem dos alunos. Uma ligação pôde ser discriminada entre o desenvolvimento da escola, o dos professores e o dos alunos. Houve evidências de uma comunidade de aprendizagem dentro da escola, com os diretores e professores exibindo características de praticantes reflexivos, continuamente buscando desenvolver e aprimorar sua prática.

Uma análise da tipologia

As características de cada plano representam uma série contínua, partindo do tipo de plano menos efetivo para o mais efetivo: uma série contínua em relação à natureza do impacto do plano, desde negativo até muito positivo. Todavia, a tipologia não representa um processo desenvolvimentista linear. Não é uma teoria de etapas do planejamento de desenvolvimento. Foram as escolas com planos cooperativos e corporativos que revelaram esse aspecto, principalmente as escolas G e H. Essas duas escolas estiveram engajadas no planejamento cooperativo e corporativo, respectivamente, apesar de terem tido pouca ou nenhuma experiência prévia de planejamento dessa maneira. As escolas envolvidas no planejamento cooperativo estavam também em uma série contínua e demonstraram como podiam mudar de um tipo de plano para outro. A escola D não conhecia esse tipo de plano e tinha tido previamente um plano retórico, enquanto que as escolas F e G já estavam começando a demonstrar algumas das características do planejamento corporativo.

As características da tipologia indicam uma consciência diferencial sobre a complexidade do planejamento de desenvolvimento, com o plano retórico sendo o mais simples, e o plano corporativo o mais sofisticado. Ainda mais surpreendente foi a descoberta de que quanto mais efetivo era o plano, mais complexas pareciam ser suas características. Apesar disso contradizer a mensagem de boa parte das orientações publicadas sobre planejamento do desenvolvimento escolar [...], isso confirma o que se conhece da literatura sobre a complexidade das escolas. Foi interessante que o número real de componentes e prioridades do plano não foi um fator determinante. O mais importante foi o foco principal do plano e, portanto, a natureza das prioridades e a natureza integrada do processo de planejamento, especialmente o ponto até o qual os recursos financeiros e o programa de desenvolvimento profissional estavam relacionados à implementação do plano.

As características revelaram uma relação entre a extensão, na qual havia um senso de concordância compartilhado, o pessoal e o diretor quanto aos propósitos, as prioridades e a efetividade do plano. Também relacionado foi o fato de que as duas escolas que possuíam os planos mais efetivos tinham estabelecido uma declaração de política sobre as metas e as práticas do planejamento do desenvolvimento. Nessas declarações de políticas, havia sido feita uma relação entre as metas globais da escola e o papel do planejamento do desenvolvimento para cumpri-las. Nessas escolas, o planejamento do desenvolvimento tinha se incorporado à cultura da escola.

Comprometimento e envolvimento compartilhados, liderança e gestão compartilhadas foram características notadas no plano mais efetivo. O plano corporativo foi caracterizado pelo grau de engajamento de todo o pessoal de ensino no processo.[...]

AS IMPLICAÇÕES DOS RESULTADOS PARA O DIRETOR E O PESSOAL

Um resultado muito importante desse estudo é que os PDEs fazem diferença, mas a natureza dessa diferença é determinada pelo tipo de plano usado. O planejamento do desenvolvimento pode ser aplicado como estratégia de melhoria escolar, mas nem todos os planos de desenvolvimento levam a melhorias na escola. Existe um tipo de plano que, devido a suas características particulares, pode melhorar as oportunidades de aprendizagem para os alunos. Esse é o tipo de plano que procura desenvolver fortes relações entre a aprendizagem do aluno, o desenvolvimento do professor e as melhorias globais na escola. Para as escolas de ensino médio, essas melhorias muito provavelmente serão departamentais e interdepartamentais, tanto como nas condições globais das escola. As principais características desse tipo de plano [...] referem-se a questões relacionadas à extensão do senso de propósito compartilhado e do comprometimento do plano, à qualidade da liderança e da gestão do processo de planejamento e ao foco do plano. Esses resultados têm implicações consideráveis para os diretores, para aqueles com responsabilidades de gestão de nível sênior e médio e para todos os docentes. Eles também têm implicações para outros que trabalham na escola. Eles serão considerados em relação ao modo como os planos são formulados, implementados, avaliados e relatados.

A formulação de planos

Uma das implicações de nossos resultados é que a formulação de um plano de desenvolvimento é muito mais complexa do que a orientação disponível [...], sugere-se. Questões de particular importância referem-se ao processo de identificação de prioridades para o desenvolvimento, a quem deveria estar envolvido, à natureza das prioridades escolhidas para o desenvolvimento, à identificação dos critérios de sucesso e ao tipo de documento produzido.

A auditoria

A identificação de prioridades para o desenvolvimento é chamada, na orientação publicada (DES, 1989), de etapa "de auditoria". Nosso estudo revelou que o conteúdo dessa auditoria precisa ser expandido. Os diretores e a equipe de gestão sênior precisam garantir que a auditoria inclua os seguintes aspectos:

- Uma revisão da extensão em que existe um senso de compreensão compartilhado sobre os propósitos do planejamento do desenvolvimento e uma compreensão de que, apesar de o planejamento do desenvolvimento ser de multipropósito, o propósito central é melhorar o progresso e as realizações do aluno.
- Uma revisão das metas globais da escola e a relação entre elas e o plano de desenvolvimento. A revisão precisa propor a pergunta "até que ponto as prioridades do plano recém-implementado ajudam a expandir as metas das escola?".
- Uma identificação do tipo de plano utilizado atualmente, usando as características do plano corporativo [...] para orientar a análise. Para um novo diretor, será necessário determinar o tipo de plano usado no passado. A ação necessária resultante desse aspecto da auditoria será determinada pelo tipo de plano identificado. Se for um plano corporativo, por exemplo, será importante sustentar e continuar a melhorar a implementação e a avaliação do plano. Se não for um tipo de plano corporativo, então isso, por si só, deveria se tornar uma prioridade de mudança. A cultura da escola em relação a relações profissionais, ajustes organizacionais e oportunidades para aprendizagem de professores e alunos [...] precisará se tornar o foco nas melhorias.
- Um banco de dados melhor para decidir sobre prioridades. Para atingir e manter um foco na aprendizagem do aluno, precisa-se reunir evidências sobre a qualidade do ensino e da

aprendizagem em sala de aula e sobre os níveis de realização dos alunos, inclusive níveis diferentes de realizações entre as disciplinas e na escola como um todo, a fim de permitir que futuras prioridades de desenvolvimento sejam identificadas e acordadas por todos. O estudo revelou que, durante a fase de implementação do processo de planejamento, as estratégias de monitoramento e avaliação foram fracas em várias escolas. Isso, por sua vez, significa que existem informações limitadas disponíveis para fornecer um *feedback* sobre a fase de auditoria do próximo ciclo de planejamento. Sem informações suficientes, é difícil para um diretor ou para uma entidade dirigente decidir o que precisa ser desenvolvido a seguir e o que precisa ser feito para sustentar as melhorias conquistadas até o momento, de modo que o processo se torne realmente contínuo.

Envolvimento na auditoria

Uma reconsideração de quem está envolvido no processo e a natureza desse envolvimento precisam estar incluídos na ampliação do processo de auditoria. O estudo mostra que é essencial que os professores tenham um senso compartilhado de comprometimento do plano. Sem isso, é provável que o plano tenha pouco ou nenhum impacto positivo e que seu resultado seja negativo, como foi o caso com o plano retórico. O estudo também revelou que a definição de envolvimento varia de acordo com o tipo de plano, conforme exemplificado pelo tipo singular de plano. Atingir um esforço unificado de melhorias requer os tipos de estratégias adotadas pelas escolas que estão engajadas no planejamento corporativo; estratégias que permitem que os professores tenham um papel ativo na determinação de prioridades de desenvolvimento. Constatamos que o envolvimento dos professores na liderança e na gestão desse aspecto do processo de planejamento foi um fator importante.

Porém, é essencial que os professores não vejam o plano como uma ameaça à sua autonomia profissional. Em vez disso, eles precisam ser ajudados a compreender e a experimentar os benefícios de ter uma "perspectiva que vá além da sala de aula" (Hopkins, 1989) e de colaborar e aprender com outras turmas, outros departamentos e com a escola como um todo, conforme descrito por professores engajados em planos cooperativos e corporativos. Esses devem ser os tipos de benefícios concernentes à própria aprendizagem dos professores e à de seus alunos.[...] Isso não deve ser visto como um processo de uma via. Ao mesmo tempo, existe a necessidade de os diretores e as equipes de gestão de nível sênior e médio terem uma *perspectiva consciente da sala de aula*. É importante para eles poderem se concentrar-se nas salas de aula como parte do processo de coleta de evidências sobre aspectos do ensino e da aprendizagem que precisam ser ainda mais aperfeiçoados. Os diretores e suas equipes de gestão precisam desenvolver estratégias para conhecer mais sobre o que acontece em sala de aula. Dessa maneira, a identificação de prioridades para o desenvolvimento pode tornar-se um processo de duas vias compartilhado por todos os docentes.

Para a escola atingir um enfoque mais corporativo do planejamento de desenvolvimento, são necessárias estratégias para envolver os outros. O estudo revelou que o conteúdo dos planos são determinados, em geral, pelo diretor e, dependendo do tipo de plano, pelo pessoal docente. Porém, existiram evidências de escolas engajadas no planejamento cooperativo, e no corporativo principalmente, de que elas estavam se abrindo, incluindo e levando em conta os pontos de vista dos outros, como do pessoal de apoio ou associado, como eles foram chamados (Mortimore et al., 1994), de alunos, pais e dirigentes.[...] Ao engajar os outros na auditoria e levar em consideração seus pontos de vista, isso deveria reforçar seu senso de comprometimento, envolvimento e compromisso com o plano.

O tipo de prioridades escolhidas para o desenvolvimento

Uma das principais constatações do nosso estudo é que não é o número de componentes e prioridades do plano, mas o foco escolhido para o desenvolvimento, que parece ter um significado importante no impacto do plano. Isso implica que, ao escolher prioridades para o desenvolvimento, os diretores e professores precisam ser claros quanto à distinção entre *meios e fins* no planejamento do desenvolvimento. Por exemplo, mesmo o desenvolvimento dos professores sendo, em um aspecto, um fim em si mesmo, ele também precisa ser visto como um meio de melhorar a aprendizagem do aluno. Da mesma forma, mesmo a melhoria nos ajustes organizacionais e nas relações profissionais na escola toda e entre os departamentos sendo uma prioridade importante, a análise racional para escolher essas melhorias precisa que as necessidades reflitam o ponto até o qual tais mudanças têm realmente probabilidades de melhorar as oportunidades de aprendizagem para os alunos. O estudo mostrou que as prioridades escolhidas podem permitir que a ligação entre a escola toda e o desenvolvimento departamental, dos professores e dos próprios alunos seja reforçada, e que esse princípio deve orientar a escolha de prioridades. Com relação a isso, o estudo também mostrou que, quando os professores reconhecem que existem prioridades no plano que servirão aos seus próprios fins em sala de aula, é provável que eles se sintam comprometidos com sua implementação.

A identificação dos critérios de sucesso

Para as escolas engajadas em tipos de planos retóricos, singulares e cooperativos, a identificação de critérios de sucesso em relação às prioridades de desenvolvimento escolhidas é deficiente, apesar de ser importante. São as escolas engajadas em planejamento corporativo que reconhecem a necessidade de serem mais rigorosas para decidir, no início, como as melhorias buscadas podem ser demonstradas na prática. Elas entendem a necessidade de escolher maneiras de avaliar a efetividade subseqüente do plano. Portanto, as escolas precisam perguntar-se "como saber se conseguimos alguma mudança relevante?". A resposta a essa pergunta irá, por sua vez, indicar a natureza das evidências que precisam ser reunidas para monitorar a implementação das prioridades de desenvolvimento e para avaliar os resultados do plano.

O plano escrito

As evidências de nosso estudo são as de que o plano escrito precisa ser formulado de tal forma que seja um documento aberto e funcional; um documento que, em vez de ser uma declaração de intenções pronta, publicada, seja de natureza prática e flexível e possa ser aperfeiçoada, se necessário. Descobrimos que, se esse for o caso, ele será consultado regularmente, e o progresso e as realizações serão registrados. Em várias escolas, os membros individuais do pessoal não tinham apenas uma cópia do plano, mas também estava à disposição, para todos verem uma sinopse que era regularmente aperfeiçoada e atualizada. Também precisa haver um entendimento compartilhado de que outras pessoas também precisam obter uma cópia do plano. O público para o plano escrito e o propósito de apresentá-lo devem determinar seu formato e seu conteúdo. Por exemplo, precisa haver um acordo com os dirigentes quanto a eles poderem receber ou não o plano operacional detalhado, ou uma sinopse deste. Da mesma forma, as necessidades de outros, como o pessoal de apoio, os pais, a AEL ou uma equipe de inspeção, também determinarão a natureza do documento escrito que eles irão receber.

A implementação do plano

A importância da qualidade da liderança e da gestão na implementação do plano e a extensão em que esse foi compartilhado por todo o pessoal e pelos outros provaram ser nossas principais descobertas. Questões práticas de particular importância referem-se ao estabelecimento de um plano de ação: a identificação dos papéis e responsabilidades, o aprovisionamento de suporte financeiro para a implementação do plano, o aprovisionamento de um programa de desenvolvimento profissional para professores e o monitoramento sistemático do processo, assim como o progresso na implementação das prioridades de desenvolvimento.

O plano de ação

Todas as escolas reconheceram a necessidade de estabelecer-se um plano de ação que permitisse que as prioridades identificadas para melhorias fossem realizadas na prática. Contudo, foram apenas as escolas engajadas em tipos de planos cooperativos e corporativos que puderam compor os planos de um modo que eles conduzissem a melhorias na efetividade da escola. Um plano de ação, portanto, precisa incluir a identificação de metas, tarefas, papéis e responsabilidades, cronogramas, sistema de comunicação efetivo e sistema para revisão e monitoramento regulares. Isso tem implicações importantes em relação à necessidade de estabelecer um plano de ação após a inspeção da Ofsted. As escolas precisam de esclarecimento sobre a relação entre esse tipo de plano de ação e o planejamento da ação como parte do processo de planejamento de desenvolvimento contínuo. Na prática, os dois devem ser combinados, e isso traz consideráveis implicações à maneira como o plano é conduzido e gerenciado.

Papéis e responsabilidades

As pessoas engajadas em tipos de planos cooperativos e corporativos reconheceram que alguns aspectos que fazem parte do sucesso do plano de ação são a identificação e o esclarecimento sobre papéis e responsabilidades específicos. Esses referem-se à liderança e à gestão do processo e a uma combinação de responsabilidade compartilhada e individual entre todos os docentes e, em alguns casos, entre outros grupos. Isso tem implicações importantes para o enfoque da liderança e da gestão adotado pela gestão sênior e pelas equipes de gestão de nível médio e para a extensão em que isso permite que os professores, individualmente, tenham responsabilidade delegada e pessoal pela implementação de um aspecto do plano de desenvolvimento. O enfoque da liderança e da gestão adotado por diretores engajados no planejamento corporativo gerou, em todos os envolvidos, um sentimento de confiança e controle sobre o processo. Para isso acontecer, existe a necessidade de os diretores delegarem responsabilidade, de maneira que os envolvidos não apenas tenham a incumbência de agir e de tomar decisões, mas também sejam responsabilizados pelos resultados.

Um problema comum a todas as escolas é o tempo limitado disponível para a implementação do plano. Portanto, é muito importante a gestão eficiente da utilização do tempo. Os diretores que tiveram confiança e controle sobre o processo estavam constantemente buscando maneiras de criar tempo suficiente para os professores e para as equipes de professores para cumprirem suas funções e responsabilidades em relação ao plano.

Apoio financeiro

O apoio financeiro diretamente ligado à implementação do plano provou ser uma característica apenas dos tipos mais efetivos de planos. As escolas precisam decidir não apenas quanto dinheiro gastar em atividades de desenvolvimento, mas também o tipo de apoio necessário. A cobertura de suprimentos será necessária, não somente para a liberação do professor para o trabalho ao lado de outros e para assistir a sessões de treinamento, mas para permitir que indivíduos e equipes de professores cumpram suas responsabilidades de liderança e gestão relacionadas à implementação do plano. Além disso, dependendo das prioridades do plano, tanto as conectadas à sustentação de desenvolvimentos passados como à introdução de novos, será necessário dinheiro para aumentar os recursos em sala de aula e para apoiar as atividades departamentais, assim como para melhorias globais na escola.

Desenvolvimento do pessoal

Em comum com a questão anterior, constatou-se que um programa de desenvolvimento profissional diretamente ligado à implementação do plano era uma característica de tipos mais efetivos de planos. O programa de treinamento interno precisa servir a pelo menos dois propósitos e tomar várias formas. O desenvolvimento do conhecimento e das habilidades em relação às prioridades para melhorias é importante e necessitará da presença em oficinas e cursos que acontecerão na escola e fora dela, das oportunidades para os professores aprenderem uns com os outros – por exemplo, trabalho emparelhado e equipes de professores trabalhando juntos – e o uso de consultores e de equipe de aconselhamento dos colegas e daqueles trazidos para dentro do grupo. Ao mesmo tempo, haverá membros do pessoal que, devido a seus papéis e responsabilidades particulares em relação à implementação do plano e à supervisão do processo de planejamento, necessitarão de oportunidades de desenvolvimento da gestão, inclusive da presença em cursos adequados fora da escola.

Nossa descoberta de que quanto mais complexo e sofisticado o plano, mais efetivo ele é, também tem importantes implicações para o desenvolvimento profissional dos diretores. Eles precisam garantir que o programa de desenvolvimento profissional para a escola inclui oportunidades para eles desenvolverem e estenderem seus próprios enfoques à liderança e à gestão e para saberem mais sobre as características dos tipos mais efetivos de PDE.

Monitoramento da implementação do plano

Surgiram várias deficiências em relação a esse aspecto do processo de planejamento. Houve uma ausência de monitoramento nas escolas engajadas em tipos retóricos e singulares de planos. Apesar do monitoramento ter sido reconhecido como importante para as escolas envolvidas em planos cooperativos, no fundo apenas os líderes cumpriam com essa responsabilidade. Por contraste, para os envolvidos em planos corporativos, sejam diretores, pessoal de nível sênior ou professores em sala de aula, o monitoramento foi visto como uma responsabilidade compartilhada, requerendo várias estratégias para refletir os diferentes papéis e responsabilidades que os indivíduos possuem.

A implicação dessa descoberta é que as estratégias para o monitoramento do próprio processo de planejamento, assim como o progresso na implementação das prioridades específicas para os desenvolvimentos, precisam ser incluídos no plano de ação no início. Uma série sistemática de procedimentos para revisar regularmente o progresso é essencial. Isso surgiu como uma lição importante aprendida por aqueles engajados nos tipos mais efetivos de planos. Os procedimentos precisam incluir oportunidades para diferentes grupos encontrarem-se regularmente. O tamanho da escola, a estrutura de gestão e a maneira pela qual a responsabilidade pela implementação do plano foi designada para diferentes grupos, bem como o número e o alcance de prioridades para o desenvolvimento do plano, determinarão a freqüência com que esses grupos precisarão se encontrar. É provável que os grupos incluam todo o pessoal, o grupo todo ou um subgrupo da entidade governante, das equipes de gestão de nível sênior e médio e dos grupos de tarefas que podem envolver os docentes e outros – por exemplo, pessoal associado, dirigentes e alunos. Esse grupos diferentes precisam ter um papel de monitoramento claro apoiado por um sistema combinado para comunicações e tomada de decisão, para permitir que qualquer problema seja superado e que quaisquer mudanças necessárias sejam feitas. O plano corporativo demonstra que os procedimentos também precisam incluir oportunidades para o exercício de responsabilidade individual em relação ao monitoramento de um aspecto específico do plano. Dessa maneira, o senso de comprometimento dos professores e o seu envolvimento podem ser reforçados. Por meio de tais procedimentos regulares, é possível um *feedback* sobre o progresso, o tipo de *feedback* que não apenas identifica problemas a serem resolvidos, mas tarefas a serem cumpridas com sucesso. Estas devem fornecer uma fonte importante de motivação para as partes envolvidas.

A avaliação do plano

[...] O monitoramento e a avaliação precisam ocorrer simultaneamente durante toda a implementação do plano. A razão de criar um tópico separado para avaliação nesse momento é que, assim como o monitoramento, esse aspecto do processo de planejamento foi uma deficiência notável em algumas escolas.[...] Constatou-se que a autogestão não leva necessariamente a melhorias na efetividade da escola. Para aqueles envolvidos em planos retóricos e singulares, houve pouca ou nenhuma espécie de avaliação. As únicas evidências aludidas pelos entrevistados referiam-se à realização de tarefas identificadas no plano, e não à sua avaliação. A avaliação pareceu equiparar-se ao monitoramento e à implementação do próprio plano de ação. Para as escolas engajadas em planos cooperativos e corporativos, porém, há um claro reconhecimento da importância da coleta de uma série de evidências quantitativas e qualitativas para possibilitar que o impacto do plano seja avaliado.[...] Apenas as pessoas engajadas em planos corporativos tiveram uma grande ênfase na coleta de dados diretamente relacionados ao trabalho dos professores e alunos em sala de aula.

Esses resultados têm implicações importantes para a prática. A coleta sistemática de evidências é parte integrante do plano de ação e está intimamente relacionada aos critérios de sucesso identificados na etapa de formulação, permitindo que o impacto do plano e o processo de planejamento sejam avaliados. As lições aprendidas, principalmente por aqueles envolvidos em planos cooperativos e corporativos, fornecem indicadores úteis quanto aos diferentes aspectos do planejamento do desenvolvimento que precisam ser incorporados ao processo de avaliação. O impacto das prioridades acordadas para o desenvolvimento deve ser avaliado. Também é importante uma avaliação das estratégias utilizadas no próprio processo de planejamento e do grau de melhorias que essas podem experimentar. Uma terceira dimensão da avaliação deve referir-se à cultura da escola. Esse estudo revelou que o planejamento do desenvolvimento pode ter um impacto positivo sobre os aspectos que constituem uma demonstração observável da cultura, ou seja, relações profissionais, ajustes organizacionais e oportunidades de aprendizagem.

As evidências reunidas em relação a esses tipos diferentes de avaliação precisam incluir uma série de dados quantitativos e qualitativos, a fim de permitir uma avaliação abrangente a ser realizada. As prioridades para o desenvolvimento determinarão a natureza das informações necessárias à avaliação. Os tipos de dados quantitativos devem ser uma combinação de evidências documentadas, como documentos de políticas, relatórios de inspeção, esquemas de trabalho e planos dos professores, evidências do progresso dos alunos, como amostras de trabalho ou registros de realizações; e dados estatísticos, incluindo, por exemplo, resultados acadêmicos, progresso e presença em aula dos alunos. Os dados qualitativos também precisam combinar evidências observáveis, como mudanças ambientais, novos recursos de sala de aula e organização, e qualidade do trabalho dos alunos em livros ou em exposição, com dados relacionados às prioridades de desenvolvimento que se referem às atitudes e expectativas de, por exemplo, alunos, professores, dirigentes, pais e visitantes externos à escola. Conforme revelado em nosso estudo, o foco da coleta de dados é uma questão de particular importância. É essencial garantir que as melhorias na qualidade de ensino e aprendizagem na sala de aula sejam pontos centrais na avaliação. São os resultados dessas análises de dados que precisam ser dados como *feedback* na fase de auditoria, à medida que o próximo ciclo de desenvolvimento é formulado. Ao mesmo tempo, o processo de avaliação deve ser contínuo durante toda a implementação do plano. Isso permitirá que mudanças consideradas apropriadas sejam feitas e que novas demandas inesperadas sejam atendidas.

Relatório dos resultados

[...] Existem várias questões referentes ao que foi informado sobre os resultados do plano de desenvolvimento. No final do ciclo de planejamento, todos os diretores disseram que comunicaram os resultados aos dirigentes. Além disso, não há acordo unânime quanto a outros grupos, apesar de a AEL e os pais serem mencionados por pelo menos dois terços dos diretores. Por contraste, os professores foram visivelmente imprecisos sobre esse aspecto do processo e houve considerável desacordo entre eles quanto ao fato de saber, se alguém estava ou precisava ser informado.

Duas implicações práticas surgem desse ponto. A primeira refere-se à necessidade de uma decisão ser tomada pelo diretor e pela equipe de gestão sênior sobre quem deveria estar envolvido no planejamento do desenvolvimento e a natureza de tal envolvimento. A base profissional forte dos planos já foi identificada. À medida que mais grupos se envolvem, como pessoal associado, alunos, dirigentes e pais, é preciso refletir sobre uma comunicação clara quanto ao progresso e aos resultados do plano.

A segunda implicação refere-se à natureza de multipropósito do planejamento do desenvolvimento. Nosso estudo confirmou que ela pode ser usada como uma estratégia de melhoria da escola. Também confirmou que todos os líderes reconheceram que um dos propósitos do planejamento do desenvolvimento é permitir que a escola se torne mais responsável por seu trabalho. Essa é uma das razões por que todos os diretores relataram resultados aos dirigentes, apesar do fato de nem todas as entidades governantes solicitarem que o fizéssemos. O programa de inspeção nacional de iniciativa governamental destaca a importância do aspecto responsabilidade final do planejamento do desenvolvimento, pois ele faz parte dos procedimentos de inspeção. Precisa ser dada mais atenção a como e para quem os resultados são relatados. Os dirigentes, principalmente, precisam prestar mais atenção a essa questão, pois ela relaciona-se ao seu papel no planejamento do desenvolvimento.

As implicações dos resultados para os dirigentes

As implicações desse estudo são que os dirigentes acham difícil envolverem-se e estarem informados sobre o planejamento do desenvolvimento escolar, devido à falta de esclarecimento, em geral, sobre seu papel e sua responsabilidade em relação à liderança e à gestão da escola. Precisa haver uma compreensão compartilhada entre os dirigentes, o diretor e a equipe de gestão sênior sobre os propósitos do planejamento do desenvolvimento e das características do tipo de plano com maior probabilidade de melhorar a efetividade da escola. Os dirigentes deveriam participar da formulação do plano a fim de se capacitarem a desenvolver sua responsabilidade em relação ao currículo, a necessidades educacionais especiais e a decisões orçamentárias ligadas às prioridades do desenvolvimento escolhido. Precisa-se encontrar maneiras de incluir os dirigentes no processo de auditoria, para que um enfoque mais corporativo ao planejamento seja conseguido e para que os dirigentes cumpram suas responsabilidades em relação ao plano de ação que precisam estabelecer após uma inspeção da Ofsted.

Constatou-se que o envolvimento dos dirigentes na implementação e na avaliação do plano foi problemático. Existe uma tensão nos resultados. Por um lado, os dirigentes estavam satisfeitos que o diretor e o pessoal exercessem a liderança diária e a gestão do plano. Por outro lado, os dirigentes desejavam participar do monitoramento do plano. Ligadas a isso estavam a sua habilidade limitada de avaliar o impacto do plano e a sua grande confiança no relatório sobre os resultados feito pelo diretor. Precisam-se encontrar maneiras de possibilitar que os dirigentes estejam melhor informados sobre o impacto do plano. [...]

As implicações dos resultados para as AELs

Nossa pesquisa nacional revelou quatro tipos de envolvimento de AEL no planejamento do desenvolvimento. Porém, apesar do aumento repentino inicial e do interesse em relação aos PDE, que foi indicado na pesquisa da AEL, existem poucas evidências em nosso estudo subseqüente de isso ser mantido. Durante o tempo de coleta de dados, o papel da AEL foi mudando consideravelmente, como resultado da legislação de 1988 sobre gestão local e da transferência da responsabilidade financeira às escolas. A legislação subseqüente sobre inspeções escolares também estava começando a criar um impacto. As entrevistas com o pessoal nas três AELs em nosso estudo revelam uma mudança na natureza do envolvimento da AEL no planejamento do desenvolvimento, com uma mudança notável do apoio para o monitoramento. Pareceria que as autoridades locais, em nosso estudo, não são mais capazes de fornecer uma infra-estrutura coerente de apoio para as escolas em relação a aconselhamento e treinamento interno. As implicações práticas disso, dadas as constatações do estudo, são causas de preocupação. Nossa pesquisa revelou o impacto diferencial dos PDEs e a necessidade de as escolas "aderirem", por exemplo, aos planos retóricos ou singulares, para ter um suporte externo que lhes permita mudar do tipo de plano atual para um plano mais efetivo.

Nosso estudo indica que o necessário é uma infra-estrutura de apoio externa que:

- permita aos conselheiros e inspetores de uma escola fazerem sua própria auditoria localmente tanto quanto ao tipo de plano de desenvolvimento que está sendo utilizado como ao entendimento coletivo da escola sobre a natureza complexa do processo de planejamento do desenvolvimento. Isso, por sua vez, determinará os tipos de apoio e intervenção necessários;
- complemente, assim como ajude a desenvolver, procedimentos de auto-avaliação próprios de uma escola, por meio da avaliação externa do processo de planejamento e de seu impacto;
- forneça oportunidades aos diretores e professores para se engajarem na moderação do planejamento do desenvolvimento escolar, em que podem compartilhar e aprender uns com os outros;
- forneça um programa de educação interno que atenda às três necessidades específicas relacionadas ao planejamento do desenvolvimento escolar. Apoio de aconselhamento e oportunidades de desenvolvimento profissional para professores e outros serão necessários em relação aos enfoques específicos do desenvolvimento. De forma similar, serão necessárias oportunidades de desenvolvimento da gestão para o pessoal que assume responsabilidades de gestão específicas em relação ao plano. Para os diretores e para aqueles que procuram ser autoridades, é necessário um programa de desenvolvimento profissional que lhes permita compreender a complexidade do planejamento do desenvolvi-

mento e desenvolver e reforçar seu enfoque quanto à liderança e à gestão do plano.
[...]

COMENTÁRIOS PARA CONCLUSÃO

A história do planejamento do desenvolvimento escolar é relativamente curta. A partir das recomendações do Comitê Thomas, em 1985, declarando que "cada escola deve ter um plano de desenvolvimento (...) e que o propósito central deve ser expresso em termos das melhorias buscadas na aprendizagem das crianças" (ILEA, 1985, § 3.94), nossa pesquisa da AEL revelou que o planejamento do desenvolvimento escolar tornou-se parte da prática das escolas em quase todas as AELs do Reino Unido. Estudos internacionais revelam que também o introduziram e que é utilizado em vários outros países.

Subjacente a essa rápida expansão do planejamento do desenvolvimento está uma suposição, feita particularmente por construtores de políticas, de que os PDEs tornam as escolas melhores; eles são a resposta à autogestão e, dessa forma, tornam as escolas mais efetivas. Os resultados desse estudo desafiam essas suposições.

Nosso estudo revelou que o planejamento do desenvolvimento é muito mais complexo do que muitos dos que advogam seu uso reconhecem. Sua complexidade é, sob muitos aspectos, um reflexo da complexidade das escolas e do próprio processo de mudança. Hargreaves e Hopkins (1993, p.239) argumentam que "a vantagem do planejamento do desenvolvimento escolar (...) é que ele fornece um meio pelo qual o conhecimento sobre as estratégias para melhorias nas escolas pode passar por um teste prático". Esse estudo, pelo seu foco no processo e no impacto do planejamento do desenvolvimento em nove escolas de ensino fundamental, esforçou-se a testar tal conhecimento. Foi demonstrado que o planejamento do desenvolvimento escolar pode ser usado como uma estratégia para si próprio, mas que o ponto em que isso se torna uma realidade na prática depende do tipo de plano de desenvolvimento utilizado. Dos quatro tipos identificados, descobriu-se que apenas uma causa um impacto positivo para melhorias nos alunos, nos professores e na escola como um todo. A principal contribuição deste estudo foi identificar as características desse tipo de plano; características que têm implicações tanto para a teoria como para a prática das melhorias nas escolas.

NOTA

1. Este material foi condensado.

REFERÊNCIAS

DES (1989) *Planning for School Development: advice for governors, headteachers and teachers.* London: HMSO.

Hargreaves, D. and Hopkins, D. (1993) School effectiveness, school improvement and development planning, in Preedy, M. (ed.) *Managing the Effective School.* London: Paul Chapman.

Hopkins, D. (1989) *Evaluation for School Development.* Milton Keynes: Open University Press. ILEA (1985) *Improving Primary Schools.* London: ILEA.

Mortimore, P. et al. (1994) School development planning in primary schools, in D. Hargreaves and D. Hopkins (eds) *Development Planning for School Improvement.* London: Cassell.

21

Liderança de projetos[1]

TREVOR L. YOUNG

O QUE É UM PROJETO?

Uma definição simples de um projeto é apenas uma "tarefa especial". Isso sugere algo que está fora das atividades operacionais normais do dia-a-dia. [...] No momento em que a organização se dá conta de que é necessário um novo enfoque, as palavras mágicas "tarefa especial" surgem de repente. O novo enfoque está separado das atividades do dia-a-dia apenas porque a equipe está muito ocupada para devotar tempo a encontrar uma solução. [...] A "tarefa especial" começa a tomar uma nova aparência. Ela é repentinamente singular e especial e percebe-se que realmente existe a necessidade de realizá-la de maneira diferente das operações normais do dia-a-dia.

Então tudo o que acontece durante a execução da "tarefa especial" é visto como parte de um grupo temporário de atividades, único à tarefa e separado das operações. A "tarefa especial" nasceu como um *projeto*.

Portanto, o projeto tem restrições definidas e resultados específicos de que a organização necessita.

Pode-se definir um projeto como:

Um grupo de atividades realizadas dentro de um período e um custo claramente definidos a fim de atingir uma série de objetivos específicos.

Um projeto tem características particulares:

- tem um propósito específico;
- geralmente não envolve rotina;
- engloba atividades interdependentes;
- tem restrições temporais definidas;
- é freqüentemente complexo;
- tem restrições de custos definidas;
- está sujeito a cancelamentos;
- é flexível para responder a mudanças adicionais;
- envolve muitas incógnitas;
- envolve risco.

Os projetos geralmente são percebidos como atividades altamente técnicas realizadas por engenheiros e tecnólogos. [...] Na maioria das organizações, os gestores têm projetos que são de menor tamanho e duração. Eles não são necessariamente muito técnicos em engenharia ou conteúdo científico, mas retêm a maior parte das características de um projeto.

As ferramentas, as técnicas e os métodos empregados para gerenciar todos os projetos são os mesmos, diferindo apenas em sua seleção e sua aplicação, dependendo da duração e da complexidade do trabalho. Ferramentas complexas de planejamento e monitoramento analíticos geralmente não são selecionadas para uso em projetos curtos que envolvam somente poucas pessoas. Outros métodos e procedimentos mais simples são aplicáveis nesses projetos.

Os projetos podem ser divididos em duas categorias amplas:

- Difíceis.
- Fáceis.

Existe uma definição clara de cada tipo, pois muitos projetos "fáceis" eventualmente tornam-se "difíceis" nas últimas etapas. Um projeto pode iniciar [...] na etapa conceitual com delimitações e limites vagos. Isso permite que a flexibilidade e o clima criativo permaneçam. À medida que o projeto progride, as linhas suaves das delimitações do projeto começam a tomar uma forma mais definida. Os objetivos tornam-se mais claros e específicos e são combinados prazos mais realistas para alcançar os resultados. A facilidade inicial do projeto desaparece e um projeto "difícil" desenvolve-se. [...]

O Quadro 21.1 apresenta algumas propriedades comuns de cada categoria do projeto.

O PAPEL DO LÍDER DE PROJETOS

Como um projeto engloba uma série única de atividades combinadas para atingir objetivos específicos, o papel de líder do projeto geralmente é complexo. Ocupa provavelmente apenas parte da sua rotina diária. Está fora da linha hierárquica geralmente aceita na organização e requer ligações com os colegas e gestores em todos os níveis. Essas ligações são específicas apenas para a duração do trabalho do projeto e criam um grande número de relações de pouco tempo que formam uma matriz.

Essa matriz inclui a pequena equipe designada ao projeto. Eles se dedicam a passar parte de seu tempo no projeto. É diferente das muitas outras pessoas em todos os níveis, de várias áreas funcionais, que têm contribuições

Quadro 21.1
Propriedades dos projetos

Projetos difíceis	Projetos fáceis
Objetivos claramente definidos	Objetivos declarados de forma geral
Escopo identificado	Escopo com ampla abertura intencional
Restrições geralmente conhecidas	Muitas restrições desconhecidas no início
Especificações estabelecidas no início	Especificações como parte do projeto
Planejamento baseado em experiências passadas	Planejamento limitado no início – pouca experiência
Habilidades necessárias conhecidas no início	Habilidades necessárias avaliadas continuamente
Recursos prontamente identificados	Recursos não facilmente identificados no início
Plano de base fixado no início	Plano de base difícil de estabelecer
Processo de controle geralmente adequado	Processo de controle customizado
Padrões de qualidade existentes	Padrões de qualidade escritos durante o projeto
Padrões de desempenho fixados no início	Padrões de desempenho flexíveis
Estruturação da equipe durante o planejamento	Estruturação da equipe flexível
Organização para projetos estabelecida	Falta de organização para projetos
Risco limitado e previsível	Risco imprevisível
Critérios de sucesso combinados no início	Critérios de sucesso mudam com o tempo
Custo do projeto definido no início	Custo do projeto difícil de definir
Duração do projeto fixada no início	Duração do projeto flexível
Liderança constante	Liderança modifica-se durante o projeto

a trazer, mas que não estão operando com prioridades semelhantes àquelas da equipe do projeto. A coordenação dos esforços de todas essas pessoas e da equipe do projeto é uma parte essencial do papel do líder do projeto.

Para que o projeto progrida, você tem de responder a necessidades e demandas de mudança, segundo maneiras que não estão sempre bem-definidas dentro dos procedimentos estabelecidos ou das práticas aceitas. Essas geralmente não existem formal ou informalmente. Na prática, você precisará provavelmente adotar métodos, de interesse do projeto, que ultrapassam limites aceitos e confrontam as tradições e a cultura da organização. Algumas vezes você se sentirá excluído da hierarquia normal do seu papel e vulnerável à oposição de pessoas, em todos os níveis, as quais você anteriormente considerava colegas e amigos. [...]

Como líder de projeto você:

- torna-se responsável por atingir os objetivos do projeto;
- assume claramente o comando e fica em uma posição de alto risco;
- tem autoridade limitada para obter recursos de forma interna e externa;
- é responsável por obter resultados, transpondo os costumes estabelecidos;
- opera em áreas desconhecidas e imprevisíveis;
- está suscetível à baixa credibilidade junto a outros gestores;
- é visto com desconfiança por aqueles não envolvidos.

Como líder, você está obrigado a operar em um ambiente no qual deve:

- examinar seu autodesempenho continuamente;
- garantir que a liderança da equipe mantenha-se positiva;
- gerenciar o cliente, os usuários finais e todas as partes interessadas;
- gerenciar a integração e as interfaces do projeto;
- garantir que as expectativas de todos os envolvidos sejam satisfeitas;
- monitorar o progresso e acompanhar as metas e os prazos do projeto;
- garantir que os planos sejam exatos;
- manter os níveis de recursos alinhados com os planos;
- manter o comprometimento da gestão sênior;
- auxiliar no trabalho em grupo a fim de manter o desempenho elevado.

Assim, você tem um papel difícil de cumprir, com muitas áreas e atividades operacionais que raramente, quase nunca, são de grande importância para a gestão da linha hierárquica. Uma de suas prioridades é "gerenciar" todas as pessoas que têm interesse no projeto, em qualquer etapa do ciclo de vida dele, independentemente do seu nível de envolvimento. Para alcançar o sucesso, é essencial uma gestão efetiva do desempenho em todas as etapas da existência do projeto.

Existem três áreas funcionais em seu novo papel:

- gerenciar todos os interessados no projeto;
- gerenciar cada fase do projeto de forma efetiva;
- gerenciar o desempenho das pessoas. [...]

A contextualização do projeto

[...] Ao iniciar, os dados disponíveis para o projeto são limitados, freqüentemente constituindo-se apenas de descrição geral ou "termos de referência" que podem ser apoiados por um estudo de factibilidade realizado com bastante antecedência. A especificação do projeto é provavelmente vaga – "para permitir flexibilidade". Foi realizado pouco planejamento e ninguém tem uma idéia real do que está envolvido.

O projeto certamente terá alguns objetivos, apesar de esses não ficarem imediatamente óbvios para você. Os objetivos declarados com freqüência são vagos e, às vezes, até mal-orientados. A disponibilidade de recursos provavelmente terá recebido pouca atenção, mas pode haver um limite orçamentário determinado. As informações disponíveis a você são restringidas por influências pessoais e organizacionais dos envolvidos na etapa conceitual do projeto. Você terá muitas distrações nesse ponto, principalmente as atividades operacionais do dia-a-dia. Essas devem continuar; o papel do projeto é um peso adicional para você e pode causar mais estresse.

Para o projeto iniciar bem, [...] na primeira etapa você deverá considerar os recursos disponíveis e começar a reunir a equipe principal para o projeto. Isso pode envolver pessoas de sua própria equipe ou associados próximos.

A próxima transição importante é chave para o sucesso de todo o projeto. Consiste de dois passos gigantes:

- contextualizar o projeto;
- identificar todos os interessados no projeto. [...]

Você e a equipe principal precisam ter clareza quanto ao contexto do projeto na organização como um todo. Você precisa de respostas às seguintes perguntas:

- Como isso se encaixa na estratégia [da organização]?
- Por que isso é necessário?
- O que foi feito anteriormente?
- Qual é o propósito real desse projeto?
- Por que somos selecionados para o projeto?
- O que conseguiremos com o projeto, se ele for bem-sucedido?
- O que acontecerá se falharmos?
- O que a organização lucrará com o projeto?
- Quais são as expectativas da gestão sênior?

Obter respostas a essas e a muitas outras perguntas semelhantes destinadas a buscar os fatos cria uma visão para o projeto e retira um pouco de sua incerteza. A equipe principal ficará "envolvida" com o projeto, conscientizando-se da necessidade de seus esforços futuros. Ela entenderá as razões subjacentes ao projeto e os riscos a serem enfrentados no processo da mudança que o projeto pretende atingir. Esse é o primeiro grande passo dado para a construção de comprometimento pela equipe do projeto.

A identificação das partes interessadas

As partes interessadas são um grupo de pessoas que têm interesse no projeto. Ele tem início com você e a equipe principal, pois seu interesse é óbvio. Em cada projeto, o interesse nos resultados não está limitado a esse grupo. Sempre haverá muitos outros com um interesse próprio no todo ou em partes do ciclo de vida do projeto, assim como nos resultados alcançados no final.

Cada projeto terá um patrocinador, um gestor sênior que patrocina diretamente o projeto e freqüentemente é o responsável no nível sênior. [...]

Cada projeto tem seu próprio grupo de partes interessadas e está claro que é importante tentar identificá-los nessa etapa inicial. Todos têm um insumo a trazer e todos terão uma percepção diferente das necessidades, do propósito e dos objetivos do projeto. [...]

As partes interessadas, individualmente, têm sua própria estratégia, sua missão e seus pontos fortes e fracos. Cada uma tem sua própria agenda secreta, da mesma forma que você e os membros de sua equipe, os quais, como indivíduos, têm aspirações a ganhos pessoais a partir de seu envolvimento. [...]

As partes interessadas dividem-se em dois grupos:

- Interno.
- Externo.

Você precisa, em primeiro lugar, garantir o apoio e o comprometimento dos envolvidos internamente. Como todos eles trabalham para a mesma organização, isso está teoricamente predeterminado pela decisão de prosseguir com o projeto.

Na prática, isso não é simples. Sempre haverá uma dimensão política a ser considerada que influenciará o grau de cooperação, atravessando barreiras funcionais em todos os níveis. Você freqüentemente terá de trabalhar muito para garantir o apoio e o comprometimento necessários ao sucesso do projeto. O projeto deve competir com outros projetos, assim como com as operações diárias, a fim de adquirir os recursos essenciais. Outros gestores e colegas podem crer que devem assumir a responsabilidade pelo projeto, pois acreditam que podem ter mais sucesso. Isso pode criar relações difíceis e causar-lhe conflitos.

As partes externas interessadas cobrem uma ampla série de possibilidades, desde o usuário final e o cliente (que podem não ser os mesmos) até a comunidade local, as instituições externas, os fornecedores, os consultores e os clientes. Sua influência pode ser central ou periférica, no início ou muito mais tarde no ciclo de vida do projeto.

Você tem autoridade limitada sobre muitas dessas partes interessadas e, com freqüência, terá dificuldade de influenciá-las com vantagem. É um desafio formidável gerenciá-las efetivamente e garantir que permaneçam lhe prestando apoio de forma positiva até a realização dos objetivos do projeto.

O EFETIVO LÍDER DE PROJETOS

Como líder de projeto, você trabalhará para obter resultados com ou por intermédio de outras pessoas – a equipe do projeto. Um elemento-chave do sucesso é sua habilidade de energizar e direcionar esse grupo diversificado para atingir alto desempenho, com determinação, durante toda a duração do projeto.

Os indivíduos da equipe vêm de diferentes partes da organização e têm prioridades, experiências, habilidades e interesses diferentes. Em muitas organizações, os diferentes departamentos têm sua própria cultura departamental. Existem barreiras interdepartamentais, pois os departamentos protegem seus interesses. É preciso superar essas barreiras, criar um clima de cooperação e coordenar os esforços da equipe com sucesso. Você precisa *liderar* e também *motivar* os membros da equipe do projeto freqüentemente, com mínima autoridade legítima sobre as ações deles.

Para ser considerado um líder de projeto efetivo, você precisa orquestrar o trabalho, gerenciar as diversas interfaces interdepartamentais, procurar e coordenar todas as habilidades necessárias para atingir os resultados. Você precisa gerenciar os aspectos *do processo* da gestão do projeto, assim como as pessoas envolvidas. O processo depende da identificação das corretas habilidades necessárias ao projeto, em qualquer ponto deste, e da garantia de que elas estejam sendo usadas de forma efetiva, de acordo com os planos e cronogramas. [...]

Cada pessoa realiza o trabalho de acordo com sua maneira característica. Cada um tem um padrão de comportamento único, o qual é influenciado por muitos fatores, tanto intrínsecos como extrínsecos. Apesar de a maioria das pessoas demonstrar uma série de padrões de comportamento, é comum observar tais comportamentos em dois extremos de um espectro.[...]

As teorias sobre estilo [de liderança] geralmente baseiam-se na série de comportamentos percebidos, desde total autocracia até democracia. O estilo adotado, em qualquer situação, tem um impacto importante sobre os membros da equipe do projeto. Os extremos de estilo podem ser resumidos assim:

- *Líder autocrático*
  Você *dita* o que deve ser feito, como e quando fazer. A partir daí, espera que as coisas sejam feitas e evita envolver-se na resolução de problemas ou nas influências externas sobre o progresso do trabalho. Você está realmente interessado somente em saber que as tarefas sejam concluídas dentro do prazo.

- *Líder democrático*
  Se a liderança democrática é o estilo tradicional, então o estilo democrático é o enfoque contemporâneo da participação máxima. Você *envolve* todos em todos os aspectos das atividades da equipe. Existe mais discussão e consulta na tomada de decisões e na aceitação delas. As habilidades e a criatividade do membro da equipe são encorajadas ativamente quando você cria um clima que auxilia todos a atingir os objetivos do projeto, da equipe e das pessoas.
- *Líder neutro* (laissez-faire)
  É válido mencionar esse estilo, que, com freqüência, é encontrado na prática. Esse estilo de liderança lhe diz respeito quando você *abdicou* efetivamente em nome da equipe. Todos os membros da equipe trabalham sozinhos, como unidades independentes, inclusive você. A equipe não é mais uma equipe, mas sim um *grupo de trabalho*, sendo dominada por objetivos pessoais. O espírito de equipe e os objetivos do projeto são perdidos em um mar de indecisão, planejamento deficiente e coordenação de esforços inadequada. O sucesso do projeto é improvável, com os membros do grupo comportando-se de maneiras, às vezes, imprevisíveis, a fim de se protegerem.

É amplamente aceito que o estilo participativo é o preferido na maioria das organizações, pois permite que os funcionários sintam-se envolvidos em seu trabalho. Esse é um elemento importante de motivação no trabalho. No trabalho com projetos, é certo que um estilo participativo produzirá melhores resultados, mesmo que seja apenas pela utilização de ampla série de habilidades em cada etapa do processo do projeto. Líderes participativos não têm medo de "sujar as mãos" ao realizar algum trabalho em equipe. Quando necessário, adotam um perfil de destaque e posicionam-se para que seu poder e sua influência se façam sentir, para o benefício do projeto e da equipe.

Seu principal desafio como líder de projeto atualmente é antecipar situações de mudança e responder de acordo, usando as habilidades disponíveis na equipe para manter o impulso do projeto em direção a seus objetivos. Para obter resultados, a única maneira como você pode responder a esse desafio é com ações em todas as partes do processo. Esse *enfoque funcional* é essencial à liderança do projeto. A liderança centralizada na ação, desenvolvida por John Adair (*Effective leadership*, Gower Press, 1983), identifica as funções de um líder efetivo com um equilíbrio entre as necessidades da equipe, os indivíduos e as tarefas que eles realizam.[...]

O líder de projeto está em uma posição em que pode garantir que os objetivos do projeto sejam mantidos em destaque durante todo o tempo e manter o processo do projeto na direção certa. Nesse processo, você está constantemente monitorando:

- que o trabalho programado seja realizado;
- que os prazos sejam cumpridos;
- que a equipe esteja trabalhando bem junta;
- que todos os indivíduos estejam equipados com as habilidades necessárias.

Você se movimenta constantemente entre as três áreas funcionais que coordenam o trabalho, assegurando-se de que a equipe tenha recursos suficientes e clareza de propósitos e responsabilidades. Qualquer indivíduo que tenha problemas precisará de orientação ou assistência para cumprir os prazos e concluir as tarefas atuais. Em todas essas atividades, existe a preocupação de recuar e ter uma visão geral a partir do centro, a fim de verificar se tudo está acontecendo conforme planejado.

Se você está confinado a essas três áreas de atividade, o processo do projeto provavelmente está sob controle efetivo. Mas você está operando em uma situação confinada – o funcionamento interno do processo do projeto –, estando, portanto, *dirigido ao interior*.

Concluiu-se anteriormente que você também tem que gerenciar todos aqueles que apresentam interesse no projeto no decorrer deste. Essas partes interessadas encontram-se na periferia do processo do projeto, pois a maioria provavelmente não está envolvida nas atividades operacionais diárias da equipe de projeto. Mesmo assim, elas podem influenciar o projeto direta e indiretamente e devem ser trazidas à sua esfera de controle operacional. [...] Assim, excluindo-se a preocupação com funcionamento interno do processo do projeto, você deve expandir sua esfera de influência. Todas as partes interessadas devem ser trazidas à área operacional e seus esforços também devem ser *dirigidos para fora*.

Como líder de projeto, você é confrontado com o papel holístico na gestão e no controle do processo do projeto, com a equipe, com os membros da equipe e com todas as partes interessadas para atingir os objetivos. Isso é conseguido, na prática, por sua contínua migração entre as duas posições, de dirigir-se para dentro e para fora, equilibrando as necessidades e as expectativas de cada área para alcançar os objetivos. Isso é apresentado no modelo de liderança na Figura 21.1

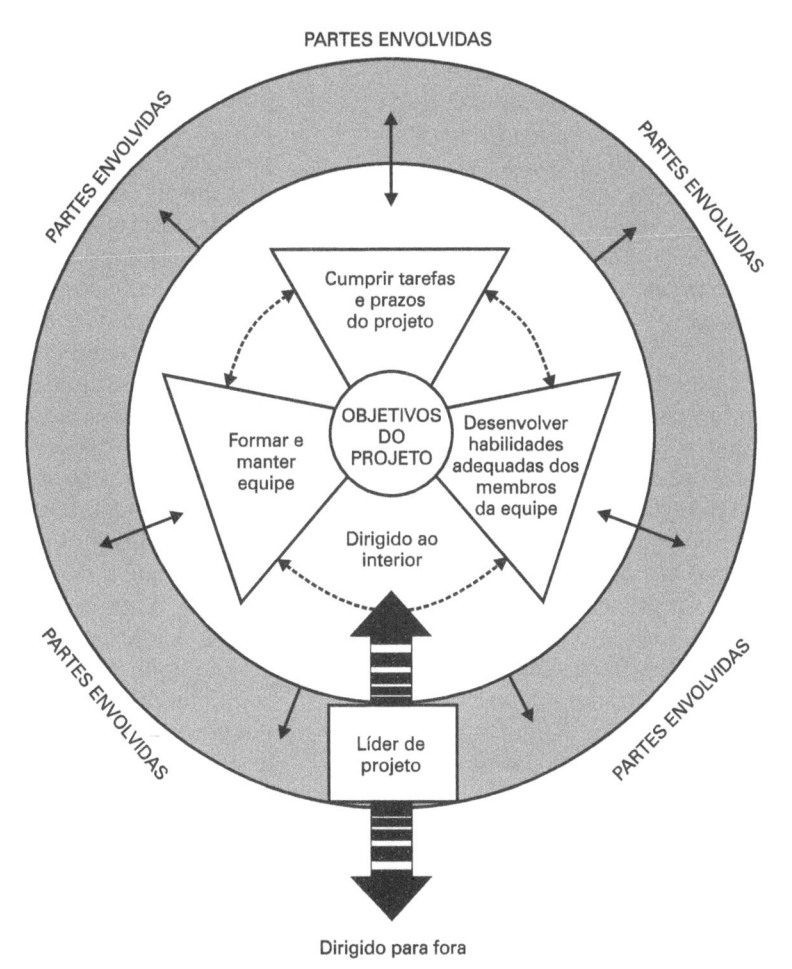

Figura 21.1 O líder de projeto centralizado em objetivos.

Esse papel de amplo alcance traz-lhe pressões adicionais para que tenha boas habilidades de influência e negociação, a fim de manter todos os elementos em equilíbrio. O potencial para conflitos que surge é bastante alto, pois as agendas individuais de todos os envolvidos quanto a determinadas questões vêm à tona, assim como problemas e planos projetados. Você precisa de tato e diplomacia, mas boas habilidades de comunicação são claramente essenciais para que ocorra esse processo de equilíbrio.

O ciclo de ação do líder

Em cada etapa do projeto, você seguirá um processo que tem cinco passos básicos. Esse processo é aplicável ao projeto como um todo por meio das quatro fases básicas da vida do projeto. É também aplicável a qualquer parte individual do plano do projeto, como uma tarefa-chave a ser concluída.

Primeiro passo: definição de objetivos e prazos

Você precisa definir o projeto global e os objetivos da tarefa, assegurando-se, ao mesmo tempo, de que a equipe os compreende contextualmente. Você deve tomar muito cuidado nesse ponto para garantir que todos possam aceitar seu envolvimento no trabalho a ser feito, pois isso é essencial para que haja comprometimento. Os prazos são parte integrante desses objetivos de curto, médio ou longo prazo, com resultados claramente identificados e os benefícios esperados. O escopo do projeto é especificado e você demonstra seu próprio comprometimento e entusiasmo pelo projeto.

Segundo passo: preparação do plano e dos cronogramas

Com objetivos claros estabelecidos, o processo de planejamento geralmente segue duas etapas – levantamento de fatos e tomada de decisão. Você envolverá os membros da equipe em cada uma dessas etapas, constituindo uma atividade para formação de equipe. Isso auxilia na criação do clima ideal para gerar aceitação e comprometimento com o trabalho a ser realizado.

- *Levantamento de fatos* é um processo de coleta de informações para garantir que todos os dados relevantes sejam coletados de forma conjunta para o processo de planejamento. Você encoraja que idéias e sugestões sejam postas na mesa e consulta os membros da equipe, os colegas e outros para gerar todos os dados relevantes disponíveis em qualquer aspecto particular do projeto. Isso incluirá uma mistura de experiência histórica, fatos, opiniões e narrativas que devem ser selecionadas e filtradas para fornecer dados realmente úteis.
- *Tomada de decisão* é o processo de tirar conclusões para a ação a partir das alternativas e opções geradas na etapa consultiva. Isso assinala o término da coleta de dados e a utilização dos dados para gerar os planos em um formato em que todos possam utilizar e entender. A apresentação dessas informações variará em complexidade, de acordo com quem necessita delas e com o modo como elas serão usadas. Em certos tipos de projetos, é bastante prudente manter algumas opções disponíveis como contingências, se

realmente ocorrer uma possível seqüência reconhecida de eventos.

Terceiro passo: informação à equipe e às partes interessadas

Após identificar todas as atividades do plano, é essencial que você informe a todos os envolvidos o que precisa ser feito, quando as coisas devem ser feitas e os prazos. Essa etapa é vital na geração de "comprometimento" por parte da equipe e das partes interessadas.[...]

Quarto passo: monitoramento do progresso e do apoio

Você deve assegurar que a motivação seja mantida em um nível elevado, resolvendo os problemas prontamente, assim que eles surgirem. [...] Isso o envolve na "gestão pela observação ao redor", a fim de manter-se bem informado sobre o que está acontecendo e dando apoio, orientação e assistência, quando necessário. Essa liderança visível é essencial para encorajar a equipe e demonstrar interesse no seu bem-estar e no seu progresso. Você não estará em uma posição de controle ao adotar uma posição distante – "gestão pelo afastamento"; isso conduzirá a um trabalho em equipe deficiente, e você ficará mal informado sobre o real estado das coisas no que se refere ao progresso do projeto.

Quinto passo: avaliação de resultados

A avaliação não é uma atividade terminal! Apesar de você certamente avaliar o desempenho no final do projeto, você deve avaliar ativamente no dia-a-dia. Por meio do contato regular com a equipe e com as partes envolvidas, você determina se o projeto está no caminho certo e se os resultados estão atingindo as expectativas. Por meio dessa avaliação ativa, você pode determinar se mudanças são necessárias e tomar providências para implementar modificações em seus planos. Quando o projeto finalmente atingir o ponto declarado de conclusão, então você realiza uma avaliação completa pós-projeto para apreciar o seu próprio desempenho e o da equipe durante todo o projeto. É importante identificar os pontos principais de aprendizagem obtidos na experiência durante o projeto e registrá-los para consultas futuras.

Esses cinco passos podem ser vistos como um processo cíclico dentro das quatro fases de um projeto, desde a sua concepção até o seu término. Eles se aplicam ao projeto total e a qualquer grupo dependente de tarefas. Isso é mostrado na Figura 21.2.

Na prática, o ciclo de ação é um grande número de ciclos, cada um em diferentes estágios de progresso. Podem aparecer bloqueios a qualquer momento para interferir e causar um atraso. Isso pode ser devido às novas informações disponibilizadas, à constatação inicial deficiente sobre fatos ou apenas à comunicação deficiente entre a equipe e entre a equipe e as partes envolvidas. Você pode encontrar os objetivos revisados à medida que uma ou mais partes interessadas "mudarem as posições das metas" sem informar-lhe em tempo hábil a fim de evitar esforços inúteis. Seus planos podem mostrar limitações à medida que a equipe revela idéias melhores, e então você deve decidir se modifica os cronogramas.

Na verdade, em qualquer etapa, de qualquer ciclo, existe a possibilidade de que os processos precisem ser repetidos para se resolver problemas e encontrar maneiras de contornar

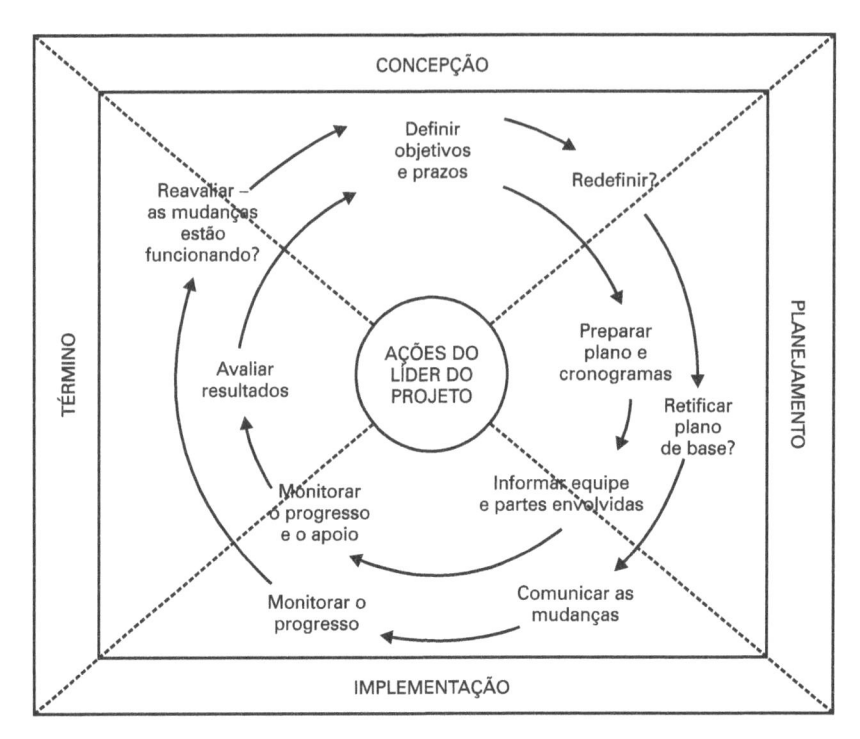

Figura 21.2 O ciclo de ação no ciclo de vida do projeto.

os bloqueios. Esse é um processo dinâmico, que permite a você manter o controle e o impulso do projeto. Esses cinco passos são as principais áreas de resultados em que você pode agir como líder de projeto para alcançar máximo sucesso. [...]

NOTA

1. Este material foi condensado.

22

Pesquisa de mercado: estratégias das escolas para saber o que os pais desejam

CARL BAGLEY, PHILIP WOODS e RON GLATTER

INTRODUÇÃO

[...] As escolas sempre competiram, até certo ponto, pelos alunos disponíveis em uma área e realizaram o que se pode considerar atividades de *marketing*, como oportunidades de conhecer a escola (*open house*), festas e *shows* na escola (Cave e Demick, 1990). Porém, a introdução de matrículas mais abertas e a constatação de que, com o financiamento por receitas, cada novo aluno traz consigo uma quantia substancial de dinheiro fez com que o *marketing* direcionado aos pais subisse muito na agenda da escola. Isso se reflete em textos gerais sobre gestão escolar, que, agora, invariavelmente, cobrem *marketing*, e um número cada vez maior trata exclusivamente do assunto (ver, por exemplo, Gray, 1991; Barnes, 1993; Pardey, 1994).

Fazer *marketing* não significa preocupar-se apenas com apresentação, propaganda e venda (Gray, 1991). Inclui certamente comunicação e persuasão como parte da promoção de relações públicas, mas transcende-as, englobando qualidades como escuta e resposta. É por meio de tais processos que o *marketing* é visto como uma possibilidade de melhorar a qualidade total dos serviços (The Open University, 1993). Em termos educacionais, isso se relaciona ao conceito de "escola responsiva", conforme descrito, por exemplo, pela National Association of Headteachers (Associação Nacional de Diretores, 1990).

Para o *marketing* ser efetivo, as escolas precisam ter uma visão clara do que os pais pensam, do modo como eles tomam decisões e o que eles procuram em uma escola. Também requer que as escolas tenham meios efetivos de agir sobre esse conhecimento e esse entendimento.

O Parental and School Choice Interaction Study[1] (PASCI) está investigando a interação entre escolha da escola pelos pais e tomada de decisão na escola – como as escolas de ensino médio respondem à competição e como os pais reagem a essas respostas. Duas das perguntas da pesquisa que o estudo procura abordar são as seguintes:

- As escolas estão fazendo mudanças substanciais (no currículo, nos métodos de ensino, na gestão, no planejamento, e assim por diante) como resultado do ambiente altamente competitivo? (ver Woods, Bagley e Glatter, 1996).
- Se estão, essas mudanças representam o que os pais estão realmente buscan-

do em uma escola ou elas representam apenas o que os tomadores de decisão na escola pensam que os pais desejam?

Essa segunda pergunta concentra nosso pensamento na extensão em que as escolas constatam e consideram, ou "pesquisam e interpretam", as perspectivas e preferências dos pais, uma questão que abordaremos a seguir. Recorremos a entrevistas com gestores de nível sênior e professores, as quais aconteceram em 1993 em 11 escolas de ensino médio. Essas escolas estão localizadas em três áreas de estudo de caso nas quais o estudo PASCI concentra sua atividade de pesquisa. Fazemos uma breve descrição das áreas de estudo de caso a seguir (os nomes das áreas e das escolas são fictícios).

MARSHAMPTON

Marshampton é uma cidade de aproximadamente 100 mil habitantes, com uma representatividade acima da média de lares de classe média e de profissionais. Ela apresenta uma longa história de competição entre as escolas (tanto estaduais como particulares, apesar de as últimas educarem menos de 10% dos alunos em Marshampton). Todas as seis escolas estaduais de nível médio são mantidas por doações. Cinco são escolas de ensino médio inclusivas (Bridgerton, Thurcleigh Hill, St. Asters Catholic High, Daythorpe e Endswich). Uma delas é uma escola preparatória seletiva academicamente (Salix Grammar). Salix Grammar, Bridgerton e, mais recentemente, Thurcleigh Hill são muito procuradas a cada ano. Endswich está na posição mais difícil, com a pior reputação e um número de matrículas decrescente.

EAST GREENVALE

East Greenvale (um distrito administrativo da Greenvale Local Education Authority) é uma área semi-rural que consiste em três cidades pequenas e um grande número de aldeias. O sistema educacional na área está organizado como uma "pirâmide", com uma grande escola, no topo da pirâmide, admitindo alunos de 13 anos a partir de suas escolas de ensino fundamental (de 4ª e 8ª séries) "contribuintes", e as últimas recebendo alunos de 9 anos a partir de suas primeiras escolas "contribuintes". Existem três grandes escolas em East Greenvale (Molehill, Dellway e Elderfield), uma em cada uma das cidades pequenas.

NORTHERN HEIGHTS

Northern Heights é uma área que apresenta muitas das privações características de várias áreas urbanas do Reino Unido, com um número de lares de classe operária acima da média, deficiências habitacionais, desemprego, etc. Existe uma comunidade de minorias étnicas identificável (aproximadamente 5% da população), cuja origem é predominantemente bangladeshiana. A Northern Heights não é uma área administrativa distinta (faz parte da Northborough Local Education Authority), mas é, em muitos aspectos, semelhante a um lugar de disputa local. Inclui três escolas de ensino médio: Barelands (na divisa da área, em um local semi-rural), Leaside (em um prédio em más condições, longe da área urbana principal) e Newcrest (localizada na principal área urbana e próxima à comunidade de minorias étnicas).

PESQUISA E INTERPRETAÇÃO

Ao levar em conta as estratégias adotadas pelas escolas, o modelo de Daft e Weick (1984) de "pesquisa e interpretação" organizacional serve como uma ferramenta útil para abordar o estudo das escolas e dos seus ambientes. De acordo com isso, os casos de organizações-modelo variam em relação aos ambientes, os quais podem ser percebidos como fixos, mensuráveis e compreensíveis por meio de análise racional, ou como sendo mais ou menos flexíveis e exigindo uma forma de análise mais espontânea, intuitiva e menos preparada.

Da mesma forma, o grau de atividade organizacional destinado a compreender o ambiente varia. Algumas organizações serão proativas, realizando pesquisas sistemáticas, enquanto outras serão mais neutras (*laissez-faire*) em seu enfoque, recebendo informações conforme elas lhes chegam.

No contexto do estudo PASCI, pesquisa e interpretação referem-se à possibilidade e às maneiras pelas quais as escolas da pesquisa conduzem as atividades direcionadas ao maior conhecimento sobre seu ambiente. O relatório de nossos dados apresentado aqui enfoca as maneiras como as escolas da pesquisa obtêm mais conhecimento sobre os pais, o principal grupo interessado quanto à escolarização quase mercantilizada criada nos últimos anos.

Após o enfoque geral de Daft e Weick (1984), registramos esses dados nos tópicos "*feedback* sistemático e planejado" e "*feedback* ad hoc".

Feedback sistemático e planejado

Os exemplos a seguir de tentativas sistemáticas e planejadas feitas pelas escolas, a fim de identificar e interpretar os pontos de vista dos pais, foram registrados entre as escolas da pesquisa do estudo PASCI: pesquisas realizadas por meio de questionários, uso de dados de pesquisa de fonte secundária, exercício dos pontos fortes e fracos de uma escola, monitoramento seletivo das origens da escola de ensino fundamental dos alunos e monitoramento de registros batismais e número de crianças freqüentando escolas de ensino fundamental.

Há três anos, Braelands realizou uma pesquisa de opinião única com o público. Ela envolveu alunos da 2º ano do ensino médio (16 anos de idade), utilizando questionários de abordagem do público no centro da cidade para perguntar sobre seus pontos de vista em relação à escola. O vice-diretor da Braelands admitiu que, em relação ao *marketing*, "a pesquisa de mercado da escola foi a área mais fraca". Apesar de reconhecer sua importância como estratégia, as tentativas sistemáticas e planejadas de obter *feedback* foram vistas como muito demoradas e complexas. Ele acreditou que o pessoal não tinha tempo ou não tinha a habilidade necessária para formular questionários e analisar os resultados para garantir sua validade.

Todavia, a escola monitora os pontos de vista dos pais que a escolheram. Solicita-se que os pais que selecionam a Braelands para seus filhos preencham um formulário indicando as razões de sua escolha. Sendo ela uma escola popular muito procurada, esse exercício não é realizado para identificar áreas para mudanças, mas para garantir que os padrões atuais da escola sejam mantidos e que sua popularidade com os pais (principalmente os pais de classe média das crianças com as melhores habilidades acadêmicas) continue.

Nem a escola Newcrest nem a Leaside engajam-se em uma pesquisa sistemática ou planejada das perspectivas parentais. Apesar disso, o pessoal de nível sênior, em ambas as escolas, indicou que tinha utilizado os resultados de outras pesquisas que envolviam suas escolas. As duas escolas tinham participado da pesquisa feita no nível de AEL sobre comparecimento às aulas, que incluiu entrevistas com um grupo representativo de pais apresentando seus pontos de vista sobre a escola. Os resultados do estudo surpreenderam o diretor da Leaside, pois os pais tinham uma "visão da escola que era melhor do que a visão de seus muitos funcionários". Porém, os pais expressaram sua preocupação quanto à disciplina.

Como resultado, a Leaside espera melhorar a reputação da escola com a introdução de uma política disciplinar assertiva. Além disso, o diretor diz:

> Para termos uma disciplina assertiva, precisamos dizer aos pais "bem, isso é o que queremos fazer, vocês concordam com isso?" – se não perguntarmos, não saberemos o que eles pensam – e convidá-los, se tiverem interesse, a vir assistir vídeos sobre disciplina assertiva, falar com eles sobre isso, obter sua

concordância e então dizer "certo, concordamos nesse ponto"... Isso nos fará uma escola melhor. (diretor, Leaside)

A escolha da escola de abordar uma questão que os pais consideram importante significa procurar atender a essa demanda, não apenas pela introdução de uma política de disciplina assertiva, mas também por envolver os pais em seu desenvolvimento. Enquanto essa iniciativa envolve os pais atuais como sendo distintos dos pais prospectivos, o diretor espera que, ao mostrar que sua escola é responsiva à questão da disciplina, não apenas melhorará a escola, mas a tornará mais popular e procurada.

A garantia de uma boa reputação da escola também apareceu como a análise racional subjacente a uma tentativa sistemática, na Braelands, de identificar os pontos fortes e fracos da escola. O pessoal de ensino e os auxiliares participaram de um exercício de *brainstorming* para identificar as principais ameaças internas à reputação da escola e as áreas da escola que poderiam se beneficiar das melhorias. Questões como existência de lixo ao redor da escola, goma de mascar nas cadeiras e comportamento dos alunos nos ônibus foram levantadas, em vez de problemas curriculares ou organizacionais importantes. Essas respostas basearam-se nas próprias percepções do pessoal sobre a escola e em suas suposições sobre o que poderia influenciar a escolha dos pais.

Na Marshampton, houve pouco a registrar em relação aos esforços sistemáticos e planejados de pesquisa e interpretação. A maior parte dos esforços foi feita pela St. Asters (uma escola inclusiva católica). O diretor explica alguns desses esforços e demonstra como esses enfoques sistemáticos entrelaçam-se com outros menos formais:

> Eu fiz isso [descobrir o que os pais desejam] conversando com as pessoas, conversando com o pessoal, conversando com o clero e ouvindo os comentários feitos pelos pais quando visitam a escola, digamos, em ocasiões de *open house*. Além disso, um ano antes de eu vir para cá [iniciou como diretor em 1992]. muitos esforços foram empreendidos para tentar julgar a opinião pública sobre a escola. Foram enviados questionários aos pais, inclusive os das escolas de ensino fundamental, perguntando seus pontos de vista sobre a escola, e também o diretor anterior escreveu individualmente a cada um dos pais católicos que não tinham escolhido essa escola para seus filhos e perguntou-lhes o porquê disso, obtendo várias respostas muito diretas e francas, e eu falei com os pais também sobre o porquê de eles não quererem que seus filhos freqüentassem essa escola. (diretor, St. Asters)

Ao lhe perguntarem se isso havia resultado em mudanças na escola, ele respondeu:

> Eu acho que isso levou a um maior destaque das questões disciplinares e dos uniformes, pois essas são as maneiras visuais mais óbvias pelas quais a reputação de uma escola é julgada. Certamente fez as pessoas concentrarem-se na importância das conquistas acadêmicas também; e muito está sendo feito atualmente para analisar os resultados de exames a cada ano, discutindo-os com os chefes de departamento, pensando sobre as maneiras pelas quais eles podem ser sustentados e melhorados, e também aumentando a conscientização por parte de todo o pessoal de que é muito importante enfatizar para as crianças o valor de se ter altas expectativas. (diretor, St. Asters)

Além disso, um dos vice-diretores da St. Asters realizou um estudo de pesquisa sobre as opiniões dos pais quanto à comunicação entre eles e a escola.

Existem evidências de grande interesse em monitorar de quais escolas de ensino fundamental os alunos provêm. Os professores de nível sênior percebem que certas escolas de ensino fundamental formam uma maior porcentagem de alunos, mais aptos academicamente, provenientes de lares de classe média em sua maior parte. Isso baseia-se na verificação das escolas de ensino fundamental das quais os alunos que atingem os melhores resultados no exame GCSE (General Certificate of Secondary Education – Certificado Geral da Educação de Nível Médio) provêm. Como comenta o diretor na Newcrest: "nós monitoramos isso muito de perto". Para o pessoal de nível sênior da Newcrest, que espera aumentar sua posição na classificação de intervenções conforme o custo-benefício das escolas (seu desempenho publicado em resultados de exames públicos comparados a outras escolas na área), atrair alunos dessas escolas de ensino fundamental tem uma importância crucial. Da mesma forma, na Braelands, que deseja manter sua reputação acadêmica, o diretor comenta, "Nós os rastreamos (os alunos com as melhores notas) e os relacionamos às suas escolas de ensino fundamental júnior". Newcrest e Braelands, após decidirem o tipo de pais e alunos que desejavam atrair, sistematicamente identificaram as escolas de ensino fundamental nas quais eles se encontram, a fim de prepararem atividades promocionais.

Sendo uma escola católica, a St. Asters deseja muito garantir que uma grande proporção de crianças vindas de famílias católicas a freqüentem em Marshampton. A maioria das crianças católicas estão concentradas em duas escolas de ensino fundamental da cidade, uma das quais fica próxima a St. Asters, da qual ela recebe uma grande parte das crianças que passam para a educação de nível médio. Porém, em menor proporção, estão as crianças que deixam a outra escola de ensino fundamental católica. Portanto, a St. Asters monitora os números das escolas de ensino fundamental e os registros de batismo para verificar seu desempenho em termos de atração de alunos católicos e para avaliar a demanda por vagas para os anos seguintes.

Feedback ad hoc

Os entrevistados freqüentemente referem-se ao *feedback* informal que obtiveram dos pais e de outras pessoas na comunidade escolar. Isso às vezes é conseguido por meio de conversas informais ou pelo contato feito por iniciativa dos pais. Um dos diretores da East Greenvale explicou:

> Eu recebo dois tipos de *feedback*. O *feedback* proveniente dos pais que estão aqui por outra razão que não seja nos dar *feedback* (...) e que fazem elogios à escola (...) Nós todos gostamos de dizer coisas que agradam aos outros, assim eu tento não ficar muito influenciado por isso. O outro *feedback*, é claro, provém dos pais totalmente insatisfeitos que ligam para reclamar, e também é muito perigoso não colocar isso em perspectiva. (diretor, Elderfield)

Exemplos de pressão parental que conduzem a mudanças nas escolas foram encontrados em relação à política do tema de casa (nas escolas Thurcleigh Hill e Bridgerton), à política de exames e à introdução do esquema de prêmios Duke of Edinburgh Award (os dois últimos na Thurcleigh Hill).

> Nós introduzimos o esquema de prêmios Duke of Edinburgh Award [em 1992] por sugestão de um grupo de pais e estou satisfeito com isso. Eu era um pouco contrário a ele no início. Para mim, parecia uma atividade bastante relacionada à classe média... Ainda acho que possui um certo toque de classe média, mas, se as crianças estão verdadeiramente beneficiando-se disso, e isso está melhorando as relações entre funcionários e alunos, então que seja assim. (diretor, Bridgerton)

É mais comum que o *feedback ad hoc* surja por intermédio de eventos, políticas ou instituições mais preocupadas com outros propósitos. Entre eles estão: visitas a escolas de ensino fundamental e médio, ocasiões de *open house*, políticas das portas abertas e associações de pais e alunos, o que discutiremos a seguir.

Como parte dos exercícios promocionais destinados a propagandear ocasiões de *open house* e distribuir as brochuras da escola, os membros do pessoal das escolas de ensino médio de Northern Heights visitam as escolas de ensino fundamental no trimestre de outono. O pessoal sênior diz que tais visitas são uma oportunidade valiosa para obter *feedback* sobre a escola dos professores e dos alunos do ensino fundamental. Como relata o vice-diretor na Newcrest:

> Nós temos laços tão fortes entre o ensino fundamental e médio que nossos colegas do ensino fundamental conversam conosco e, às vezes, nos dizem a razão de os pais não nos escolherem. (vice-diretor, Newcrest)

Uma ênfase semelhante para obter *feedback* do pessoal do ensino fundamental foi dada pelo professor responsável por *marketing* na Braelands. Ele admite que as perspectivas dos pais são, "às vezes, muito difíceis de captar". E continua:

> Eu quero dizer que capto isso das escolas de ensino fundamental principalmente, pois acho que os pais conversam com os professores dessas escolas. Eles não falam para nós (...), pois existe uma tradição na escola de ensino médio, não é? Não é tão fácil ir conversar com os professores, é preciso marcar hora. Os professores do ensino fundamental, eu os conheço bastante bem. (professor responsável pelo *marketing*, Braelands)

A implicação disso é que, devido à inacessibilidade da escola de ensino médio aos pais, é preciso enfatizar mais outros canais – como visitas a escolas de ensino fundamental – para determinar as perspectivas parentais.

Além dos professores do ensino fundamental, as perspectivas de alunos da escola fundamental foram citadas como uma importante fonte de informações. O pessoal de nível sênior relata que, nas visitas da Newcrest a escolas de ensino fundamental locais, existe uma conscientização entre os alunos da 5ª série do ensino fundamental (11 anos) sobre o nível fraco da escola. Nesse caso, é feita uma analogia com a liga de futebol, em que os alunos dizem que não querem chegar ao nível mais baixo na classificação das escolas, da mesma forma como não querem torcer por times que estão "na lanterna" do campeonato. Essa perspectiva reforça a suposição, já amplamente aceita entre os professores da Newcrest, de que a classificação de intervenções conforme o custo-benefício é um fator importante para determinar a escolha dos pais e dos alunos – apesar de nossos dados dos pais não apoiarem esse ponto de vista (Woods, 1994).[...]

Embora as ocasiões de *open house* proporcionem oportunidades para questionamento e *feedback*, elas são freqüentemente consideradas pelos professores seniores como uma oportunidade para permitir que os pais prospectivos vejam o que as escolas já estão oferecendo:

> Eu digo aos pais, quando eles estão escolhendo as escolas: se a imagem que nós apresentamos não preenche as aspirações de seu filho ou as suas próprias aspirações para seu filho, esse é o objetivo de tais consultas e das ocasiões de *open house* – uma oportunidade para escolher a escola certa. (diretor, Braelands)

Uma consulta desse tipo significa que a escola informa aos pais a sua posição e lhes dá a chance de "pegar ou largar". Os pais que comparecem a uma *open house* da Braelands podem até levantar problemas, mas isso não significa dizer que a escola está procurando por eles ativamente. Além do mais, quando são apresentados, eles são filtrados de acordo com sua congruência em relação às perspectivas profissionais e gerenciais dos professores de nível sênior em relação à escola. O diretor reconhece que, quando os problemas são levantados pelos pais, o pessoal se pergunta "esse é o tipo de crítica que esperamos ouvir, pois não podemos representar tudo para todos os pais". Nessa resposta, está implícita a noção de que a escola está preparada para ser responsiva a alguns pais, mas não a outros. No caso da Braelands, é provável que sejam aqueles provenientes da classe média, com filhos academicamente habilitados, pois esse é o tipo que o pessoal sênior gosta de atrair a fim de manter a reputação e a posição acadêmica da escola.

Ocasiões de *open house*, na Newcrest, freqüentemente evocam *feedback* dos pais prospectivos. Nesse caso, ele tende a ser negativo e relacionar-se à natureza multirracial da escola. Os pais brancos perguntam sobre o número de crianças asiáticas em cada turma e se seu filho estará em uma turma na qual haverá crianças asiáticas.

> Eles chegam e dizem "bem" essa é a melhor das *open house* que já vimos, bem-organizada, mas nós não mandaremos nosso filho para cá porque vocês têm muitos negros entre os alunos. Isso acontece sempre nessas ocasiões. Eu sempre digo "bem, estou agradecido que tenha me dito isso, pois fico contente que não mandará seus filhos até nós, eu não quero o seu filho. Eu apenas quero aquelas pessoas que entendem que aqui existe integração". (diretor, Newcrest)

Talvez seja significativo e alarmante que uma das perspectivas parentais mais identificáveis apresentada diretamente às escolas na pesquisa em Northern Heights seja a questão "racial". Uma das explicações possíveis para a vontade de os pais expressarem seus pontos de vista sobre "raça" ao diretor na Newcrest, e da mesma forma sua sinceridade em rejeitar a escola, deriva da relação próxima que a escola tem com a comunidade multirracial na qual ela se encontra. Isso é representado com mais clareza por sua política de portas abertas.

A política de portas abertas da Newcrest (e também da Leaside) envolve não apenas o acesso imediato dos pais para visitar a escola, mas também o fato de os professores irem às casas dos pais:

> A escola é aberta porque eles (os pais) sempre têm acesso. Em questão de pouco tempo pode-se receber um pai; eles não precisam telefonar e pedir para marcar uma hora como fazem na Braelands. Se eles desejam conversar com o diretor na Braelands, terão essa chance dentro de duas semanas. Se eles desejam conversar pessoalmente comigo, e eu estou impossibilitado e só poderei fazê-lo às 18 horas, outra pessoa os atenderá imediatamente. (diretor, Newcrest)

Essas relações de confiança com os pais significam que os professores seniores afirmam que a escola conhece os pais e a comunidade local "muito, muito bem". Conseqüentemente, quando se perguntou à vice-diretora na Newcrest por que ela achava que a recente ênfase da escola em tecnologia seria atraente aos pais prospectivos, ela respondeu:

> Pela mesma razão por que uma fábrica de chocolates conhece o que o público irá comprar. Nós conversamos com os pais e os convencemos de que é isso o que eles querem... as pessoas são maleáveis. Se você tem um produto para vender, você pode moldar as pessoas para receber esse produto. (vice-diretora, Newcrest)

A relação próxima entre a escola e a comunidade pode fornecer *insights* valiosos sobre os pontos de vista dos pais. Apesar disso, os comentários da vice-diretora sugerem que a relação continua sendo vertical, na qual a escola convence os pais sobre o que acredita que será benéfico para eles.

Na Endswich e na Braelands, foi feita referência à importância do *feedback* de suas respectivas associações de pais e alunos (APAs): "A associação de pais é brilhante para nos trazer informações, pois todos eles estão ativamente envolvidos na área local". (vice-diretor, Endswich)

Muitos pais que foram ativos na escola de ensino fundamental de seu filho afiliam-se às APAs no momento em que os filhos ingressam na escola. Ao desenvolver a escola como uma instituição acadêmica, o diretor relatou que o *feedback* desses pais teve e continua tendo influência na compreensão do tipo de educação que estes desejam.

OBSERVAÇÕES CONCLUSIVAS

A atenção dada à pesquisa e à interpretação em relação aos pais não é uma grande prioridade para as escolas dos estudos de caso. Na verdade, nosso campo de trabalho sugere que, em todas as áreas de estudo, é dada muito menos atenção a isso do que a atividades promocionais, e que os gestores escolares estão, com freqüência, mais preocupados em monitorar as ações das escolas em competição do que em descobrir as preferências dos usuários diretamente (Woods et al., 1996). Isso coloca um grande ponto de interrogação nas asserções de que as escolas imersas em uma cultura mercantil serão mais "responsivas ao consumidor".

Porém, o cenário não é uniforme, e algumas escolas são mais abertas do que outras para aceitar os pontos de vista dos pais. Isso parece estar relacionado a vários fatores, inclusive à popularidade, à cultura e à organização da escola. Na Thurcleigh Hill, por exemplo, o vice-diretor explicou a prática da escola em confiar nos contatos informais e em não utilizar enfoques mais sistemáticos, como pesquisas, nos seguintes termos (referindo-se ao significativo aumento no número de matrículas na escola nos últimos anos):

> (...) seria bobagem, não seria? Acreditamos que não precisamos disso, precisamos? (...) Eu quero dizer, a medição é baseada em números que surgem a cada ano (...) é a melhor medição que podemos obter. (vice-diretor, Thurcleigh Hill)

Em Northern Heights, a natureza acadêmica da Braelands cria um ambiente exclusivo, o qual não gera ou encoraja o acesso dos pais no dia-a-dia. Isso significa um contraste marcante ao enfoque pastoral dominante das escolas Newcrest e Leaside, ambas descrevendo a si mesmas como possuidoras de uma política de portas abertas para os pais.

A localização geográfica mais isolada da Braelands também pode ser um fator que limita a acessibilidade.

Os gestores escolares confiam muito nos meios informais e *ad hoc* de *feedback*. Essa ênfase em informações "brandas", freqüentemente na forma de anedotas e boatos, não deve ser automaticamente descartada como menos válida do que um *feedback* mais sistemático ou planejado. Mintzberg (1989), por exemplo, adverte quanto a um enfoque excessivamente detalhado e técnico dessa atividade, que corre o risco de constituir uma "paralisia da análise". Igual atenção deve ser dada ao monitoramento do ambiente, pois "quando nada está acontecendo e algo realmente acontece, pode nem ser notado. O truque, é claro, é distinguir as interrupções importantes, e (...) isso parece ter mais relação com intuição informada do que com qualquer outra coisa" (p. 126-127). Comentando sobre o trabalho de gestores em várias organizações, Mintzberg destacou o significado de "informações brandas" para moldar decisões gerenciais estratégicas.

Não se deve supor que o uso de métodos mais sistemáticos de coleta de dados, como a adoção de técnicas de pesquisa de mercado complexas, caras e demoradas, seja crucial para as escolas que procuram ser mais responsivas às necessidades parentais. Porém, precisa-se reconhecer que uma excessiva confiança no *feedback ad hoc* pode ter suas limitações. Por exemplo:

- *Falta de um propósito ou hipótese claros* – Os dados *ad hoc* coletados aleatoriamente são muito difíceis de interpretar.
- *Falta de credibilidade* – Os gestores escolares podem se sentir desconfortáveis ao basear decisões em fofocas ou boatos.
- *Irrelevância* – Os gestores escolares podem conversar com todos, exceto com os reais usuários ou pais prospectivos.
- *Tendências* – Os gestores escolares podem ficar entusiasmados demais com suas próprias idéias, não ouvir os pais, fazer perguntas tendenciosas ou dar importância indevida às perspectivas que desejam ouvir; eles podem fazer perguntas aos pais que não estejam relacionadas às questões que estes desejam abordar.
- *Desigualdades* – Um enfoque *ad hoc* pode apenas habilitar certos pais, ou seja, aqueles que conhecem ou são capazes de decifrar o sistema, enquanto outros são negligenciados e não têm oportunidade de serem ouvidos.

Em relação a esse último ponto, é discutível se os pais profissionais de classe média possuem a confiança, as habilidades e a convicção para pressionar as escolas. Até hoje, não encontramos evidências claras sugerindo que qualquer grupo de pais em especial tenha maior probabilidade de se fazer representar nas escolas em nossas áreas de estudos de caso (com a possível exceção de pais brancos racistas, de todas as classes sociais). Porém, as diferenças entre classes sociais provavelmente não são neutras em relação a isso – um estudo de escolha parental em Israel, por exemplo, mostrou que pais de "nível socioeconômico superior" tinham muito mais probabilidade do que os pais de "nível socioeconômico inferior" de esperar se envolver na tomada de decisões na escola (Goldring e Shapira, 1993).

Contudo, não é simplesmente uma questão de certos pais serem mais confiantes ou estarem habilitados o suficiente para tornar seus pontos de vista conhecidos. Em um sistema mais mercadológico, alguns grupos de pais podem ser considerados mais atraentes às escolas: por exemplo, os pais com rendas mais elevadas (atraentes aos tomadores de decisão da escola, que precisam levantar quantias voluntárias significativas) e as famílias que têm probabilidade de trazer crianças que terão bons resultados nos exames. Existem indicações provenientes do estudo PASCI de que o pessoal sênior, no estudo de caso de escolas, enfatizou as perspectivas dos pais de classe média ao faz mudanças que, se supõe, sejam atraentes para eles. Essas respostas não são todas um resultado direto da pressão dos pais, mas surgem de decisões do pessoal sênior sobre o tipo de escola que eles desejam que permaneça sendo, ou que venha a ser.

Um princípio importante em *marketing* é aquele do posicionamento no mercado. As empresas dão-se conta de que não conseguirão satisfazer todas as demandas que lhes são apresentadas. Para serem efetivas e sobreviverem, elas tomam decisões cautelosas e informadas sobre o público-alvo de seus produtos e os mercados nos quais eles competirão. Esse processo de segmentação e seleção de mercado determina o projeto, a promoção e a distribuição do produto. Os produtos são customizados e direcionados de forma a satisfazer as experiências, as expectativas e o poder de compra de subgrupos de consumidores. Assim, existe a possibilidade de as escolas submersas em uma cultura mercadológica, começarem, da mesma forma, a segmentar o mercado, decidindo que tipo de escola são ou desejam vir a ser e que tipo de pais e alunos eles tentarão atrair (Webster et al., 1993).

No caso da Braelands, o diretor deseja consolidar e expandir a reputação acadêmica da escola. Na Newcrest, o diretor deseja melhorar a posição da escola na classificação de intervenções conforme o custo-benefício, atraindo para a escola mais alunos academicamente habilitados das famílias de classe média. Isso precisa ser realizado sem alienar a maioria dos pais que escolhe a escola por razões pastorais, e não acadêmicas. Ainda não se sabe se a Newcrest será capaz de reunir o que pode ser chamado de *marketing-mix** de sucesso – atraindo um segmento do mercado, sem alienar o outro. A questão é que a escola, assim como a Braelands, escolheu ser responsiva a certo grupo de pais – aqueles que tendem a já estar em situação vantajosa na sociedade como um todo – e não a outros. Na Marshampton, foram evidentes as tendências a enfatizar o que pode ser denominado de questões "acadêmicas tradicionais" (Woods, 1993; Woods et al., 1996), reforçando a preocupação de que mudanças estão sendo realizadas – pelo menos em algumas escolas – com grupos específicos de pais em mente, e que outros desenvolvimentos (certas escolas enfatizando os estudos vocacionais, que também pode ser uma tendência na Marshampton) podem estar gerando um sistema mais pronunciadamente "estratificado" (Glatter, 1993; Woods et al., 1996). Se isso indica uma tendência mais ampla, então a introdução de um sistema quase mercantilizado na educação exacerbará as desigualdades sociais.

---

* N. de T. *Marketing-mix* consta no Dicionário Houaiss da Língua Portuguesa como "o conjunto de estratégias para adequação da produção e oferta de mercadorias ou serviços às preferências dos consumidores".

A introdução de métodos mais sistemáticos de *feedback* poderão ajudar a reduzir os perigos da desigualdade na receptividade da escola? Uma escola em West Yorkshire, por exemplo, ao desenvolver sua estratégia de *marketing*, analisou a composição cultural e racial de sua comunidade local e identificou uma grande proporção de falantes de urdu e punjabi e de analfabetismo nesses idiomas e no inglês. Como resultado, iniciou-se uma estratégia de comunicação com os pais, principalmente por meio do discurso e do desenvolvimento de um serviço auto-aplicável de interpretação (Maden, 1990).

De forma semelhante, uma escola em Dorset conduziu uma auditoria extensiva sobre relações externas para identificar as preocupações dos pais, a fim de informar uma estratégia para aumentar a conscientização sobre o que a escola tem a oferecer e para desenvolver uma estratégia que tornaria a comunidade escolar local mais responsiva a um atrativo financeiro (Waller, 1993). Outros exemplos incluem duas escolas, uma em Devon e outra em Derbyshire, que realizam exercícios de pesquisa e interpretação de forma contínua. A cada ano, as escolas entrevistam uma amostragem randômica de pais e (no caso da escola de Derbyshire) alunos para conhecer seus pontos de vista sobre a prática atual e possíveis desenvolvimentos futuros (Harrison, 1991; Bush et al., 1992).

Esses exemplos – obtidos de um banco de dados das respostas da escola à escolha e à competição, o qual é mantido como parte do estudo PASCI (Bagley, 1994) – poderiam sugerir uma possível tendência ao uso de métodos mais sistemáticos para a obtenção de *feedback* dos pais – apesar de isso não se refletir nas áreas dos estudos de caso. Porém, sua introdução não significa necessariamente maior capacitação parental de forma geral. As escolas que se posicionam como quase mercantilizadas podem escolher usar técnicas de pesquisa de mercado sistemáticas e mais sofisticadas, a fim de facilitar uma segmentação e um direcionamento do mercado com maior sucesso, ou seja, responder de forma mais eficiente aos pais profissionais de classe média que tendem a já estar em situação vantajosa na sociedade. Sob essas circunstâncias, os que já estão em desvantagem ficarão ainda mais marginalizados.

Para as escolas com admissões inclinadas à extremidade inferior da área de habilidades, pode-se dizer que existem fortes argumentos *educacionais* para tentar atrair mais alunos academicamente capazes (e, portanto, freqüentemente da classe média). Uma pesquisa sobre a efetividade da escola tendeu a mostrar a importância do "equilíbrio" na admissão de alunos em termos de capacidade de aumentar ou diminuir os níveis de desempenho esperados para eles. Ela sugere (sem surpresas) que as escolas com uma preponderância de alunos com capacidade inferior enfrentam determinados problemas para atingir resultados educacionais satisfatórios (Reynolds, 1992). Mudanças no equilíbrio da admissão de alunos, que em relação a esses argumentos poderiam ser benéficas, tratando-se de educação, podem estar ocorrendo na Daythorpe e na Newcrest. Apesar disso, permanece o perigo de essas escolas tenderem a ser receptivas e favorecerem um grupo de pais em relação a outros.

Está claro que a questão da receptividade não pode ser reduzida a uma questão de técnica. Existem fatores mais amplos – principalmente os incentivos e as pressões do contexto quase mercantilizado dentro do qual essas escolas operam –, os quais formam o contexto para decisões de gestores escolares e as finalidades para as quais as técnicas (formal ou informal) devem contribuir. Existe também o processo de interpretação (que, é claro, faz parte do processo de pesquisa e interpretação), o qual não pode ser desconsiderado. O modo como as pessoas interpretam o que ouvem, ou descobrem por meio da coleta sistemática de informações, ou observam na forma de informações (como números de matrículas) que são apresentadas a elas é evasivo. Os valores, as tendências e a base de conhecimento do gestor escolar provavelmente interagem com os fatores contextuais mais amplos mencionados anteriormente e com as informações específicas e o *feedback*. Assim, os gestores escolares não concordarão automaticamente com o tipo de opiniões sobre raça expressas pelos pais e relatadas acima: nem todo o *feedback* dos pais deve necessariamente ser seguido. Além disso, a dinâmica interna, a cultura, o estilo e a estrutura de gestão de uma escola afetarão o processo de interpretação. O impacto do *feedback* também pode ser influenciado pela posição da pessoa que o recebe (se for o diretor ou o professor em sala de aula, por exemplo) e pelas oportunidades que os diferentes níveis de pessoal têm para contribuir com informações. Finalmente, o sucesso ou a vulnerabilidade escolar percebidos dentro da situação quase mercantilizada local será um fator de influência – se, por exemplo, os gestores escolares virem a escola "falhando" em atrair o número suficiente de certo tipo de alunos.

Todo o processo de interpretação requer atenção mais intensiva e crítica. Pode ser útil pensar em termos de dois tipos de políticas de pesquisa e interpretação, cada uma movida por diferentes razões, valores e metas. A principal é direcionada ao mercado, a atrair mais alunos ou diferentes tipos de alunos e, com freqüência, é excludente (ou seja, direcionada a um determinado "segmento de mercado"); a outra é orientada à "comunidade escolar", desejando garantir que a escola satisfaça as necessidades e aspirações dos pais e alunos atuais, e é inclusiva (envolve todos os pais e alunos).

O tipo de política de pesquisa e interpretação buscado no nível escolar é crucial para responder a pergunta de quem exatamente se beneficia de uma escola responsiva. Os pais que já se encontram em situação de desvantagem na sociedade podem achar o sistema mercadológico não-receptivo a suas necessidades e preferências (Glatter e Woods, 1995). O perigo claro é que os valores, as perspectivas e as definições que auxiliam a informar e a formar a efetividade de uma escola serão os das partes envolvidas formadas pelos pais de classe média em situação vantajosa, os quais muitas escolas – sob pressões do mercado – podem cada vez mais eleger para se engajarem e se alinharem.

NOTA

1. O estudo PASCI foi financiado pelo UK Economic and Social Research Council (ESRC – Conselho de pesquisa social e econômica do Reino Unido). (ref. R000234079).

REFERÊNCIAS

Bagley, C. (1994) Life in the marketplace. How are schools responding to increased competition and choice? *Managing Schools Today*, 3(9).

Barnes, C. (1993) *Practical Marketing for Schools*. Oxford: Blackwell.

Bush, T., Coleman, M. and Glover, D. (1992) Life after opt-out, *Times Educational Supplement*, 4 December.

Cave, E. and Demick, D. (1990) 'Marketing the school' in E. Cave and C. Wilkinson (eds) *Local Management of Schools: Some practical issues*. London: Routledge.

Daft, R. L. and Weick, K. E. (1984) Towards a model of organisations as interpretations systems, *Academy of Management Review*, 9(2): 284-95.

Glatter, R. (1993) Choice of What? *Education*, 29th October.

Glatter, R. and Woods, P. A. (1995) Parental choice and school decision-making: Operating in a market-like environment in A. K. C. Wong and K. M. Cheng (eds) *Educational Leaders and Change*. Hong Kong: Hong Kong University Press.

Goldring, E. B. and Shapira, R. (1993) Choice, empowerment and involvement: What satisfies parents, *Educational Evaluation and Policy Analysis* 15(4): 396-409.

Gray, L. (1991) *Marketing in Education*. Buckingharn: Open University Press.

Harrison, P. (1991) Pupils must come first, *Times Educational Supplement*, 31 May.

Maden, M. (1990) In search of a quick fix, *Times Educational Supplement*, 8 June.

Mintzberg, H. (1989) *Mintzberg on Management: Inside our strange world of organisations*. New York: Free Press.

Mintzberg, H. (1990) The manager's job: Folklore and fact, *Harvard Business Review*, March-April, No.2: 163-76.

National Association of Head Teachers (NAHT) (1990) *The Marketing of Schools.* Council Memorandum. Haywards Heath: NAHT.

Pardey, D. (1994) *Marketing for Schools.* London: Kogan Page.

Reynolds, D. (1992) 'School effectiveness and school improvement: an updated review of the British literature' in D. Reynolds and P. Cuttance (eds) *School Effectiveness: Research, policy and practice.* London: Cassell.

The Open University (1993) Unit 5: The school in its environment, Part 1: The developing context. *E326 Module 2 Managing for School Effectiveness.* Milton Keynes: The Open university.

Waller, H. (1993) Primary perceptions, *Managing Schools Today,* September.

Webster, A., Owen, G. and Crome, D. (1993) *School Marketing: Making it easy for parents to select a school.* Bristol: Avec Designs Limited.

Woods, P. A. (1993) Responding to the consumer: Parental choice and school effectiveness, *School Effectiveness and School Improvement,* 4(3): 205-9.

Woods, P. A. (1994) Parents and choice in local competitive arenas: First findings from the main phase of the PASCI Study. Paper presented at American Educational Research Association Annual Meeting, New Orleans.

Woods, P. A., Bagley, C. and Glatter, R. (1996) Dynamics of competition: The effects of local competitive arenas on schools, in C. Pole and R. Chalwa-Duggan (eds) *Reshaping Education in the 1990s: Perspectives on secondary schooling.* London: Falmer.

23

A prática do *marketing* educacional nas escolas

CHRIS JAMES e PETER PHILLIPS

INTRODUÇÃO

Mudanças recentes na política governamental destinam-se a estabelecer um mercado em educação na Inglaterra e no País de Gales (Demaine, 1988; Maclure, 1992; Whitty, 1989). Uma conseqüência disso foi uma maior priorização do *marketing* das organizações educacionais. Conferências e cursos foram realizados e textos publicados (por exemplo, Davies e Ellison, 1991; Devlin e Knight, 1990; Gray, 1991; Hanson e Henry, 1992; Marland e Rogers; 1991; Pardey, 1991; Stott e Parr, 1991; Tomlinson, 1993) com o propósito de oferecer àqueles que têm responsabilidade gerencial nas escolas e faculdades a oportunidade de melhorar seus conhecimentos e aperfeiçoar sua prática em *marketing*. No futuro, o *marketing* educacional certamente será um aspecto importante da gestão educacional.

Atualmente, muito da literatura no campo do *marketing* educacional caracteriza-se por idéias, sugestões, orientação e estratégias baseadas em modelos de *marketing* retirados de cenários não-educacionais. Baseiam-se em vários modelos, sendo que o mais útil deles recorre aos enfoques usados no *marketing* de serviços. A educação pode ser vista como um serviço (James, 1993; Lovelock, 1988), e os modelos de *marketing* de serviços podem, portanto, oferecer um ponto de partida útil. Deve-se lembrar, contudo, que o conceito de serviço permanece problemático (Cowell, 1984), e que as tentativas para situar a educação dentro do conceito de serviço continuam relativamente limitadas e simples (ver, por exemplo, Lovelock, 1988).

Esse estudo examina diferentes atividades que formam o *marketing* de serviços e focaliza, principalmente, aquelas atividades que formam o assim chamado *marketing-mix*. Examinamos a prática do *marketing* em várias escolas da Inglaterra e do País de Gales e usamos os elementos do *marketing-mix* para analisar os diferentes aspectos da prática. O relato aqui apresentado constitui a primeira etapa de um estudo mais extensivo sobre a prática do *marketing* educacional.

HISTÓRICO

Em essência, uma organização de serviços é geralmente aceita como aquela na qual a atividade ou o benefício que a organização oferece [ao consumidor], o serviço, é praticamente intangível (ver, por exemplo, Cowell, 1984; Lovelock, 1988). Kotler (1986) define serviços ao explicar que "eles não podem ser vistos, degustados, sentidos, ouvidos ou cheirados antes de serem comprados" (Kotler, 1986, p.681). Essa definição clara é questionada por alguns autores que destacam uma série contínua de mercadorias e serviços (ver, por exemplo, Rathmell, 1966; Shostak, 1977), mas, apesar disso, a noção de intangibilidade permanece.

A maioria dos livros-texto padrão, por exemplo, Kotler (1986) ou Cameron e colaboradores (1988), descreve uma série de atividades encontradas no *marketing* de serviços. Essas são, freqüentemente, vistas como uma seqüência, que foi resumida por Gray (1991, p.13), conforme segue:

1. Necessidades/problemas de *marketing*.
2. Pesquisa/auditoria de *marketing*.
3. Planejamento de *marketing*.
4. O *marketing-mix*.
5. Estratégias e táticas de *marketing*.

Apesar de esse modelo ter sido questionado, principalmente devido à preocupação essencial com o *marketing* de mercadorias, em oposição ao de serviços (Cowell, 1984), ele fornece uma estrutura útil para examinar o *marketing* de serviços.

Existem várias técnicas disponíveis às atividades de serviços para lidar com a identificação das necessidades e/ou problemas de *marketing* (ver, por exemplo, Cannon, 1980; Lovelock, 1984). Essas incluem a análise SWOT, utilizada com freqüência, em que os pontos fortes e fracos, as oportunidades e as ameaças são analisados. Essas técnicas, juntamente com os métodos de pesquisa/auditoria em *marketing*, são um foco importante dos textos publicados recentemente sobre *marketing* educacional (por exemplo, Davies e Ellison, 1991; Gray, 1991; Marland e Rogers, 1991; Pardey, 1991; Stott e Par, 1991).

A boa prática na gestão do processo de planejamento envolve um enfoque coerente e organizado para estabelecer a posição atual no mercado, determinando objetivos e formulando estratégias. Existe aconselhamento prontamente disponível sobre como fazer isso em contextos educacionais (ver, por exemplo, Devlin e Knight, 1990; Puffit et al., 1992).

As primeiras etapas do processo de *marketing*, especialmente a auditoria de *marketing*, apresentam um ponto de partida básico (o "onde estamos agora?") para o processo de planejamento. Em um contexto educacional, uma declaração de missão explícita (Murgatroud, 1989; West-Burnham, 1992), juntamente com as várias outras políticas institucionais, podem ser um guia para o direcionamento futuro (o "para onde estamos indo?") da instituição, sendo processos incorporados na prática do planejamento do desenvolvimento (Hargreaves e Hopkins, 1991). O desafio para as escolas não são essas duas noções básicas, mas a necessidade de estratégias particulares que as escolas precisarão gerar para ir de um ponto a outro (o "como chegaremos lá?"). O processo pode ser facilitado usando-se várias ferramentas analíticas investigadas e testadas para auxiliar no processo do *marketing*. Exemplos de tais ferramentas incluem as matrizes Ansoff,[*] BCG[**] e 3X3 (tela de negócios) e estão bem documentados no contexto educacional em Pardey (1991). Elas permitem que os dados da auditoria de mercado sejam analisados sistematicamente e auxiliam na identificação de

---

[*] N. de T. A matriz de Ansoff é uma ferramenta de *marketing* bastante conhecida, publicada primeiramente na *Harvard Business Review* (1957). É utilizada por profissionais de *marketing* que objetivam crescimento.

[**] N. de T. A matriz BCG (Boston Consulting Group) é utilizada pela área de *marketing* para a formação de portfólio de produtos.

estratégias. Murgatroyd (1989) e West-Burnham (1992) também apresentam estratégias úteis.

Um dos fatores de complicação na prática do *marketing* educacional é a variação dos receptores do serviço fornecido, ou as partes envolvidas, e os termos usados para descrevê-las (ver Murgatroyd e Morgan, 1993). Nesse estudo, o termo "cliente" é usado predominantemente para relatar os resultados, pretendendo significar aqueles com quem a organização tem negócios. O termo não foi usado na fase de coleta de dados. A discussão sobre essa questão da variedade das partes envolvidas nas organizações educacionais é novamente retomada.

A IMPORTÂNCIA DO *MARKETING-MIX*

O conceito de *marketing-mix* é fundamental, pois é a chave, em termos de *marketing*, para uma organização que se movimenta do "onde está" para o "onde deseja chegar". Preocupa-se em entender como o *marketing* opera na prática, em oposição à razão de sua necessidade. Representa os domínios da prática de *marketing* nos quais as suas estratégias e táticas serão utilizadas e, como tal, oferece uma estrutura para a análise do processo de *marketing*. É por essa razão que utilizamos a noção de *marketing-mix* para analisar a prática do *marketing* educacional nas escolas.

O *marketing-mix* pode ser dividido em diversos componentes e consta em muitos textos sobre gestão (ver, por exemplo, Christopher e MacDonald, 1991; Cowell, 1984), sendo citado, com freqüência, em textos sobre *marketing* educacional (ver, por exemplo, Gray, 1991; Tomlinson, 1993). Existe certa discussão com relação ao número e ao tipo de componentes do *marketing-mix*. Dentro do *marketing-mix* para indústrias de manufatura, normalmente quatro componentes são identificados: produto, ponto, preço e promoção.

Esses são geralmente conhecidos como os "quatro Ps" (ver, por exemplo, Borden, 1984). Para o *marketing* de serviços, foram sugeridos componentes adicionais: pessoas, processos e provas.

O resultado é um modelo de *marketing-mix* para serviços freqüentemente chamado de os "sete Ps" (Cowell, 1984). É interessante notar que Gray (1991) considera que apenas "cinco Ps" devem ser incluídos no *marketing-mix* educacional – produto, ponto, preço, promoção e pessoas. Ele argumenta que os processos e as provas são "uma complicação desnecessária" (p. 31) e que eles podem ser acomodados dentro do modelo dos "cinco Ps". Para fins desse estudo, porém, nós utilizamos o modelo dos "sete Ps", pois ele oferece uma ferramenta mais detalhada para a análise do *marketing-mix* em ambientes educacionais.

A FINALIDADE DESTE ESTUDO

A finalidade geral deste estudo foi explorar e documentar a prática de *marketing* nas escolas. Este capítulo usa os componentes do *marketing-mix* como uma estrutura para a análise da prática. Ele examina cada um dos "sete Ps" que constituem o *marketing-mix* de serviços. Para cada um deles, são apresentados dados que esclarecem as maneiras como as escolas no estudo percebem e agem em relação a esse aspecto do *marketing*. Foram coletados dados de um grupo de 11 escolas nas fases de ensino fundamental e médio, tanto no setor público como no privado. As escolas foram selecionadas porque julgou-se que estavam inseridas em um ambiente competitivo e, portanto, deveriam considerar mais ativamente o *marketing* e sua posição no mercado. Elas eram dos seguintes tipos:

- Duas escolas de ensino médio inclusivas co-educacionais para alunos dos 11 aos 18 anos (financiadas).

- Duas escolas de ensino médio inclusivas co-educacionais para alunos dos 11 aos 16 anos (financiadas).
- Duas escolas preparatórias para meninos de 4 a 13 anos (particulares).
- Duas escolas de ensino médio para meninos de 11 a 18 anos (particulares).
- Três escolas de ensino fundamental co-educacionais para alunos dos 7 aos 11 anos (financiadas).

Foram coletados dados por meio de entrevistas com professores seniores nas escolas, geralmente o diretor usando um cronograma de entrevistas semi-estruturado. As perguntas da entrevista destinavam-se a explorar a conceitualização dos entrevistados sobre o *marketing* e sua prática em determinada escola. Também foram coletados dados por meio de documentos fornecidos pelas escolas. As entrevistas foram transcritas, e foram usadas técnicas padronizadas para redução de dados (ver Miles e Huberman, 1984) a fim de reduzi-los e analisá-los. Foram realizadas entrevistas de acompanhamento na maioria dos casos, e, em todos os casos, os dados coletados foram validados pelos entrevistados. Em alguns casos, os professores, além do diretor, foram entrevistados.

RESULTADOS: UMA VISÃO GERAL

Deve-se dizer no início que, enquanto todos os indivíduos entrevistados reconheceram a importância do *marketing*, seu conhecimento sobre o seu significado e a sua teoria era geralmente limitado, assim como o era sua habilidade de articular análises racionais em termos de conceitos teóricos para os aspectos de sua prática, que poderiam ser interpretados como *marketing*. Isso pode ser explicado, em parte, pelo fato de que nenhum dos entrevistados havia recebido qualquer treinamento na área. Houve uma confusão entre *marketing* e venda, como indicaram essas duas respostas: "*Marketing* significa vender – um ato deliberado" e "Eu faço *marketing* de minha escola ao vender a escola para os pais".

Nenhum dos entrevistados, por exemplo, indicou que possuía algum conhecimento especializado sobre o conceito de *marketing-mix*, e nenhuma das escolas estudadas tinha qualquer política de *marketing* documentada. Boa parte do processo de coleta de dados concentrou-se em explorar, com os entrevistados, aspectos de sua prática de *marketing* que pudessem ser interpretados como tal, mesmo se isso não fosse reconhecido.

Todos com quem conversamos puderam articular o que viam como sendo o seu mercado, apesar de ser freqüentemente uma visão restrita. Geralmente, os pais foram identificados como aqueles no mercado a quem o serviço era fornecido, conforme apontado no segundo comentário acima. Não foi inesperado o fato de as escolas particulares tenderem a descrever seu mercado em termos da capacidade dos pais de pagar e de que tinham algum conhecimento sobre o modo como o mercado estava se desenvolvendo, conforme aponta este exemplo: "O *marketing* dessa escola está mudando, não há dúvidas quanto a isso. Já se foram os dias em que todos os pais eram médicos e advogados, ou tinham outras profissões (...) Nós agora somos construtores, decoradores, proprietários de lojas, vendedores e esse tipo de pessoas, e todos se envolvem no sistema escolar particular agora (...) Nós temos agora pessoas preparadas para se sacrificarem mais a fim de poder pagar pela educação particular".

Nas escolas financiadas, o mercado foi descrito em termos da proximidade dos pais com a escola – a área de abrangência –, apesar das matrículas serem abertas. Um entrevistado disse claramente que os pais eram os receptores do serviço e que reconhecia o impacto potencial das matrículas abertas na frase "Meu mercado é minha área de abrangência – eu sinto que ele ainda existe". Uma outra pessoa expressou uma opinião semelhante, também aludindo ao impacto das matrículas abertas, "o mercado deste local é a área ao redor da escola, a velha área de abrangência".

Alguns entrevistados consideraram que o mercado era mais do que os pais. Um diretor de escola estadual, por exemplo, foi enfático ao dizer que "o mercado (...) são as crianças e seus pais". Geralmente os pais foram vistos como os receptores do serviço, e, para os entrevistados, as complicações resultantes da multiplicidade de receptores dos serviços de organizações educacionais não foram vistas como um problema. Fazer o *marketing* da organização para "partes envolvidas supridoras (fornecedores)" (Murgatroyd e Morgan, 1993, p.5) não foi considerado um problema.

PRODUTO – OS SERVIÇOS OFERECIDOS AO MERCADO

Responder à pergunta "o que é um produto?" não é particularmente fácil (Maxwell, 1989). Kotler (1986, p.296) define-o como "algo que pode ser oferecido ao mercado para atenção, aquisição, uso ou consumo, que pode satisfazer um desejo ou uma necessidade. Isso inclui objetos físicos, serviços, pessoas, locais, organizações e idéias". As organizações de serviços em um ambiente mercadológico oferecem um "produto-serviço" ao mercado. O produto em educação é consistentemente descrito como a série de serviços fornecidos pela escola, faculdade ou universidade (ver, por exemplo, Barnes, 1993, p. 49). No princípio, os serviços fornecidos pelas escolas são os cursos oferecidos aos alunos, mas os serviços estendem-se para além do currículo. Exemplos de outros serviços citados com freqüência incluem clubes de informática no fim de tarde, refeições em restaurantes para adultos, consultoria de negócios e programas de pesquisa de contrato, cuidados com as crianças enquanto os pais trabalham, e assim por diante (ver Gray, 1991, p.81 e 82; Marland e Rogers, 1991, p.15; Stott e Parr, 1991, p.65-66).

Várias questões são significativas em relação ao elemento-produto no *marketing-mix*.

Conjunto de produtos

Isso significa a série de mercadorias ou serviços oferecidos pela organização e, às vezes, é citado como o "*mix* de produtos". Dentro dessa série, alguns produtos serão considerados mais centrais do que outros e serão vistos como "produtos essenciais". É importante que seja feita, regularmente, uma revisão do "*mix* de produtos".

Benefícios dos produtos

Todos os textos sobre *marketing* ressaltam a importância de visualizar os produtos em termos de seus benefícios (ver, por exemplo, Kotler, 1986). Existe um perigo ao tentar fazer o *marketing* de um serviço, que é o serviço em si ser descrito em vez do benefício que o cliente obtém dele. Isso é particularmente relevante para a educação, em que, historicamente, fomos condicionados a descrever os cursos e os programas ensinados por uma escola ou uma faculdade, em vez de identificar os ganhos e os benefícios. Tem havido uma tendência para o desenvolvimento de cursos ser conduzido pelo produto e/ou pelo produtor.

Duração dos produtos

Com freqüência, em um enfoque conduzido pelo fornecedor, no *marketing* de serviços, ocorre uma falha em reconhecer o "ciclo de vida" finito de um serviço. Em educação, por várias razões – por exemplo, pelos recursos limitados para o desenvolvimento de cursos –, os cursos podem ser continuados bem depois de serem considerados adequados pelos receptores.

Qualidade dos produtos

A noção de qualidade está relacionada aos pontos fortes do serviço e às demandas do mercado. Enquanto a qualidade ótima em todo o conjunto de produtos pode ser irrealista, é importante que as características centrais do produto estejam de acordo com os requisitos do cliente (Crosby, 1979). A extensa literatura sobre o aperfeiçoamento da qualidade no aprovisionamento de serviços destaca a importância de todos os membros da organização estarem comprometidos com ele (ver, por exemplo, Hopson e Scally, 1989).

A PRÁTICA NAS ESCOLAS

Conjunto de produtos

Todas as escolas no estudo conheciam bem o que estavam oferecendo a seus clientes. Apesar de não se referirem a isso explicitamente como seu produto, em termos de *marketing*, é o que eles estavam descrevendo, e não causa surpresa o fato de que o descreveram com confiança e sem ambigüidade. Uma escola, por exemplo, apesar de confundir vendas e *marketing*, tinha uma visão clara do produto: "Eu vendo o ambiente acolhedor que estamos tentando estimular. Eu vendo os costumes. Eu vendo os resultados do exame SAT*, os padrões e a nossa posição de classificação de intervenções conforme o custo-benefício".

Apesar da citação anterior incluir mais de um produto (ou seja, ambiente acolhedor, costumes e padrões acadêmicos), geralmente os entrevistados citaram apenas uma qualidade, descrita em termos gerais, como "uma escola tradicional" ou uma "boa escola", e não fizeram referência explícita ao conjunto de produtos que ofereciam. Na verdade, os termos *"mix de produtos"* e "portfólio de produtos" foram vistos com suspeita por todas as escolas.

Mas é significativo que quase todas as escolas perceberam que havia uma necessidade de destacar vários aspectos de seu aprovisionamento. Os exemplos que elas escolheram citar incluíram o departamento de dislexia da escola, a capacidade tecnológica, os resultados de exames dos alunos em ciências, a oferta de música na escola e as ligações entre a escola e os lares. Todos os entrevistados expressaram o desejo de destacar um aspecto específico de seu produto para tornar a oferta especial, diferente e, portanto, atrativa ao seu mercado, mas nenhum entrevistado apresentou qualquer procedimento sistemático para revisar seu *mix* de produtos. [...]

Benefícios dos produtos

Em sua literatura sobre *marketing* e durante a coleta de dados, todas as escolas no estudo citaram o serviço que ofereciam em termos descritivos, conforme exemplificado na citação anterior. Nenhuma das escolas estaduais descreveu os serviços que oferecia em termos dos benefícios. As escolas particulares tenderam a inferir que havia algo a ser obtido a partir de determinado serviço, mas não conseguiram especificar seus benefícios.

Duração dos produtos

Não houve evidências de que a formulação dos cursos em qualquer uma das instituições não fosse conduzida pelo currículo (conduzida pelo produto). Certamente, nenhuma foi deliberadamente conduzida pelo mercado. Haviam corolários disso em outros aspectos da prática mercadológica. Em todas as escolas, inclusive nas particulares, houve:

a) um reconhecimento vago dos segmentos de mercado;
b) ausência de dados sobre necessidades do mercado;
c) relações de *marketing* inadequadas (como regra geral) com os receptores.

A questão de que um curso ou uma atividade possam ter uma vida finita não foi reconhecida, e pensou-se e explicou-se o "novo" em termos de aprovisionamento extra ou adi-

---

* N. de T. O SAT Reasoning Test é um teste realizado para medir as habilidades de pensamento crítico que um estudante necessita para obter sucesso acadêmico.

cional sendo desenvolvido continuamente na instituição.

Qualidade dos produtos

A noção de qualidade foi citada em todas as escolas, e, na maioria (mas não em todas), estava relacionada aos pontos fortes da escola e às demandas dos pais. Os resultados de exames e de outras declarações reivindicatórias (por exemplo, "essa é uma escola de alto *status,* com uma boa abrangência") foram feitos para reforçar as reivindicações por um aprovisionamento de alta qualidade. Porém, havia pouca sugestão de que qualquer uma das escolas e os produtos de serviços que elas fornecem estivessem se tornando orientados ao cliente em termos de como a qualidade era vista. Não constou a qualidade explicitamente como conformidade às necessidades dos entrevistados. Além disso, não houve evidências da construção de uma cultura de qualidade em toda a instituição, uma estratégia que é o fio condutor de muitos enfoques de gestão da qualidade. Em vários casos, o pessoal de ensino parecia estar excluído (seja por acidente ou por programação) das discussões sobre a melhoria da qualidade. Em todas as escolas, os diretores viram claramente o papel do "combatente pela qualidade" como uma parte importante da sua liderança total, mas isso não os fez criar equipes de combatentes (Murgatroyd e Morgan, 1993).

PREÇO – OS RECURSOS QUE OS CLIENTES NECESSITAM PARA OBTER MERCADORIAS/SERVIÇOS

O elemento preço do *marketing-mix* inclui dois componentes distintos: estimativa de custos e de preços.

Estimativa de custos

A tarefa-chave quanto à estimativa de custos é procurar uma combinação certeira entre os gastos institucionais e os benefícios ao cliente.

Estimativa de preços

Quanto aos preços, a tarefa-chave é garantir que se cobrem dos receptores quantias que estejam de acordo com os objetivos da instituição. Existem vários aspectos de preços de serviços que são significativos em relação ao elemento – preço do *marketing-mix.*

Diferenciação

Em muitos setores do mundo comercial, existem diferenciações maiores de produtos, resultando em uma maior liberdade para definir preços.

Fatores de estimativa de preços

Ao tomar uma decisão sobre preços, existe a necessidade de se levar em consideração o valor do produto ao consumidor, o preço como um indicador de qualidade, a capacidade da pessoa de pagar, o volume de vendas necessário, a saturação de mercado do produto e o preço que os clientes estão preparados para pagar.

O custo do desenvolvimento do produtos

É importante reconhecer que a criação do pacote – o *mix* de produtos – fornecido por qualquer instituição é quase sempre dispendiosa. Isso se aplica a todas as organizações de serviços, inclusive a escolas. Em ambientes educacionais, a pertinência disso para os gestores, o pessoal, os pais e os alunos precisa ser avaliada e deve ser um fator crítico no processo de mudança.

A PRÁTICA NAS ESCOLAS

Não foi inesperado o fato de que, nas escolas do setor privado, houvesse consideráveis evidências que sublinham a importância desse aspecto no *marketing-mix*. Foi particularmente significativo nas escolas que ofereciam o regime de internato. A competição por alunos internos é acirrada, pois a escola interna não é mais tão popular entre os pais como o era antigamente, e a administração dessas escolas é muito cara. As escolas que ofereciam o regime de internato estavam totalmente conscientes do elemento preço de seu *marketing-mix*. Uma outra questão mais geral está relacionada à necessidade de a escolas privadas responderem aos pais, se eles demonstram insatisfação com o aprovisionamento, a menos que eles exerçam a opção de desligamento da escola (Hirschman, 1970; Pfeffer e Coote, 1991). As escolas privadas estavam totalmente conscientes dessa opção, a qual acharam ser mais pronunciada nos pais dos seus alunos, pois os pais "estavam gastando seu próprio dinheiro", e reconheceram o "sacrifício" que muitos pais haviam feito. As escolas privadas identificaram o preço como um grande fator de influência nos pais ao decidirem trocar a escola de seus filhos e consideraram isso relativamente comum, se não alto, em termos percentuais. Houve algumas evidências preliminares das escolas privadas sugerindo que a mudança da escola "particular cara" para a escola "estadual boa e gratuita" está sendo incluída na agenda dos pais, apesar de no passado eles terem beneficiado-se do efeito reverso.

No setor estadual, a legislação recente facilitou a mudança dos alunos (na forma agrupamento de estudantes por idade, conforme sua renda) de uma escola para outra. Os que freqüentavam escolas estaduais, nessa pesquisa, geralmente reconheceram isso como um fator crítico em sua reflexão. Porém, até o momento, não havia evidências de que os pais e/ou alunos estivessem realmente exercendo a opção de desligamento/troca de escolas de forma significativa, a não ser transferindo os alunos nas idades de 7, 11 e 16 anos. Várias escolas consideraram que o exercício freqüente dessa opção pode tornar-se realidade; tal possibilidade, apesar de não estar ainda planejada (em termos de *marketing*) estava sendo discutida em diversas escolas.

Tanto no setor estadual como no privado, a análise custo-benefício das atividades promocionais (ver a seguir) foi articulada em termos de números adicionais de alunos atraídos. Um diretor de escola estadual comentou: "Se eu atraísse 10 alunos a mais e cada um agregasse 1.500 libras esterlinas, e se o custo da propaganda fosse bem menor, digamos, 500 libras, então isso estaria bom para mim".

As respostas nas entrevistas indicaram que o patrocínio de agências externas está se tornando aceito e está ativamente sendo levado em conta em algumas escolas. Houve também evidências de intenções de desenvolver mais essa idéia em seu devido tempo. A noção de projetos conjuntos entre a escola, o comércio e a indústria foi considerada como uma forma de patrocínio um pouco mais aceitável em algumas das escolas e, no momento das entrevistas, estava sendo ativamente considerada.

Nas escolas estaduais, houve evidências de que a reflexão, anteriormente casual, sobre financiamento está começando a transformar-se em um enfoque mais estruturado quanto ao planejamento financeiro. Uma escola estava dando mais atenção a um planejamento futuro detalhado, que envolvia o direcionamento específico de fundos adicionais (a partir de um maior "número de matrículas") – reais e previstos – e patrocínio – existente e planejado – para um projeto maior de levantamento de capital a ser realizado durante um período de três anos. Outro exemplo de resposta proativa ao planejamento financeiro foi a intenção de uma escola de levantar uma quantia em dinheiro, de mais de 2 milhões de libras, por meio da venda em leilão competitivo de parte das instalações da escola realizado entre vários grupos de supermercados, os quais estavam procurando um novo local para se instalarem.

No setor privado, houve algumas evidências de escolas "líderes em perdas" organizando-se para aumentar a captação. Um exemplo dessa prática foi a oferta de uma semana gratuita na escola interna como estratégia para atrair alunos externos a se tornarem internos durante a semana. Esquemas inovadores não-testados estavam sendo explorados, por exemplo, com a oferta aos pais de um desconto de 10%, nas mensalidades, se eles apresentassem outro pai e filho à escola, e um "período de liquidação" que dava um desconto de 10%, se a matrícula fosse realizada dentro de um determinado período. Todas as escolas de internato usaram o regime de internato ocasional em resposta à demanda dos pais e à "possibilidade de perecer" (Kotler, 1986), apesar de as escolas não articularem isso nesses termos. Foi significativo o fato de que houve poucas evidências da existência de preocupação entre aqueles que estavam empregando (ou consideravam que o faziam) estratégias de "líder em perdas" em criar uma perspectiva contrária, "deve haver algo errado com um local que requer todos esses truques".

Houve um contraste entre as escolas privadas e as financiadas quanto a maneira em que elas abordaram questões financeiras. No setor privado, tanto os aspectos de estimativa de preços como de custos do elemento preço do *marketing-mix* (as mensalidades) são ativamente considerados. A preocupação dominante foi obter lucro. Uma das escolas privadas, a menor das que foram visitadas, almejava um lucro de 10 mil libras e incluiu em seu orçamento anual um aprovisionamento de dívida desfavorável de 20 mil libras. Nas escolas financiadas do estudo, a estimativa de preços não foi um problema, mas houve consideráveis evidências de que o aspecto de estimativa de custos está recebendo cada vez mais atenção. A preocupação orçamentária dominante é com "equilíbrio", e não com o lucro.

Todas as escolas privadas no estudo declararam que nunca conseguiriam sobreviver apenas com as mensalidades. Toda a renda obtida pelas mensalidades é usada para pagar as despesas operacionais do dia-a-dia. Elas dependiam de doações dos pais e de outros projetos para levantamento de fundos para todos os principais gastos de capital. O excedente da renda das mensalidades não era adequado para financiar esses gastos.

Nas escolas financiadas, considerou-se essencial o apoio parental na forma de contribuições voluntárias para o enriquecimento do currículo ou para atividades extra-curriculares. Uma das escolas, que tinha o que descreveu ser "área de abrangência de classe média", estava querendo muito sugerir que isso não significava necessariamente que todos os problemas de financiamento associados à organização de atividades desse tipo seriam resolvidos. Essa dificuldade tem implicações para o planejamento de *marketing*, principalmente no que se refere aos aspectos extra-curriculares do componente "produto" do *marketing-mix*.

PONTO – A LOCALIZAÇÃO E A ACESSIBILIDADE DOS SERVIÇOS

Esse elemento particular do *marketing-mix* preocupa-se com a localização, a aparência e as instalações do local onde o serviço é oferecido, o que influencia a acessibilidade e a disponibilidade do serviço. Alguns aspectos importantes do "ponto" no *marketing* de serviços são os seguintes.

Aparência e condições

Em quase todos os casos, a aparência e as condições do local do serviço são um aspecto importante do *seu marketing*.

Clientes e outros visitantes

Em uma cultura orientada ao cliente, o cliente, o cliente em potencial e outros visitantes justificam a atenção que reflete a orientação citada. Exemplos disso incluem vagas de estacionamento reservadas para visitantes, boa sinalização e ambiente acolhedor.

Primeiro contato e acessibilidade

Esse aspecto do local refere-se ao modo como um indivíduo faz o primeiro contato com a organização e à facilidade com que o faz. A importância e o valor potencial do primeiro contato são significativos.

O desafio de melhorar o componente "ponto" do *marketing-mix* pode ser intimidante e pode requerer reflexão crítica e radical. As melhorias incluem uma série de atividades, desde o simples e barato, até o mais complicado e, potencialmente, mais caro. Em um ambiente escolar/acadêmico, um exemplo do primeiro caso citado seria uma secretária-eletrônica que recebe mensagens e transmite informações explícitas (como telefones de emergência) sendo utilizada fora das horas normais de trabalho e durante qualquer dia das férias escolares, quando o pessoal não está trabalhando. Um exemplo do último caso seria quando o diretor e o pessoal sênior rotineiramente realizam sessões práticas ou intervenções em vários locais distintos, como em escolas de ensino fundamental locais, ou no clube de assistência local. Essa tentativa de melhorar a acessibilidade é potencialmente cara, não apenas devido ao tempo gasto, mas também devido ao custo incorrido no acompanhamento rápido de todas as consultas, reclamações e assim por diante.

A PRÁTICA NAS ESCOLAS

Todas as escolas estaduais visitadas transferiram uma proporção significativa de qualquer quantia excedente, por meio da flexibilidade proporcionada pelo *status* de geridas localmente, para melhorias na aparência e nas condições da escola. Houve evidências de que todas as escolas estaduais melhoraram significativamente suas instalações e seus procedimentos para receber todos os visitantes e pais prospectivos. Exemplos disso incluem tornar as áreas de recepção mais acolhedoras, decorar os corredores, colocar sinalização para auxiliar os visitantes. As escolas privadas também tinham transferido recursos para melhorar a aparência da escola, especialmente as áreas visíveis aos visitantes ou pais prospectivos. [...]

Em grande parte, todas as escolas, e principalmente uma que apresentava diminuição de matrículas, expressaram o desejo de fazer mudanças substanciais no ambiente escolar. Todas tinham restrições, geralmente na parte financeira, para realizar essas mudanças, mas nenhuma das escolas tinha uma estratégia explícita para superar essas restrições.

PROMOÇÃO – AS ATIVIDADES QUE COMUNICAM OS BENEFÍCIOS DOS SERVIÇOS A CLIENTES POTENCIAIS

A promoção pode ser usada para informar o mercado e persuadir os que nele se encontram a escolher o serviço que está sendo oferecido. Geralmente, a melhor forma de fazer isso é identificar a característica principal que será atraente ao mercado, a proposta de venda singular (ver, por exemplo, Gray, 1991, p.126 e 127) e sustentar essa mensagem pelo *design* e pelo conteúdo do material publicitário. Aspectos importantes desse elemento do *marketing-mix* incluem o seguinte.

Comunicação

A parte de promoção do *marketing* é a fase que a maioria das pessoas entende e com a qual entra em contato. Em sua forma mais simples, o plano promocional é a comunicação entre o produtor e o cliente. Scott e Parr (1991) revisaram os fatores críticos que influenciam a decisão sobre o tipo de promoção mais adequado, como: O que foi obtido? Dentro de quanto tempo? Que recursos estão disponíveis? Que grupo de clientes está sendo atingido?

As principais características do material promocional são as seguintes:

- atrair a atenção de clientes potenciais;
- despertar interesse pelo produto;
- criar desejo por seus benefícios;
- motivar a ação dos clientes potenciais.

Essas características geralmente são conhecidas através do acrônimo "AIDA"* (ver, por exemplo, Gray, 1991). Marland e Rogers (1991) adicionaram a característica "convicção" à lista para formar o acrônimo AID(C)A. Ela foi adicionada para propor a pergunta "Como você convence o espectador/ouvinte/leitor de que o que você está dizendo é verdadeiro?".

Ferramentas promocionais

Muitos autores (ver, por exemplo, Stott e Parr, 1991) identificam os três tipos principais de promoção. São as seguintes:

Propaganda por meio da televisão, do cinema, do rádio, de pôsteres e da imprensa. Algumas considerações importantes nesse aspecto são: custo, mercado-alvo, época certa e concordância entre o meio de propaganda e as características da organização.

Relações públicas (RP), tanto da imprensa como fora dela. O objetivo do RP da imprensa é alcançar cobertura editorial, a qual pode ser assegurada pela construção de relações de confiança. Sua principal vantagem é ser um mecanismo de reforço geralmente mais barato do que a propaganda.

Um RP fora da imprensa cuidará dos eventos especiais usuais no calendário escolar, assim como de um número limitado de recepções e/ou exposições. A asserção de que enquanto a propaganda custa dinheiro um RP é gratuito não é verdadeira, apesar de um RP geralmente trazer vantagens financeiras. Alguns dos mecanismos de RP envolvem a consulta a processos, e todos os eventos sociais tornam-se ingredientes importantes no portfólio de RP da escola. *Displays* fora da escola podem ter uso limitado se usados sozinhos, mas, quando acompanhados por outros meios de exposição freqüentes, eles são positivos. Exposições também podem ser úteis, mas existem implicações de custos em termos de tempo, esforço e dinheiro. Em um contexto escolar, seguir a orientação de um cliente requer consultas regulares com pais e outros (funcionários, etc.) sobre melhorias que podem ser feitas.

Material para distribuição refere-se a todos os materiais produzidos para a comunicação com um público específico. Exemplos deste incluem prospectos, folhetos, cartas, cartões de Natal, correspondência simples, vídeos promocionais e quaisquer "brindes" (como canetas, bolsas, distintivos, etc.). Existem considerações importantes quanto a *design*, cujos elementos podem auxiliar no estabelecimento de uma identidade corporativa na coletividade.

A PRÁTICA NAS ESCOLAS

Todos os entrevistados acreditavam estar comprometidos com a promoção de sua escola e, julgando por suas respostas, viam esta como o elemento dominante em sua prática de *marketing*. A maioria considerou que sua prática de comunicação com os clientes foi efetiva, apesar de nenhum realizar qualquer avaliação sistemática desta. Nenhum dos entrevistados apontou ou foi capaz de articular qualquer conhecimento sobre os elementos da prática da comunicação, por exemplo, AIDA ou AID(C)A (ver acima).

Mais de metade das escolas nunca havia feito propaganda, e um diretor de escola estadual afirmou opor-se a ela fortemente por razões de filosofia, confessando que nunca a faria, sob qualquer circunstância: "Fico muito aflito quando as pessoas indicam um gerente de *marketing*. A escola deveria vender a si mesma, e quando é preciso empregar alguém para

---

* N. de T. O acrônimo "AIDA" refere-se às iniciais das palavras em inglês.

vendê-la, algo está errado. Sou contra a propaganda; ela não é profissional. Telefonei para um diretor que a havia feito e o chamei de idiota".

Paradoxalmente, a partir das informações fornecidas por esse diretor e dos documentos que ele apresentou, a estratégia e a prática de relações públicas dessa escola estavam entre as mais sofisticadas e desenvolveram-se a partir do estudo. As únicas propagandas utilizadas pelas escolas, tanto estaduais como privadas, foram aquelas realizadas por intermédio da imprensa local. O custo proibitivo foi citado como a razão para não fazer um maior número de propagandas.

Todas as escolas envolveram-se com RP, na imprensa ou fora dela, e consideraram que esse aspecto de seu *marketing* foi efetivo. Nenhuma escola tinha uma política de RP documentada, mas quase a metade delas pôde descrever os principais elementos da estratégia de RP usados pelo diretor ou pelo "assessor de imprensa" designado.

Todas as escolas privadas fizeram regularmente várias exposições e *displays* fora da escola. Nenhuma escola estadual fez mais do que se engajar em ter um *display* limitado fora da escola, ou então, freqüentemente, como parte de uma *joint venture* com outra escola (geralmente sua concorrente). As escolas consideraram que suas ligações com escolas contribuintes eram geralmente boas, mas, surpreendentemente, julgando pela importância dessas escolas em termos de sua habilidade de influenciar a escolha dos alunos, não de forma universal.

Todas as escolas estavam desenvolvendo materiais para distribuição como prioridade. Na maior parte delas, esse desenvolvimento era de um padrão baixo, enquanto em outras (principalmente, mas não exclusivamente, as escolas privadas) os desenvolvimentos preocuparam-se em tornar a prática atual mais sofisticada. Quatro das escolas estavam desenvolvendo vídeos promocionais usando conhecimento interno ou de fora (em proporções quase iguais). Apesar dessas escolas com vídeos considerarem-se satisfeitas com eles, todas elas sinalizaram um *feedback* negativo do público-alvo. Isso reforça a opinião de que a produção de tais recursos deve ser cuidadosamente planejada.

Todas as escolas utilizaram todas as ferramentas promocionais de costume disponíveis (como citado acima), mas a mais comum foi os prospectos. Todas as escolas consideraram que esse era o meio mais efetivo de promover a escola.

Houve evidências de que a noção da proposta de venda singular (PVS) foi melhor compreendida pelas escolas privadas do que pelas escolas estaduais. Essa compreensão foi aparentemente intuitiva e talvez seja o resultado de não ter uma área de abrangência cativa (que resida localmente). A seguir, está o comentário do diretor de uma escola preparatória: "Os pais entenderão que esta não é apenas uma escola preparatória, mas que ela tem um lado especial que vai realmente proporcionar à escola algo especial. No momento em que os pais sentem que vão a uma escola que realmente tem algo especial, mesmo sendo uma escola preparatória tradicional comum, eles se sentirão um pouco mais tentados a ir conhecê-la e ver o que ela tem a oferecer".

Nas escolas financiadas, houve poucas referências à PVS. Todas as escolas emitiram as mesmas mensagens sobre o que tinham a oferecer.

PESSOAS – MAIS DE 90% DO PESSOAL DE "SERVIÇOS" ENTRA EM CONTATO COM OS CLIENTES

O elemento "pessoas" do *marketing-mix* refere-se àqueles envolvidos na venda e na prestação do serviço e à interação dos clientes que recebem o serviço.

Aspectos importantes desse componente do *marketing-mix* incluem o seguinte.

As pessoas são o serviço

Gray (1991) afirma que qualquer atividade de serviços constitui-se, em grande parte, das pessoas que o fornecem. Por exemplo, 90% do pessoal de serviços estão envolvidos no contato com os clientes, em oposição a apenas 10% do setor de manufatura. Porém, ele observa que tanto no turismo como no setor bancário o pessoal é recrutado por habilidades técnicas ou administrativas, em vez de habilidades de contato com o cliente. Existe o risco de os funcionários não se sentirem responsáveis e concordarem com os clientes que qualquer problema ocorrido deve-se a uma falha da "gerência". Isso é acentuado se a maneira pela qual o serviço é prestado significa que o pessoal se responsabiliza por apenas uma parte do serviço.

Boa motivação significa boa organização

As atividades de serviços precisam de estruturas organizacionais e de políticas para motivação do pessoal. Portanto, existe a necessidade de treinamento, envolvimento, desenvolvimento do pessoal e incentivos para motivá-lo.

Qualidade e códigos de conduta

Gray (1991) lembra que, nas atividades de serviços, os códigos de conduta do pessoal substituem o controle da qualidade da indústria de manufatura como um *benchmark*. Ele assevera que a educação não é exceção nesse caso.

Estratégia corporativa

Como todas as organizações de serviços são totalmente dependentes do sucesso de seu *marketing*, a função deste *marketing* é a função central da gestão. Quando esse é o caso, uma "estratégia de *marketing*" e uma "estratégia corporativa" são a mesma coisa. Novamente, aqui, as escolas não constituem exceções.

A PRÁTICA NAS ESCOLAS

Vários, mas não todos os diretores das escolas da amostragem, reconheceram a importância do *endomarketing* e que eles deveriam estar fazendo *marketing* de sua escola (o produto) para o pessoal, que, por sua vez, deveria fazer o mesmo *marketing*, em parceria, na área de abrangência (o local do mercado). Contudo, é evidente, e até foi comentado por vários diretores, que o pessoal nem sempre transmite as mesmas mensagens aos pais e aos outros grupos de clientes fora da escola. Nas palavras de um diretor: "Uma de minhas preocupações (...) é que, mesmo que esteja acontecendo algo de bom dentro da escola, acho que o pessoal não o transmite fora dela".

Diversas razões foram citadas para isso, muitas das quais inesperadas. Por exemplo, se o pessoal se sente incapaz de influenciar em questões essenciais da política e da prática, ou não tem um sentimento de comprometimento, eles sentem-se contentes em "culpar a gerência". Em um caso específico, o diretor tinha sido indicado recentemente e ainda não tinha "ganhado" parte do pessoal. Ele achava que, até isso ser feito, era inevitável que algumas mensagens confusas surgiriam na escola.

Geralmente, havia poucas evidências para sustentar a crença de que a cultura das escolas nesse estudo tivesse mudado e seguido um enfoque orientado ao mercado, ou que tivesse mudado de modo a facilitar a adoção de um enfoque orientado ao mercado. Certamente, passar para uma cultura orientada ao cliente representa uma mudança significativa na maioria das escolas estudadas e requer uma gestão sofisticada para a mudança (Whitaker, 1993). Um diretor expressou a opinião de que ele tinha deliberadamente mudado e estava seguindo um estilo de gestão mais participativo, e que achava que mudar para uma cultura orientada ao mercado dentro da organização seria mais honesto por causa disso.

Alguns dos entrevistados dos setores privado e estadual acreditavam que poderiam surgir problemas quando os dirigentes da escola se envolvessem mais no *marketing* e se tornassem, eles mesmos, "pessoas" dentro do *marketing-mix*. Uma opinião expressa foi que os dirigentes podem se envolver e aceitar, sem refletir, a filosofia da escola. Um diretor, novo na escola, disse que havia uma relutância por parte dos dirigentes de "dar um passo para trás" e ter uma visão mais imparcial, crítica e construtiva.

PROCESSOS – O SISTEMA OPERACIONAL PELO QUAL O *MARKETING* É GERENCIADO DENTRO DA ORGANIZAÇÃO

Esse aspecto do *marketing-mix*, os processos de *marketing*, refere-se à gestão do *marketing* dentro da organização. Não deve ser confundido com outras atividades de *marketing* e não faz parte das estratégias e táticas dele. Em ambientes educacionais, Shreeve e colaboradores (1989) sugerem que esse aspecto do *marketing-mix* deve ser de responsabilidade de um indivíduo que "coordena os esforços de *marketing* do pessoal da escola". Marland e Rogers (1991) sugerem uma série de opções para os indivíduos que assumem esse papel. Suas sugestões incluem um *freelance* (por exemplo, um pai ou uma mãe), membros do pessoal em todos os níveis e o presidente do corpo de dirigentes.

Existem implicações financeiras significativas de *marketing*. Em um contexto escolar, Pardey (1991) aponta que o orçamento para o *marketing* não deveria ser determinado por porcentagens arbitrárias do orçamento total da escola, mas sim relacionado às estratégias necessárias para atingir os objetivos estabelecidos para as operações de *marketing* da escola. Se essas estratégias são necessárias para esses objetivos serem atingidos, então os recursos necessários fornecem os meios para determinar o orçamento. Porém, todos os recursos deveriam estar incluídos – não apenas os itens que são claramente identificáveis, mas também os recursos "emprestados" de outros tópicos orçamentários. Esses recursos são controlados de forma mais efetiva quando a responsabilidade por eles for delegada àqueles envolvidos em atingir os objetivos de *marketing* específicos. Ao agrupar a responsabilidade pelas operações e pelos orçamentos e estabelecer linhas claras de responsabilidade final, a gestão pode se tornar mais efetiva – o que significa maior probabilidade de alcançar bons resultados.

As outras questões de gestão incluídas nesse elemento do *marketing-mix*, em particular, necessitam de uma observação detalhada da estrutura organizacional e da sua cultura. Assim como com os elementos pessoas do *marketing-mix*, produzir uma orientação mercadológica nos elementos-processos da escola pode ser uma tarefa desafiadora para o gestor educacional. Aqueles que detêm responsabilidade gerencial nas escolas podem recorrer a outros sistemas de gestão, mas existem claras ligações aqui entre a gestão desse elemento do *marketing-mix* e os enfoques, como gestão da qualidade total (Murgatroyd e Morgan, 1993; West-Brunham, 1992) e outros dispositivos de gestão empregados atualmente para fazem as escolas progredir (Hargreaves e Hopkins, 1991; Murgatroyd, 1989).

A PRÁTICA NAS ESCOLAS

Em nenhuma das escolas, pessoa alguma, além do diretor, tinha responsabilidade explícita pelo *marketing*. Um diretor explicou porque isso deveria acontecer: "É a minha escola, e eu vou organizar (o *marketing*) à minha maneira, da mesma forma como faço tudo. O pessoal não gostaria dessa posição. Eles ficariam desconfiados".

Não é surpreendente, com a quantidade limitada de *marketing* intuitivo e/ou acidental existente – um tema essencial desse estudo (ver a seguir) –, que ainda não existam evidências indicando que algum outro aspecto de um sistema operacional para o *marketing* esteja organizado em alguma das escolas. Em quase metade das escolas, o planejamento do desenvolvimento é bastante avançado para que a incorporação de uma estratégia de *marketing* seja direta e apóie o que já existe. Nas outras escolas, o planejamento explícito era menos avançado, sugerindo que um passo maior pode ser necessário para sair de um serviço orientado ao cliente e para subir a escada do *marketing*. Não houve uma diferença significativa entre escolas privadas e escolas estaduais em relação a isso.

Na maioria das escolas financiadas, houve uma preocupação genuína com o financiamento do *marketing*, principalmente com o elemento promoção. Isso ficou menos aparente no setor privado. A preocupação, em todas as escolas financiadas, freqüentemente não contestada e irreconciliável, foi a crença limitada de que esses fundos deveriam ser gastos na educação de crianças e de que agir de outra maneira pareceria uma forma de traição.

PROVAS – QUAIS EVIDÊNCIAS REAIS EXISTEM PARA CONFIRMAR QUE OS CLIENTES RECEBERAM O SERVIÇO ADEQUADO ÀS SUAS NECESSIDADES?

A prova da venda de um produto manufaturado é facilmente obtida e não é ambígua. A prova do benefício de um serviço é obtida com menos facilidade. A educação não é exceção a esse "problema com o serviço". O desafio é projetar procedimentos sistemáticos para monitorar e avaliar todos os aspectos da estratégia de *marketing*. Portanto, dentro do *mix*, esse elemento tem relação com todas as evidências físicas que apóiam a prestação de serviços e com todos os itens físicos que podem acompanhar o serviço.

É interessante que nenhum dos entrevistados pôde articular os aspectos de sua prática que revelassem evidências dos benefícios dos serviços que prestavam (um exemplo simples seriam as qualificações obtidas pelos alunos e os certificados que provam esses benefícios). Uma interpretação para isso é que as escolas não vêem aspectos estabelecidos de sua prática de uma perspectiva de *marketing* e, além disso, os vêem principalmente como promoção (essa questão é discutida a seguir). Isso é confirmado nas respostas dos entrevistados às perguntas que abordam a questão de provar que a estratégia de *marketing* funciona. Todas as respostas foram expressas em termos das evidências do sucesso de sua prática de promoção/RP, apesar de mesmo para esse elemento do *marketing-mix* não terem sido coletadas evidências de forma sistemática em nenhuma das escolas.

DISCUSSÃO

O tema dominante dessa pesquisa foi a falta geral de uma prática coerente de *marketing* nas escolas visitadas, apesar do fato de as escolas terem sido escolhidas porque achava-se que elas se encontravam em um ambiente competitivo. Isso pode ser explicado, em parte, pelo fato de que nenhum dos entrevistados havia recebido nenhum tipo de treinamento em gestão de *marketing* educacional. A falta de uma prática coerente não significa que não existiam atividades nas escolas que pudessem ser interpretadas como *marketing* da maneira como ele é visto nos serviços não-educacionais. Porém, foi somente após testar e explorar que os entrevistados revelaram aspectos de sua prática de gestão que poderia ser vista como *marketing* em seu sentido mais amplo. Na verdade, todas as escolas estavam ativas nos vários elementos do *marketing-mix*, apesar de isso acontecer de forma inconsistente e intuitiva. Porém, a prática revelada não precisa ser necessariamente interpretada como indicadora de uma orientação mercadológica da maneira como ela é vista convencionalmente. Essa noção de *marketing* como sendo uma resposta dirigida pelo cliente a um mercado competitivo requer um enfoque diferente daquele revelado nas escolas visitadas. A adoção desse enfoque não é simplesmente uma questão de ajustar e suplementar a prática atual; refere-se a adotar uma "estrutura mental" totalmente diferente, que vê *todas* as atividades da organização conforme os requisitos dos clientes. Esse enfoque não ficou evidente em nenhum dos entrevistados, havendo, na verdade, uma considerável resistência à idéia.

Uma explicação para essa resistência é que ela é uma manifestação de responsabilidade profissional. Existe uma qualidade e uma complexidade especial na relação educacional que torna problemático o seu *marketing* como serviço. Ensinar não é apenas questão de responder ao que o cliente deseja; relaciona-se também a satisfazer as necessidades do cliente e a necessidade de compreender o que ele deseja e precisa, sendo que para se fazer uma distinção entre elas é necessário um julgamento profissional. Porém, precisa-se atingir um equilíbrio entre entender o que o cliente deseja e precisa e responder adequadamente, e perpetuar o aprovisionamento de um serviço de qualidade que seja totalmente conduzido pelo fornecedor/produtor.

Um outro resultado da ignorância sobre o *marketing* e da ausência de uma orientação mercadológica internalizada, é que este é visto como simplesmente um "extra" à prática atual. Essa interpretação poderia explicar, em parte, a ênfase exagerada nos aspectos promocionais do *marketing*, conforme revelou esse estudo. A promoção é o que a maioria das pessoas chamaria de *marketing*, e esse é o aspecto do *marketing* que pode ser mais facilmente relacionado e adicionado à prática atual. As pessoas que compartilham dessa opinião respondem ao fato de estarem em um ambiente competitivo promovendo suas mercadorias – "tudo o que se precisa é de um pouco de propaganda e relações públicas". Além disso, a natureza criativa dos aspectos desse elemento do *marketing-mix* possivelmente tem um atrativo especial.

Todas as escolas demonstraram ter uma visão muito limitada sobre quem eram as partes envolvidas e os clientes. Quase todas consideraram que os pais eram o foco de suas atividades mercadológicas, com uma minoria incluindo também os alunos. Uma visão mais sofisticada do *marketing* educacional inclui fazer o *marketing* da organização para as várias partes interessadas (James, 1993; Murgatroyd e Morgan, 1993).

No momento, algumas escolas parecem estar vendo o *marketing* educacional como um aspecto da gestão de crises. Ou seja, elas estão vendo que o *marketing* está diretamente relacionado à sobrevivência, e não à garantia de que as escolas satisfaçam as necessidades dos clientes em curto ou longo prazo. Em certo sentido, essas escolas estão respondendo a uma súbita descoberta de que se encontram em um ambiente competitivo e rapidamente adotam aspectos da prática de *marketing* que envolvem mudanças pequenas na prática atual, por meio das quais é mais fácil haver progresso. É possível que, à medida que a competência especializada (*expertise*) tornar-se mais sofisticada e a educação do mercado for desenvolvida, outros aspectos do *marketing-mix* serão abordados, e uma orientação mais explicitamente dirigida pelo cliente seja adotada.

A ausência de uma estratégia de *marketing* coerente e de um enfoque gradativo ao planejamento de *marketing* é possivelmente conseqüência da ampla série de mudanças impostas, que muitas escolas estão enfrentando, e do ambiente turbulento em que elas se encontram. É claro que é altamente improvável que as escolas sobrevivam em um ambiente estável, mas a extensão e o alcance da mudança possivelmente estão dificultando a elaboração de um planejamento pelas escolas. Esses fatores, a turbulência e as mudanças impostas também tornam muito difícil as escolas comportarem-se de maneira proativa. Elas são forçadas a ser somente reativas.

Essencialmente, a postura adotada nos textos sobre cursos e sobre gestão educacional recorre a princípios derivados do *marketing* de mercadorias, como carros e bens duráveis, que foram adaptados às atividades de serviços. Um resultado dessa pesquisa foi a constatação de que a tarefa a ser assumida pelos responsáveis por *marketing* em escolas e faculdades é complexa. Uma série de fatores, como o conjunto de partes envolvidas, as características mutantes dos clientes-alunos conforme a idade e o amplo espectro de diferentes facetas do serviço prestado, combinam-se para tornar o *marketing* educacional uma atividade muito sofisticada. Esse capítulo deliberadamente não abordou a questão da correção ou não de se criar um mercado em educação, e ainda não está claro como será o mercado educacional. À medida que o mercado desenvolver-se, assim também desenvolver-se-á o campo distinto do *marketing* educacional, o qual muito provavelmente recorrerá a elementos do *marketing* de serviços e certamente contará com características singulares de sua área de atuação.

REFERÊNCIAS

Barnes, B. (1993) *Practical Marketing for Schools*. Oxford: Blackwell.

Borden, N. H. (1965) The concept of the marketing mix, in G. Schwartz (ed.) *Science in Marketing*, Chichester: John Wiley.

Cameron, M., Rushton, R. and Carson, D. (1988) *Marketing*. Harmondsworth: Penguin. Cannon, T. (1980) *Basic Marketing: Principles and practice*. Eastbourne: Holt, Rinehart and Winston.

Christopher, M. and McDonald, M. (1991) *Marketing: An introduction*. London: Pan Books.

Cowell, D. (1984) *The Marketing of Services*. Oxford: Heinemann Educational.

Crosby, W. (1979) *Quality is Free*. London: McGraw-Hill.

Davies, B. and Ellison, L. (1991) *Marketing the Secondary School*. Harlow: Longman.

Demaine, J. (1988) Teacher's work, curriculum and the new right, *British Journal of Sociology of Education*, 9(3): 247-63.

Devlin, T. and Knight, B. (1990) *Public Relations and Marketing in Schools*. Harlow: Longman.

Gray, L. (1991) *Marketing Education*. Buckingham: Open University Press.

Hanson, E. M. and Henry, W. (1992) Strategic marketing for educational systems, *School Organisation*, 12(3): 255-67.

Hargreaves, D. and Hopkins, D. (1991) *The Empowered School: The management and practice of development planning*. Cassell: London.

Hirschman, A. O. (1970) *Exit, Voice and Loyalty. Response to Decline in Firms, Organisations and States*. Cambridge: Harvard University Press.

Hopson, B. and Scally, M. (1989) *Twelve Steps to Success through Service*. Leeds: Lifeskills Communications.

James, C. R. (1993) Education as a service, in C. R. James, D. Payne, I. M. Jamieson and A. Loxley, *Managing Accountability*. Bath: University of Bath.

Kotler, P. (1986) *The Principles of Marketing*. Englewood Cliffs: Prentice-Hall.

Lovelock, C. H. (1984) *Services Marketing*. Englewood Cliffs: Prentice-Hall.

Lovelock, C. H. (1988) Classifying services to gain strategic marketing insights, in C. H. Lovelock (ed.) *Managing Services: Marketing operations and human resources*. Englewood Cliffs: Prentice-Hall.

Maclure, S. (1992) *Education Reformed*. Buckingham: Open University Press.

Marland, M. and Rogers, R. (1991) *Marketing the School*. Oxford: Heinemann Educational.

Maxwell, R. I. G. (1989) *Marketing*. Basingstoke: Macmillan Educational.

Miles, M. B. and Huberman, A. M. (1984) *Qualitative Data Analysis*. Sage: Beverly Hills.

Murgatroyd, S. (1989) KAIZEN: school-wide quality improvement, *School Organisation*, 9(2): 241-60.

Murgatroyd, S. and Morgan, C. (1993) *Total Quality Management and the School*. Buckingham: Open University Press.

Pardey, D. (1991) *Marketing for Schools*. London: Kogan Page.

Pfeffer, N. and Coote, A. (1991) *Is Quality Good for you?* London: Institute for Public Policy Research.

Puffit, R., Stoten, B. and Winkley, D. (1992) *Business Planning for Schools*. Harlow: Longman.

Rathmell, J. M. (1966) What is meant by services?, *Journal of Marketing,* 30(4): 32-6.

Shostak, G. L. (1977) Breaking free from product marketing, *Journal of Marketing,* 41(4): 73-80.

Shreeve, R., Thorp, J. and Rickett, J. (1989) *Marketing Hertfordshire Colleges,* Ware, Hefts: Hefts County Council/Ware College Marketing and Information Unit.

Stott, K. and Parr, H. (1991) *Marketing your School.* Sevenoaks: Hodder and Stoughton.

Tomlinson, H. (1993) *Marketing the School. Bulletin No.2: The Head's Legal Guide.* Kingston upon Thames: Croner Publishers.

West-Burnham, J. (1992) *Managing Quality in Schools: A TQM approach.* Harlow: Longman.

Whitaker, P. (1993) *Managing Change in Schools.* Buckingham: Open University Press.

Whitty, G. (1989) The new right and the national curriculum: state control or market forces?, *Journal of Educational Policy,* 4(4): 329-41.

24

Liderança educacional: escolas, ambientes e ampliação dos limites[1]

ELLEN B. GOLDRING

INTRODUÇÃO

Os recentes esforços por reformas e as chamadas para a reestruturação das escolas estão mudando a natureza das relações entre os diretores de escola e sua clientela, à medida que mudam os ambientes. Os diretores devem medir a responsabilidade final, recrutar alunos e professores, incluir os pais na tomada de decisão e mobilizar recursos. Todas essas mudanças ligam as escolas a seus ambientes, aumentando assim o impacto do ambiente externo na gestão e no controle do funcionamento interno das escolas.

Este capítulo baseia-se na asserção de que os diretores precisam prestar mais atenção à gestão dos ambientes externos de suas escolas. Somente as escolas com suficiente capacidade adaptativa prosperarão com as novas realidades ambientais. Os impactos ambientais nas escolas aumentaram tanto que os diretores precisam, com urgência, conhecer estratégias de liderança ambiental.

A literatura sobre comportamento organizacional também reflete a crescente importância do ambiente em todos os tipos de organizações, saindo de uma perspectiva de sistemas fechados para uma de sistemas abertos. A visão dos sistemas abertos não sugere que as organizações não tenham limites, mas que os limites sejam permeáveis. Eles servem como barreiras entre o pessoal e as atividades que estão sob a responsabilidade e o controle da organização e aqueles de fora desses domínios. Eles também indicam as margens de liberdade de ação da organização em relação a suas atividades (Pfeffer e Salancik, 1978). Por exemplo, os diretores das escolas encontram limites na gama de mudanças que advogam, dependendo da comunidade adjacente à escola.

Os limites têm a função de filtrar: eles fazem a triagem dos insumos e dos produtos, pois as organizações não conseguem se ocupar de todos os elementos do ambiente. Os limites também servem como mecanismos para garantir uma certa independência organizacional do ambiente. Em essência, os limites contribuem para a racionalidade organizacional (Scott, 1981). Eles ajudam a separar as escolas de seus ambientes e promove o equilíbrio entre o ambiente externo, em constante mudança e a necessidade de estabilidade no funcionamento interno da escola.

É importante observar que as organizações diferem quanto à permeabilidade de seus limites (Katz e Kahn, 1978). A permeabilidade é definida como "a extensão em que pessoas de fora participam ou influenciam as atividades organizacionais" (Corwin e Wagenaar, 1976, p.472). A principal função dos líderes ambientais é gerenciar a permeabilidade dos limites. Porém, certos tipos de organizações têm menos liberdade de movimento para gerenciar essa permeabilidade. As escolas têm limites muito permeáveis. Por exemplo, os pais, como pessoas de fora, têm uma considerável influência sobre as atividades escolares. Os diretores não podem insistir que os pais fiquem fora da escola, apesar de que possam requisitar determinados procedimentos durante suas visitas (uma estratégia de triagem de limites).

A premissa básica em todo este capítulo é que os líderes, apesar de se sentirem restringidos em suas ações relativas ao ambiente, têm considerável liberdade para fazer escolhas. Na verdade, as organizações têm o poder de manipular e controlar seus ambientes (Child, 1972). A tensão elementar entre as escolas e as organizações e seus ambientes, e o desafio para seus líderes, é garantir um equilíbrio que propicie à escola tanto os recursos como os relacionamentos necessários, que requerem um certo nível de dependência ambiental, enquanto adquirem, simultaneamente, independência suficiente para se adaptar e assegurar as mudanças. Por exemplo, as escolas que recebem subvenções para um projeto especial de uma empresa local não desejam que a empresa comece a interferir na maneira pela qual os professores irão implementar o programa em sala de aula.

Este capítulo aborda dois aspectos da liderança ambiental. A primeira parte do capítulo apresenta estratégias de liderança ambiental específicas, estratégias para projetar e posicionar a escola a fim de assegurar um equilíbrio adequado entre autonomia e dependência. A segunda parte do capítulo revisa táticas específicas para capacitação da ampliação de limites. Os diretores usam essas táticas para administrar a escola dentro do ambiente, à medida que equilibram autonomia e dependência. A terceira e última seção discute o papel que as percepções ambientais têm e as inter-relações entre esses componentes.

Em todo o capítulo, dois termos são utilizados, de forma intercambiável, para descrever a função que os líderes escolares, geralmente os diretores, cumprem: líder ambiental e ampliador de limites. A função de ampliar limites nas organizações é essencial para gerenciar as relações entre a organização e o ambiente. Enquanto a ampliação de limites é realizada simultaneamente por várias pessoas na organização, é importante focalizar a ampliação de limites dos líderes, inclusive para os diretores, que geralmente estabelecem a política e gerenciam muitas das relações cruciais frente ao ambiente.

ESTRATÉGIAS DE GESTÃO AMBIENTAL

Os diretores empregam várias estratégias para responder aos ambientes. As estratégias são cursos de ação de longo prazo, que geralmente implicam a alocação de recursos para atingir certos objetivos (Chandler, 1962). As estratégias de gestão ambiental requerem planejamento e ação de base ampla. Essas estratégias são ferramentas que auxiliam os líderes a se adaptarem a seus ambientes e a modificarem a si mesmos para prosperar em um determinado ambiente.

As estratégias podem ser agrupadas em três categorias amplas:

1. As que visam a reduzir a dependência entre as organizações e seus ambientes (estratégias independentes).
2. As que visam a adaptar o ambiente para promover relações entre a organização e o ambiente (estratégias cooperativas).
3. As que visam a mudar o ambiente para sustentar a organização (administração estratégica, socialização).

Estratégias que visam à redução da dependência

As estratégias independentes são direcionadas a responder ao ambiente para aumentar a independência e a autonomia da própria organização em relação a ele. Três estratégias independentes prevalecem: a *competição*, as *relações públicas* e o *buffering*. Uma resposta competitiva é freqüentemente útil quando uma organização enfrenta a incerteza em relação ao apoio do ambiente. Nesse caso, uma organização pode competir por tal suporte buscando alternativas. A competição reduz a dependência organizacional ao fornecer meios alternativos de adquirir recursos. Os líderes escolares que se ajustam a fontes alternativas de financiamento, como programas especiais de subvenções, demonstram uma resposta competitiva. Eles não dependem mais apenas da alocação de recursos do governo central.

A resposta de relações públicas está grandemente relacionada à resposta competitiva, e freqüentemente constitui-se em um aspecto conectado a esta. Os líderes organizacionais utilizam estratégias de relações públicas para controlar e gerenciar seus ambientes, tentando influenciar as percepções sobre o ambiente e o conhecimento sobre a organização. Isso é crucial para atrair apoio e recursos, mas também é necessário para conservar os clientes e o pessoal. Os gastos com relações públicas variam conforme a organização, mas Thompson (1967) sugere que essa estratégia reduz a dependência do ambiente, pois obtém prestígio a um custo relativamente baixo.

Por exemplo, o papel central das relações públicas como uma estratégia independente pode ser visto ao se examinar o impacto dos relatórios nacionais que demandam reformas educacionais. As entidades dos ambientes escolares, inclusive os governos estaduais e federais, o público em geral, as empresas e os pais, começaram a prestar mais atenção às escolas quando esses relatórios focalizaram a atenção nos vários problemas enfrentados por elas. Em resposta a essa atenção externa, os líderes escolares que aprontam progresso nas melhorias da escola serão mais independentes do envolvimento e das pressões externas do que aqueles que ou não relatam ou não realizam os esforços.

Em muitos casos, a estratégia preferida do líder ambiental é reduzir a influência ambiental tanto quanto possível, ou seja "... proteger as tecnologias essenciais das influências ambientais" (Thompson, 1967, p.19). Essa estratégia é chamada de *buffering*. Por exemplo, os diretores geralmente o conseguem ao criarem procedimentos formais para responder a solicitações dos pais. Hollister (1979) constatou que as escolas que apresentam muitas demandas parentais adotaram controles racionalistas e burocráticos para contornar tais demandas. Controles, regras e regulamentações formais freqüentemente servem como *buffers*. O *buffering* inclui a insistência dos diretores de que as agências, as empresas e os outros grupos locais (inclusive os pais) façam contato com a eles antes de se dirigirem aos professores.

As estratégias independentes objetivam responder ao ambiente por meio do autocontrole organizacional. Ou seja, o líder da organização age para aumentar sua própria independência e seu *status* em relação ao seu ambiente. Estratégias independentes insuficientes, como relações públicas deficientes, podem resultar, com freqüência, no sucesso de um grupo de franca oposição em bloquear uma inovação proposta. Esse tipo de situação indica um alto nível de dependência entre a escola e o ambiente.

Estratégias que visam à adaptação ao ambiente

Por meio de estratégias adaptativas, os líderes tentam aumentar a cooperação e a ação conjunta entre a organização e o ambiente. Essas estratégias geralmente exigem que a organização renuncie a certa autonomia a fim de se ajustar ao ambiente. O uso de contratos, cooptação e coalizão são estratégias adaptativas úteis.

Os contratos são uma estratégia adaptativa. Quando o líder da organização negocia diretamente com elementos no ambiente, a fim de conseguir um acordo explícito, acontece um contrato de cooperação. Geralmente, a formalização de contratos ocorre após uma extensa troca de informações e comunicações. Os contratos permitem que os líderes ambientais coordenem as futuras atividades da organização com os elementos ambientais, a fim de reduzir a incerteza em um ambiente mutante (Scott, 1981).

A cooptação ocorre quando a organização absorve elementos do ambiente para reduzir ameaças. "A estratégia de cooptação envolve a troca de algum nível de controle e a privacidade de informações, para haver certo comprometimento de apoio continuado da organização externa" (Pfeffer, 1972, p.222). Por meio da cooptação, os líderes estabelecem ligações com elementos ambientais dos quais a organização é altamente dependente. O custo da cooptação para a organização é grande, pois os elementos do ambiente assumem o controle e a influência em relação ao funcionamento interno da organização. Os elementos cooptados têm mais influência do que aqueles elementos envolvidos em uma relação de contrato com as organizações, pois a cooptação permite influenciar uma ampla gama de atividades e tópicos, enquanto um contrato geralmente fica restrito a certos domínios. Conseqüentemente, parece que os ampliadores de limites se engajariam na cooptação quando outras estratégias de limites não são suficientes. Quando a organização enfrenta grande dependência e incerteza em relação a um grupo externo, e outros mecanismos de limites não estão disponíveis, então a cooptação parece uma opção viável.

A cooptação também beneficia a organização, pois dá, aos líderes organizacionais, um maior controle sobre o elemento ambiental do que se eles estivessem completamente fora do domínio das normas e da autoridade da organização. Na verdade, freqüentemente o elemento cooptado começa a identificar-se com a organização focal e, portanto, torna-se um adversário mais fraco. Além disso – ter participado dos processos de tomada de decisão da organização focal – o elemento cooptado pode mostrar comprometimento com as políticas que foram formadas. Por exemplo, os diretores geralmente cooptam os pais ao dominar a associação de pais e mestres (APM) e ao usá-la como um grupo de apoio para suas próprias decisões (Videich e Bensman, 1960; Gracey, 1972; Wolcott, 1973).

A construção de coalizão é outra forma de adaptação usada pelos ampliadores de limites. Nesse caso, o líder reúne elementos das organizações focais e do ambiente em um propósito comum. Cada unidade mantém sua independência, e a organização mantém algum controle sobre os meios usados para atingir os objetivos comuns com seus parceiros ambientais (Corwin, 1965).

Os diretores utilizam a formação de coalizão, objetivando a cooperação total entre a escola e os pais, quando o diretor e os pais trabalham em conjunto para atingir objetivos comuns. Nesse caso, os diretores vêem os pais como aliados importantes, devido a seus objetivos e interesses semelhantes, e procuram envolvê-los. Pode-se comparar isso com o diretor que coopta a APM. No primeiro caso, o diretor e a APM trabalham sobre agendas comuns em uma atmosfera cooperativa. No último caso, o diretor tenta fazer manobras para que a APM apóie a agenda da escola. A produtividade da coalizão vem de os membros compartilharem uma perspectiva comum sobre determinadas questões (Scott, 1981). Portanto, incluir representantes de grupos dos pais ou da comunidade nas equipes de tomada de decisão pode ser uma fusão ou uma cooptação.

Estratégias que visam à redefinição de ambientes

As estratégias apresentadas até agora são direcionadas a administrar as relações com o ambiente. Todavia, em certas circunstâncias, torna-se muito caro ou muito difícil administrar essas relações. Em vez disso, os líderes ambientais empregam uma estratégia para tentar mudar ambientes ou redefinir domínios. Manobras estratégicas são utilizadas para influenciar a natureza do ambiente no qual uma organização se situa. Essas estratégias realizam um esforço para dar mais autonomia e menos dependência à organização no ambiente atual (Galbraith, 1977). Assim, por exemplo, algumas escolas podem redefinir suas missões visando a atrair uma clientela de alunos completamente diferente. O resultado conclusivo dessa mudança é que a escola estará então competindo em um novo ambiente.

Os diretores exercem papéis cruciais ao definir o domínio da escola e assegurar interações ambientais sem obstáculos. À medida que utilizam seu conhecimento e seus contatos com o ambiente, os diretores não apenas fornecem valiosos *insights* às ofertas do programa, como também ajudam a estabelecer laços coordenados com as novas clientelas da escola que resultam das mudanças (Goldring e Rallis, 1993). Os diretores também são essenciais para manter a legitimidade da "nova" estrutura. Manter a organização visível e os participantes informados sobre ela aumenta os laços ambientais. Manobras estratégicas, portanto, permitem que a escola realinhe e amplie seu sistema de apoio (Sizer, 1984; Goldring e Rallis, 1993).

A administração estratégica freqüentemente exige que os diretores façam uso de um enfoque empresarial para realizar seus planos. A procura pelo financiamento externo de uma fundação ou corporação requer que eles comuniquem a missão recém-definida da escola tanto às fontes imediatas de financiamento como aos participantes da comunidade que podem influenciar decisões sobre financiamento.

Os líderes ambientais utilizam uma estratégia adicional para "reformular" seus ambientes. Isso é chamado de "socialização". Por meio da socialização, os líderes tentam socializar elementos do ambiente para que aceitem as normas, os valores e os procedimentos operacionais da organização. Isso é semelhante à cooptação, mas nenhum papel formal é atribuído aos elementos que representam o ambiente. Os diretores se engajam na socialização para canalizar e moldar o envolvimento dos pais e tornar seu estilo aceitável e gerenciável ao criar congruência entre os recursos das escolas e as expectativas dos pais. Pela socialização, os diretores encorajam os pais a aceitarem os objetivos e os métodos da escola com eles "... deseducam o público em relação às habilidades da escola e reeducam-no em relação ao que seja razoável de se esperar da escola" (Morris et al., 1984, p.116). A socialização é crucial quando há engajamento em administração estratégica, assim como as clientelas, devem ser socializadas para aceitar as mudanças que causam impacto sobre elas.

Resumo

Esta seção apresentou três dimensões estratégicas de gestão ambiental. A primeira inclui estratégias usadas pelas organizações para proteger sua independência em relação a seus ambientes; a segunda estratégia fornece aos líderes ferramentas que auxiliam as organizações a se adaptarem ao ambiente externo; a terceira sugere estratégias usadas pelas organizações para mudar seus ambientes.

Examinando todas essas três estratégias conjuntamente, fica claro que elas podem ser classificadas por reduzir ou aumentar as interações entre a organização e o ambiente. Algumas parecem ser mais caras, difíceis e complexas do que outras. Consequentemente, quando a meta for aumentar a relação entre organização e ambiente, a construção de coalizão pode ser a estratégia adequada apenas após as estratégias de relações públicas terem falhado. Da mesma forma, quando o objetivo for reduzir essa relação, a competição pode ser melhor empregada se as estratégias de *buffering* não retirarem a influência ambiental suficiente na organização.

Está claro que as organizações não usam sempre uma única estratégia. O maior desafio dos líderes é conseguir um equilíbrio contínuo entre independência e dependência: independência para a mudança e a autonomia; dependência de apoio e de recursos. O intercâmbio entre a organização e o ambiente é recíproco; "as organizações não apenas se adaptam ou mudam em resposta a seus ambientes, mas também atuam sobre seus ambientes e os modificam" (Trice e Beyer, 1993, p.301).

TÁTICAS PARA CAPACITAÇÃO DA AMPLIAÇÃO DE LIMITES

Assim como em outros aspectos da liderança, o sucesso no papel da ampliação de limites requer a capacidade de acessar e usar o poder. Os ampliadores de limites acessam o poder de acordo com suas relações com forças externas e com sua capacidade de lidar com contingências ambientais, como falta de recursos adequados (Hickson et al., 1971). As fontes de poder que emergem das relações com o ambiente externo incluem controle de recursos, controle de premissas de decisão e relações institucionais.

O controle de recursos constitui uma fonte central de poder para os ampliadores de limites. Um recurso, para servir como base de poder, pode ser um conhecimento especializado ou algumas habilidades essenciais ao funcionamento da organização (Mintzber, 1983). O conhecimento sobre o ambiente é importante, porque aumenta a probabilidade de uma pessoa ou subunidade controlar ou reduzir a incerteza para a organização (Crozier, 1964; Pondy, 1977). Como os líderes ambientais trabalham no topo da organização, enfrentando incertezas ambientais, seu conhecimento especializado concede-lhes o poder a partir desse aspecto de seu papel.

O acesso a informações representa outra fonte importante de poder (Mintzberg, 1983). Ao controlar o fluxo de informações dentro da organização, um líder ambiental assume o papel de "guardião". Um "guardião" pode ter acesso a informações externas canalizadas para dentro da organização. A pessoa localizada estrategicamente para controlar as informações, à medida que elas fluem para dentro ou para fora de uma organização, toma decisões cruciais quanto a quais informações enviar para quem, ou qual a quantidade de informações que deve ser fornecida a quem, permitindo assim que a atenção seja focalizada para o local que o líder ambiental designou por meio da manipulação do fluxo de informações. Ao controlar as informações, os líderes ambientais protegem a organização do estresse e de outras interferências externas. Por exemplo, os diretores dizem utilizar informações provenientes de seus superintendentes distritais sobre os mandados estaduais que estão por vir, a fim de preparar as escolas antes que um mandado seja aprovado (Goldring e Rallis, 1993).

As escolas e outras organizações basicamente obtêm a maioria dos recursos tangíveis a partir do ambiente. Os recursos vistos como os mais críticos ou mais escassos detêm o maior poder (Miles, 1980). Conseqüentemente, os líderes ambientais que adquirem os recursos mais cruciais, e especialmente aqueles difíceis de assegurar, adquirem o maior poder dentro das organizações. Por exemplo, em um sistema escolar em que é difícil se encontrar em professores "efetivos", os diretores que tiverem sucesso em atrair tal recurso escasso para a escola podem ser vistos como detentores de poder.

Uma fonte adicional de poder relacionada ao controle de recursos é o controle das premissas de tomada de decisão. É possível para o líder ambiental controlar o poder, devido à capacidade de afetar o processo decisório (Pfeffer, 1981). Quando uma pessoa restringe as decisões de outra a áreas limitadas, a pessoa que está tomando a decisão enfrentará menos incerteza e a pessoa que restringiu a decisão adquirirá poder. Os diretores freqüentemente conduzem os professores nas decisões sobre a implementação de novas diretrizes curriculares, aproveitando-se de seu conhecimento sobre as opiniões dos pais quanto às novas diretrizes. Os diretores estarão usando suas relações externas para conduzir as decisões dos professores a fim de evitar que sejam tomadas decisões possivelmente conflitantes.

Esse tipo de controle de informações e de premissas para a tomada de decisão é uma função da centralização da rede. Ao controlar decisões e informações dentro de uma organização, o líder ambiental obtém centralização na rede.

O líder ambiental localizado no centro da rede obtém legitimidade frente aos membros da organização e aos elementos externos devido à capacidade de preencher o papel da pessoa conectora (Litwak e Meyer, 1966). O papel da pessoa conectora permite aos líderes ambientais a mediação entre uma base mais ampla de pessoas na organização, assim como entre a organização e o ambiente, permitindo, assim, que elas representem um círculo mais amplo de interesses organizacionais. Juntos, o conhecimento da organização e do ambiente e a utilização desse conhecimento para conectá-los, aumentam a base de poder do líder ambiental.

Os líderes ambientais também obtêm poder a partir de ambientes externos que não dependem de sua capacidade de contribuir com operações internas. Eles freqüentemente obtêm poder de suas conexões e de apoiadores em seus ambientes (Scott, 1981). Isso foi chamado de perspectiva institucional (Meyer e Rowan, 1978, p.357): "... As organizações e suas unidades internas derivam da legitimidade, do poder e da autoridade de seu *status* nos ambientes sociais". Os líderes ambientais altamente valorizados pelas instituições no ambiente da organização, ou que desenvolvem relações importantes com essas instituições, especialmente aquelas que são clientelas importantes para a organização, obtêm poder com base na legitimidade. A legitimidade, por sua vez, é obtida ao se aceitarem as normas do ambiente institucional. Os diretores que são tidos em alta conta pelo departamento administrativo-educacional de uma universidade local, por exemplo, trazem legitimidade a suas escolas devido a suas conexões com a universidade. Essas relações facilitam os esforços dos diretores quando eles se engajam em mudanças internas. Eles obtêm *status* e legitimidade frente a seus professores e sua clientela de pais devido à sua posição na comunidade universitária.

Resumo

Os líderes ambientais ligam as organizações ao ambiente utilizando várias fontes de poder. Localizados no centro da organização, eles obtêm e controlam os recursos a partir do ambiente a fim de facilitar as operações internas da organização. Reconhecer e desenvolver essas fontes de poder são ferramentas essenciais ao se planejar e implementar estratégias de gestão ambiental.

LIDERANÇA E PERCEPÇÃO AMBIENTAIS

A relação entre organização e ambiente, facilitada pelo líder ambiental, é afetada pelo modo como os indivíduos percebem o ambiente, e não pelo estado objetivo de um ambiente: "O ambiente ao qual os membros de uma organização respondem e sobre o qual agem é o ambiente que eles percebem" (Trice e Beyer, 1993, p.303).

Daft e Weick (1984) sugerem que as organizações, em geral, e os líderes ambientais, em particular, devem interpretar seus ambientes. Os líderes ambientais devem formular a interpretação que a organização tem do ambiente e gerar uma resposta adequada. Em outras palavras, apenas pela percepção ou interpretação do líder ambiental os ambientes podem se tornar "conhecidos" nas organizações.

Isso não significa que a ampliação de limites e as percepções ambientais sejam influenciadas por uma única pessoa ou função organizacional. Os papéis de ampliação de limites apresentam muitas relações entre funções (Hambrick, 1981). Alguns papéis de limites, ou seja, a coleta de informações, podem ser realizados por muitas pessoas em uma organização, enquanto outros, ou seja, a identificação de domínios, podem ser realizados apenas por indivíduos que exercem funções específicas na organização. Por exemplo, tanto os diretores como os professores reúnem informações dos pais, enquanto os diretores podem apenas engajar-se na mobilização de recursos. Em algumas organizações, os papéis de limites concentram-se nas mãos de determinadas pessoas; em outras organizações, os papéis de limites passam por muitas funções. Em cada caso, os indivíduos são chamados a interpretar, decifrar e compreender seus ambientes.

Os membros organizacionais constroem ou inventam seus ambientes de acordo com suas percepções. Por exemplo, um diretor que perceba o ambiente como hostil e desaprovador pode reagir defensivamente, enquanto que outro diretor, no mesmo ambiente, pode considerar as críticas como uma fonte de auxílio para promover uma agenda de mudanças.

CONCLUSÃO

Este capítulo iniciou alegando que um novo contexto de escolarização, freqüentemente associado a esforços de reformas, está alterando os limites externos das escolas. À medida que as escolas tentam incluir opiniões diferentes nas decisões sobre políticas, atender as necessidades de todas as entidades estudantis e responder a mandados e demandas externas, os líderes devem não apenas atentar para o funcionamento interno de suas escolas, mas também devem assumir um papel de liderança do ambiente.

A liderança ambiental implica ter um papel ativo e engajar-se no ambiente. Isso pode ser conseguido pela redução da dependência, pela adaptação ao ambiente a fim de promover as relações entre organização e ambiente e pela mudança no ambiente. Em vez de reagir a mudanças e pressões, o líder inicia e planeja estratégias para auxiliar a organização a atingir um equilíbrio com ele. Para isso acontecer, os líderes servem como catalisadores da mudança dentro do contexto ambiental.

As tensões que os líderes enfrentam enquanto organizações interagem com seus ambientes e originam-se na necessidade de as organizações serem autônomas e independentes das demandas excessivas, ainda que simultaneamente desenvolvam inter-relações contínuas para garantir apoio continuado, como recursos e legitimidade. Portanto, a liderança ambiental objetiva atender tanto as metas de independência como as de dependência.

Os diretores que assumem o papel de ampliação de limites devem guiar as escolas que usam estratégias de ampliação de limites para que criem um equilíbrio adequado entre a dependência e a independência da escola em relação ao ambiente. Os diretores podem controlar e manipular muitas forças que causam impacto na utilização de controle de recursos da escola, no controle das premissas de decisão e nas relações institucionais. Somente por intermédio de uma liderança ativa as escolas poderão adaptar-se o suficiente para sobreviverem, se não prosperarem nos ambientes dinâmicos emergentes.

O papel do diretor como líder ambiental constitui uma estrutura totalmente nova de operação, a qual se apresenta como desafiadora e estimulante. Em tais ambientes, o posicionamento e a utilização de estratégias assumem o mesmo significado das jogadas em uma partida de xadrez. Assim como um mestre no jogo de xadrez, o diretor deve demonstrar a coragem de correr riscos e aproveitar oportunidades que beneficiem a escola, no momento atual, enquanto utiliza a visão de seguir em frente para posicionar a escola de forma a aproveitar os futuros desafios.

NOTA

1. Versão adaptada de *Striking a balance: boundary spanning and environmental management in schools* (1995), em S. Bahcarach e B. Mundell (edit.). *Images of Schools.* Thousand Oaks, CA: Corwin Press.

REFERÊNCIAS

Chandler, A. D. (1962) *Strategy and Structure.* Cambridge: MIT.

Child, J. (1972) Organizational structure, environment, and performance: The role of strategic choice. *Sociology,* 63(1): 2-22.

Corwin, R. G. (1965) *A Sociology of Education.* New York: Appleton Century Crofts.

Corwin, R. G. and Wagenaar, T. C. (1976) Boundary interaction between service organizations and their publics: A study of teacher-parent relationships. *Social Forces,* 55: 471-92.

Crozier, M. (1964) *The Bureaucratic Phenomenon.* Chicago: University of Chicago.

Daft, R. L. and Weick, K. E. (1984) Toward a model of organizations as interpretation systems. *Academy of Management Review,* 9(2): 284-95.

Galbraith, J. (1977) *Organization Design.* Reading, MA: Addison-Wesley.

Goldring, E. B. and Rallis, S. F. (1993) *Principals of Dynamic Schools: taking charge of change.* New York: Corwin/Sage.

Gracey, H. L. (1972) *Curriculum or Craftsmanship?* Chicago: University of Chicago Press.

Hambrick, D. C. (1981) Specialization of environmental scanning activities among upper level executives. *Journal of Management Studies,* 18: 299-320.

Hickson, D. J., Hinings, C. R., Lee, C. A., Schneck, R. E. and Pennings, J. M. (1971) A strategic contingencies theory of intraorganizational power. *Administrative Science Quarterly,* 16: 216-27.

Hollister, C. D. (1979) School bureaucratization as a response to parents' demands. *Urban Education,* 14: 221-35.

Katz, D. and Kahn, R. L. (1978) *Social Psychology of Organizations.* New York: Wiley.

Litwak, E. and Meyer, H. I. (1966) A balance theory of coordination between bureaucratic organizations and community primary groups. *Administrative Science Quarterly,* 2: 31-58.

Meyer, J. W. and Rowan, B. (1978) The structure of educational organizations, in W. M. Meyer et al. (eds), *Environments and Organizations.* San Francisco: Jossey-Bass.

Miles, R. H. (1980) *Macro Organizational Behavior.* Glenview, IL: Scott, Foresman.

Mintzberg, H. (1983) *Power in and around Organizations.* Englewood Cliffs, NI: Prentice-Hall.

Morris, V. C., Crowson, R. L., Porter-Gehrie, C. and Hurwitz, E. Ir. (1984) *Principals in Actions: the reality of managing schools.* Columbus, OH: Charles E. Merrill.

Pfeffer, J. (1972) Size and composition of corporate boards of directors: The organization and its environment. *Administrative Science Quarterly,* 17: 218-28.

Pfeffer, J. (1981) *Power in Organizations.* Marshfield, MA: Pitman.

Pfeffer, J. and Salancik, G. (1978) *The External Control of Organizations.* New York: Harper and Row.

Pondy, L. E. (1977) The other hand clapping: An information processing approach to organizational power, in T. H. Hammer and S. B. Bacharach (eds), *Reward Systems and Power Distribution.* lthaca, NY: Cornell University.

Scott, W. R. (1981) *Organizations, Rational, Natural and Open Systems.* Englewood Cliffs, NJ: Prentice-Hall.

Sizer, T. R. (1984) *Horace's Compromise: the dilemma of the American high school.* Boston: Houghton-Mifflin.

Staff (1992, Summer) The AAEPP umbrella: enterprising educators. *Private Practice Educator,* 2(1): 1.

Thompson, J. D. (1967) *Organizations in Action.* New York: McGraw-Hill.

Trice, H. M. and Beyer, J. M. (1993) *The Cultures of Work Organizations.* Englewood Cliffs, NJ: Prentice-Hall.

Vidich, A. and Bensman, J. (1960) *Small Town in Mass Society.* New York: Doubleday.

Wolcott, H. F. (1973) *The Man in the Principal's Office.* New York: Holt, Rinehart and Winston.

Índice

Absorção de custos, 177-178, 182-183
Ação instrumental (currículo), 74-75
Ação prática (implementação curricular), 74-75
Ação, programa de, 90-91, 94-95
Aceitação de decisões (projetos), 258-259
Acessibilidade de serviços, 281-282
Acesso
    a informações, 295-296
    perfil QLT, 58-59, 62
"adaptação mútua", 76
Adequação (PQAE), 58-59, 62
Administração estratégica, 294-295
AELs, 11, 34-35, 89-90, 211, 249-250
Agência de normas em educação (Ofsted), 12-13, 89-90, 117, 141, 166, 201, 223
Agência galesa, 201
Agência Nacional de Auditoria, 143-144, 202-204, 208-209
Agente de mudança, 71-72, 77-78
AIDA/AID(C)A, 282-283
Alocação de custos, 177-179
Alocação de recursos, 165
Alocação orçamentária do centro de custos, 146
Alunos da classe operária, 100-104
Alunos equivalentes a período integral (rateio de custos), 180-181
Ambiente das tarefas, 133-134
Ameaças (análise SWOT), 233, 273-274
Amizade crítica, 119, 120, 125-126
Ampliadores de limites, 193-194
    papel de liderança, 291
    táticas de capacitação, 295-296
Análise competitiva, 226-227
Análise das partes envolvidas, 231
Análise de causa básica, 47-52
Análise de lacunas, 234

Análise de necessidades, 43-47
Análise de opções (plano estratégico), 207-208
Análise preliminar (processo orçamentário), 153, 154
Análise SWOT, 233, 273-274
Andrews, K.R., 189, 225-226
Ansoff, H.I., 189
Aoki, Ted, 74-75
Apoiador (papel), 110-112
Apoio (líder de projeto), 229-230
Apoio financeiro, 241
Aprendizagem
    colaborativa, 93-94, 105-106
    grupo de, 97-98
    organização, 15, 97, 106, 217-218
    política genérica, 85, 90-91
Aprovisionamento especial (na escola bem-integrada), 110-111
Arnot, M., 39-40
Associação Nacional de Diretores, 261
Associação Nacional de Inspetores e Conselheiros Educacionais, 101-102
Associações pais-professores, 267-268, 293-294
Atividades arbitrárias, 38-39, 40-41
Atividades de colapso/crises, 104-105
Atividades de políticas/direcionamento, 104-105
Atividades inovadoras/desenvolvimentistas, 104-106
Atividades no estado estável, 104-106
Auditoria de valores, 229-230
Auto-avaliação, 117, 118
Autogestão, 131, 159-160, 162-163, 246-247, 250
Avaliação
    estrutura de políticas, 92-93
    programa de oportunidades iguais, 104-105

Avaliação
  auto-avaliação, 117, 118
  de orçamento, 163
  de resultados (projetos), 259-260
  de sucesso, 52-54
  informações/sistemas indicadores, 24-26
  monitoramento e, 236
  participativo, 118
  plano de desenvolvimento das escolas de ensino fundamental, 246-247
Avaliação participativa, 118
Avaliação somativa do programa, 26-28
Avançar, 11

Backoff, R.W., 226-227
Bagley, C., 261, 270-271
Bailey, A.J., 89, 217-218
Ball, Stephen J., 76-78
Banks, H., 120-121
Barnes, B., 276-277
Barnes, C., 261
Beare, H., 105-106
Benchmarking, 49-50
Bennis, W.E., 71, 77-78, 230-231
Bensman, J., 293-294
Beyer, J.M., 295-298
Birbridge College, 177-178
  cursos de estimativa de custos, 183-184
  perfil de recursos, 178-179
Bolam, Ray, 71-72, 77-78
Borden, N.H., 274-275
Boulton, A., 168-169
Bowman, C., 225-227
Bryson, J., 226-227
Burridge, E., 11
Bush, T., 269-270
Butler, R.J., 132-134

Cálculo de custos unitários, 177-178
Caldwell, Brian, 159-163
Cameron, M., 273-274
Cannon, T., 273-274
Captação de recursos para educação (objetivos/relação orçamentária), 11-13, 16, 141
Características desejadas, 43, 52-54
Carter, Presidente Jimmy, 160-161
Cave, E., 261
Centros acadêmicos (custos por unidade), 177-178
Chandler, A.D., 291-292
Child, J., 291-292
Christopher, M., 274-275
Ciclo de ação (projetos), 257-258
Ciclo de atividades, 146

Clark, D., 71-72
Classe social, 102-103, 268-269
Classificação de intervenções conforme custo-benefício, 148-149
Clientes, 33-34
  serviços de *marketing*, 281-282, 284
Clift, P., 125-126
Códigos de conduta, 285
Cohen, M., 11-12, 221
Coles, M., 11-12, 221
Coleta/processamento de dados, 60-61
Comissão de auditoria, 147-148, 158-161
Comissão Nacional de Educação, 11-12
Comitê Thomas, 249-250
Comportamento
  do aluno, 107
  informações e, 65-66
Comportamento dos alunos, 15, 107
Comportamento organizacional, 291
Comunicação, 207-208, 282-283
Comunidade de escolas, 98-99
Comunidade investigativa, 117
Conjuntos de disciplinas, 99-100
Conjuntos de salas, 99-100
Conselho das Escolas, 72-73, 76
Conselho de Financiamento da Educação Adicional, 12-13, 43-47, 134-135, 148-149, 177-178, 211, 220
Conselho do Currículo Nacional, 72-73
Conteúdo do plano estratégico, 202-203
Controle da qualidade orientado por inspeções, 21
Controle da qualidade orientado por insumos, 21
Controle de recursos, 295-296
Controle e monitoramento (orçamento), 163
Cook, B., 226-227
Cooley, W.W., 25-27
Cooper, N., 220
Cooper, R., 185-186
Coordenadores da etapa-chave, 92-94
Coote, A., 279-280
Corbett, H.D., 77-78
Cortes no topo (custos), 181-182
Corwin, R.G., 291-294
Cowell, D., 273-275
Crawford, M., 11-12
Crosby, W., 277-278
Crozier, M., 295-296
Cuidado pastoral, 15, 107
Cultura de melhorias, 44-45
Cultura organizacional, 194-195
  planejamento estratégico e, 14, 17, 217-218
Currículo
  apoio (alocação orçamentária), 12-13, 16, 165

avaliação, 16, 117-30
   em ação, 94-95
   equipes de melhoria, 47-48
   estrutura/organização, 91-92
   implementação, 74-75
   inovação, 71-72, 74, 76
   líder (papel), 125-126
   mudança, 15, 71, 81-82
   negociação, 76
   revisão e avaliação, 46-48
   revisão e desenvolvimento, 119
Currículo escondido, 101-102
Currículo Nacional, 72-73, 86-87, 91-92, 97-100, 102-106, 117, 120-122, 147-148, 223, 236
Currículo vertical, 105-106
Custos departamentais diretos, 180-181
Cuttance, P.F., 24-26

Daft, R.L., 261-262, 297-298
Davies, B., 143-144, 204-205, 227-228, 273
Davis, K.C., 38-39
Declarações de missão, 14, 43-44, 233, 273-274
Declarações de realização, 121-122
Deficiência (oportunidades iguais), 37-38, 103-104
Demaine, J., 273
Demick, D., 261
Departamento de Educação de Sheffield, 143-144
Desempenho
   indicadores (critérios de sucesso), 15, 57, 68-69
   indicadores, 11-12, 23-26, 236
   revisões, 205-206
Desempenho anterior (revisão), 205-206
Desenvolvimento
   currículo, 15, 85, 94-95, 206-207
   de indicadores de sucesso, 68-69
   planejamento, 17, 239
   responsabilidade final e, 23-24
Desenvolvimento curricular, 206-207
   estrutura, 15, 85, 94-95
Desenvolvimento escolar, 23-24, 91-92
   avaliação participativa, 118-119
Desenvolvimento individual (avaliação participativa), 118
Devlin, T., 273274
Diretores (líderes ambientais), 296-297, 299
Diretores, 241-242
Diretrizes (estrutura de políticas), 93-94
Diretrizes para GIQs, 48-49
Dirigentes, 248-249
Disciplina, 107-108, 112-113

Divisão de poderes (papel), 118
Doação com finalidade especial, 201
Doherty, G.D., 10
Domínio profissional, 105-106
Donnelly, P., 185-186
Drodge, S., 220

East Greenvale (estudo PASCI), 261-262
Easton College, 211-216, 218-219, 241
Educação adicional
   estratégia e gestão, 16-17, 211
Educação multicultural, 102-103
Education Reform Act (Lei da Reforma Educacional) (1988), 85, 142, 236, 249-250
Efetividade
   da prática/funcionamento da escola, 27-28
   gestão de recursos, 131, 135-136, 166
   líder de projeto, 254-255
Eficiência (gestão de recursos), 131, 135-136, 166
Eficiência técnica, 136-137
EGS (Equipe de gestão sênior – SMT), 45-46, 52-54
Eide, K., 42
Elaboração de fluxogramas, 47-52
Ellison, L., 143-144, 204-205, 227-228, 273-274
Enfoque coercitivo do poder, 71, 77-78
Enfoque de sistemas abertos, 291
   gestão de recursos, 16, 131
Enfoque de sistemas, 25-28
Enfoque de valor agregado, 148-149
Enfoque diretivo, 215-216
Enfoque do portfólio, 226-227
Enfoque dos sistemas fechados, 291
Enfoque funcional (projetos), 256-257
Enfoque individual quanto ao comportamento dos alunos, 15, 107
Enfoque normativo-racional, 77-78
Enfoque participativo (planejamento estratégico), 215-216
Enfoque pragmático (orçamento), 157
Enfoque racional-analítico, 220
Enfoque racional-empírico, 71, 77-78
Enfoque reeducativo normativo, 71
Ensino
   definições, 89-90
   organização efetiva da escola, 97
   políticas genéricas, 85, 90-91
Ensino a distância, 136-137
Ensino pareado, 119, 120, 125-126
Equipamento (uso de), 99-100
Equipamento de manutenção, 100-101
Equipe de gestão sênior, 225-226
Escola Lea Green, 149-150

Escolas
    alocação orçamentária, 169-170
    comportamento dos alunos, 15, 107
    estratégias de *marketing*, 17, 261
    liderança ambiental, 17, 291
    melhorias (processo de mudança), 78-79
    planejamento desenvolvimentista, 17, 239
    planejamento estratégico, 17, 223
    prática/funcionamento, 207-208
    práticas de *marketing*, 17, 273
    sistemas (informações estratégicas), 25-28
    tomada de decisão/receptividade, 17, 261
Escolas de ensino fundamental
    alocação orçamentária, 172-173
    marketing, 17, 273
    planejamento desenvolvimentista, 17, 239
Escolas de ensino médio
    alocação de recursos, 169-170
    marketing de, 17, 273
Escolha (setor público/privado), 34-35
Espaço (utilização de), 99-100, 181-182
Esquadrinhamento/revisão externa, 233
Esquadrinhamento/revisão internos, 233
Esquemas de trabalho (estrutura de políticas), 92-93
Estilo, gestão, 220
Estimativa de custos
    cursos, 183-184
    elemento preço do *marketing-mix*, 278-279
    plano estratégico, 206-207
    unitário (em faculdades), 177
Estimativa de custos baseada em atividades, 184-185
Estimativa de custos de cursos, 183-184
Estimativa de custos unitários, 16, 177
Estimativa de renda (plano estratégico), 207-208
Estratégia corporativa, 285
Estratégia de *buffering*, 292-293, 295-296
Estratégia de coalizão, 293-296
Estratégia de contração, 293-294
Estratégia de cooptação, 293-294
Estratégia emergente, 148-149, 217-218, 225-226
Estratégia pretendida, 190
Estratégia real, 190
Estratégias
    desenvolvimento, 16, 189
    gestão e, 16-17, 211
    monitoramento, 94-95
Estratégias de "líder em perdas" (*marketing* escolar), 280-281
Estratégias de adaptação ambiental, 293-294
Estratégias de gestão ambiental, 291-292
Estratégias deliberadas, 217-218, 225-226
Estratégias para redução de dependência, 292-293
Estrutura da formação do quadro de pessoal, 106
Estrutura de apoio, 107-108, 113-114
Estruturas hierárquicas, 166-167
Estudo de Eficiência Conjunta, 58-59
Estudo de Rand, 76
Estudo *Parental and School Choice Interaction* (PASCI), 261

Faculdades
    estimativa de custos unitários, 16, 177
    estratégia e gestão, 211
Faculdades tecnológicas municipais, 98-99
Fator crítico de sucesso, 236
Feedback, 11
    ad hoc, 262-263, 264-265
    planejado, 262-263, 269-270
Ferramentas promocionais, 283
Fidler, B., 226-228
Finalização (plano estratégico), 207-208
Formato da função (leiaute orçamentário), 162-163
Formato de itens alinhados (orçamento), 161-162
Formato do programa (orçamento), 162-163
Formato subjetivo (leiaute orçamentário), 161-162
Foster, Joanna, 101-102
Freeman, R., 11
Fullan, M., 9, 15, 78-81, 146, 229-230, 236
Further and Higher Education Act (Lei da Educação Superior e Adicional) (1992), 211

Galbraith, J., 294-295
Gênero (oportunidades iguais), 101-102
Gestão
    estilo, 220
    estratégia em educação adicional, 16-17, 211
    ver também autogestão
Gestão de indicadores de sucesso, 66-67
Gestão de recursos, 11-13
    enfoque de sistemas abertos, 16, 131
    enfoque racional, 12-13, 142
Gestão estratégica
    desenvolvimento de estratégias e, 16, 189
    impacto do planejamento do desenvolvimento, 239
    na educação adicional, 211
    prática de *marketing*, 273
    preferências dos pais, 261
Gestão Local das Escolas, 104-105, 165, 202-203, 223, 226-227, 249-250

Gestão orçamentária, 209-210
Gestão para Eficiência e Efetividade
  projeto de pesquisa, 141, 144-145, 150-151
Gestão total da qualidade, 44-45
Gestores de disciplinas, 90-91
Glatter, R., 261, 269-272
Glover, D., 142
Goldring, E.B., 268-269, 294-295
Gracey, H.L., 293-294
Gray, J., 57-58
Gray, L., 261, 273, 276-277, 282-283, 285
Greenfield, T., 140
Grupos (acomodação de), 100-101
Guardião (líder ambiental), 295-296
Guba, E., 71-72
Guidelines for Review and Internal Development in Schools (GRIDS – Diretrizes para revisão e desenvolvimento interno nas escolas), 118

Habilidade, discriminação posr, 103-104
Hall, Gene, 74
Hambrick, D.C., 297-298
Handy, C., 104-106
Hanson, E.M., 273
Hanushek, E., 139
Hargreaves, A., 76
Hargreaves, D., 77-78, 97-98, 141-146, 227-228, 234, 250, 273-274, 286
Harris, A.,11-13
Harrison, P., 269-270
Havelock, Ronald, 74
Henry, W., 273
Hergert, L., 74
Herzberg, F., 168-169
Hickson, D.J., 295-296
Hirschman, A. O., 279-280
Hirst, Paul, 89
Hollister, C.D., 292-293
Holly, P., 118, 125-126
Hopkins, D., 57-58, 71-72, 143-146, 227-228, 234, 242-243, 250, 273-274, 286
Hopson, B., 277-278
Hord, S., 74
House, Ernest, 74, 77-78
Hoyle, Eric, 71-73, 76
Huberman, A.M., 80-81, 275-276

Igualdade, qualidade e, 15, 33-42
ILEA, 249-250
Implementação
  desenvolvimento curricular, 15, 85, 94-95
  grupos de iniciativa da qualidade, 51-52
  plano de desenvolvimento escolar, 236, 245-246

processo de mudança, 78-81
Implicações gerenciais (desenvolvimento de estratégias), 196-197
Incrementação lógica, 191-192, 217-218
Incrementação, 157
  lógica, 191-192, 217-218
Indicadores de desempenho TVEI, 67-68
Ineficiência x, 137-138
Informações brandas, 268-269
Informações estratégicas, 25-28
Informações, 193-194
  acesso a, 295-296
  apresentação (formato orçamentário), 161-162
  comportamento e, 65-66
  controle, 296-297
  critérios de sucesso, 61-66
Iniciativas de atendimento ao cliente, 33-34, 36-37
Início (processo de mudança), 78-81
Inovação, 15, 71, 81-82
Institucionalização (processo de mudança), 78-79, 89-90
Instrumento dos Níveis de Utilização (LOU), 74
Interpretação e pesquisa, 17, 261-262, 270-271

James, C.R., 273, 287-288
Jesson, J., 57-58
Johnson, G., 217-218
Justiça social, 39-40

Kahn, R.L., 291-292
Kaplan, R.S., 185-186
Katz, D., 291-292
Kaufman, R., 223
Knight, B., 158, 166-170, 273
Kotler, P., 273-277, 280-281
Kydd, L., 11-12

Lancaster, David, 160-161
Law, S., 147-148
Lawler, E.E., 66-67
Leask, M., 57-58
Lei de Emprego de Pessoas Portadoras de Deficiência (1944), 37-38
Lei do Pagamento Igualitário (1983), 37-39
Levačić, R., 142
Levantamento de fatos (projetos), 258-259
Líder de projeto autocrático, 255-256
Líder de projeto centrado em objetivos, 256-257
Líder de projeto democrático, 255-256
Líder de projeto neutro (*laissez-faire*), 255-256
Líder de projeto, 252-253
Liderança ambiental, 17, 291

Liderança de projetos, 17, 251
Liderança educacional, 17, 291
Liderança, 17, 213-214, 291
Lidstrom, A., 38-39
Ligação/relação entre meios e fins, 144-145
Lindblom, C.E., 191-192
Lippitt, R., 72-73
Lista de verificação para auditoria, 209-210
Little, A., 119
Litwak, E., 296-297
Local (*marketing-mix*), 274-275, 281-282
Localização de serviços, 281-282
Loucks, Susan, 74
Loucks-Horsley, S., 74
Louis, K.S., 9, 14, 230-231, 236
Lovelock, C.H., 273-274

MacCune, S.D., 226-227
Macdonald, B., 33-34, 76
Macdonald, M., 274-275
MacGilchrist, B., 227-228, 236
Maclure, S., 273
Maden, M., 269-270
Manley-Casimir, M., 38-39
March, J., 11-12, 221
Marketing
   auditoria, 273-274
   combinação, 269-270, 273
   estratégias, 261
   prática (em escolas), 273
Marland, M., 273, 276-277, 283-286
Marsh High School, 149-150
Marshampton (estudo PASCI), 261-262
Maslow, A., 168-169
Materiais para distribuição, 283, 284
Matrícula de alunos (previsão), 205-206
Matrículas abertas, 226-227, 261
Maximização de recursos, 39-40
Maxwell, R.I.G., 276-277
McCann, P., 185-186
McGregor, D., 169-170
McMahon, A., 227-228, 236
Medidas, 43, 50-54
Melhoria contínua, 25-27
   padrões de qualidade e, 15, 43, 54-55
Melhorias (enfoque dos sistemas), 25-28
Mensagens (sobre mudança), 81-82
Meta de melhoria, 43, 53-54
Método de produção com boa relação custo-benefício, 137-138
Método medido por aluno (rateio de custos), 181-182
Meyer, H.J., 296-297
Meyer, J.W., 296-297

Miles, M.B., 9, 14, 78-79, 230-231, 236
Miles, R.H., 275-276, 296-297
Mintzberg, H., 148-149, 217-218, 225-226, 231, 268-269, 295-296
Missão, 14, 43-47
   Papel (no planejamento), 213-214, 226-227
Modelo "rígido", 144-145
Modelo "vago", 144-145
Modelo acadêmico, 166, 169-170
Modelo ADRENALIN, 124-127
Modelo burocrático, 166
Modelo centralizado (alocação de recursos), 166-170
Modelo da Harvard Business School, 225-226
Modelo de adoção baseado em interesses, 74
Modelo de centro de apoio, 113-116
   custos unitários, 177-178
Modelo de formação do quadro de pessoal, 110-111
Modelo de insumo/processo/produto, 59-60
Modelo de insumo-produto, 131-132 *passim*
Modelo de pesquisa, desenvolvimento e disseminação, 71-75
Modelo descentralizado (alocação de recursos), 168-169
Modelo híbrido (alocação de recursos), 169-170
Modelo micropolítico, 166-170
Modelo racional (tomada de decisão), 25-26, 165
Monitoramento
   avaliação e, 68-69, 147-148, 236
   e controle (orçamento), 163
   efetividade, 27-28, 31-32
   estratégias (estrutura de políticas), 94-95
   implementação do plano de desenvolvimento nas escolas de ensino fundamental, 246-247
   progresso e apoio (projetos), 258-259
   qualidade (estrutura), 15, 85
   qualidade, 15, 21, 31-32
   sistemas indicadores, 24-26
Moon, B., 120
Morgan, C., 274-279, 286
Morgan, G., 131
Morris, V.C., 294-295
Mortimore, P., 243-244
Motivação (no *marketing-mix*), 285
Mudança
   modelos adaptativos, 71-72
   modelos adotivos, 71-72
Mudança ambiental, 215-216
Mudança contínua, 190
Mudança incremental, 190-192
Mudança planejada (perspectivas), 74-78
Murgatroyd, S., 273-274, 276-279, 286

Muriel, J.L., 226-227

Nanus, B., 230-231
Necessidade de recursos humanos, 206-207
Nias, Jennifer, 9, 77-78, 230-231
Nixon, J., 11
Norbury College, 211-213, 216-220
Northern Heights (estudo PASCI), 261-262
Nutt, P.C., 226-227

O'Connor, M., 140
Oakes, J., 24-25
Objetivos
  de longo prazo, 205-206
  previsão orçamentária e, 11-13, 16, 141
  qualidade/igualdade, 15, 33-42
Objetivos de longo prazo (planejamento estratégico), 205-206
Objetivos educacionais, 11-13, 16, 141
Ocasiões de *open house*, 265-266
OECD (Organização para a Cooperação e o Desenvolvimento Econômico), 10, 33-34
Opção de saída (*marketing-mix*), 279-280
Oportunidades (análise SWOT), 233, 273-274
Oportunidades iguais, 15, 100-101
Oportunidades, igualdade de, 39-40
Orçamento
  alocação (apoio curricular), 12-13, 16, 165
  análise, 16, 153
  construção, 153, 157
  documento da produção total, 163
  estimativas, 162-163
  estratégias, 157
  formato, 153, 161-162
  formulação, 147-148
  leiaute, 161-162
  propósito de, 154-53
Orçamento básico, 158-159
Organização da aprendizagem, 15, 97-106
Orientação ao cliente, 26-27

Padrão de metas, 61-62
Padrão de progresso (critérios de sucesso), 61-62
Padrões, 40-42, 50-51
  PQAE, 58-59, 62
Papéis (plano de desenvolvimento escolar), 241
Paradigma organizacional, 194-195
Pardey, D., 261, 273, 285-286
Parr, H., 273, 276-277, 282-283
Partes envolvidas externas, 254-255
Partes envolvidas internas, 254-255
Partes envolvidas, 34-35, 193-194, 274-275, 287-288
  em projetos, 254-255, 258-259

Patterson, J.L., 14, 76, 224-225
Peeke, G., 214-215, 220
Perfil de Qualidade de Aprendizagem e Ensino (PQAE), 63-65
Perfil de recursos, 178-179
Perspectiva comparativa (critérios de sucesso), 61-62
Perspectiva cultural, 74, 77-78, 194-195
Perspectiva da seleção natural (desenvolvimento de estratégias), 196-197
Perspectiva política, 74-78, 105-106, 193-194
Perspectiva tecnológica (mudança planejada), 74-78
Perspectiva visionária (desenvolvimento de estratégias), 195-196
Perspectivas organizacionais (na alocação de recursos), 165
Pesquisa e interpretação, 17, 261-262, 270-271
Pessoal
  comunicação do plano ao, 207-208
  custo relevante por aluno, 181-182
  desenvolvimento, 241
  implicações de resultados do PDE, 241-242
  oficinas, 119
  utilização, 104-106
Pessoal equivalente a período integral (custo), 180-181
Pessoas (no *marketing-mix*), 274-275, 284
Peters, T., 33-34, 223, 230-231
Pfeffer, J., 291-297
Pfeiffer, J.W., 229-230
Pfeiffer, N., 279-280
Planejamento
  de curto prazo, 93-94
  desenvolvimento (impacto), 17, 239
  domínio, 105-106
  estratégica, *ver* planejamento estratégico
  para a ação (currículo), 119
  perspectiva (tomada de decisão), 190-191
  processo (orçamento), 203-208
Planejamento de curto prazo, 93-94
Planejamento de longo alcance, 223-224
Planejamento de médio prazo, 93-94
Planejamento de recursos físicos, 206-207
Planejamento do ano acadêmico, 203-204, 208-209
Planejamento do ano financeiro, 203-204, 208-209, 280-281
Planejamento estratégico, 12-14, 22-23
  conteúdo, 202-203
  definição, 223-224
  grupo (GPE), 228-229, 232, 234
  origem e relevância, 225-226
  processo orçamentário e, 16, 201-210

processo, 227-228
técnicas, 17, 223
Planejamento racional, 189
  gestão de recursos, 12-13, 16, 142
Plano cooperativo, 239-240, 243-244
Plano corporativo, 239, 240-241, 246-247
Plano de ação, 21-24
  e plano de desenvolvimento escolar, 234
  plano de desenvolvimento da escola de ensino fundamental, 245
  revisão/desenvolvimento curricular, 119
Plano de desenvolvimento escolar, 201-203
  impacto (escolas de ensino fundamental), 239
  planejamento estratégico e, 223, 226-227
  planos de ação e, 234
  projeto, 123-124, 143-144
  revisão de desempenho, 28-29
Plano escrito, 239-241, 245-246

Plano limitado (construção orçamentária), 158
Plano retórico, 239, 242-243, 246-247
Plano singular, 239-240, 246-247
Planos de ação, 223-224, 234, 245-246
Política das portas abertas, 266-267
Política genérica, 85, 90-91
Políticas
  grupo de trabalho, 89
  implementação (estrutura), 15, 85, 94-95
Pondy, L.E., 295-296
Pontos fortes (análise SWOT), 233, 273-274
Preços (*marketing-mix*), 274-275, 278-279
Preferências dos pais (estratégias de *marketing*), 17, 261
Previsão da matrícula de alunos, 205-206
Previsão orçamentária
  autogestão, 131
  relacionada a objetivos, 11-13, 16, 141
Previsão orçamentária base-zero, 160-161
Previsão orçamentária do programa, 159-160
Primeiro contato (local), 281-282
Prioridades, 155, 234, 243-244
Processo de auditoria, 241-242, 273-274
Processo de inspeção, 119, 143-144, 166, 201, 223, 245-246
Processo de mudança, 15, 71, 81-82
Processo de reformulação (GIQ), 51-52
Processo de transferência de fundos, 209-210
Processo orçamentário (relacionado ao planejamento estratégico), 201-210
Processos (*marketing-mix*), 274-275, 285-286
Proctor, R.A., 225-226
Produtividade de fator total, 136-137
Produtividade, 135-136
Produto
  alcance, 276-278
  benefícios, 276-277, 278-279
  combinação, 276-278
  custo de desenvolvimento, 279-280
  diferenciação, 279-280
  duração, 277-279
  marketing-mix, 274-277
  qualidade, 277-278
Produtos intermediários, 134-135
Produtos, 21-23, 131-132
Profissionalismo, 117
Programa de ação, 90-91, 94-95
Projeto da *Cranfield School of Management*, 189
Projeto de avaliação da escola de ensino fundamental, 120-121
Projeto Elton em Nottinghamshire, 107-12
Projetos brandos, 251-252
Projetos difíceis, 251-252
Projetos, 17, 251
Promoção (*marketing-mix*), 274-275, 282-283, 286-288
Propaganda, 283-284, 287-288
Proposição de venda única, 284
Prova (*marketing-mix*), 274-275, 286
Puffit, R., 273-274

Qualidade
  conselhos, 43-46, 52-54
  controle, 11, 21-22, 33-34
  declarações, 58-62
  estratégia, 45-46
  garantia, 11, 21-23
  gestão, 10-12, 21-22
  grupos de iniciativa, 43-48, 53-54
  igualdade e, 15, 33-42
  infra-estrutura, 45-46
  monitoramento, 15, 21, 31-32
  padrões, 15, 43, 54-55
  produto/serviço, 278-279, 285
Quase mercantilizado, 33, 270-271
Quinn, J.B., 193-194, 217-218

Raça, 266-267
  oportunidades iguais, 37-40, 102-103
Race Relations Act (Lei de Relações Raciais, 1976), 37-38
Rainbow Pack, 201
Rallis, S.F., 294-296
Rateio de custos, 177-180
Rathmell, J.M., 273-274
Receptividade (PQAE), 58-59, 62
Recompensas e sanções, 112-113
Recursos financeiros, 11-12
Recursos materiais, 11-12, 141

Reflexão grupal, 225-226
Registro (estrutura de políticas), 92-93
Relações institucionais, 296-297
Relações públicas, 283, 292-296
Relatório, 92-93, 247-248
Relevância (PQAE), 58-59, 62
Renovação e revisão (plano estratégico), 207-208
Repertório dos professores, 89-90
Responsabilidade final externa, 117, 119
Responsabilidade final, 34-35, 134-135
  desenvolvimento e, 22-24
  externa, 117, 119
Responsabilidades (plano de desenvolvimento escolar), 241
Resposta competitiva (à dependência organizacional), 292-296
Resultados, 21-23, 40-41, 131-132, 247-248
Resultados/produtos educacionais, 131-132
Reuniões (horário/local), 98-99
Revisão, 22-23, 205-208
  desempenho, 28-29
  desenvolvimento e, 16, 117
  indicadores de sucesso, 68-69
Rhode, J.G., 66-67
Ribbins, P., 11, 140
Rigby, H., 148-149
Riley, K., 34-35, 38-41
Rogers, R., 273, 276-277, 283, 285-286
Rosebery District High School, 162-163
Rossman, G., 77-78
Rowan, B., 296-297
Rudduck, Jean, 77-78
Rumbold, Angela, 68-69
Runnymede School, 144-145, 146-148

Salancik, G., 291
Salas de aula "de portas abertas", 119
Sanções, 112-113
Sarason, S., 76
SCAA (autoridade para o currículo escolar e a avaliação), 91-92
Scally, M., 277-278
Scott, K., 273, 276-277, 282-283
Scott, W.R., 291-295
Segmentação de mercado, 269-271
Senge, P., 230-231, 236
Serviços
  marketing-mix, 273
  qualidade e igualdade, 35-38
Serviços operacionais, 134-135
Setor privado, 33-34, 280-281
Setor público, 33-34
Sex Discrimination Act (Lei de Discriminação Sexual, 1975), 37-38

Shapira, R., 268-269
Shostak, G.L., 273-274
Shreeve, R., 285-286
Significado (no processo de mudança), 80-81
Simkins, T., 145-146, 160-161
Sistema de escolas estaduais (monitoramento de dados), 29-30
Sistema de estimativa de custos de absorção total, 177-178
Sistema do usuário, 71-72, 77-78
Sistema escolar global, 107, 114-115
Sistema operacional (*marketing-mix*), 285-286
Sistemas transferidos, 21-23
Sizer, T.R., 294-295
Skelcher, C., 34-36
Skilbeck, Malcolm, 72-73, 126-127
Smircich, L., 219-220
Socialização, 294-295
Southam College, 211-220
Southworth, Geoff, 77-78, 118, 125-126
Spinks, Jim, 159-163
Starrat, R.J., 86-87
Stenhouse, Lawrence, 77-78
Stewart, J., 35-36
Stieglebauer, S., 236
Stuart, N., 10
Stubbart, C., 219-220
Subsistemas estratégicos, 193-194
Sucesso
  avaliação, 52-54
  critérios, 11-12, 15, 57, 68-69, 147-148, 236, 243-244
  indicadores (gestão), 66-67
Sutton, M., 169-170

Tarefas especiais (projetos), 251
Táticas de capacitação, 295-296
Taxas com base em salas (rateio de custos), 181-182
Tecnologia central, 134-136
Tecnologia da produção, 134-135
Tempo (utilização do), 97-98, 111-114
Termos de referência (projetos), 253-254
Thompson, J.D., 292-293
Tomada de decisão estratégica, 190-191
Tomada de decisão informada, 146
Tomada de decisão orçamentária com múltiplos critérios, 155-156
Tomada de decisão, 145-146
  alocação orçamentária, 165
  arbitrária, 38-39
  controle, 296-297
  escolar, preferência parental e, 17, 261
  estratégica, 190-191

racional, 25-26, 165
Tomlinson, H., 273-275
Trabalho bloqueado, 91-93, 99-100
Trabalho contínuo, 91-93
Trice, H.M., 295-298
Tushman, M., 221

Unidade de Educação Adicional, 14
Uplands School, 144-149
Utilização de recursos, 104-106

Valentine, E., 223-224, 226-227
Valores compartilhados, 44-45
Valores, planejamento estratégico e, 14, 217-218
Vidich, A., 293-294
Vincent Square School, 158-159
Visão, 43-44
    no processo de planejamento, 213-214, 226-227, 230-231

Wagenaar, T.C., 291-292
Walker, R., 76
Wallace, M., 14, 227-228, 236
Waller, H., 269-270
Walsh, K., 35-36
Waterman, R., 33-34, 230-231
Webster, A., 269-270
Weick, K.E., 140, 261-262, 297-298
West, N.F., 89-90
West-Burnham, J., 148-149, 273-274, 286
Whitaker, P., 285-286
Whitty, G., 273
Willis, P., 77-78
Wolcott, H.F., 293-294
Wong, S., 146
Woods, P.A., 76-10, 261, 265-272